OSCAR HAVARD

HISTOIRE
DE LA
RÉVOLUTION
DANS
LES PORTS DE GUERRE

★

TOULON

NOUVELLE
LIBRAIRIE NATIONALE
85, rue de Rennes
PARIS

A

TOURVILLE ET A SUFFREN,

AUX DEUX AMIRAUX

QUI

SOUS LES AUSPICES DE NOS ROIS

RAVIRENT A L'ANGLAIS

ET

CONFÉRÈRENT A LA FRANCE

LE SCEPTRE DES MERS

A LEURS ÉMULES DE DEMAIN

D. D. D.

NOUVELLE LIBRAIRIE NATIONALE

Comte de Chambord, Comte de Paris, Duc d'Orléans : **La Monarchie française.** *Lettres et Documents politiques (1844-1907), avec une préface du duc d'Orléans.* Ouvrage illustré de 3 portraits.	3 50
Aventino : **Le gouvernement de Pie X**	5 »
Nel Ariès : **Le Sillon et le mouvement démocratique**	3 50
Jacques Bainville : **Bismarck et la France**	3 50
Jacques Bainville : *Un roi Wagnérien*, **Louis II de Bavière**.	3 50
Général Bonnal : **Voyage d'histoire militaire de Mgr le duc d'Orléans en Bohême.** Préface et conclusion de Charles Maurras, avec un portrait et une lettre du duc d'Orléans.	3 50
Gustave Bord : **La Franc-Maçonnerie en France, des origines à 1815 ;** *les ouvriers de l'idée révolutionnaire.*	10 »
Général Canonge : **Jeanne d'Arc Guerrière** (cinq cartes et plans).	2 »
Eugène Cavaignac : **Esquisse d'une Histoire de France.**	7 50
Joseph Clémenceau : **Histoire de la guerre de Vendée (1793-1815),** *publiée par M. l'abbé Uzureau.*	5 »
Henri Clouard : **La « Cocarde » de Barrès.**	1 »
Léon Daudet : **Une campagne d'action française.**	3 50
Louis Dimier : **Les Maîtres de la Contre-Révolution**	3 50
Louis Dimier : **Les Préjugés ennemis de l'Histoire de France.** 2 volumes, chacun	3 50
Général Donop, *ancien membre du Conseil supérieur de la guerre* : **Un voyage d'études militaires du duc d'Orléans (1809-1913),** avec une lettre du duc d'Orléans.	3 50
Henri Dutrait-Crozon : **Précis de l'Affaire Dreyfus.**	6 »
Gustave Gautherot : **Gobel, évêque métropolitain constitutionnel.**	5 »
Pierre Lasserre : **M. Croiset, historien de la Démocratie athénienne**	2 »
Jules Lemaitre : **Lettres à mon ami.**	1 »
Jules Lemaitre : **Pages choisies** (avec un portrait).	3 50
Charles Maurras : **Enquête sur la Monarchie.**	3 50
Charles Maurras : **Le dilemme de Marc Sangnier.**	3 50
Charles Maurras : **Kiel et Tanger** (ou la République française devant l'Europe).	3 50
Charles Maurras : **L'avenir de l'Intelligence**	3 50
Charles Maurras et H. Dutrait-Crozon : **Si le coup de force est possible.**	1 »
Léon de Montesquiou : **Le système politique d'Auguste Comte**	3 50
Léon de Montesquiou : **Les consécrations positivistes de la vie humaine.**	3 50
Léon de Montesquiou : **Le réalisme de Bonald.**	3 50
Commandant Munier : **La Nation, l'Armée, la Guerre,** avec préface du général Mercier.	2 »
G. de Pascal : **Lettres sur l'histoire de France,** 2 volumes, chacun.	3 50
Dr Rigby : **Lettres du Dr Rigby,** *Voyage d'un Anglais en France en 1789*	3 50
Lieutenant-colonel Rollin, ancien chef de service des renseignements : **Le service des renseignements militaires en temps de paix et temps de guerre**	2 »
Marquis de Roux : **La Révolution à Poitiers et dans la Vienne**	7 50
Marquis de la Tour du Pin la Charce : **Aphorismes de politique sociale.**	1 »
Marquis de la Tour du Pin la Charce : **Vers un ordre social chrétien**	7 50
Georges Valois : **L'homme qui vient.** *Philosophie de l'autorité.*	3 50
Georges Valois : **La Monarchie et la classe ouvrière**	3 50
Georges Valois, François Renié, Marius Riquier, Jean Herluison : **Les Manuels scolaires.** *Études sur la religion des Primaires.*	3 50

HISTOIRE DE LA RÉVOLUTION

DANS

LES PORTS DE GUERRE

PRÉFACE

Au XVIIIe siècle, deux années avant la rupture des rapports diplomatiques entre notre pays et l'Angleterre, le représentant du Roi de France dans la vallée de l'Ohio, M. de Contrecœur, apprend qu'un officier anglais, le major Georges Washington, vient de franchir la frontière et de violer notre territoire. Un fort, construit à la hâte par l'envahisseur, insulte à notre suprématie et menace nos conquêtes. Il faut faire respecter les droits de la France. Le Gouverneur mande un de ses lieutenants, M. de Jumonville, et lui enjoint d'aller — non en belligérant, mais comme parlementaire — protester contre une invasion que condamne le droit international. Une escorte de quelques hommes accompagne Jumonville. A peine les premières sentinelles anglaises ont-elles eu le temps de signaler l'approche de nos compatriotes, que le major Washington accueille, par une salve de mousqueterie, le pacifique mandataire de M. de Contrecœur. Au lieu de riposter avec les mêmes armes, Jumonville, l'épée en verrouil et le pavillon blanc à la main, s'avance et fait signe qu'il a quelque chose à dire. Les fusils anglais s'abaissent. Un de nos sous-officiers profite de cette trêve pour lire la sommation de M. de Contrecœur. La lecture n'est pas achevée, qu'une grêle de balles, tombant sur la troupe, tue M. de Jumonville et jette sur le sol neuf hommes de sa suite...

A la nouvelle de ce forfait, l'Europe, indignée, flétrit les assassins. Pour désarmer ses accusateurs, le major Georges Washington allègue qu'il croyait « la guerre ouverte », et que « Jumonville ne lui notifia point son mandat ». Insigne sophisme! La France ne se paie pas de ces impostures. Le frère de la victime, M. Coulon de Villiers, reçoit de M. de Contrecœur l'ordre de châtier l'auteur du guet-apens et de détruire son repaire.

Cinq cents Anglais et neuf canons défendent la citadelle où se retranche le coupable. Le feu s'ouvre. Au bout de deux heures, les Français enlèvent la position, éteignent l'artillerie de l'ennemi, tuent quatre-vingt-dix Anglais et en blessent un plus grand nombre. Devant ce désastre, le colonel Washington amène le drapeau de Saint-Georges et demande à capituler. Adhésion immédiate de Villiers. Nos soldats entrent dans le fort par la brèche. Généreux et courtois comme tous nos ancêtres, l'officier français, la main tendue et le chapeau sous le bras gauche, aborde le meurtrier de son frère :

« Nous pourrions, lui dit-il, châtier un assassinat. Nous ne l'imiterons pas. »

Cette clémence chrétienne, cette chevalerie, confondent un adversaire, étranger à notre foi et à nos mœurs. L'acte de la capitulation accorde aux vaincus les honneurs de la guerre, les autorise à remporter « leurs effets », et — pour donner aux Anglais un témoignage de la magnanimité française — leur abandonne une pièce de canon.

Mais si M. de Villiers et ses compagnons refusent d'infliger à Georges Washington un châtiment brutal et superflu, il faut qu'un acte public proclame sa félonie et notre sincérité. Dans la clause où les négociateurs fixent le sort des captifs restés aux mains des Anglais, une clause incidente rappelle que « *les prisonniers furent faits lors de l'assassinat de M. Jumonville* ». Or, quelles signatures authentiquent ce constat du crime? Les signatures de Washington et de Villiers [1]...

Ainsi, le futur Fondateur de la République américaine, après avoir essayé d'altérer la vérité, reconnaît lui-même son mensonge et sa forfaiture. Il a lâchement tué un parlementaire. Et devant cet aveu de l'assassin, que fait le frère de la victime? Comment se comporte le vainqueur qui tient à sa merci le meurtrier vaincu? Il pardonne.

O France magnanime! Je ne connais pas d'histoire où s'affirment avec plus d'éclat les facultés supérieures de notre race, sa bravoure, sa droiture, son culte ardent de l'honneur, son humanité. A la veille de la Révolution, voilà ce que quatorze cents ans de Christianisme et de Monarchie ont fait du barbare sorti de la sylve hercynienne.

Sous les auspices de nos Rois — eux-mêmes inlassables évocateurs d'une plus grande France! — nos

---

[1] *Archives de la Marine*, Vol. 3.393, pièce 102 *bis*.

eupatrides donnaient aux foules, sans cesse ascendantes, l'intelligence d'une vie supérieure, la passion des grands desseins, un idéal de vertu ! « Les gentilshommes — dit M. Étienne Lamy — n'attendaient pas les invitations royales pour courir les fortunes d'outre-mer. Tantôt solliciteurs de privilèges qui leur assuraient le gouvernement de terres à découvrir ou à occuper, tantôt se fiant à eux seuls pour tirer les meilleures chances de l'inconnu vers lequel se tendait leur voile, ils employaient les années trop calmes aux explorations hardies et fécondes [1]. »

En ouvrant à la France des débouchés toujours nouveaux, une bourgeoisie entreprenante — à la même époque — fortifiait nos ressources, développait notre rayonnement, assurait notre empire. Les armateurs, Malouins, Boulonnais, Normands, Saintongeais, Provençaux, les Ango et les Jacques Cœur, commanditent les expéditions maritimes des Duguay-Trouin, des Champlain et de vingt autres batteurs d'estrade, soustraits — par le goût des aventures et la contagion du courage — à l'oisiveté des villes et aux distractions des tripots ; — hardis conquistadors qui, sur les côtes d'Afrique, sur les rives des grands fleuves américains, aux Antilles, au Canada, déploient les fleurs de lys et disputent à l'Angleterre les marchés et les fiefs utiles à notre fortune.

L'esprit de trafic aurait pu polluer de ses cruautés et de ses exactions les conquêtes de nos navigateurs.

---

[1] Étienne LAMY : *Affaires d'Égypte et de France.* Voir *Correspondant* du 25 septembre 1905.

Sur chaque nef qui brave l'Océan et sur chaque coin de terre qu'ombrage le pavillon royal, tantôt des Dominicains, comme le P. Labat, tantôt des Jésuites, comme 'e P. Marquette, érigent la Croix, symbole de justice, de tutelle et d'amour. Aux trafiquants comme aux soldats, l'Église impose le respect des faibles, l'éducation des barbares et la loi du devoir.

Eh bien! c'est contre ces Français supérieurs, c'est contre cette élite sociale, que la Révolution part en guerre. La Révolution n'a d'autre but que d'anéantir les principes et les forces qui perpétuent notre prestige et notre magistère dans le monde. Il s'agit de substituer au Français forgé par le Christianisme le citoyen de Rousseau. L'ascendant moral de la France offusque des rivaux inconsolables de notre crédit et jaloux de nos sortilèges. Auxiliaires de nos ennemis, les Philosophes commencent par saccager notre Patrimoine idéal, pour permettre aux Jacobins d'ébranler notre Puissance politique.

Dans une œuvre de génie, *La Tempête*, Shakespeare, évoquant les âges futurs, nous montre, en une vision prophétique, le « régénéré », le nouvel « Adam », que, deux siècles plus tard, voudront pétrir les Réformateurs de 89. Qu'est-ce que Caliban? C'est l'homme libéré des antiques contraintes; C'est le vertueux sans-culotte de la Gironde et de la Montagne; c'est Fréron, Barras, Le Carpentier, Le Bon, Javogues, Jeanbon-Saint-André, Lequinio, Laignelot, Carrier. Caliban marche aussi bien à quatre pattes qu'à deux. Il fait le mal, à force ouverte, quand il ose, et, par surprise, quand il a peur! Qu'un matelot aviné lui tende sa gourde, Caliban se prosterne aux genoux de l'ivrogne et l'adore. S'il admire le courage de Stéphano qui le bat sans raison, en revanche il déteste Prospero qui le gouverne avec justice. Et comme Prospero, rebelle aux suggestions de la rancune, essaie d'affranchir Caliban de ses tares, Caliban tâche de tuer Prospero pour obtenir un maître qui flatte ses vices. Une bouteille, volée, lui procure enfin le bonheur attendu. Le flacon à la main, voilà l'esclave barytonnant, à travers la campagne, l'hymne de la délivrance : « Ban ! Ban ! Caliban ! Liberté ! Liberté ! » Joie triomphale ! Puisque Caliban peut, sans crainte, tarir les cruches pleines, puisqu'il peut, sans péril, dépouiller les riches et, sans risque, immoler ses chefs, notre rustre velu n'est-il pas le plus libre, le plus grand et le plus heureux des hommes ?

Dix ans d'attentats, de rapines, de sang, de boue, devaient triompher et triomphèrent de notre civilisation, de nos mœurs, de notre suprématie, de notre présent et de notre avenir. La grandeur française finit par sombrer dans le gouffre où s'étaient d'abord englouties nos doctrines, nos traditions, nos mœurs, notre règle du devoir. On nous avait cauteleusement avilis pour nous vaincre.

Ce livre raconte une des destructions auxquelles aboutirent le désarroi des autorités traditionnelles, la banqueroute des croyances et la suprématie du vice. Une Marine militaire est l'œuvre d'un peuple héroïque, d'une volonté saine et d'un Pouvoir fort. Le désordre des esprits et l'anarchie des cœurs livrèrent, à la clémence des vents et à la mansuétude des mers, notre hégémonie et notre destin. Après avoir arraché, sous Louis XVI, à la Grande-Bretagne, le sceptre de l'Océan, la France, dévastée et trahie par la Révolution, le rendit à sa rivale. « Le Corps de la Marine est supprimé ! » décréta la Constituante [1]. Depuis un siècle, la France a vainement essayé d'annuler cet arrêt de mort. Sous la Restauration, il est vrai, les Portal, les Clermont-Tonnerre, les Hyde de Neuville et les d'Haussez, arrachant notre flotte à la captivité des rades, s'en servent pour affranchir la Grèce des Turcs qui l'asservissent, et purger la Méditerranée des pirates qui l'écument. A son tour, sous le Gouvernement de Juillet, le prince de Joinville, vainqueur de Saint-Jean-d'Ulloa, de Mogador et de Tanger, fait prévaloir, en même temps que la force guerrière qui venge le droit outragé, la force morale qui subjugue les cœurs.

Mais trop courtes haltes, hélas ! de la débâcle. Aujourd'hui, notre Marine militaire, ballottée, comme le dit si bien M. Charles Maurras, « entre la routine des bureaux et l'incohérence des ministres [2] », sait

---

[1] *Moniteur* (N° 113 du samedi 23 avril 1791, deuxième page, dernière colonne). M. BRUSLART lit un projet de décret dont les articles ne provoquent qu'une légère discussion et sont acceptés en ces termes : Article premier : « Le Corps de la Marine est supprimé. » Trois mois auparavant, à la séance du 13 janvier 1791, le rapporteur de la loi sur la Marine, M. de CHAMPAGNY, avait dit : « Le matelot du vaisseau de guerre n'a pas besoin d'une pratique différente de celle du bateau de commerce. Il n'a donc pas besoin d'une école particulière. »

[2] M. Charles MAURRAS : *Kiel et Tanger*, page 10. « Affranchie des fous furieux du Parlement, la Marine retombe sous le particularisme de ses bureaux. Dès qu'un grand Pouvoir ne s'élève plus au-dessus des administrations, ces puissances subalternes, mais compétentes, doivent s'ériger en petites souverainetés indépendantes... En tout

qu'elle ne peut rien attendre sous des Chefs qui, précipités dans les ténèbres du doute, se sont appauvris de l'immarcessible Lumière. En vain leur plainte heurte-t-elle parfois à la porte du temple qu'ils ont fermé. En frappant d'ostracisme la foi à la Loi divine, ils ont exilé de leurs œuvres l'Autorité, l'Ordre, la Logique. C'est seulement sous la clarté des Principes supérieurs et des Lois éternelles que s'ordonnent les constructions harmonieuses et les édifices durables. Le chaos et les ténèbres n'érigent que des architectures de ruines...

Saint-Paterne, en la fête de saint Michel, 1911.

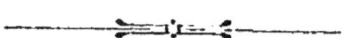

Si les Archives Nationales et les Archives de la Marine, des Affaires étrangères et de la Guerre, nous ont fourni les principaux éléments de cette étude, nous devons aussi de précieuses pièces inédites aux Archives privées qu'ont bien voulu mettre à notre disposition M. le marquis de Colbert-Cannet, M. E. Poupé, M. le marquis de Clapiers, M. Stéphane Moulin, pour Toulon ; — M. le marquis de la Jaille, M. Jourdan de la Passardière, M. Delormel, M. le baron de Courcy, M. le comte du Plessis de Grenedan,

bien tout honneur, les professionnels sont conduits à confondre le bien général avec les avantages de la spécialité qu'ils détiennent ;... coalitions d'intérêts privés qui, toutes ensemble, aspirent seulement à maintenir l'abus ou à le déplacer. »

M. de Courson, M. E. Forestié, M. Babron pour Brest; — M. l'abbé Lemonnier, M. le comte Pierre d'Orléans, M. le vicomte de Cacqueray de Valmenier, et M. le vicomte du Motey, pour Rochefort.

M. le marquis de Vibraye a eu l'obligeance de nous communiquer la Correspondance diplomatique du marquis de La Luzerne, son aïeul, ambassadeur de France à Londres de 1788 à 1792. M. René de Kérallain nous a favorisé de très intéressants renseignements sur les relations de la France avec l'Angleterre. Je ne saurais enfin trop remercier MM. Legrand, Viard et Tuetey, des Archives Nationales, MM. Charlot et Farges, du Ministère des Affaires étrangères, MM. Martinien et Hennet, du Ministère de la Guerre; M. Ed. Groucy, du Ministère de la Marine, du très précieux concours qu'ils nous ont donné pendant le cours de notre travail. Enfin, qu'il me soit permis de témoigner ma reconnaissance à M. Étienne Lamy, qui voulut bien accueillir, dans le *Correspondant*, les prémices de cette étude.

O. H.

INTRODUCTION

I. — Rivalité de la France et de l'Angleterre. — La Politique britannique et son objectif.
II. — Comment la France se défend. — État de la Marine Royale.
III. — Les Arsenaux. — Forces navales. — Escadres et stations. — Tourville.
IV. — Garde-Marines. — Traditions de fierté. — Beaux exemples.
V. — Le salut du pavillon. — Louis XIV et le roi d'Angleterre.
VI. — Salutaires rigueurs du code maritime. — Bonhomie des rapports entre les officiers et les marins. — Charivari.
VII. — Suprématie maritime de la France. — Officiers instruits. — Verdun de la Crenne. — Le Chevalier de Borda. — Le Marquis de Chabert. — Le Chevalier de Fleurieu. — Expéditions scientifiques.
VIII. — Science de la tactique et de la manœuvre. — Le Chevalier du Rumain. — La Motte-Piquet. — D'Estaing. — D'Orvilliers. — Guichen. — Sochet des Touches. — Bravoure. — Discipline. — Suffren, le plus grand homme de mer des temps modernes. — Méthode offensive. — Sentiment du devoir et esprit d'initiative.
IX. — Comment s'accomplit notre déchéance. — Rôle de l'Assemblée Constituante. — Puissance de la révolte et légitimité de l'émeute. — L'inertie du Pouvoir. — Pourquoi les pouvoirs furent-ils paralysés et manquèrent-ils à leur devoir ?
X. — Rôle de l'Encyclopédie et de Jean-Jacques Rousseau. — Le nouveau Coran.
XI. — Filiation des Encyclopédistes. — L'esprit des Croi-

sades est contrecarré. — Après la politique des principes, la politique des intérêts. — Le Jacobin et le Musulman. — La Révolution, nouvel Islam. — La Contre-Croisade.

XII. — Les Loges. — Fautes de l'Emigration. — Excuses. — L'alliance étrangère.

XIII. — Attitude des Princes. — Mission du Roi de France et Rôle du Roi d'Angleterre. — Émigration.

XIV. — Abdication du rôle militaire. — Causes de notre déchéance.

XV. — Le Comte de Provence et le Comte d'Artois. — Pactes de dupes avec les Chancelleries. — Vendées étouffées par l'inertie des chefs.

XVI. — Vaines démarches tentées auprès des Princes. — Un mot de Hoche sur les Condés.

XVII. — Le duc d'Orléans, dernier Grand-Amiral de l'Ancien Régime. — Fatalité de son crime.

XVIII. — Lettre de Louis XVIII au duc d'Harcourt sur le péril de l'émigration et de l'inertie.

XIX. — Inutile clairvoyance. — Toute la Révolution est un appel désespéré au Chef traditionnel absent.

XX. — Désastreuses conséquences de la rupture de la France avec le Droit national. — Tentatives de relèvement sous le Premier Empire, la Restauration, la Monarchie de Juillet, le Second Empire et la Troisième République. — Veto de l'Angleterre.

XXI. — Le naufrage. — La France tombée au cinquième rang des Puissances maritimes. — Conséquences funestes de l'Entente cordiale. — Le triumvirat Lanessan, Pelletan, Thomson. — Destruction systématique de notre flotte.

XXII. — Mais, point de pessimisme, sous un Chef, la France et sa Marine renaîtront *Resurgam !*

I

Trois mers protègent la France. Mais « cette ceinture de flots » qui, suivant la magnifique expression de Berryer, viennent, en battant son rivage, solliciter son génie — l'ennemi peut la forcer de toutes parts. Il faut donc que notre pays ait une Marine, — non seulement pour assurer la sécurité de son littoral, mais pour agrandir le cercle de son influence et prolonger le rayonnement de sa force [1].

Dès le XVIIe siècle, Richelieu promulgue et Colbert applique les principes que le capitaine Mahan doit seulement préciser deux siècles et demi plus tard, dans un livre aujourd'hui classique, *The influence of Sea Power upon History* [2]. Avec quarante vaisseaux dans

---

[1] Voici le texte de l'illustre orateur :

« On a dit qu'après tout, la France est une puissance continentale et qu'elle devait se borner là et renoncer aux possessions lointaines. Y a-t-on pensé? Quoi ! Messieurs, la France ne sera qu'une puissance continentale, en dépit de ces vastes mers qui viennent rouler leurs flots sur ses rivages et solliciter, en quelque sorte, les entreprises de son génie ! » (Discours prononcé le 25 mai 1840, dans un débat sur les fonds secrets. — BERRYER : *Discours parlementaires*, t. III, pp. 22-23.) Ainsi, le grand orateur royaliste se montrait fidèle à la politique de Richelieu. Il n'est peut-être pas de session où l'exclamation si éloquente de Berryer ne soit invoquée.

[2] « Ce livre, — disait, le 14 avril 1910, le commandant Amet aux élèves de la Section navale du lycée Condorcet, — ce livre a été traduit dans toutes les langues, même en japonais, attirant les regards de tous les Gouvernements énergiques vers les questions navales. Il ne paraît guère douteux qu'il faille lui attribuer la naissance des visées coloniales des États-Unis, se traduisant aussitôt par le dépouillement de l'Espagne; on lui doit probablement aussi l'éveil des ambitions maritimes de l'Allemagne et du Japon. A ce dernier, il a révélé le secret pour vaincre... Il a été cause aussi que, du second rang non disputé, la France tombe aujourd'hui au quatrième, et tombera demain au cinquième, au sixième rang des puissances navales. Car il n'y a guère que dans notre doux pays que le livre du capitaine Mahan n'ait pas produit son effet. Il y est trop peu connu. Or, savez-vous quel est le sujet que Mahan a choisi pour démontrer de quelle influence est « le pouvoir de mer » sur les destinées d'un peuple? C'est précisément notre propre histoire ! » (Conférence du capitaine de vaisseau AMET. *Ligue Maritime* de juillet 1910.) Lire A.-T. MAHAN : le *Salut de la race blanche et l'Empire des mers*, traduction, sommaire et introduction par Jean IZOULET, professeur de philosophie sociale au Collège de France (Paris, 1906). C'est un des plus beaux livres de ce

le port de Brest et trente galères à Toulon, Richelieu se glorifie de garantir la France contre toutes les menaces et de la faire craindre sur toutes les mers.

Dans le service de notre sauvegarde et le fonctionnement de notre puissance, l'armée de terre ne fournit qu'une force d'appoint. Aux yeux de Richelieu, l'Empire de l'Océan, c'est l'empire du monde. Le premier de nos hommes d'État, Richelieu, formule la loi de notre grandeur [1].

Avant le Cardinal, lorsqu'il faut venger notre honneur ou protéger notre Commerce, les quatre Amiraux de Provence, de Normandie, de Guyenne et de Bretagne, après avoir nolisé, dans les ports hollandais, les nefs les plus robustes, en confient le commandement à des chevaliers de Malte, à des corsaires de Dieppe, ou même à des marins scandinaves. Ce procédé d'armement procure, certes, à l'État d'intrépides capitaines, mais ne lui donne pas une Marine. Sans flotte de guerre permanente, la France, soumise aux déprédations des pirates barbaresques qui désolent la Méditerranée, doit également subir les avanies des Anglais, dictateurs de l'Atlantique et de la Manche.

---

temps, contre lesquels une partie de la presse a organisé la conspiration du silence. — Voir aussi les belles études publiées par le colonel Marchand dans l'*Éclair* des 5, 8, 10, 11, 12, 13 juin 1905 (*Le Plan directeur de la stratégie britannique, la Leçon de la Mer*, etc.).

[1] Richelieu dit dans son *Testament politique* : « Il semble que la nature ait voulu offrir l'empire de la mer à la France pour l'avantageuse situation de ses deux côtes, également pourvues d'excellents ports aux mers Océan et Méditerranée ! » La *Ligue maritime* a reproduit les paroles qui précèdent dans l'affiche en quatre couleurs qu'elle a éditée pour appeler l'attention du pays sur notre détresse navale.

En 1626, deux magistrats du Parlement d'Aix, venus à Paris pour supplier le Roi de défendre la Provence contre les corsaires algériens, fixent dans leur discours, avec une sagacité prophétique, les conditions de notre indépendance. En vain les trois cents lieues de notre frontière maritime se hérisseraient-elles de forts. Pour sauvegarder notre littoral, il nous faut, — non une ceinture de donjons, mais le rempart mobile d'une escadre. Ne pas attendre l'ennemi sur la côte — mais le chercher au large ; — ne pas le fuir, mais le poursuivre, ne pas le ménager, mais l'anéantir, telle est la stratégie nouvelle que suggèrent nos deux Provençaux, inconscients précurseurs des Tourville et des Suffren qui, pour conférer à la France le sceptre des mers, n'auront besoin que d'appliquer ces principes (1).

Coïncidence heureuse ! A la même heure, le même souffle héroïque enflamme le Cardinal, impatient de soustraire son pays aux affronts des pirates et aux insolences de l'Angleterre. Au mois de décembre 1626, une Assemblée de Notables — où l'intérêt de l'État groupe des évêques, des magistrats et des gentilshommes — reçoit de l'illustre ministre la confidence de notre premier « Programme naval ». Richelieu — comme il le dit lui-même — ne veut pas « tant relever la Marine française que, par la Marine, remettre la

---

1 « Il n'y a ni garnisons, ni forts qui puissent donner telle assurance que les galères... Elles ne serviront pas seulement de garde et de défense à notre Royaume, mais de flèches toutes prêtes pour les décocher contre tous ceux qui provoqueront votre indignation, et réprimeront les pirates, non seulement dans vos mers, mais la poursuivront jusque dans leurs propres ports. » LACOUR-GAYET : *La Marine militaire de France sous Louis XIII et sous Louis XIV*, p. 7.

France en son ancienne splendeur [1] ». Quels Français auraient alors osé s'élever contre cette sagesse? Pleine de déférence pour le maître, l'Assemblée le 6 février 1627, supplie le Roi « d'établir une flotte de « quarante-cinq vaisseaux de guerre et d'y destiner « un fonds annuel de douze cent mille livres [2] ». Voilà l'acte de naissance de notre première flotte de combat et de la Marine nationale. Chargé de présenter les vœux de ses collègues au Roi, l'évêque de Chartres, Leonor d'Estampes de Valençay, burine, en deux phrases, la maxime qu'invoquent, aujourd'hui, les chefs des États européens pour justifier leurs armements et maintenir leur puissance [3].

[1] « Ç'a été jusqu'à présent, disait Richelieu, une grande honte que le roi, qui est l'aîné de tous les rois chrétiens, ait été, en ce qui est de la puissance de la mer, inférieur aux moindres princes de la chrétienté. Sa Majesté, voyant le mal qui en arrivait à son royaume et à ses sujets, s'est résolue d'y mettre ordre, en se rendant aussi puissant en mer comme elle l'est en terre. Sans cette résolution, il ne fallait plus faire état d'aucun trafic. Les sujets du roi étaient tous les jours non seulement privés de leurs biens, mais de liberté, nos voisins pensaient avoir droit de nous vendre leurs denrées à leur mot et prendre les nôtres pour ce que bon leur semblait. Maintenant ces misères cesseront, Sa Majesté s'étant résolue d'entretenir trente bons vaisseaux de guerre pour tenir les côtes nettes, ses sujets dans les bornes où ils doivent demeurer et ses voisins en la considération qu'ils doivent avoir d'un si grand État.

« La dépense de cet armement sera de quinze cent mille livres par an... » (*Ibid.*)

[2] « L'assemblée remercie Sa Majesté de l'intention où elle est de vouloir rendre à ce royaume les trésors de la mer, que la nature lui a si libéralement offerts, et la supplie de continuer une entreprise si importante par l'établissement d'une flotte de quarante-cinq vaisseaux de guerre, d'y destiner un fonds annuel de douze cent mille livres, d'entretenir un nombre de galères suffisant, qu'il ne soit fait aucun divertissement sur ce fonds, étant assez notable que le moindre retardement peut détruire en un moment ce que l'on aurait établi avec beaucoup de temps, de peines et de dépenses. » (*Ibid.*)

[3] « Après avoir pensé par quel moyen on pourrait parvenir à ces fins là, « la puissance et la richesse de l'État », ils (les politiques) n'en ont point trouvé de plus prompt et de plus utile et de plus glorieux

N'est-ce pas là l'origine de la célèbre sentence où, d'après les historiens, le Cardinal aurait précisé la double fonction de toute Marine : « On ne peut, sans la mer, ni profiter de la paix, ni soutenir la guerre? »

Disciple du grand Cardinal, Colbert non seulement pourvoit notre pays d'un établissement maritime sans rival, mais fonde, au-delà de l'Océan, des comptoirs commerciaux et des postes militaires qui donnent à notre suprématie navale une indestructible assise. Marine militaire, Commerce maritime, Colonies, c'est sur ce trépied que Colbert érige la France et sa fortune. « La jalousie de Louvois, dit Saint-Simon, écrasa la Marine. » La lutte contre la Hollande et la Guerre de Succession d'Espagne arrêtent, au XVIIIe siècle, le « vol du gerfaut » et font tomber l'aventureux *conquistador* dans l'ornière de la politique continentale. Sous le Régent, cette déviation s'aggrave. L'alliance que conclut le cardinal Dubois avec l'Angleterre aboutit à la déchéance de l'Espagne, notre alliée naturelle sur les mers, démantèle la Marine de Colbert, annule l'œuvre de Dupleix, de Jacques Cartier, et fait passer l'Inde et le Canada du domaine de la France dans la znoe d'influence de la Grande-Bretagne [1]. L'amitié des Anglais nous est plus

que la navigation. Je ne dis pas celle que le particulier exerce, mais celle qui a l'État pour chef et pour soutien, étant certain qu'on ne peut avoir sans la mer ni les choses qui servent absolument pour l'ornement de la paix ni pour le défrai et l'entretènement de la guerre. » (*Ibid.*)

[1] Le 6 septembre 1762, Voltaire écrivait au comte de Choiseul : « J'entends la voix de beaucoup d'étrangers : tous disent qu'on doit vous bénir si vous faites la paix, *à quelque prix que ce soit.*

« Permettez-moi, Monseigneur, de vous en faire mon compliment, je suis comme le public : *j'aime mieux la paix que le Canada et je crois que*

funeste que leur haine. De nos jours, n'avons-nous pas vu « l'Entente cordiale » nous ravir, avec Terre-Neuve, la tutelle que les Rois de France, depuis saint Louis, nous avaient acquise sur l'Égypte?

Le devancier de nos pacifistes et le représentant le plus illustre des « intellectuels » de son siècle, Voltaire, applaudit à la ruine de notre établissement naval et se félicite de l'anéantissement de nos conquêtes : « On a bien raison de dire de la France : « *Non illi imperium pelagi !* » s'écrie joyeusement Voltaire au lendemain de nos défaites maritimes [1]. A qui donc Voltaire et ses amis adjugent-ils la maîtrise de l'Océan? A notre rivale, à la Grande-Bretagne !

Pendant des années, le génie latin a ouvert à l'expansion des vieilles races de jeunes univers. Dans cet âge héroïque des découvertes maritimes, les « Rois de la Mer », les Anglais, ne fournissent ni un Colomb, ni un Vespuce, ni un Vasco de Gama, ni un Magellan, ni un Cavelier de la Salle, ni un Marquette. Mais si l'Angleterre n'a pas d'explorateurs, elle a des pirates. Derrière les conquérants latins se précipite, le sac à la main, le corsaire anglo-saxon qui les dévalise. Le butin de la Grande-Bretagne se compose de nos dépouilles. A l'Espagne, l'Angleterre enlève la Jamaïque, au Portugal la côte orientale du Continent africain; à la France, l'Amérique et l'Inde. C'est avec la rapine que nos voisins lient leur gerbe.

la France peut être heureuse sans Québec. Vous nous donnez précisément ce dont nous avons besoin : nous vous devons des actions de grâces... » Tout le programme de nos pacifistes contemporains tient dans cette lettre d'un ton si antifrançais. V. Lacour-Gayet : *La Marine militaire sous Louis XV*, p. 16.

[1] Lettre à Chardon, le 5 avril 1767.

Jusqu au xvi⁶ siècle, la rapacité des Chandos et des Talbot, des Bedford et des Gloucester s'était exercée contre la Normandie et contre la Gascogne. Au lendemain du supplice de Jeanne d'Arc, volte-face soudaine ! Les Anglais renoncent, désormais, à combattre dans l'Ancien Monde l'hégémonie des Capétiens. De continentale, la guerre britannique se fait ultra-européenne. Une seule préoccupation agite les hommes d'État d'Outre-Manche. Arbitre des destinées de l'Angleterre, l'aristocratie se rend compte des graves devoirs que lui impose cette dictature : il faut qu'elle paie la rançon du Pouvoir en ouvrant, chaque jour, au Commerce national, des débouchés nouveaux. Mais, pour favoriser le succès de ce programme, l'Angleterre doit posséder le sceptre des mers [1]. Si la France s'arrogeait, en effet, cette suprématie, les territoires vierges et les marchés disponibles ne seraient-ils pas à la merci de la nouvelle souveraine de l'Océan?

Enchaîner la France sur le Continent en la livrant aux menaces de la guerre civile ou de la guerre étrangère, voilà l'inflexible objectif, voilà l'imperturbable tâche que vont s'imposer nos voisins pour conserver sur l'Océan la domination nécessaire à notre asservissement et à leur fortune. « Que les ministres de Sa Majesté n'oublient jamais — déclare au mois de

---

[1] Un membre de la Chambre des Communes, David Urquardt, disait, au mois de janvier 1862, à propos du droit de visite : « Prenez-y garde, la mer vous sert en même temps qu'elle vous menace. Elle vous porte, mais elle vous assiège. La situation de cette île est telle qu'il n'y a pas de milieu, pour elle, entre être toute-puissante et n'être pas. Aussi fut-elle toujours conquise jusqu'au jour où, subjuguant la mer, à son tour, elle devint maîtresse du monde. L'Angleterre sera la victime de la mer, le jour où elle aura cessé d'en être la reine. »

décembre 1762, devant la Chambre des Communes, l'illustre lord Chatam — que les Ministres n'oublient jamais le principe directeur de toute notre politique. La seule chose que l'Angleterre ait à craindre ici-bas, c'est de voir la France devenir une Puissance maritime, commerciale et coloniale [1]. »

Mais ce plan perfide n'échappe point à la perspicacité de Louis XVI et au patriotisme de ses ministres. Les

[1] Ce n'est pas sans un certain sentiment d'humiliation qu'on lit sous la signature du prince de Talleyrand les considérations suivantes : « Ce sont les progrès de la civilisation qui formeront désormais nos liens de parenté. Nous devons donc chercher à nous rapprocher davantage des Gouvernements où la civilisation est le plus avancée; c'est là que sont nos vraies ambassades de famille. Ceci conduit naturellement à regarder l'Angleterre comme la Puissance avec laquelle il nous convient d'entretenir le plus de relations. Quelques-uns des cabinets qui marchent sous la bannière du droit divin ont en ce moment des velléités de coalition; ils peuvent s'entendre parce qu'ils ont des principes communs. Aussi, lorsque ces cabinets se parlent, ils s'entendent bientôt; ils soutiennent leur droit divin avec du canon. L'Angleterre et nous, nous soutiendrons notre politique avec des principes. Ces principes se propagent partout et le canon n'a qu'une portée dont la mesure est connue. » *Mémoires* de TALLEYRAND, t. III, page 413. Talleyrand omet de dire qu'au lendemain de la Révolution de 1830, Louis-Philippe l'envoyait à Londres pour y appliquer les principes dont on vient de lire l'exposé. L'échec de cette mission fut complet. Le Gouvernement anglais multiplia « les mauvais procédés » contre la Monarchie de Juillet. M. Thureau-Dangin (*Histoire de la Monarchie de Juillet*, t. II, pp. 389-415) nous montre lord Palmerston, le chef du Foreign-Office, mettant son ambition à mériter le nom de « bouledogue de l'Angleterre ». « Et c'était surtout *contre la France* que son instinct le portait à aboyer et à montrer les dents. Tout ce que la vieille politique britannique avait eu de passion gallophobe survivait dans son âme. » L'éminent historien ajoute : « Quelques semaines avant de donner sa démission d'ambassadeur, vers la fin de 1834, M. de Talleyrand disait au Roi : « Qu'est-ce que Votre Majesté peut attendre de l'Angleterre?... *Elle n'a que des révolutions à nous offrir.* L'intérêt de Votre Majesté exige donc qu'elle se rapproche des Puissances orientales », — c'est-à-dire de l'Autriche, de la Prusse et de la Russie. Aussi, Talleyrand, instruit par l'expérience des affaires, conseillait-il à Louis-Philippe de se rapprocher des Monarchies de droit divin et ne voyait plus dans l'Angleterre qu'une instigatrice de troubles.

Choiseul et les Sartines ne croient pas — comme certains hommes d'État de nos jours — que la France et la Grande-Bretagne peuvent abdiquer leurs rivalités séculaires et se blottir, la main dans la main, comme Théagène et Chariclée, sous le parasol du même palmier et l'égide du même idéal [1]. On ne peut pas plus changer la politique d'un État que sa latitude. L'orientation d'une Puissance continentale est déterminée par sa configuration territoriale, par ses relations de frontières, ses fleuves, ses côtes, ses ports, son commerce.

II

Contre les complots d'un rival et contre les mauvaises chances du destin, les Gouvernements n'ont qu'une garantie et qu'un rempart : la Force ! Pour braver l'Angleterre, Louis XVI comprit qu'il fallait blinder la France. A la veille de la prise de la Bastille, la Monarchie a-t-elle rempli son devoir? La tutelle du prince et la vigilance de ses conseillers n'ont laissé nulle brèche dans notre muraille. Au moment où la Révolution va croiser le fer contre la France, notre Marine possède soixante et onze vaisseaux de ligne, à flot ou en chantier; — soixante-quatre frégates, quarante-cinq corvettes, trente-deux flûtes ou gabarres, — soit un ensemble de deux cent douze uni-

---

[1] Lord Bute et lord Granville voulaient alors rendre à la France quelques bribes de notre immense empire colonial : deux ou trois îles dans les Antilles, Gorée en Afrique, etc. Lord Chatam insista sur le péril de cette cession et fit abandonner le projet.

tés navales, pourvues de tous les perfectionnements que comporte alors la science nautique. Le programme des travaux de 1789 prévoit le prochain achèvement de douze vaisseaux et de dix frégates. Et pour donner une âme à ce matériel, de quel personnel dispose le roi de France? La Marine royale enrôle quatre-vingt mille officiers, matelots et soldats [1].

Deux familles de secrétaires d'État, au XVI.ᵉ et au XVIIIᵉ siècle, dominent l'histoire de la Marine : les Colbert et les Phelypeaux [2]. Écartée du pouvoir sous Louis XV par une disgrâce, cette tribu reprend possession du fief domestique, sous Louis XVI, avec Maurepas. L'importance que le fils de Jérôme Pontchartrain restitue à son ancien département dédommage, au bout de peu de mois, la France des meurtrières économies que lui avaient infligées des ministres indifférents ou même, comme Berryer, hostiles, à notre fortune. Ce caractère de tradition et d'hérédité, que la Monarchie, depuis Louis XIII, attache, non sans raison,

---

[1] *Situation présumée des forces navales du Roi au 1ᵉʳ janvier 1789* (*Archives de la Marine*, B. ⁵ 29).
Dans un Mémoire adressé au Roi, le 14 décembre 1788, figurent les mêmes chiffres. Les rôles des classes des gens de mer enregistrent 75.000 marins. L'Inscription maritime comprend 8.717 capitaines, maîtres et pilotes; 14.245 officiers maritimes; 43.717 matelots et 8.454 navires. Un corps de canonniers-matelots — où s'encadrent 5.827 hommes — pourvoit au service du canon. Enfin, 1.975 officiers, instruits dans des Écoles spéciales, exercent le commandement sur les bâtiments du Roi, dans ses arsenaux, dans ses établissements d'outre-mer. (Maurice Loir : la *Marine Royale*, p. 36.)
Indépendamment des effectifs que nous venons d'énumérer, les vaisseaux du Roi embarquaient, en temps de guerre, des troupes de terre chargées du service de la mousqueterie. Ces contingents s'élevaient à 14.000 hommes.

[2] Les Phelypeaux donnèrent, pendant cent soixante ans, quatre ministres à la Monarchie.

aux charges de ses ministres, — quand elle rencontre des auxiliaires qui la servent avec passion, — se retrouve, depuis Richelieu, dans les cadres de la Marine elle-même. Il suffit de compulser les cartons des Archives et de feuilleter l'*Almanach Royal*, pour constater, à chaque stade de notre histoire maritime, la permanence des mêmes noms.

Le hasard n'est pour rien dans ce phénomène. Les créateurs de notre Marine voulurent attacher au « service du Roi sur la Mer » un contingent de familles enflammées de la même passion et liées au bien de l'État par un long passé de dévouement et de sacrifices. Ce n'est pas d'ailleurs à la Noblesse seule que le Roi réserve l'honneur de recruter l'État-Major de ses escadres. Sous Colbert, la majeure partie du « Grand Corps » comprend les roturiers légués à notre flotte par le glorieux Cardinal [1]. Mais, comme à ces officiers, issus du Commerce et de la Magistrature, l'État octroie des lettres d'anoblissement qui les incorporent à l'aristocratie, nombre d'écrivains, trompés par cette largesse de titres nobiliaires, s'imaginent que les grades supérieurs récompensent exclusivement, sous la Monarchie, le patriciat territorial. Une étude approfondie de notre histoire aurait appris à ces frondeurs que, de tout temps, nos Rois ouvrirent à la bourgeoisie et au peuple les rangs de la Noblesse. Contrairement au préjugé qu'entretiennent la mauvaise foi et l'ignorance, nulle aristocratie ne fut moins fermée que la nôtre [2].

---

[1] Docteur CORRE : L'*Ancien Corps de la Marine*, p. 49.
[2] Il suffit d'ailleurs d'ouvrir SAINT-SIMON pour se convaincre que la Noblesse ne fut point cette inaccessible forteresse dont parle le vul-

Au surplus, jamais, — même au temps de Louis XV, — jamais la Marine ne cesse de puiser des éléments nouveaux dans un Tiers État, légitimement avide de distinctions et d'aventures. Souvenons-nous qu'au XVIIe siècle, une ordonnance de Louis XIV admit de plain-pied, dans le « Grand Corps », les capitaines de la Marine marchande et fit de ces « plébéiens » les pairs des plus fiers gentilshommes. Les premiers « maîtres d'équipage » et les premiers « maîtres-pilotes entretenus », qui se signalent par l'éclat de leurs services, reçoivent de droit le brevet de sous-lieutenant. La seule prééminence, morale ou technique, ouvre également l'accès de l'État-Major à la progéniture des capitaines du commerce et à la bourgeoisie des villes [1].

Formé par le bailli de Suffren, le plus grand homme de mer des temps modernes, le « Grand Corps » s'auréole des plus beaux noms dont se soit jamais honoré

---

gaire. Lire notamment, dans le tome VI (Édition BOISLILE), pp. 410-413), la caustique sortie du duc de Gesvres contre le maréchal de Villeroy. L'un et l'autre sont fils de secrétaires d'État : « Or, s'écrie le duc de Gesvres, — or, qu'étaient leurs pères, à ces deux secrétaires d'État?, De petits commis, et commis eux-mêmes. Et de qui venaient-ils? Le vôtre, Monsieur le Maréchal, d'un vendeur de marée aux Halles, et le mien, d'un porte-balle, et peut-être pis. » Toute cette scène est délicieuse et l'une des plus spirituelles des *Mémoires*.

[1] Dans la Préface de son livre sur *Tourville*, le prince Emmanuel de Broglie dit avec infiniment de raison : « L'accès de la Marine resta constamment, et jusqu'à la fin de la vieille Monarchie, ouvert à toutes les classes de la société. Cette science maritime..., tout ce savoir spécial ne s'apprenait pas tout seul, et ne l'apprenaient que ceux qui le voulaient et en avaient le goût. Cette seule obligation donna entrée dans la Marine à tous ceux qui étaient capables de bien s'acquitter du métier, sans regarder à leur origine. Aussi, parmi les grands marins français, tous sont-ils, à peu d'exception près, fils de leurs œuvres. Nobles ou roturiers, bien peu arrivent uniquement par protection ou faveur; la plupart doivent monter, l'un après l'autre, sur les degrés de l'échelle, à force de travail, de peine et de persévérance. »(Pp. IV-V.)

un peuple. Ses chefs s'appellent le comte d'Estaing, le marquis de Saint-Aignan, le prince de Rohan-Montbazon, vice-amiraux ; — le duc d'Orléans, le comte du Chaffaut de Besné, le comte de Breugnon, le comte de Guichen, le comte de la Touche-Tréville, le comte d'Hector, le marquis de Vaudreuil, M. de Bougainville, le comte de Borda, le comte de Grimoüard, le marquis de la Jaille, le chevalier de Ternay, le chevalier de Peynier, le comte d'Albert de Rions, le comte de Soulanges, le marquis de Castellane, Thévenard, etc., etc., chefs d'escadre ou capitaines. L'État-Major exerce son commandement sur dix colonies, tant dans l'Ancien que dans le Nouveau Monde. MM. de Vincent, le vicomte de Damas, le baron de Clugny, M. de La Borie, le comte Arthur Dillon, le comte de Villebois, le chevalier de Boufflers, M. d'Ausseville, le comte de Conway, Bruni d'Entrecasteaux, gouvernent Saint-Domingue, la Martinique, la Guadeloupe, Sainte-Lucie, Tabago, la Guyane, le Sénégal, les Iles Saint-Pierre et Miquelon, Pondichéry, les Iles de France et de Bourbon [1].

Aucune nation ne nous montre alors un effectif mieux préparé à sa tâche, aussi dévoué à l'État et

---

1 Voici d'autres noms : de Jonquières-Taffanel, de Grasse-Tilly, de Chabert, Deshayes de Cry, de Barras de Saint-Laurent, de Beausset, d'Arbaud de Jouques, de Cillart, de Coriolis d'Espinouse, de Rivière, de la Porte-Vezins, de Cacqueray, d'Amblimont, de Charrite, de Girardin, de Surville, de la Clue, Havard, de Ternay, de Coëtnempren, de Kersaint, de Bricqueville, Beaussier, de Portzamparc, de Dampierre, d'Apchon, de Balleroy, de Fabry, de Rochechouart, du Breil de Rays, de Kergariou, de Coëtanscourt, de Penfentennyo, de Coëtlogon, de Roquefeuil, de Belizal, de Talhouët, de Carcaradec, du Quengo, de Coataudon, de Kerlerec, du Plessis, de Lage, de Parscau, du Plessix, de Lantivy, d'Espinay de Saint-Luc, de Courson, etc.

plus épris de ses devoirs. C'est une corporation héréditaire qui ne perd jamais de vue les flots de l'Océan; qui naît, qui grandit, qui se bat, qui meurt sur des côtes où gronde une tempête éternelle. Chevalerie maritime, liée depuis des siècles à la race capétienne par une sorte d'engagement d'honneur de défendre le littoral de la France et de protéger ses fiefs d'outre-mer contre les insultes de l'ennemi, — la noblesse bretonne, l'aristocratie normande, boulonnaise, saintongeoise, gasconne, basque, provençale, considèrent les vaisseaux comme leurs foyers et comme leurs autels. Une famille ripuaire qui ne donne pas tous ses enfants à la mer se forclôt, pour ainsi dire, — de sa caste. Le « Service du Roi » prime toutes les sollicitudes et maintient seul le prestige du gentilhomme.

III

Dans les arsenaux, les ouvriers, soumis à une discipline énergique, accumulent des approvisionnements, des munitions et des projectiles qu'un ordre impeccable met, de nuit et de jour, à la dispostion de tous les navires en état de prendre la mer. Lorsque Richelieu fonde notre Marine militaire, il ne peut faire alors appel au concours d'une industrie privée inexistante. D'ailleurs, construire des bateaux ne suffit point. La nécessité s'impose tout d'abord de réunir sur les points stratégiques de notre littoral les forces dont la France a besoin pour assurer son repos et défendre son honneur.

En fournissant à nos vaisseaux des abris, en concentrant dans des anses l'outillage et les ressources qu'exigent leurs réparations et leur ravitaillement, Richelieu entend constituer, avant tout, autant de boulevards pour la sûreté de nos côtes. A la suite d'une enquête qu'il fait entreprendre, trois ports, le Havre, Brest et Brouage, situés à égale distance l'un de l'autre, paraissent à même de garantir notre front de mer contre les insultes de la nation rivale. Choix judiciaire, mais choix temporaire que devait corriger l'expérience. Qui connaît aujourd'hui Brouage? Pauvre bourgade perdue dans les terres aréneuses de l'Aunis, Brouage dominait autrefois la passe qui sépare encore l'île d'Oléron de la terre ferme. L'ensablement la rendant impraticable, Colbert lui substitue Rochefort. Sinueuse, mais profonde, la Charente aboutit à la mer par une embouchure bien protégée. A six lieues de la côte, un château surplombait la rive droite. Après avoir installé dans cette construction l'arsenal, Colbert trace, sur la rive gauche, le plan de la cité rectiligne qui l'encadre.

En 1789, trois grands ports militaires, Brest, Toulon et Rochefort, et six petits, Lorient, Marseille, Le Havre, Dunkerque, Bordeaux et Bayonne constituent notre établissement naval et jalonnent nos côtes. Un machinisme restreint, un bassin à flot ne pouvant recevoir que les navires d'un faible tonnage, des chantiers sans activité, voilà nos « petits ports ». Lorient seul s'enorgueillit d'un véritable arsenal. Fondé, au début du xviie siècle, sur une lande inculte, par une corporation de marchands bretons qui nolisent des bateaux pour l'Inde, l'arsenal ne se compose d'abord que d'un hangar situé à Port-Louis, de l'autre côté de la baie qui ferme la rade. A ce magasin sommaire, devenu bientôt insuffisant, succèdent, sur la rive opposée, d'autres abris qu'agrandit encore, plus tard, une nouvelle Compagnie des Indes. Investie par Louis XIV de Lettres Patentes qui lui octroient la possession du littoral, cette Compagnie surajoute au port naissant un chantier de constructions navales, où s'approvisionnent les bateaux des armateurs bretons. Une ville supplante l'ancien village. Sur le groupe de bâtiments, de bassins et d'ateliers que le nouveau trust fait sortir de terre, se fixe un vocable nouveau : « L'Orient » — nom emprunté au pays de féerie où trafique ce syndicat de conquistadors, de marchands et de batteurs d'estrade [1]. En 1745, la Compagnie — véritable Puissance maritime, État dans l'État, arme trente-cinq vaisseaux ou frégates — enrégimente un Corps d'officiers où la Marine royale recrute souvent ses meilleurs sujets, et fait flotter, à la poupe de ses navires, un pavillon sur lequel s'enlève *un Globe chargé d'une Fleur de lys d'or*, avec cette devise : *Florebo quocumque ferar !*

En s'emparant du Bengale (1753), les Anglais portent un coup funeste à la « Compagnie française des Indes ». Seize ans plus tard, quand un arrêt du Conseil la supprime, elle n'est plus qu'une épave et qu'une ombre. Les liquidateurs estiment le matériel et les bâtiments du port à treize millions. Moyennant le service d'une rente annuelle de douze cent mille livres aux actionnaires, le Roi achète les vaisseaux, les comptoirs, les

---

[1] Jégou : *Histoire de Lorient.*

magasins, les enclaves de la Compagnie, et s'incorpore un personnel plein d'expérience et d'audace.

Jadis, l'arsenal de Marseille arma des galères, mais la déchéance de la marine à rames dépeupla peu à peu les ateliers, l'État-Major et le personnel. Huit ans avant la Révolution, l'État vend à la ville de Marseille un établissement désormais superflu. Désireuse de nous donner un pied sur la Tamise, le Texel et même la mer du Nord, la Monarchie s'apprêtait, en 1789, à remanier de fond en comble Dunkerque, enfin délivré de son commissaire anglais — ultime stigmate de nos guerres. Le Havre doit également subir de nombreuses transformations, décidées dès 1786, à la suite du voyage de Louis XVI en Normandie. A la même époque, le bassin à flot, — seulement ouvert aux bâtiments de 300 à 400 tonneaux, — les chantiers et les ateliers voient s'élargir leurs enceintes [1]. Restent deux « petits ports », Bordeaux et Bayonne, qui rendent peu de services.

Centres maritimes de premier ordre, — à la fois ports de construction, de réparation et d'armement, — Brest, Toulon, Rochefort, déploient leurs forces dans de vastes arsenaux où, sans relâche, les agents du ministère de la Marine, Ingénieurs, Intendants, « Maîtres de la Hache », construisent, gréent, réparent, approvisionnent, arment nos bâtiments de guerre. Ateliers pour la mâture, la corderie, la voilerie, la clouterie de fer, le laminage du cuivre, l'artillerie, spacieux magasins destinés au matériel pour l'immersion des bois, cales de construction, bassins de ra-

---

[1] M. Maurice Loir : *La Marine Royale.*

doub, etc., nul outillage ne manque à ces immenses chantiers où s'entretient, se fortifie et se renouvelle la première flotte du monde.

C'est avec ce cadre, à peine sorti des limbes, que Tourville confère à Louis XIV la maîtrise de la mer[1]. Serviteur bien digne d'un tel maître, que serait devenu ce rejeton d'un petit gentilhomme normand, si le Roi ne l'avait mis hors de pair? Tourville vient à peine d'atteindre sa vingt-quatrième année, que Louis XIV, le nommant capitaine de vaisseau, l'enlève à l'Ordre de Malte, pour le donner au Corps Royal. Marin supérieur à tous les hommes de mer qui l'ont précédé, Tourville se montre peut-être encore plus grand à la Hougue qu'à Beveziers, dans la défaite que dans la victoire. Le Roi lui a donné l'ordre de dégager le passage en luttant, coûte que coûte, contre la flotte ennemie. Tourville la rencontre aux approches de Barfleur : quatre-vingt-neuf navires lui barrent la Manche. Soldat discipliné, l'amiral, avec quarante-quatre vaisseaux seulement, n'hésite pas à se lancer contre un adversaire qui dispose d'une force plus nombreuse.

Douze heures d'un combat opiniâtre n'entament pas notre escadre. A la fin de la journée, les qua-

---

[1] « S'il a manqué à Napoléon quelques heures de la maîtrise de la Manche pour envahir l'Angleterre, Louis XIV l'a eue, cette maîtrise, grâce à la victoire de Tourville à Beveziers, et pas seulement durant quelques heures, mais bien pendant plusieurs semaines. » (Conférence de M. le capitaine de vaisseau AMET. — *Ligue Maritime* de juillet 1910, pp. 97-103. Sur Tourville, voir le beau livre du prince Emmanuel DE BROGLIE : *Un grand marin, Tourville* (1642-1701); DELABRE : *Tourville et la Marine de son temps*, et George TOUDOUZE : *Ligue Maritime*, de février-mars 1906 et de juillet 1910.)

rante-quatre vaisseaux français, sans en excepter un seul, quittent indemnes le champ de bataille, après avoir coulé et brûlé deux vaisseaux ennemis. C'est le lendemain de cette journée, sans précédent et sans autre exemple dans les fastes de toutes les marines, que quinze de nos navires, poussés par la tempête, vont s'échouer à la Hougue. Mais Louis XIV, plus magnanime encore dans l'adversité que dans l'heureuse fortune, donne à Tourville le bâton de maréchal et lui confie, l'année suivante, une flotte de soixante et onze navires. Voilà comment les Capétiens se comportent avec les chefs que maltraite le sort. Incapables de distinguer entre l'impéritie et le malheur, les jacobins tuent le général atteint par les revers ; les rois l'honorent de leur estime et de leur confiance.

Sous les auspices de Louis XVI, notre Marine est à la veille de reconquérir son maximum de puissance. Ne va-t-elle pas bientôt s'assurer dans la Manche, à Cherbourg, un refuge où la France, menacée par l'Angleterre, pourra demain embosser ses escadres contre un ennemi toujours prêt aux attaques soudaines? Faute de cette rade, Tourville avait subi un désastre dont Louis XVI veut nous épargner le deuil. Ce que la nature nous a refusé, la patience et le génie des hommes nous le fournissent. L'ingénieur Cessart, d'abord, le capitaine de la Bretonnière, ensuite, jettent les fondements de la fameuse digue qui ferme la rade. Des cônes de forte charpente, immergés dans les sables, amorcent la cyclopéenne muraille. Le premier cône échoue le 6 juin 1784. Deux ans plus tard, le Roi assiste à l'immersion d'un bloc. En 1789, dix-huit cônes jonchent le fond de la mer. Encore quelques années de travaux, — et, sur la Manche, va surgir, en face de Portsmouth, la plus formidable forteresse maritime de la Monarchie, quand la Révolution éclate. Aussitôt, le vent de mort que déchaîne le cyclone disperse les ingénieurs, ravage les chantiers, arrête l'entreprise. La rade que voulait créer Louis XVI, avant la fin du xviiie siècle, — notre Marine de guerre l'attendra pendant trente ans. Sirocco mortel à tous les épanouissements et fatal à tous les germes, le gouvernement jacobin dessèche et stérilise la flore du génie national...

Dans la France continentale, nos forces se répartissent entre trois ports de guerre, Brest, Rochefort et Toulon, et vont alimenter, au-delà de notre littoral, — une Escadre d'évolutions qui s'exerce, plusieurs fois par an, dans l'une de nos trois mers : — une Expédition autour du monde que commande le capitaine de La Pérouse ; — deux Stations navales destinées à protéger notre commerce, l'une à Saint-Domingue, l'autre aux Petites Antilles ; — une Division de trois frégates et de plusieurs corvettes qui surveille nos Établissements au-delà du Cap de Bonne-Espérance et qui maintient avec les États, encore autonomes, de l'Indoustan des relations que la crainte du joug britannique rend, chaque jour, plus intimes et plus sûres.

Ce n'est pas tout : une Division — d'une force au moins équivalente — visite les escales de la Méditerranée, où les traités conclus par nos Rois nous assurent le monopole du Commerce. Enfin, une petite Station, sur les côtes du Sénégal, et une autre, aux Pêcheries de Terre-Neuve, complètent l'établissement naval de l'ancienne Monarchie et portent jusqu'aux extrémités du monde les manifestations de notre puissance et le prestige de notre nom [1].

IV

Quelle que soit l'origine de l'officier, la Monarchie lui offre une faveur, celle de se survivre, à bord, dans sa descendance. Un Édit royal permet à chaque chef d'embarquer sur son navire, en qualité de « volontaires », ses fils ou ses neveux, dès qu'ils ont atteint l'âge de treize ans. Chez ces jeunes Gardes-Marine, le contact quotidien avec de vigoureux supérieurs entretient une émulation qui leur dérobe le sentiment du péril.

Les capitaines ont alors plus de peine à tempérer la bravoure des jeunes gens qu'à la stimuler. Les Gardes-Marine sont peu disciplinés et peu lettrés; on leur reproche, à bon droit, de bouder le règlement et les livres, mais ils se battent si bien que leurs aînés leur pardonnent incartades et paresse.

Entraîneurs de premier ordre, ces jeunes gens obtiennent le privilège de figurer aux postes les plus périlleux. Quand un détachement d'abordage reçoit l'ordre de s'élancer à l'assaut d'un vaisseau ennemi,

---

[1] Le comte de Villèle, le futur ministre de Charles X, était alors officier de la Marine Royale. Le tome Ier de ses *Mémoires* (chapitre Ier, pages 32 et suivantes) nous fournit les détails qu'on vient de lire. Villèle ajoute : « C'était surtout à l'intérêt spécial que le Roi régnant s'était plu à accorder à notre Marine militaire qu'étaient dus les immenses progrès de nos établissements coloniaux et maritimes. »

les héroïques Gardes-Marine marchent toujours en tête. Peu leur importe qu'on les suive ou non ! Une fois engagés, ils ne savent plus revenir en arrière; ils vont où ils ont reçu l'ordre de se porter, s'y maintiennent ou meurent, sans jamais tourner le dos à l'ennemi !

Le 12 avril 1741, le *Bourbon*, mauvais marcheur, commandé par M. de Boulainvilliers, se sépare des vaisseaux de l'escadre. Tout à coup, une voie d'eau se déclare dans la cale et rend impossible le sauvetage du bâtiment. On ne dispose que de deux embarcations. Chef plein de sang-froid, M. de Boulainvilliers communique son calme à l'équipage. Aucun désordre ne compromet la discipline. Le capitaine désigne les hommes que doivent recueillir les deux chaloupes et, parmi les privilégiés, croit devoir comprendre son fils, pourvu du grade d'enseigne. Mais le jeune homme refuse d'abandonner son père. Il faut que les marins saisissent le Garde-Marine et l'installent, de vive force, dans le second canot.

Au combat de la *Surveillante* contre le *Québec*, au moment de lancer sur l'adversaire les pelotons d'abordage, le commandant du Couëdic appelle auprès de lui ses trois neveux, tous les trois Gardes-Matelots. Le périlleux honneur du premier choc les attend : « Allons ! garçons ! s'écrie du Couëdic, voilà l'instant de songer à l'honneur de la famille ! »... Le *Québec*, fracassé de boulets, tombe en notre pouvoir, mais l'ennemi ne veut pas se rendre. Alors, deux jeunes Gardes-Marine, du Vergier, l'aïeul de La Rochejaquelein, et du Couëdic, le fils du commandant de la *Surveillante*, engagent un pugilat avec les matelots anglais, qui ne désarment qu'après ce furieux corps à corps.

Au cours de la campagne où se heurtèrent, en 1788, les Turcs et les Russes, un corsaire, battant pavillon russe, s'empare d'un bâtiment français qui transporte des passagers turcs. Sur l'ordre du chevalier de Saint-Félix, commandant de la *Pomone*, une chaloupe et un canot, ayant à leur bord trois Gardes-Marine, MM. de Contenson, Pichon de La Gord et de Saint-Césaire, tentent d'enlever le corsaire à l'abordage. Le combat se déroule. Dès le début de l'action, Saint-Césaire, après avoir sabré deux ennemis, tombe mortellement atteint. Son camarade, Pichon de La Gord, grièvement blessé, les vêtements en feu, en voulant se jeter à la mer, pour éteindre les flammes qui le dévorent, reste suspendu, le corps hors du flot, à deux boulets ramés. Malgré les cris de La Gord, qui veut qu'on le laisse mourir, Contenson se précipite au secours de son camarade, le charge sur ses épaules et, sous le feu des Russes, l'emporte jusqu'à la chaloupe et le sauve.

Au mois d'octobre 1747, dans un combat où huit vaisseaux français soutinrent, de midi à minuit, le feu de seize vaisseaux anglais, le chef d'escadre des Herbiers de l'Etanduère, à bord de *Tonnant*, place son fils au premier rang de combat, et, sur son exemple, M. de Vaudreuil met en vedette le sien sur l'*Intrépide*, pendant que M. de Kerlerec décerne le même rang à son neveu, Kervasegan, qui fut tué dans l'affaire. Au moment où l'Etanduère côtoie le mât d'artimon, un boulet coupe un hauban, emporte la tête du timonier, éclabousse de la cervelle la figure du chef d'escadre. Alors, l'intrépide officier, sans perdre une seconde, le combat de vue, étend la main vers son fils : « Passez-moi votre mouchoir ! » lui dit-il. Et, comme l'enfant ne peut contenir ni son trouble, ni ses larmes, l'Etenduère lui fait comprendre, en deux mots énergiques, que, sur le champ de bataille, un homme de son sang ne doit jamais faiblir... Le prestige du nom, l'honneur de la race, le service du Roi, exaltent tous les officiers, enfants et hommes mûrs, gentilshommes et plébéiens, ceux qui sont déjà célèbres et ceux qui veulent le devenir, le noble d'hier et le noble de demain.

V

Nos Rois donnent l'exemple. Se considérant comme les « Rois de la mer », les Anglais exigent de toutes les Marines européennes le salut du pavillon. Prétention illégitime ! La fermeté de Louis XIV fait fléchir l'orgueil de nos rivaux. L'ambassadeur de France à Londres, le comte d'Estrade, croit devoir prêter l'oreille à un « accomodement ». Louis XIV, dans une dépêche écrite de sa main, tance le diplomate pusillanime :

« Le Roy, mon frère, — écrit Louis XIV, — ne me connoît pas encore bien, quand il prend avec moy des voyes de hauteur. Je ne connois Puissance sous le ciel qui soit capable de me faire avancer un pas par un chemin de cette sorte. Il me peut arriver du mal, mais non pas une impression de crainte... Le Roy d'Angleterre et son Chancelier peuvent bien voir à peu près quelles sont mes forces, mais ils ne voyent pas mon cœur. Moy qui sens et connois bien l'un et l'autre, je désire que, pour toute réponse à une déclaration si hautaine, il sache, par votre bouche, au retour de ce courrier, que je ne demande ni ne recherche d' « accomodement » en l'affaire du pavillon, parce que je saurai bien soutenir mon droit quoi qu'il en puisse arriver... Je serai toujours prêt, même à hasarder mes propres États, plutôt que de commettre la moindre faiblesse qui puisse ternir ma gloire [1]. »

En 1777, le commandant de Marigny rencontre deux vaisseaux anglais de soixante-quatorze canons qui veulent le visiter, sous prétexte qu'il porte des secours aux Insurgents :

« Qui êtes-vous? d'où venez-vous? où allez-vous? lui crie-t-on.

— Je suis la *Belle-Poule*, frégate de Sa Majesté le Roi de France, je viens de la mer, je vais à la mer. Les bâtiments du Roi, mon maître, ne se laissent pas visiter. Si vous voulez me couler, coulez-moi, mais vous ne me visiterez pas ! »

Un autre commandant, sommé de se rendre par une frégate anglaise, lui crie : « Parlez français, je ne comprends pas votre langue », et lui décharge sa bordée avec un flegme qui sent son grand seigneur. Les femmes de marins ont l'âme aussi haute que celle de leurs époux, et les mères trouvent, pour célébrer la vertu guerrière de leurs enfants, des mots sublimes. Mme Bouvet de Maisonneuve, apercevant le funèbre

---

[1] Le Dr Corre, qui reproduit tout au long cette belle lettre dans son livre sur l'*Ancien Corps de la Marine*, dit qu'il l'emprunte à un manuscrit dont il est détenteur, manuscrit rédigé par M. de Coëtlogon. Toutes les Ordonnances relatives au salut y figurent.

cortège qui lui rapporte son fils, tué, en 1782, sur un corsaire, dit à ses serviteurs :

« Ouvrez les portes à deux battants. Jamais tant d'honneur n'est entré dans notre maison ¹ ! »

Voilà les leçons de « point d'honneur » que se lèguent les familles et qui, transmises, de père en fils, sur les vaisseaux du Roi, y perpétuent le dévouement à la patrie, la haine de l'étranger et l'amour des aventures. Aujourd'hui, l'officier, tenu en suspicion par un Gouvernement qui le livre à la surveillance secrète de ses délateurs, outragé par la Chambre, vilipendé par la presse, insulté par ses inférieurs, semble plus préoccupé de se faire pardonner sa profession que de s'en prévaloir. Tout autre se montre à nous l'officier de l'Ancien Régime : fier de son Corps, fier de sa patrie, fier de son Prince, fier de son métier, il ne peut s'empêcher de laisser voir, dans ses paroles, dans ses gestes, dans sa physionomie, dans son regard, l'orgueilleuse joie que lui donnent la confiance du Roi, la noblesse de sa mission et la grandeur de la France.

VI

Pour que les instincts pervers et les sollicitations du dehors ne fassent pas retomber le marin dans le cloaque natal, il faut qu'une charte inflexible le tienne sans cesse en haleine. Aussi la potence dresse-t-elle ses redoutables fourches aux angles de tous les chemins

---

1 Maurice Loir, p. 294.

où notre matelot s'engage. Feuilletez les anciennes Ordonnances. A chaque article s'embusquent les galères, la bouline, la cale, la mutilation, la mort. Pour fumer dans un arsenal de la Marine, la mort. Pour vol commis à terre, neuf années de galères. Au factionnaire qui joue aux cartes ou aux dés, au matelot qui dort pendant le quart : plongée de la cale ! Mauvais propos contre les officiers : passage sous les coups de garcette de la bouline ! L'exécution du châtiment appartient au « Prévôt de l'Équipage », remplacé aujourd'hui par « le Capitaine d'Armes ». Le Prévôt met aux fers, garde les hommes punis et tire de chaque peine un salaire de cinq sols. Le marquis de Castries supprime ce tortionnaire et confère aux bas officiers les attributions du Prévôt, mais sans tempérer les rigueurs du code.

Tant que le Pouvoir central défie la discussion, tant que la Monarchie s'acquitte de sa tâche, l'échelle des peines reste à peu près intacte. Mais, au XVIIIe siècle, à mesure que les « philosophes » frustrent le Roi de son hégémonie morale et que le Roi lui-même perd de vue sa mission traditionnelle, cet antagonisme et cette négligence entraînent peu à peu la chute du Code militaire et la destruction de la discipline.

Tocqueville signale, avec infiniment de sagacité, le déplorable écart qui s'établit, vers la fin de l'Ancien Régime, entre les mœurs et les lois. Si les lois restent dures, inflexibles, — en revanche, les mœurs se prêtent à toutes les transactions et favorisent toutes les défaillances. Dans le relâchement universel des croyances et des principes, la majesté de la Loi subit fatalement le sort de la Majesté royale. A partir de 1770, on ne trouve plus personne dans les régiments pour exiger la stricte exécution du code : Commandant en chef, Officiers généraux, Grand Prévôt, Conseil de Guerre, toutes les autorités tergiversent et chancellent. Le maréchal de Saxe remarque qu'on n'arrête plus, de son temps, le soldat pris en maraude. « Comme le maraudeur est puni de mort, chacun, dit-il, répugne à faire périr un misérable. » Une Ordonnance du 10 décembre 1775 substitue « le bagne » à la peine de mort pour les déserteurs. Dix ans plus tard, ce châtiment semble encore trop rigoureux. Le 1er juillet 1786, une Ordonnance remplace le bagne par huit tours de « baguette ». Qu'arrive-t-il? Vingt mille soldats s'évadent.

Il n'en est pas tout à fait de même dans la Marine. Si les « âmes sensibles » obtiennent la mitigation des châtiments légaux, les corrections disciplinaires conservent leur empire et leur rigueur. Les maîtres d'équipages portent toujours, pendue à la ceinture, la corde de répression, la fameuse *liane*, que les Jacobins trouvèrent si barbare et qu'ils remplacèrent par le couperet national. Grâce à la *liane*, le marin, jusqu'à la fin de l'Ancien Régime, « reste l'homme du monde le plus subordonné de France et le mieux plié à une discipline exacte ». « Tout grossier qu'il paraît, — ajoute l'*Encyclopédie*, — le marin sait parfaitement distinguer le chef capable de celui qui n'a que le titre de sa supériorité [1]. »

1 Les corrections corporelles ne furent abolies dans la Marine française qu'à une date assez récente. En 1870, l'auteur de ce livre appartenait comme officier de mobiles, au 30e Régiment de Marche et dépen-

Entre les Officiers et les Marins, la bonhomie des anciennes mœurs tempère la rigueur des règlements et rapproche les distances. Parfois même, — pour rappeler les plus fiers au sentiment de l'égalité primitive, — le pont du bâtiment de guerre sert de théâtre à des scènes où se déploient les licencieuses familiarités du carnaval. Une manœuvre harasse-t-elle l'équipage et faut-il faire appel à l'énergie des hommes à bout de forces, soit pour lever l'ancre, soit pour hisser une voile? Soudain, le capitaine clame : « Charivari ! »

« Pour qui ? » interroge un matelot.

— « Pour le commandant, qui a une perruque aussi », répond une seconde voix.

Aussitôt, de toutes les bouches jaillit, sur le commandant, sur ses habitudes, sur sa sévérité et même sur sa famille, sa femme, etc., une averse de brocards. Vacarme infernal, brouhaha de tempête, où les quolibets font rage avec les lazzis, jusqu'à ce que la tâche prenne fin et que l'équipage ait tendu la voile ou fixé

---

dait d'une brigade que commandait le capitaine de frégate Félix du Temple, le futur membre de l'Assemblée nationale. Un bataillon des Équipages de la flotte, à la tête duquel se trouvait un de mes parents, le lieutenant de vaisseau Gustave Basset, faisait partie de la même brigade. Lors de la retraite qui suivit la bataille du Mans, il arrivait parfois qu'en route les marins, plus ou moins fatigués, ralentissent la marche ou s'attardassent parmi les traînards de la colonne. Aussitôt, le général du Temple ou le commandant Basset, accourant à cheval, frappaient, à coups de plat de sabre, les retardataires, pour les faire rentrer dans le rang. Les marins ne se plaignaient jamais de ces bourrades. Sans ces corrections manuelles, la plupart n'auraient-ils pas été faits prisonniers et emmenés en Allemagne? Un de nos amis, ancien officier de marine, M. Alfred de Tesson, dans une Notice sur les « Mathurins » (*Revue de l'Avranchin*, t. III, 1886, p. 171), raconte, à ce propos, une curieuse anecdote. Voir L'APPENDICE n° 1.

l'ancre. Cette saturnale navale ne rugit que pendant cinq à six minutes. Il n'en faut pas davantage pour que les supérieurs, enclins à l'orgueil, tirent une leçon — parfois opportune — des facéties que leur décoche l'impitoyable satire populaire.

La Révolution, — que les déclamateurs de taverne représentent comme la libératrice de tous les opprimés, — loin d'abolir les châtiments corporels, les aggrava. Le 21 août 1790, l'Assemblée Constituante rend un décret en vertu duquel la cale, la bouline, les coups de corde au cabestan doivent châtier les matelots rebelles. Ordre au maître d'équipage d'user de la « liane » ou du rotin, pour rappeler au respect du Règlement les hommes qui s'en écartent. Naturellement, les matelots s'indignent que l'émancipation promise au genre humain tout entier par nos Jacobins s'arrête aux gens de mer. Mais si ce paralogisme n'échappe point à la clairvoyante astuce des fauteurs d'émeute, la Révolution fait taire les factieux en redoublant de sévices contre les mécontents.

VII

Si, de 1676 à 1782, notre pays livre vingt et une batailles rangées et n'en perd que trois, à qui doit-il sa suprématie navale? A ces dynasties d'eupatrides qu'aucune entreprise n'effraie, qu'aucun effort ne lasse et qu'aucun holocauste n'épuise, — toujours avides et toujours fiers de verser leur sang pour la plus grande France. Arsenaux, ports, matériel, chantiers, équipages, état-major, tout atteste notre prééminence et tout excite la jalousie de l'Angleterre. Depuis huit ans, la souveraineté des mers, un moment usurpée par la Grande-Bretagne, n'appartient plus à notre émule. Sans doute, dans la néfaste journée du 12 avril 1782, où le comte de Grasse-Tilly, non loin de l'îlot des Saintes, engagea la bataille avec ses trente vaisseaux contre les trente-sept de l'amiral Rodney, la France subit un grave échec. Mais, à la même époque, le bailli de Suffren, dans les mers de l'Inde, n'a-t-il pas remporté cinq grandes victoires qui nous ont donné le sceptre de l'Océan? Aussi, nos aïeux se laissent-ils d'autant moins impressionner par l'incident des Saintes que le comte de Vaudreuil, après le combat, a pu ramener à Saint-Domingue une force navale de vingt-cinq vaisseaux indemnes. Il n'en faut pas moins refaire notre Marine. La nation, tout entière, enflammée du plus noble patriotisme, décide de créer, avec ses propres ressources, une flotte nouvelle. Le même élan de générosité dont s'était honorée la France, lors du ministère Choiseul, enfièvre le pays. États provinciaux, Villes, Fermiers Généraux, Communautés d'arts et métiers, tous les groupes sociaux offrent au Roi des millions pour peupler nos rades de vaisseaux et de frégates. A Paris, un million et demi de livres, souscrites par les six Corps des marchands, le Collège de pharmacie, les Corporations industrielles, rendent aux chantiers de Rochefort, de Toulon et de Brest, l'activité que les arsenaux ont perdue. Le Clergé de France, réuni en assemblée générale, au mois d'octobre 1782, vote un don gratuit de quinze millions [1].

Mais la guerre a trop duré. En France comme en Angleterre, le Trésor public, grevé de lourdes charges, ne peut plus suffire aux frais d'une nouvelle campagne. Celle qui vient de finir nous a coûté quatorze cents millions. L'Angleterre est non moins lésée. Dans le Parlement britannique, Pitt, après avoir recensé les forces dont dispose alors la Grande Bretagne, prononce ces mots découragés : « LA GLOIRE DE L'ANGLETERRE EST PASSÉE; ELLE FAISAIT HIER LA LOI AUX AUTRES; AUJOURD'HUI, ELLE DOIT LA SUBIR! » En déposant ainsi le ceste, l'illustre ministre ne proclame-t-il pas l'amoindrissement de l'Angleterre et notre suprématie maritime?

C'est sous Louis XVI que notre Marine militaire atteint son apogée. Secondés par des auxiliaires de premier ordre, comme Blouin, Malouet, Laporte, et par des officiers de génie, comme Suffren et Guichen, — Sartines et Castries accroissent l'outillage et les effectifs, rajeunissent la stratégie, améliorent les services. Les études scientifiques, déjà poussées très loin, sous les prédécesseurs de Louis XVI, prennent, à partir de 1770, un essor énergique. Le capitaine Verdun de la Crenne [2], appelé, en 1771, au comman-

---

[1] G. LACOUR-GAYET : *La Marine militaire de la France, sous le règne de Louis XVI*, p. 439.

[2] VERDUN DE LA CRENNE (Jean-Antoine-René, marquis de), né à Aucey (Manche), en 1741. Garde-Marine en 1756 à Toulon, il passe en 1760 à Brest et est promu enseigne en 1765, puis lieutenant de vaisseau; il est nommé membre de l'Académie royale de la Marine et appelé au commandement de la *Flore*, avec mission de vérifier les méthodes employées pour la détermination des latitudes et des longitudes, et de rectifier les cartes hydrographiques. En compagnie de Borda et de l'abbé Pingré, il appareille le 29 octobre 1771. Les études et les

dement de la frégate la *Flore*, entreprend, avec un camarade, le chevalier de Borda [1], et l'astronome Pin-

découvertes de ces trois savants servent de base fondamentale à la navigation actuelle et leurs méthodes sont celles qu'emploient chaque jour les navigateurs.

Après avoir, en 1778, consigné les résultats de cette mission dans l'ouvrage qui porte son nom, M. de Verdun fut promu capitaine de vaisseau. A cette époque, Catherine II, impératrice de Russie, voulant achever l'œuvre de Pierre le Grand, demanda un de nos officiers généraux pour réformer la marine russe. Le choix tomba sur M. de Verdun, qui passa un an à la Cour de l'impératrice. De retour en France, il fut employé dans les expéditions les plus importantes. Une armée navale ayant été réunie à l'armée espagnole pour seconder les opérations du duc de Crillon devant Gibraltar, M. de Verdun fut nommé Major-Général, sous les ordres de la Motte-Piquet. Nommé, en 1786, chef d'escadre et, peu de temps après, chef de division, un Conseil supérieur de la Marine ayant été formé à Versailles, M. de Verdun fut appelé à en faire partie. C'est là que le trouva la tourmente révolutionnaire. M. de Verdun fut obligé d'aller demander à l'Espagne un asile : il y choisit Cadix.

Lorsque le calme revint, M. de Verdun s'empressa de retourner au manoir ancestral. Il s'y consacra aux bonnes œuvres, concourut à la fondation de la Congrégation des Carmélites du Tiers-Ordre et refusa l'important commandement que Napoléon lui offrit. A l'âge de soixante-quatre ans, il mourut à Versailles, à la suite d'un drame domestique. Il avait voulu réunir à sa table un gendre et un beau-frère brouillés et s'était flatté de réconcilier les deux parents. Un meurtre transforma en tragédie cette réunion de famille. (Communication de M. le comte de Verdun de la Crenne.)

[1] BORDA (Jean-Charles, chevalier de), capitaine de vaisseau et mathématicien, né à Dax le 4 mai 1733. Entré fort jeune dans le génie militaire, il lut à l'Académie des Sciences un *Mémoire sur le mouvement des projectiles*, qui lui valut, à vingt-trois ans, le titre de membre associé. Après avoir assisté à la bataille d'Hartembeck, il quitte l'armée de terre pour l'armée de mer et dirige ses études vers l'art nautique. Pendant la guerre d'Amérique, Borda servit sous le comte d'Estaing en qualité de major de l'armée navale. Capitaine de vaisseau depuis 1779, il commanda le *Guerrier* en 1781, et fut chargé, l'année suivante, d'escorter avec le *Solitaire*, de soixante-quatorze, un corps de troupes envoyé à la Martinique. Attaqué par une escadre ennemie, il soutint un long combat et ne se rendit qu'après un combat héroïque. Les Anglais le traitèrent avec distinction et le renvoyèrent dans sa patrie sur parole. En 1784, il était inspecteur des constructions navales. Mort à Paris, le 20 février 1799.

gré [1], un voyage scientifique. La *Flore* longe les côtes d'Espagne, visite les Canaries, parcourt les mers d'Europe et d'Afrique, explore les mers du Nouveau Monde. Des cartes hydrographiques, dressées avec soin, consacrent le souvenir de cette expédition savante. Deux autres voyages permettent à Borda de substituer aux méthodes vétustes le procédé des relèvements astronomiques obtenus par des instruments à réflexion. C'est sur les indications de Borda que sont construits, pour les observations terrestres, « les cercles répétiteurs », dont l'usage est aujourd'hui général. Lorsque l'Assemblée Constituante décide d'inaugurer un nouveau système de poids et mesures, Borda détermine, en compagnie de Delambre et de Méchain, l'arc du méridien qui doit servir à fixer le mètre, et dirige les principales expériences de physique avec les instruments qu'il crée lui-même.

Le vice-amiral marquis de Chabert [2] concourt à

---

[1] PINGRÉ (Alexandre-Gui), astronome, né à Paris et mort dans cette ville en 1796. A seize ans, il entre dans l'ordre des Génovéfains et y prépare plus tard la théologie. Janséniste endurci, Pingré se sépare de ses collègues pour se livrer avec ardeur à l'étude du ciel. Dans cette carrière, il devient vite célèbre. Successivement correspondant (1753), puis associé libre de l'Académie des Sciences, il rentre chez les Génovéfains, est nommé leur bibliothécaire, puis chancelier de l'Université. On mit à sa disposition un observatoire dans l'Abbaye de Sainte-Geneviève. Pingré compose un *Almanach nautique* sous ce titre : *État du ciel* pour les années 1754-1757 et ajoute à l'*Art de vérifier les Dates* le calcul des éclipses des six siècles qui précédèrent l'ère chrétienne, et détermine l'orbite de vingt-quatre comètes.

[2] CHABERT (Joseph-Bernard, marquis de), vice-amiral et astronome, naquit à Toulon le 28 février 1724. Garde-Marine en 1741, fit remarquer, dès ses premières campagnes, la défectuosité de nos cartes relativement à l'Acadie, et rectifia la longitude de Buenos-Ayres. Nommé enseigne, en 1748, il retourna en Amérique, et, à la suite de son voyage, publia un Mémoire où il fixait les principaux points de l'Acadie, de l'Ile Royale et de Terre-Neuve. Son travail ayant été

l'établissement de nos cartes marines, et dresse le « Neptune de la Méditerranée ».

Un haut fonctionnaire du ministère de la Marine, le chevalier de Fleurieu, plus tard ministre et vice-amiral, encourage cette culture des sciences exactes. Mais c'est de Louis XVI lui-même que part l'impulsion la plus vigoureuse. Le Prince est le plus savant géographe de son Royaume et de son temps. Les instructions que reçoit la Pérouse sont tracées par le Prince lui-même. L'expédition comprend deux navires, la *Boussole*, commandée par La Pérouse, et l'*Astrolabe*, par le chevalier Fleuriot de Langle. Les sauvages de l'Archipel de Samoa massacrent Fleuriot de Langle et onze de ses compagnons. Au mois de mars 1788, les navigateurs faisaient route vers la Nouvelle-Calédonie. Depuis cette date, nul renseignement ne devait nous éclairer sur les causes et les péripéties de cette catastrophe. Indifférents à l'expédition de La Pérouse, les Jacobins se désintéressent de son sort, de ses recherches et de ses malheurs.

---

interrompu par la guerre de 1756, il prit part, en qualité de lieutenant de vaisseau, à la prise de Mahon, puis continua ses études. Revenu en France au commencement de 1758, il fut attaché au dépôt des cartes, à Versailles. Reçu membre de l'Académie des Sciences, la même année, il fut promu en 1764 capitaine de frégate, en 1771 capitaine de vaisseau, et en 1776 brigadier des armées navales. Commandant du *Vaillant* sous les ordres du comte d'Estaing, il prit part aux différentes affaires de la Grenade, assista, sous le comte de Grasse, aux affaires des 29 avril, 1ᵉʳ juin, et 6 septembre 1781. Blessé dans ce dernier engagement, il fut promu chef d'escadre. Nommé commandeur de Saint-Louis en 1784, promu vice-amiral en 1792, il émigra la même année. Rentré en France en 1802, et nommé membre du Bureau des longitudes l'année suivante, il mourut le 2 décembre 1805.

VIII

Chez l'officier de vaisseau de l'Ancien Régime, le manœuvrier et le tacticien ne sont pas inférieurs au savant. Suffren, d'Orvilliers, Nieul, Grasse, Guichen, Troplong du Rumain, donnent un tel éclat à la Marine française, que l'Impératrice Catherine de Russie, les Rois de Naples, de Suède et de Danemark, jaloux de notre savoir, sollicitent et obtiennent de Louis XVI le concours de nos officiers pour instruire leurs escadres. Dans un *Essai de tactique navale*, paru en 1782, l'auteur, un Anglais, John Clarck, imposant silence à l'orgueil national, salue, chez les officiers français, « un plus parfait art de faire évoluer les grandes escadres ». — « Art auquel, dit-il, nous autres Anglais, nous ne faisons pas assez attention. Nous continuons de suivre, en effet, une ancienne routine que l'expérience plus raffinée des modernes aurait dû nous faire rejeter. » La bravoure des officiers de Louis XVI égale celle des Duquesne, des Tourville et des Jean-Bart. Les Archives de la Marine cachent, dans leurs cryptes, des exploits qui couvrent de gloire des milliers de familles. On connaît Du Couëdic, Chadeau de La Clochetterie, La Motte-Piquet, Grimoüard, Tilly, etc. Mais qui connaît aujourd'hui le nom du chevalier du Rumain? Rumain, avec trois corvettes, deux petits corsaires et trois cents hommes, s'empare de l'île Saint-Vincent, fait six cents prisonniers, sans perdre un seul de ses marins, et s'empare même de deux navires anglais qui viennent ravitailler la place.

En 1780, rencontrant la *Flore* à quatre lieues ouest d'Ouessant, Rumain engage avec elle un combat, vergue à vergue, la désempare, puis, cédant à sa fougue naturelle, le chevalier ordonne l'abordage. Mais au moment où Rumain s'élance sur le pont ennemi, une balle le tue et prive la France d'un second Duguay-Trouin.

IX

Si les historiens signalent et réprouvent, non sans raison, l'indiscipline des officiers du temps de Louis XV, leurs successeurs cessent d'encourir ce reproche. Dans son *Histoire de la Marine pendant la Guerre de l'Indépendance américaine*, le capitaine de vaisseau Chevalier prouve que l'esprit de subordination ne reçut, au cours de la campagne, que de très rares et de très légères atteintes. C'est l'époque de la « guerre en dentelles ». Les rites mondains exigent que les officiers arborent, pour se battre, ces somptueuses rhingraves écarlates, brodées d'or, qui les désignent aux arquebuses britanniques. Lors de la tentative d'abordage de la *Flore* par la *Nymphe*, non seulement — comme nous le disions tout à l'heure — le capitaine succombe, mais tous les officiers sont tués. Leur intrépidité souriante et leur dédaigneuse désinvolture déconcertent nos impassibles adversaires, plus circonspects au feu, ou moins avides de gloire.

Quelle école de tactique, de bravoure et d'endurance que les campagnes de l'illustre Suffren, du « Grand Bailli », dans l'Inde ! L'Histoire de la Marine Royale, au cours de la guerre d'Amérique, nous fournit tous les types des grands chefs militaires. Tacticiens dociles aux règles classiques, d'Orvilliers et Guichen, munis d'une science consommée, mais plus élégante qu'efficace, font un peu penser à la science du maître d'armes, à ses parades et à ses fioritures. La Motte-Piquet, « ce chien de garde vigilant », comme l'appelle M. Lacour-Gayet, toujours prêt à fondre sur l'ennemi de son maître, inspire une invincible peur aux Anglais, qui connaissent ses coups de dents et qui redoutent ses morsures. D'Estaing et Grasse, le premier, malgré ses déboires, le second, malgré ses revers, pourraient, s'ils avaient plus de flamme, prendre rang parmi les capitaines. Seul, Suffren s'offre à nous comme un de ces « Magnats du Tout-Puissant » dont parle Carlyle. Vrai « Roi de la mer », il ne connaît pas les transes de l'incertitude... Esprit d'initiative et de décision, fécondité de ressources qui défie tous les périls, allégresse guerrière qui se précipite au-devant de toutes les responsabilités, droiture inaccessible à toutes les suggestions de la camaraderie ou du sang, bravoure égale à tous les hasards, énergie supérieure à la fortune, amour passionné de la gloire, culte ardent de la France, tous les dons et toutes les vertus se réunissent chez Suffren et lui donnent la marque du dominateur et du demi-dieu.

Le talent s'asservit aux routines et suit les ornières : le génie s'ouvre des voies nouvelles. Rompant avec les fioritures de l'école, le grand Bailli inaugure la « méthode » qui, dix ans plus tard, fera la fortune du général Bonaparte et le désespoir de ses adversaires. Des manœuvres de parade, une tactique pour ainsi dire cérémonieuse, glaçaient la spontanéité de notre race. Suffren répudie ce protocole suranné. Que demande-t-il à la Marine? Une perpétuelle offensive. Fouiller l'horizon pour découvrir les frégates anglaises et leur imposer le combat, voilà toute la science de ce grand homme. Convaincu que, dans une guerre navale, les escadres sont faites pour livrer bataille, et non pour l'esquiver, Suffren attaque l'ennemi « en tout temps, en tout lieu, même si son escadre est inférieure à la flotte de l'adversaire », estimant, non sans raison, que, dans ce cas, un chef résolu peut mettre hors de combat un ou deux vaisseaux et préparer ainsi la victoire définitive du lendemain. « Tenir toujours la mer, marcher droit sur son antagoniste, le détruire à tout prix, et, par sa destruction, conquérir l'empire de l'Océan, telle est, pour Suffren, toute la stratégie maritime. » Sous ses ordres, la guerre navale devient ce qu'elle doit être avant tout, non une guerre défensive, côtière, mais une guerre d'escadre, une guerre hardiment offensive [1] !

Maintenant, il faut le reconnaître : Louis XVI, ce Prince magnanime, que la Révolution n'a pas seulement assassiné, mais diffamé, comprit, dès le premier jour, le parti qu'il pouvait tirer de ce grand homme et ne songea qu'à favoriser ses aptitudes et qu'à seconder son génie. Si, pendant la guerre de 1870, Gambetta dictait, heure par heure, du fond de son cabinet de Tours, les mouvements stratégiques des Chanzy, des d'Aurelles de Paladines et des Bourbaki, la droiture capétienne a une tout autre conception de son rôle et de notre génie. Fidèle à la tradition de

---

[1] G. LACOUR-GAYET, ouv. cit., pp. 350-352.

Louis XIV, Louis XVI veut que ses généraux et ses amiraux dirigent les opérations militaires et maritimes comme ils l'entendent. Voici les instructions que le ministre de la Marine, le comte de Castries, expédie au grand Chef d'escadre : « La sagesse de Sa Majesté ne lui a pas permis de fixer, en particulier, aucune opération. Elle sait qu'à quatre mille lieues d'Elle, il serait imprudent d'en déterminer de positives. Elle se borne, en conséquence, à vous faire connaître que l'*inactivité de son escadre est ce qu'elle défend principalement.* » Quelle grandeur dans ce langage, et comme le Roi respecte les chefs et honore leur caractère ! Quelle science aussi de l'homme ! Louis XVI n'ignore pas qu'une flotte passive est fatalement condamnée à la défaite.

Tombée sous la férule de Jacobins ignares, la Marine devait fatalement divorcer avec cette tradition de respect pour le haut commandement. A peine nantis, nos Révolutionnaires se hâtent de violer les instructions royales. Instruits à l'école de Suffren, les officiers de l'Ancien Régime savent au besoin s'insurger contre un indolent supérieur. Lors de la bataille que livra devant Nagapatam, à l'amiral Hughes, le bailli de Suffren, le capitaine Cillard de Surville, serré de près par les Anglais, amène le pavillon du *Sévère*. Plus indépendant et plus intrépide que les généraux de Bazaine, le lieutenant Dieu s'adjuge, au milieu du tumulte de la canonnade, le commandement du navire, donne l'ordre de continuer le feu, et, grâce à cette initiative chevaleresque, sauve notre escadre et notre honneur.

Non moins intrépide[1], Sochet des Touches, animé de l'esprit de Suffren, sans se préoccuper de l'infériorité de ses forces, engage quand même la lutte contre les amiraux Arbuthnot et Rodney. Offensive heureuse ! En battant la flotte anglaise dans la baie de Chesapeak (1781), en obligeant lord Cornwalis à capituler, Sochet des Touches fonde l'indépendance des États-Unis et dépossède nos voisins de la primauté maritime. Quelques heures de combat suffisent pour enlever à l'Angleterre la plus importante de ses colonies et pour retarder d'un siècle l'avènement de l'Impérialisme britannique.

1 DES TOUCHES (Charles-René-Dominique Sochet, chevalier), contre-amiral, né à Luçon le 7 août 1727, garde-marine en 1743, enseigne en 1748, lieutenant de vaisseau en 1756, reçut en 1765 le commandement de la corvette la *Corisandre*. Capitaine de vaisseau en 1772, il prit part à la bataille d'Ouessant sur l'*Artésien*, puis nommé, en 1780, au commandement du *Neptune*, il se rangea sous le pavillon du chevalier de Ternay, chargé d'escorter le convoi qui portait 6.000 soldats aux États-Unis. A peine le convoi était-il débarqué à Newport, que les amiraux anglais Arbuthnot et Graves, voulant cerner Rhodes-Island, attaquèrent la division française au mouillage. Un peu plus tard, arrivait l'amiral Rodney, ce qui porta les forces ennemies à vingt et un vaisseaux de ligne. Ternay, condamné à l'inaction par l'infériorité de ses forces (sept vaisseaux), envoya demander des secours en France. Sur ces entrefaites, Ternay mourut et fut remplacé par Des Touches. Le nouveau commandant voulut profiter d'un coup de vent, qui avait dégréé quatre vaisseaux anglais, pour entrer dans la baie Chesapeak, et concourir aux opérations de l'armée de terre franco-américaine. La bataille s'engagea, le 16 mars 1781, en vue du cap Henry. L'escadre ennemie se retira très maltraitée. Promu chef d'escadre, et décoré du cordon rouge, ainsi que de l'ordre de Cincinnatus, Des Touches fut nommé contre-amiral le 1er janvier 1792. Retiré à Luçon, pendant la tourmente révolutionnaire, il en fut arraché en 1793 pour être jeté dans la prison de Fontenay-le-Comte. Les Vendéens l'ayant délivré, l'amiral suivit l'armée royaliste et mourut peu après dans la retraite des Prinquiaux.

X

La défaveur des événements blessa la race anglo-saxonne comme une injure. Il fallait se venger de cet amoindrissement et de cet outrage. La nation tout entière exigeait une réparation aussi prompte que terrible. De trop nombreux Français devaient, hélas ! se faire les dociles artisans de ces représailles. Moins de huit ans après le combat de Chesapeak, la Révolution ouvre l'ère de la débâcle dans notre Marine, et neuf ans ne se sont pas écoulés, depuis la prise de la Bastille, que, du magnifique établissement naval créé par Louis XVI, il ne reste plus que des débris souillés de sang, d'écume et de boue. En 1799, nos vaisseaux sont capturés ou perdus, nos officiers guillotinés ou bannis, nos équipages inertes ou captifs, nos arsenaux vides, nos rades envasées et nos ports déserts. La revanche est éclatante et l'Angleterre satisfaite. Dans la baie d'Aboukir a sombré, corps et biens, la nef si luxueusement gréée qui portait notre fortune.

Comment s'accomplit notre déchéance? Par quelles pentes insensibles se précipita notre déclin? Le chercheur qui se donne la peine d'explorer nos Archives y trouve le secret de notre abaissement et de nos désastres. Dès les premiers mois de 1789, les manœuvres des conspirateurs, les fureurs de la populace et l'indolence du Pouvoir suscitent dans nos ports militaires les mêmes troubles qu'y fomentent aujourd'hui les Syndicats et les Bourses du travail, clandestinement encouragés à l'émeute par des hommes politiques plus intéressés à ébranler qu'à raffermir notre établissement naval.

De 1789 à 1792, la permanence et l'impunité du désordre pervertissent peu à peu, dans l'âme populaire, l'idée du devoir. D'abord timide, la sédition, après avoir conquis la rue, envahit les chantiers, et, d'étape en étape, gagne les escadres. En vain, les officiers essaient-ils de faire prévaloir les anciennes maximes qui, jadis, maintenaient si facilement sous le joug d'un pouvoir paternel les plus dociles marins du monde. Les Clubs, les Municipalités, les Autorités départementales, les Pouvoirs judiciaires, les Sociétés secrètes s'arrogent le droit d'intervenir dans toutes les querelles, — moins pour ramener les factieux à la raison que pour les pousser à de nouvelles violences. Magistrats, clubistes, procureurs, syndics, édiles, tout le monde commande, — sauf les Chefs investis de l'autorité traditionnelle et légitime. Et quand, débordés par cette anarchie, les officiers invoquent l'arbitrage du Pouvoir suprême, l'Assemblée Constituante — qui ramasse dans ses mains toutes les attributions — gourmande les supérieurs, flagorne les subalternes, absout les révoltés.

Les États-Généraux viennent à peine de se réunir à Versailles que, déjà, l'ancien édifice qui, depuis des siècles, abritait la Société française, se lézarde, et que le Pouvoir exécutif chancelle. Mais, en même temps que la toute-puissance tutélaire de la Monarchie s'effondre sous les coups que lui porte chaque jour l'Assemblée nationale, les réformateurs ne créent aucun organisme destiné à remplacer les anciens cadres et à discipliner les activités nouvelles. Seules, les forces destructives opèrent, et le désordre fonctionne. Feuillants et Girondins songent moins à transformer la France qu'à l'asservir. En donnant le signal de l'insurrection, les Mirabeau, les Lameth, les Le Chapelier, les Brissot, les Vergniaud, les Isnard, révèlent à la plèbe impure des villes la puissance de la révolte et la légitimité de l'émeute. Dans les ports, les ouvriers des arsenaux, les portefaix des quais et les marins de la flotte s'initient vite aux nouvelles méthodes de gouvernement que préconisent les agitateurs législatifs. Les succès des factions donnent à tous les mécontents, à tous les ambitieux et à tous les déclassés le goût des aventures et l'estime de la violence.

Mais comment s'accomplit cette rupture de l'ordre ancien? Comment se fait-il que l'autorité doute tout à coup de ses principes et perd surtout la notion de ses droits? Comment se fait-il que l'image d'un roi « droiturier », comme saint Louis, s'exile des intelligences? Comment se fait-il, enfin, qu'en renonçant à leur antique magistère, les Chefs ne s'aperçoivent pas qu'ils abdiquent, non une tyrannie, comme le leur disent les libellistes, mais la plus bienfaisante des tutelles? Infidèles au devoir, ce n'est point leur caste qu'ils frappent, c'est le peuple qu'ils lèsent et la France qu'ils trahissent.

Le philosophe et l'historien dénoncent, dans la Révolution, tantôt un complot de la Franc-Maçonnerie et tantôt une trame de l'Angleterre. Accusations aussi fondées l'une que l'autre; mille faits justifient les reproches des contemporains et donnent raison à nos propres doléances. Mais pourquoi les Puissances destructrices trouvent-elles, à la fin de xviii⁰ siècle, le terrain de culture qui leur fit défaut au temps de la Ligue et de la Fronde? Pourquoi la France se laissa-t-elle vaincre, sous Louis XVI, par les causes de dissolution qu'elle avait bravées sous Henri IV et Louis XIV? [1] Pourquoi quelques arquebusades triomphent-elles, au xvii⁰ siècle, des émeutes qui, cent cinquante ans plus tard, culbuteront la Monarchie? Mettons donc sur la sellette les ennemis du dehors et les conspirateurs du dedans. Mais, auprès des coupables occultes ou ostensibles, ménageons une place aux Français les plus dévoués, aux Magistrats, aux Généraux, aux Princes. qu'anémièrent la bonté, le scepticisme, l'incertitude [2].

XI

Si, à partir des dernières années du xvii⁰ siècle, l'âme nationale offre plus de prise aux sophismes et moins de résistance aux crimes, c'est qu'elle commence à se vider de l'idée divine [3]. Si, peu à peu, La Motte Le Vayer, Bayle, Fontenelle, Diderot, Voltaire, Rousseau, les Encyclopédistes, supplantent Bossuet, Corneille, Pascal, Fénelon, Racine, dans l'estime des gens de Cour et des beaux esprits, c'est que les nouvelles doctrines cajolent

---

1 V. les *Émeutes sous Louis XIV*, par Pierre CLÉMENT. *Revue des Deux Mondes*, 15 août 1865.
2 V. *Souvenirs* de MOREAU, historiographe du Roi. T. II, ch. xx.
3 V. *Les Origines de l'Esprit encyclopédique*, par F. BRUNETIÈRE. Huit leçons inédites et corrigées par MM. René DOUMIC et Victor GIRAUD, *Revue hebdomadaire* des 9, 16 et 23 novembre 1907.

les nouvelles mœurs. Diderot, Voltaire, Rousseau, la Constituante et la Convention auraient vainement fait le siège d'une nation vigoureuse, défendue par de solides murailles. Les philosophes de la Nature et les proconsuls de la Terreur ne forcèrent qu'une cité de plaisir autour de laquelle s'espaçait une enceinte de remparts déjà pourris.

Quel évangile professe donc le « monde » que l'Encyclopédie acheva de détériorer et que saccagea la Révolution, sa fille? Nos pères estiment que l'homme n'a d'autre but que lui-même et que la société n'a d'autre fin que l'homme. Foncièrement bon, que doit faire l'homme pour rester honnête? S'abandonner à ses instincts. Point de péché originel et, par conséquent, point de Rédemption, ni de Rédempteur. Vierge de toute tare, l'homme ne doit pas plus se battre la poitrine que faire pénitence. La Tradition, la Race, la Famille, ont encombré les cerveaux de préjugés et d'erreurs. Aux Réformateurs de débarrasser l'homme des bandelettes qui le compriment et de l'arracher à l'hypogée où la superstition l'enferme. Le seul flambeau qui doive l'éclairer, c'est sa Raison, — et non une Révélation extérieure, contredite par la philosophie et démentie par l'histoire. Pendant des siècles, les Prêtres s'appliquèrent à leurrer le monde de fables, de légendes et de mensonges. Vengeons-nous de cette tyrannie de l'imposture en déclarant la guerre à la caste sacerdotale. Guerre aux rites! Guerre aux temples! Guerre aux prêtres! La Religion a défait l'homme; il appartient à la Révolution de le refaire.

Voilà le Coran qui, propagé par les Loges, maléficie toutes les classes, sauf les artisans et les laboureurs, préservés de la contagion par l'éducation traditionnelle, l'isolement et le catéchisme [1]. Si, dans la même catégorie sociale et dans la même famille, l'Encyclopédie et Rousseau ne poussent point chaque membre aux mêmes excès, c'est que, suivant les individus et l'ambiance, la saturation diffère. Chez les uns, le virus de la nouvelle doctrine vicie non seulement les pensées, mais la volonté, tandis que, chez les autres, le poison, plus dosé, paralyse le malade, sans le jeter dans le délire.

Mais quand on a mis sur la sellette d'Alembert, Voltaire, etc., on n'a pas déchiffré l'énigme de la crise morale dont pâtit la génération qui se mit à l'école de ces maîtres. Après avoir dénoncé les corrupteurs du XVIIIe siècle, il nous reste à chercher leur ascendance. Où est-elle? Pourquoi l'Encyclopédie exerça-t-elle si facilement ses prises et ses ravages sur nos pères et sur leurs fils?

Au Moyen Age, tous les peuples de l'Europe formaient une même famille qu'unissait la similitude des croyances religieuses, « source et garantie de cette civilisation fraternelle [2] ». En soumettant toutes les races aux mêmes lois morales, l'Évangile fondait, dans un harmonieux accord, leurs dissonances. Une seule idée, une seule cause, enflammait les esprits et

---

[1] Vers 1850, dans les petites villes de la Basse-Normandie, on trouve chez les plus modestes bourgeois un exemplaire de l'*Émile*, fatigué par un long usage. Notons que, dans tous les centres urbains, le parti jacobin compta d'ardents champions.
[2] Étienne Lamy : *La France du Levant*, p. 51.

les cœurs. Étendre « le Royaume de Dieu » dans le monde et, pour opérer cette conquête, grouper dans un seul faisceau toutes les nations, animées de la même foi, voilà l'idéal de l'antique société chrétienne. Conciles, Universités, Hanses commerciales, Armées, Ordres religieux, Corporations défendent le même patrimoine, frémissent de la même haine contre l'incroyant, et brûlent des mêmes ardeurs apostoliques. Sous le souffle de la Papauté, l'Esprit des Croisades précipite les peuples contre l'Islam, c'est-à-dire contre la barbarie qui déprave l'homme et qui stérilise le sol.

Mais, voici que, bientôt, l'indépendance morale du musulman excite l'envie des mauvais chrétiens, rebelles à l'impératif catégorique du devoir. Tel Frédéric Barberousse qu'irrite le magistère spirituel du Souverain Pontife et qui, las de lutter contre ses passions, veut cesser d'obéir à la Loi éternelle pour devenir lui-même la « loi vivante », *lex vivens in terris*. Si la soumission au Décalogue, qui bride nos instincts, rapproche les hommes, — en revanche, le péché les divise : n'est-il pas la révolte contre l'ordre? L'individu, d'abord, secoue le lien qui l'unit à son frère, puis, bientôt, la Nation elle-même ébranlée par tant de chocs, s'échappe, à son tour, et casse la chaîne.

Tel fut le rôle de la Réforme. L'hérésie de Calvin et de Luther ébranle l'unité française, rouvre la frontière aux étrangers et livre notre patrie à leurs complots, attise les haines, déchaîne contre les monuments du génie national, contre nos principes, contre notre règle du devoir, les passions et les violences d'une plèbe démuselée. En cent ans, l'invasion anglaise a moins affaibli l'État qu'en trente ans la Réforme : « Par qui, — s'écrie Malherbe, dans son *Ode à Louis XIII,*

> Par qui sont, aujourd'hui, tant de cités désertes,
> Tant de grands bâtiments en masures changés,
> Et de tant de chardons les campagnes couvertes
>   Que par ces enragés? »

Crise douloureuse ! Sous les secousses du Protestantisme, la République chrétienne chancelle et se fractionne en morceaux que ne vivifient plus la force morale des croyances et l'union des cœurs. L'esprit de secte prévaut sur l'esprit de foi. A la politique des principes succède le jeu des intérêts. Entre les peuples s'exhaussent des frontières et s'érigent des citadelles où les privilèges et les monopoles montent la garde. Les rivalités et les rancunes poussent à la rupture et conseillent la domination. Hier, les peuples, la main dans la main, sous le même drapeau, luttaient contre l'infidèle et contre le barbare. Aujourd'hui, ce n'est plus la mise à mal ou l'expulsion des mécréants que poursuit chaque peuple. Installée par la Réforme sur les trônes, la cupidité fait la guerre à la chevalerie. Témoin des cabales de l'Espagne, il faut que le Roi de France surveille tour à tour les Pyrénées et les Flandres pour contrecarrer les manèges d'un voisin exubérant de convoitises. Compétition funeste où s'épuisent les énergies faites pour se déployer contre l'ennemi de la Foi commune. Disciplinée par les Papes, arbitres suprêmes du juste et de l'injuste, souverains pacificateurs des peuples, la Chrétienté voulait établir la primauté de l'Évangile et la suprématie de l'Impondérable dans le monde. Tout à coup, Luther et Calvin conspirent contre cette civilisation et travaillent à la supplanter par un ordre nouveau où triomphe, non plus la volonté divine, mais l'orgueil humain. Rétifs à l'hégémonie pontificale, Charles-Quint et ses successeurs rêvent « la Monarchie universelle » et, pour assurer le succès de ce plan, veulent d'abord faire de la France leur satellite. L'invasion de la Provence démasque les desseins de l'Espagne et doit préluder à sa main-mise et à notre servitude. Ainsi menacé, François Ier cherche dans l'alliance ottomane une garantie contre les ambitions hostiles à l'indépendance française. Ce traité, cette « Capitulation » a l'avantage de conférer aux Français et, bientôt, à tous les Chrétiens qui, sur le sol turc, se rangent sous les plis de notre drapeau, les mêmes libertés et les mêmes privilèges dont les gratifie leur terre natale. Mais, si sous l'empire des nécessités stratégiques auxquelles nous oblige notre défensive contre l'Espagne et contre l'Allemagne, l'idéal chrétien s'obscurcit parfois, il ne subit jamais une totale éclipse. Un peuple chevaleresque et généreux, comme le nôtre, ne peut se résigner à servir sa grandeur particulière au détriment de la civilisation générale. Tous ses instincts, tous ses souvenirs protestent en faveur de la politique capétienne; toute sa littérature, Trouvères, Moines, Chanteurs populaires, Jongleurs, Chroniqueurs, subordonnant le calcul à l'idée, entretiennent la flamme qu'allumèrent Philippe-Auguste, saint Louis, Charlemagne, Roland et les douze Pairs. A travers les guerres étrangères et les dissensions civiles, dans la fumée des combats et le choc des invasions, l'Épopée nationale survit, intangible, dans tous les cœurs.

Trop grands Français pour ne pas brûler des mêmes ardeurs, les Bourbons, après avoir protégé les intérêts que la politique commerciale leur prescrit de défendre, ne cessent de tirer l'épée pour venger les principes auxquels notre race a voué son âme. C'est ainsi qu'à la demande de Louis XIV, de nombreux Français vont, sur le champ de bataille de Saint-Gothard, donner leur sang pour la délivrance de la Hongrie et la fin de la domination ottomane. Au cours du même siècle, six mille volontaires français, l'élite des armées de Turenne et de Condé, obéissant à la voix du Pape Innocent XI, se font tuer au siège de Candie, sous le commandement de La Feuillade et du duc de Beaufort.

Un moment, la politique des Croisades prend une telle revanche, que la France tout entière joint ses supplications à celles de Boileau pour dire, avec le poète, à Louis XIV :

Je t'attends, dans six mois, aux bords de l'Hellespont.

Vers la même époque, Leibnitz, dans un Mémoire adressé au Roi, convie la France à marcher contre l'Islam. « Votre patrie, dit le philosophe, est spécia-
« lement appelée par la Providence à commander les
« armées chrétiennes dans le Levant, *the soldier of*
« *the Christ*, dit Shakespeare. Elle est destinée à nous
« donner des Godefroy de Bouillon et surtout des
« saint Louis. Sa mission est d'attaquer l'Afrique,
« d'y détruire le repaire de la piraterie et même d'y

« conquérir l'Égypte. » Louis XIV n'avait pas besoin de ces conseils pour comprendre ses devoirs. Il lui suffisait de prêter l'oreille aux traditions de sa race.

En 1683, quand les cent mille Turcs de Mahomet IV assiègent Vienne et menacent l'Europe, si le Roi de France, après avoir, tout d'abord, promis son concours, se trouve contraint de l'ajourner et laisse à Jean Sobieski le privilège de la victoire, plusieurs centaines de volontaires français le duc de Croy, les comtes de Maligny, de Béthune, de Forbin-Janson, de Vignacour, le marquis de Sépeville, etc., etc., enrôlés dans l'armée du roi de Pologne, y défendent « le grand dessein » d'Henri IV, si hostile au Turc et si favorable à toutes les aventures dirigées contre l'infidèle.

Au XVIIIe siècle, Clément XI, — le même Pape dont la flotte généreuse alimenta la Provence, pendant la peste de 1720, — après avoir aidé le Prince Eugène à reprendre Belgrade, n'adresse pas un inutile appel au patriciat français pour enlever aux Musulmans le port et la forteresse de Corfou. Sous le drapeau pontifical, les Princes de Dombes, de Pons, de Marsillac, le marquis d'Arlincourt, les comtes d'Estrades, de Charolais, etc., enlèvent aux Ottomans la citadelle de l'Adriatique. Mais faut-il rappeler que jusqu'à la Révolution la plupart de nos officiers de Marine vont, à Malte, s'initier à la stratégie navale et débutent, dans la carrière maritime, par des caravanes contre le Turc?

Au XIXe siècle, fidèle héritier de la politique de saint Louis et d'Henri IV, Charles X, non content d'avoir affranchi la Grèce de la suprématie ottomane, vient de se prononcer pour la fondation d'un royaume chrétien à Constantinople [1]. Quand les libéraux de 1830, exaspérés d'une politique si contraire à l'intérêt anglais, suscitent une émeute, où tombe le Paladin qui, la veille encore, plus que jamais docile à l'esprit des Croisades, ravissait au Croissant la Régence d'Alger !

Mais ce n'était pas en vain que la Réforme, les guerres religieuses, les frottements avec le Turc, nous avaient fait embaucher parmi nos troupes les reîtres allemands, les lansquenets suisses, les argoulets levantins; cette pègre cosmopolite devait finir par nous communiquer ses tares. Quel peuple pourrait opposer à un tel contact une âme invulnérable? La Révolution, — ce nouvel Islam ! — comme l'appelait le général Lamoricière, dans l'ordre du jour qu'il adressait à l'armée pontificale, la veille de Castelfidardo, devait sortir de cet abcès. Comment aurions-nous pu sauvegarder notre foi dans ces sanglantes mêlées, où les nations chrétiennes croisaient le fer les unes contre les autres?

Ni la sagesse humaine ne peut se suffire, ni un pays ne peut, sans dommage, se dérober aux directions du magistère spirituel qui lui a tracé son rôle. Cette obnubilation du « grand dessein » devait porter la foule au doute et les classes lettrées à la révolte. Tant que notre patrie, libre de ses mouvements, avait

---

[1] Alfred NETTEMENT : *Exposition Royaliste* (1789-1842), pages 259 et suivantes. Il s'agissait d'un projet de Traité secret avec la Russie. Aux termes de ce traité, la Russie s'annexait les provinces turques de l'Europe, sauf Constantinople réservée au roi des Pays-Bas, et la France avait, en compensation, la Belgique.

obéi au plan divin et conformé à sa destinée sa tâche, la vigueur de notre ossature sut braver les assauts du temps et des hommes. En obligeant la France à se dérober à sa mission, la Réforme ouvrit un gouffre où s'effondreront, tour à tour, l'Autel, le Trône, la Famille, la Morale.

L'Encyclopédie, Voltaire, Diderot, le Grand-Orient, le Club des Jacobins, etc., germèrent, fleurs vénéneuses, sur les décombres du temple fracassé et de l'idée mutilée. Qu'est-ce que le Jacobin? Un musulman, moins les ablutions et le tapis de prière. Même dégradation de mœurs, même fanatisme, même haine, mêmes instincts de rapine, même soif du sang. Homicide et vandale, le Jacobin — comme le Musulman — jette au bûcher les trésors que les Monarchies créèrent. Sa fonction est de réduire en cendres les gerbes engrangées par les Gouvernements chrétiens.

A la fin du XVIIIe siècle, la Nation, entravée dans sa mission mystique par les gênes qu'imposent à nos Rois les rivalités qu'a créées le Protestantisme, la Nation écume, piaffe, hennit, comme un cheval de sang, meurtri par le box et las de l'herbe grasse, aspire au grand air et au champ de course. Il aurait fallu tourner contre la cohue des basochiens, des philosophes, des déclassés, des sectaires, des bateleurs, des francs-maçons, les énergies aventurières de notre race. La guerre d'Amérique n'avait pas donné un suffisant essor à cette fougue. Parmi les couches populaires frémissaient des forces qui ne demandaient qu'à se déployer contre l'ennemi éternel. Le Peuple-Chevalier souffrait d'une inertie funeste à son hygiène morale. Qu'arriva-t-il?

S'emparant des vigueurs captives, la Révolution et l'Empire les déchaînent contre la France et contre l'Europe, contre leurs traditions et contre leurs Codes, contre leurs mœurs et contre leurs trésors, contre leurs foyers et contre leurs autels. Aux Croisades de la foi, de l'idéal et de l'ordre, se subrogea la contre-Croisade de la Terreur, de la curée et du chaos.

XII

Comment cette volte-face fut-elle possible? C'est bien avant la Révolution que « le ciel — suivant le terrible mot de l'*Apocalypse* — s'était replié comme un livre qu'on roule ».

Les officiers et les Jacobins, que les premiers troubles de la Révolution mettent en face les uns des autres, ceux-ci dans le camp de l'émeute, et ceux-là dans le camp de l'ordre, burent aux mêmes coupes et respirèrent le même air. Sur les contrôles de la même Loge, les noms des proscripteurs de la Terreur ne s'entrelacent-ils point souvent aux noms de leurs futures victimes? Sans doute, la tradition ancestrale, l'instinct de la Race, le sentiment de l'honneur, empêchèrent beaucoup d'officiers et de gentilshommes d'obéir aux lois de la Logique. Mais l'ascendant que le *Contrat social* et l'*Émile* exercèrent sur l'aristocratie n'en favorise pas moins l'œuvre des Jacobins et la dissolution de la France. Si, sauf quelques nobles, comme Biron, Custine, etc., qui se rallieront franchement aux idées révolutionnaires, les châtelains, pris en masse, ne furent pas assez contaminés par l'erreur pour donner au nouvel Islam le concours de leur épée, ils subirent suffisamment, toutefois, cette influence, pour s'immobiliser dans le doute et dans l'inaction. Faut-il rappeler que les « seigneurs » qui commandèrent l'armée vendéenne, les Lescure, les La Rochejaquelein, les d'Elbée, les Bonchamp, les Talmont, les Charette, etc., ne marchèrent que sur les sommations des laboureurs opprimés par la République et jaloux d'en secouer le joug [1] ? Le noble n'aurait pas laissé prendre cette initiative à ses métayers s'il n'avait pas souffert lui-même du malaise intellectuel et moral qui, malheureusement alors, anémiait son énergie et disloquait son Ordre. A défaut d'une ardente connivence, la passivité de l'aristocratie fit pourtant le jeu du Jacobin. Qu'arriva-t-il, en effet? Au lieu de disputer la place à l'ennemi, officiers et nobles l'abandonnèrent. Dans leurs provinces, sur leurs terres, les mêmes hommes auraient pu lever, discipliner et conduire des forces contre la Démagogie naissante. En l'emportant sur le parti de l'offensive, le parti de l'invasion précipita le triomphe de la Révolution et hâta notre catastrophe.

Cent vingt mille nobles laissent derrière eux des intérêts, des prestiges et des forces qui faisaient de chaque seigneur une autorité sociale et un pouvoir guerrier, naturellement hostiles au désordre. La fron-

[1] Le 18 août 1793, le Conseil supérieur de l'Armée vendéenne adressait à M. Dundas, ministre d'État de Sa Majesté Britannique, une lettre dont voici le début : « Nous avons l'honneur de vous faire parvenir ci-joint un Mémoire, ainsi qu'une lettre adressée à S. A. R. Mgr le comte d'Artois. Vous y verrez, Monsieur, nos principes : ce sont les généreux habitants de nos campagnes qui, *les premiers*, se sont armés contre le despotisme conventionnel, et nous nous sommes fait un devoir de nous unir à eux. » — Dom CHAMARD : *Les Préliminaires de l'Insurrection de l'Ouest*, p. 23.

tière franchie, — ce patrimoine, cette maîtrise et cette clientèle, la fuite les annule et la Révolution les confisque. Le jour où les gentilshommes divorcent avec leur patrie, ils abdiquent leur crédit et ruinent leur fortune. Chez nous, ils étaient des puissances; — en Allemagne, en Angleterre, en Hollande, en Suisse, que sont-ils? Des épaves. Se figure-t-on la tournure qu'auraient prise les insurrections de la Vendée, de la Bretagne, de la Normandie, du Vivarais, du Languedoc, si les douze mille officiers de Condé avaient formé les cadres de l'armée catholique et royale? En s'en allant, la noblesse militaire condamne elle-même sa cause à la déroute et la France à la Terreur. Ce n'est pas le Conventionnel Le Carpentier qui fait échouer la Vendée à Granville et qui la frustre ainsi de la citadelle d'où les bataillons royalistes, enfin ravitaillés, se seraient élancés contre la Convention et contre la capitale, — c'est l'émigration. Dès l'année suivante, les Bas-Normands, groupés autour du général de Frotté, n'attestèrent-ils pas, dans plus de cinquante rencontres, l'ardeur de leur foi monarchique? Mais, les émigrés de Jersey s'étaient mis à la solde de l'Angleterre. Ennemis irréductibles du Gouvernement britannique, les Royalistes de la Manche ne pardonnèrent pas aux diplomates de la Vendée cette aberration et cette duperie qui, trente ans plus tard, devaient frapper à mort la dynastie restaurée. Du haut des remparts de Vauban, les Royalistes granvillais avaient eux-mêmes fait pleuvoir les pavés sur les alliés de l'Angleterre. Est-ce à dire que ce pacte fût illégitime? Non, certes ! Pas plus que le pacte de la France avec les colonies américaines insurgées contre leur mère-patrie, contre l'Angleterre ! Mais le Normand estima que ce concours de la Grande-Bretagne ne pouvait être qu'illusoire et, par conséquent, funeste.

XIII

La mission de gouverner un peuple implique l'obligation de le défendre. La Philosophie du XVIIIe siècle n'est pas moins hostile à la tradition nationale qu'au dogme catholique. Les Encyclopédistes et Rousseau flétrissent l'emploi de la force et condamnent la guerre. Tout à la fois victime et précurseur du Pacifisme naissant, Louis XVI abdique — le premier de la Dynastie — la magistrature militaire que lui ont conférée l'exemple de cinquante Rois et l'onction de Reims. En soustrayant le Dauphin à ses fonctions héréditaires, son médiocre gouverneur, Lavauguyon [1],

---

[1] LAVAUGUYON (Antoine-Paul-Jacques de Quélen, duc de), issu, par les femmes, de la branche des Bourbons-Carency, né à Tonneins (Lot-et-Garonne), le 17 janvier 1706. Entré, de bonne heure, dans l'armée, fit, comme colonel, la campagne de 1733 à 1735. Se distingua aux sièges de Khel et de Philipsbourg, fut chargé de la retraite de Vandenhausen en Bohême, et, à la tête de quatorze compagnies de grenadiers, soutint, pendant huit heures, l'attaque des ennemis, sans se laisser entraîner. Promu brigadier, Lavauguyon concourut au succès de la bataille de Fontenoy, se distingua à Rocoux et à Lawfeld. Créé lieutenant-général, en 1748, il fut nommé, au mois de mai 1758, gouverneur du fils aîné du Dauphin, le duc de Bourgogne. A la mort du duc de Bourgogne, Lavauguyon fut attaché, en la même qualité, au duc de Berry, le futur roi Louis XVI. « Vaillant officier, imbu d'excellents principes religieux et moraux, mais moins sûr dans la pratique, Lavauguyon — écrit M. Marius Sepet dans son livre sur *Louis XVI, étude historique* (1910) — était une âme ambitieuse, un esprit étroit et un caractère douteux, homme de coterie et de cabale, peu scrupuleux sur les moyens d'arriver à ses fins. » On lui adjoignit l'évêque de Limoges,

n'a pas semblé se douter qu'il acheminait lui-même son élève vers la déchéance et vers l'échafaud.

Le sacerdoce du Roi de France n'a rien de commun avec le rôle du Roi d'Angleterre. Si l'Angleterre se présente à nous comme une citadelle que protège, sur tous ses fronts, le fossé d'une mer à peu près infranchissable à l'envahisseur, la France, invulnérable à l'Ouest, au Sud et au Sud-Est, grâce à l'Atlantique, aux Pyrénées, à la Méditerranée et aux Alpes, offre, en revanche, sur son front Nord et sur son front Est, trois lignes d'invasion, — trois vallées, — la vallée de l'Oise, la vallée de la Marne et la vallée de la Seine, — toutes les trois ouvertes aux convoitises et aux armes de l'Allemagne.

Circonvenu par l'Océan, le Roi d'Angleterre n'a pas besoin de veiller, jour et nuit, la lance au poing, sur la plate-forme de son donjon, pour observer et déjouer les manèges d'un ennemi sans cesse aux aguets d'une provocation ou d'une défaillance. Cette sécurité le dispense du harnais de guerre et l'exempte de ses servitudes. Souverain d'un Royaume que nul voisin ne harcèle, et chef d'un peuple que nul péril du dehors n'oblige à mettre ses destins sous la sauvegarde d'un

---

Coetlosquet, et l'abbé de Radonvilliers, « humaniste distingué, esprit cultivé ». Lavauguyon garda toute l'influence, et sa principale préoccupation fut moins de secouer que d'entretenir l'apathie de son élève. « Une lacune énorme, dit le même historien, — déjà signalée chez Louis XV, s'largit encore chez son héritier plus qu'un vide à peu près total. En fait d'instruction militaire, le duc de Berry ne reçut que quelques notions théoriques, sans application spéciale et pratique. » (*Louis XVI*, pp. 20-21.) Il serait curieux de rechercher pourquoi, — à partir du duc de Bourgogne, — les héritiers du trône cessèrent d'être initiés à la science militaire ! Voilà un intéressant problème historique à étudier. Cette ignorance devait être fatale à la dynastie, en 1830 comme en 1792.

soldat, le Monarque de la Grande-Bretagne se trouve, par là même, contraint d'accorder à ses sujets, sans inquiétude sur leurs frontières, les libertés et les agitations du Forum.

En face du Roi anglais, que la protection de l'Océan affranchit des sollicitudes guerrières, qu'est-ce que le Roi de France? Un soldat couronné! La nature l'a constitué le gardien armé et casqué d'un territoire perpétuellement accessible à l'agression d'un adversaire avide d'agrandissements et de conquêtes. La guerre exclut les discussions des Parlements et les pourparlers des Chancelleries. Il faut donc que l'arbitre de la Nation française — tuteur suprême de son existence — soit aussi, comme tous les Chefs militaires, le seul interprète de sa volonté. Aux Anglo-Saxons les combats de la tribune! Aux Français les mêlées du champ de bataille! La situation géographique de chaque État trace à chaque Gouvernement sa besogne, sa charte et son histoire [1].

Jusqu'à la fin du XVIIe siècle, la Royauté française s'acquitta de ce métier et ne faillit point, un seul jour, à son rôle. Pendant que les sujets vaquent à leurs devoirs ou à leurs plaisirs, l'Autorité royale, le glaive au flanc, fait respecter leurs intérêts, leurs droits et leurs croyances. Wisigoths, Sarrasins, Normands,

---

1 « Les Anglais, dit Albert Sorel, n'ont point à compter sur les invasions étrangères, dans les luttes qu'ils soutiennent contre la suprématie royale, dans les guerres intestines qui s'ensuivent; ils n'ont point à se soucier des interventions ennemies. C'est un souci qui domine, au contraire, dans leurs discussions civiles, toutes les préoccupations des Français. La menace de la conquête pèse toujours sur eux, et le danger de la servitude étrangère ne leur laisse longtemps le loisir de discordes... Tout contribue en France à unifier le pouvoir, en Angleterre à le diviser. » *L'Europe et la Révolution française*, t. I, p. 191.

Grandes Compagnies, Anglais, Allemands, Espagnols, Huguenots, tentent en vain de détruire l'œuvre amorcée par Clovis, consolidée par Charlemagne et bénie par l'Église. Nos Princes chassent les uns et subjuguent les autres, disputent à l'étranger le sol offert par la Providence au déploiement de notre génie et protègent contre les souillures de l'invasion l'intégrité de notre foi, de nos traditions et de nos espérances.

Pourquoi le plus guerrier des Bourbons, Henri IV, après avoir reconquis son royaume les armes à la main, demeure-t-il le seul Roi « dont la France ait gardé la mémoire »? Pourquoi, de nos jours encore, son image défie-t-elle, quand même, l'indifférence des hommes et l'usure des choses? C'est que la France adulte sent d'instinct qu'elle ne peut recouvrer ses forces qu'aux sources mêmes où les puisa la France naissante. Nos premiers Rois furent des chefs militaires qu'acclamaient les soldats, après les avoir promenés autour du camp, debout sur un pavois triomphal. Selon le mot de Lacordaire, « notre patrie naquit à Tolbiac, dans la sanglante fumée d'un champ de bataille ». Fascinée par la vision des temps héroïques où se forgea son destin, la France, même après plus d'un siècle de révolutions, n'admet, encore aujourd'hui, d'autre type de souverain que le Roi-Soldat, toujours prêt à sacrifier sa vie et à risquer son trône pour préserver le repos ou venger l'honneur de son peuple.

A Paris, nos Rois habitaient une forteresse : le Louvre, tout ensemble siège de leur fonction et symbole de leur charge. En émigrant à Versailles, dans un fastueux palais, les Bourbons biffent ce rite solennel du Sacre où l'archevêque de Reims remet au Roi l'épée pour lui rappeler sa vocation et lui notifier son ministère. Louis XV assiste, il est vrai, à la dernière victoire de la Monarchie, — à la bataille de Fontenoy, — mais c'est un général — et un général étranger — qui conduit la Maison du Roi au feu et qui supplante le Prince au péril et à la gloire. La tradition impose à Louis XVI et à ses frères, au comte de Provence et au comte d'Artois, un gouverneur qui sort de l'armée et qui s'est même distingué dans quelques rencontres. Mais le duc de Lavauguyon semble moins soucieux d'utiliser ses titres militaires que désireux de se les faire pardonner. Si Lavauguyon meuble de quelques notions théoriques l'esprit de son élève, le Dauphin ne reçoit aucun commandement qui le mette en contact avec le soldat. Personne ne le conduit sur un terrain de manœuvres où le futur chef suprême de l'armée pourrait s'initier à son métier et à son devoir.

Tandis que les Rois de l'Europe méridionale s'assoupissent dans une nonchalance presque asiatique, les souverains du Nord rivalisent de vigilance et d'activité guerrières. Mais, au lieu de s'inquiéter de l'agitation de la Prusse et de former un Prince capable de contrecarrer, un jour, ce voisin et ce rival, les éducateurs du futur Roi, endormis par Voltaire, semblent plutôt fixer les yeux sur l'indolente Espagne que sur le tumultueux Brandebourg.

Une théâtrale vie de Cour assujettit nos Princes français à des exercices automatiques qui, peu à peu, engourdissent leur intelligence et paralysent leur volonté.

Aux naturelles explosions d'une âme exubérante, l'étiquette substitue une activité habitudinaire et des gestes figés. La chasse entretient, il est vrai, la vigueur musculaire de la race, et rattache encore ces élégantes Altesses aux robustes féodaux des premiers siècles. Mais c'est seulement sous les arceaux des frondaisons royales, c'est sous les futaies de Compiègne ou de Fontainebleau que se déploie cette belle ardeur physique. « Le jour du Serment du Jeu de Paume » et le jour de la prise de la Bastille, si Louis XVI monte à cheval, ce n'est point pour faire rentrer dans le devoir des sujets rebelles, mais pour forcer un solitaire, ou courre le cerf. La forêt l'emporte sur le forum. S'il faut en croire le marquis Louis de Bouillé, une sorte de timidité isole le prince de l'armée et lui fait prendre presque en aversion la Puissance qui, tant de fois, sauvegarda la France et le Trône [1].

[1] « Le duc d'Angoulême — lisons-nous dans les *Mémoires* du marquis Louis de Bouillé — m'a raconté, en 1795, le fait suivant : « À l'époque « du rassemblement des troupes auprès de Paris, avant le 14 juillet « 1789, deux régiments d'infanterie furent établis dans l'Orangerie de « Versailles. On fit tout ce que l'on put pour engager le Roi à les « aller voir : il s'y refusa toujours. Enfin, comme on pensait indispen- « sable, dans de pareilles circonstances, qu'il se montrât, un jour qu'il « se promenait dans les jardins, on dirigea sa promenade vers l'Oran- « gerie, et, quand il fut proche, on l'avertit qu'il y trouverait les « deux régiments qui désiraient le voir. « En ce cas, — dit le Roi avec « humeur, — je vais par ici. » Et il se tourna brusquement d'un autre « côté. » Un Roi, ajoute le marquis de Bouillé, qui connaissait aussi peu ses dangers et ses ressources, pouvait-il conserver longtemps une couronne déjà si chancelante sur sa tête? Il est à remarquer que Louis XVI est le premier Roi de sa dynastie, et, je crois même le premier, depuis les rois fainéants, qui n'ait jamais vu ses troupes et ne se soit, dans aucune occasion, montré à leur tête... Il a été détrôné par ses sujets. » (*Souvenirs et fragments pour servir aux Mémoires de ma vie et de mon temps*, par le marquis DE BOUILLÉ (Louis-Joseph Bonamour) 1765-1812), publiés par la Société d'Hist. Contemporaine, par P.-L. DE KERMAINGANT t. I, p. 105).

XIV

« Qui quitte l'épée quitte le sceptre », dit un vieil adage français [1]. Pourquoi le pauvre Roi laisse-t-il usurper son autorité par l'Assemblée et son initiative par les ministres dont il réprouve la conduite et les doctrines? Pourquoi sanctionne-t-il de sa signature les lois que condamne sa conscience? Pourquoi ratifie-t-il la Constitution civile du Clergé, pourquoi tant d'ukases douloureux obtiennent-ils l'approbation du plus vertueux des princes [2]? C'est que Louis XVI, dépourvu de toute éducation militaire, se sent incapable de faire appel à la seule force qui pourrait affranchir la France et l'exonérer lui-même de la servitude. Un Roi soldat aurait dirigé la Révolution; un Roi « civil » se trouve contraint de la subir [3]. Chrétien investi de toutes les vertus privées, Roi plein de tendresse pour son peuple, âme inaccessible à la peur, au milieu de ces jours tragiques où le sort de la Mo-

---

[1] Le comte DE FALLOUX, dans son intéressante *Histoire de Louis XVI,* cite cet adage et déplore, comme nous, l'aberration du Gouverneur du Prince.

[2] « Je prie Dieu de recevoir le repentir profond que j'ai d'avoir mis mon nom, quoique ce fût contre ma volonté, à des actes qui peuvent être contraires à la discipline et à la croyance de l'Église catholique. » (Testament de Louis XVI.)

[3] C'est l'avis de Tocqueville : « S'il se fût trouvé alors, dit l'auteur de *l'Ancien Régime,* un prince de la taille et de l'humeur du Grand Frédéric, je ne doute point qu'il n'eût accompli dans la Société et dans le Gouvernement plusieurs des plus grands changements que la Révolution a faits, non seulement sans perdre sa couronne, mais encore en augmentant beaucoup son pouvoir. » *L'Ancien Régime,* livre III. ch. III.

narchie dépend d'un glaive, Louis XVI refuse de mettre en mouvement une troupe héréditairement prête à sacrifier sa vie pour l'intégrité de la France et le salut de son Chef.

Une résistance à main armée apparaît pourtant alors comme l'*ultima ratio* des champions du Droit royal. Mirabeau lui-même ne voit pas d'autre issue à la crise. Au lendemain du décret qui, frappant de déchéance les prêtres fidèles à leur Dieu (26 novembre 1790), déchaîne sur notre pays la proscription et la mort, une note remise par l'illustre tribun à Louis XVI estime que l'heure est venue de dénoncer l'Assemblée usurpatrice aux Français indignés de ses prévarications. Il faut lancer le peuple frémissant à l'assaut de cette caverne [1]. Mais les entreprises belliqueuses ne peuvent séduire un Roi et des ministres alors presque tous étrangers aux choses de la guerre.

Prévoyant cet échec, Mirabeau adjoint à son programme d'action militaire un plan de corruption et d'intrigues, une officine de brocantage et de police. C'est à cette stérile campagne que se rallie la Cour.

---

[1] *Correspondance de Mirabeau avec le comte de la Marck*, t. I, p. 374. Mirabeau, dans un autre de ses écrits, nous révèle la tactique à laquelle doit se livrer tout chef de parti qui veut, non se contenter d'attendre le pouvoir suprême, mais le conquérir et l'exercer.

« Il faut, dit-il, que le futur tribun se mette derrière un mouvement d'opinions et qu'il le pousse. Tout cède aussitôt devant l'invasion du torrent. » Mirabeau avait lui-même fait l'expérience de cette loi au printemps de 1789, lorsque les populations de la Provence, aigries par les fléaux physiques et surexcitées par la détresse, envahissaient les villes et jetaient l'anathème aux fonctionnaires inertes et désarmés. Mirabeau, épousant la cause des mécontents, se mit d'abord à leur remorque, puis, dès qu'il eut acquis leur confiance, prit la tête des factieux et déchaîna leurs colères, non plus seulement contre les autorités locales, mais contre la Royauté elle-même.

Pour secouer le joug des Jacobins, la France voudrait des soldats; on lui donne des sbires. Peu à peu, entre le prince oublieux et les soldats oubliés, se rompt l'alliance conclue par la première Race et renouvelée, de siècle en siècle, sur les innombrables champs de bataille que quarante-sept Bourbons empourprèrent de leur sang. Cette rupture aboutit fatalement à la catastrophe de Varennes. Aux risques glorieux d'une prise d'armes, Louis XVI a cru devoir préférer les chances moins chevaleresques d'un exode clandestin. Les soldats abandonnent le Prince qui n'a pas osé se servir d'eux.

Mais si les hommes sont infidèles au devoir, il reste de nombreux officiers avides de coups d'épée et de sacrifices. Le 10 août, un billet royal leur interdit de mourir pour la cause du Prince et la sûreté de la France. Cette fois, tout est fini. Ce jour-là, Louis XVI, ne se souvenant plus du serment prononcé le jour du Sacre, se désiste de sa fonction royale, et, sans coup férir, livre aux Jacobins vainqueurs un monarque découronné de ses propres mains. Ce n'est point la Convention qui détrône le descendant de Hugues Capet, c'est Louis XVI.

XV

Ni le Comte de Provence, ni le Comte d'Artois ne semblent mieux instruits de leur histoire et plus soucieux de leur tâche. En donnant aux officiers de l'armée de terre et de mer le signal de l'émigration et le mot d'ordre du sauve-qui-peut, ils désagrègent les seules forces qui auraient pu préserver la France de la Terreur et conjurer l'anarchie [1].

Faire appel aux puissances étrangères contre la Révolution, c'était ignorer que le traité de Westphalie avait mis fin à la République chrétienne du Moyen Age ; c'était surtout oublier que la France avait abaissé la Maison d'Autriche, fait la guerre de Sept ans et donné des troupes et la victoire aux Insurgents d'Amérique. Quand le Comte de Provence et le Comte d'Artois se rendent auprès du Roi de Sardaigne pour fomenter sur notre frontière de chimériques trames, un bourgeois du Languedoc, le valeureux Froment, qui vient de se mesurer à Nîmes avec les Huguenots des Cévennes, accourt à Turin et s'efforce de détourner les Princes d'une entreprise que l'honneur et la raison condamnent. Les deux Altesses Royales peuvent-elles, en effet, se flatter de désarmer les rancunes des Puissances qu'ont ulcérées les conquêtes de la Monarchie française? Et convient-il à la Famille qui dominait hier l'Europe de reconnaître qu'elle ne domine même

---

[1] M. Charles MAURRAS écrivait ce qui suit dans l'*Action française* du 12 juillet 1909 :

« La force des idées de la Révolution leur vient d'avoir touché très haut et ainsi d'avoir paralysé la défense. L'autorité douta de ses bases en droit. Le privilège, de sa justice. La police, de sa bonté. La Monarchie crut s'améliorer en épargnant quelques mutins pernicieux. Les aristocrates crurent se grandir en abdiquant, ce qui était tarir leur bienfait. Bref, les princes songèrent à « se faire pardonner d'être princes », mot atroce qui fut pensé et pratiqué.

« Tout gouvernement sûr de lui aurait aisément triomphé des étrangers du dehors et de ceux du dedans : la police, bien faite, eût balayé les quelques milliers de « Sociétés de pensée ». Mais, empoisonné dans sa source, le Gouvernement a cessé d'être, le Pouvoir a vaqué jusqu'au jour où la pensée française lui a rendu, avec ses titres, la certitude de son devoir.

plus aujourd'hui la France [1]? Si les frères de Louis XVI ont perdu la mémoire du magistère qu'exercèrent les Chefs de leur race, les vaincus connaissent mieux les annales de l'Europe et les exploits de nos ancêtres. Nos malheurs, certes, les préoccupent, mais pourquoi? C'est que l'occasion leur paraît bonne, non pour les finir, mais pour les exploiter. Altérés de vengeance, les Rois songent moins à protéger qu'à démembrer le pays qui n'a grandi qu'à leurs dépens et qui ne s'est enrichi que de leurs dépouilles.

Que faut-il donc faire? Au lieu de lutter contre la Révolution, sur un sol où les frères de Louis XVI ne sont que des fugitifs, dépourvus de crédit, de sympathies et de soldats, Froment adjure les Fils de France de défendre le patrimoine qui porte leur nom et de réserver leur confiance au peuple qui, deux ans plus tard, fécondé par le sang des martyrs, enfantera des légions auxquelles il ne manqua qu'un Prince pour les conduire au feu et au devoir.

Instances inutiles [2]! Les apologistes du pacte avec

---

[1] Nous devons dire que, parmi l'entourage du comte d'Artois, un gentilhomme, le comte de Vaudreuil, gémit des imprudentes entreprises de son prince et tâcha de lui faire comprendre que les Français seuls devaient concourir au triomphe de la Contre-Révolution. (Voir DAUDET: *Histoire de l'Émigration*, t. I, pp. 41-42.)

Dans une lettre au comte d'Antraigues, le même comte de Vaudreuil ne pardonne point au comte d'Artois de préférer les « boues de Westphalie au devoir de se joindre à ceux qui combattent pour sa cause ». (Léonce PINGAUD: *Correspondance intime du comte de Vaudreuil*, 14 octobre 1793.)

D'autre part, un étranger, Mallet du Pan, s'élevait, presque à la même époque, contre les démarches qui tendaient à faire reconnaître Louis XVIII par les chancelleries européennes. « Que l'Europe reconnaisse ou non le Roi, — écrit Mallet du Pan, — cela ne vaut pas six liards. — C'est de la France, et non d'étrangers battus, conspués, haïs, que le Roi doit se faire adopter. »

[2] Ce fut au mois de janvier 1790 que le brave Froment se rendit à

les Cours étrangères et avec leurs subsides font taire les champions du pacte avec la patrie et avec ses détresses. Deux ans avant la mort de Louis XVI, lorsque tout invite le Comte de Provence et le Comte d'Artois à s'inspirer de l'audace et de la foi du Béarnais ; — quand la voix des ancêtres leur crie de diriger contre les Jacobins une offensive qu'implorent tous les opprimés ; — quand la Normandie, la Bretagne, le Maine, s'enrôlent dans la conjuration du marquis de la Roüerie ; — quand le Vivarais et les Cévennes, dociles à l'appel de Claude Allier et de Malbosc, se soulèvent ; — quand le Lyonnais, le Forez, la Savoie, le Comtat-Venaissin, la Provence, s'agitent, c'est le parti des pourparlers qui l'emporte [1].

Turin auprès des Princes pour obtenir d'eux les résolutions viriles que comportaient les succès de la Révolution et nos revers.

« Dans un conseil qui fut tenu à mon arrivée, raconte Froment, je démontrai que si les Princes voulaient armer les partisans de l'autel et du trône et faire marcher de pair la Religion et la Royauté, il serait aisé de sauver l'une et l'autre... Le véritable argument des révolutionnaires étant la force, je déclarai que la véritable réponse était la force. Alors, comme à présent, j'étais convaincu de cette grande vérité, qu'on ne peut étouffer une forte passion que par une passion plus forte et que l'ardeur religieuse pourrait seule triompher du délire révolutionnaire. »

1 Au cours de la Conférence de Turin, Froment prouva, dossiers et chiffres en mains, qu'on pouvait, en quelques semaines, pousser et conduire à l'assaut les Royalistes et les Catholiques du Gévaudan, des Cévennes, du Vivarais, du Comtat-Venaissin, du Languedoc, de la Provence, haletants de colère et impatients de conquête. Malheureusement, les Princes avaient auprès d'eux des courtisans qui préféraient les intrigues des chancelleries aux agitations du champ de bataille. L'un de ces familiers, le général marquis d'Autichamp, hasarda même devant le chef des royalistes cévenols une remarque bien inattendue :

« Mais, s'écria-t-il, en s'adressant à Froment, mais les fils et les parents des victimes que vous ferez chercheront à se venger ? »

A cette remarque le bon Froment répondit, avec l'humour d'un vrai Nîmois :

« Je ne croyais pas, mon général, qu'une guerre civile dût ressembler à une mission de capucins. »

XVI

L'abdication de tant de chefs militaires voue l'armée catholique à la défaite et la République au triomphe. Trente Vendées auraient fait capituler la Convention : les Jacobins devaient fatalement venir à bout d'une seule. L'adversité, qui libère le commun des hommes de leurs ignorances et de leurs faiblesses, n'instruit et ne corrige le Comte d'Artois et le Comte de Provence. Quel observateur, quel moraliste aurait pu croire que des jeunes gens, dont tant de Français soutenaient, l'épée à la main, les droits, ne s'armeraient pas des résolutions les plus viriles en face des officiers proscrits, de la noblesse égorgée et des prêtres assassinés ?

Pendant un quart de siècle, les petits-fils de saint Louis ne se souviennent de leur rang que pour oublier les lois morales qu'observent leurs peuples. Il faut pourtant reconnaître que les aventures féminines des trois Condés ne préjudicient pas, du moins, à la bravoure traditionnelle de la Race. On dirait, surtout, que

---

L'avis de d'Autichamp n'en prévalut pas moins. Les dix mille officiers de terre et de mer que les mutineries militaires et les séditions maritimes chassèrent des régiments et des escadres, au lieu de se morfondre dans un exil sans gloire, auraient fourni des cadres à une vaste « Ligue du Bien public » qui, de Marseille à Dunkerque, et de Cherbourg à Brest, aurait rassuré les indécis, terrifié les persécuteurs et bloqué le comité de Salut publ . Mais après avoir immobilisé les Français à Coblentz, un faux point d'honneur et une tactique naïve les disperse et les inutilise, à cinq cents lieues des halliers où Cathelineau, d'Elbée, La Rochejaquelein, Frotté, Cadoudal et leurs paysans luttent pour la délivrance de leur pays et pour son avenir. La Terreur bénéficia naturellement de cette inaction et de cette folie.

dans les veines du duc d'Enghien circule le sang des premiers preux.

De 1790 à 1814, ni le comte d'Artois, ni le duc du Berry, ni le duc d'Angoulême ne trouvent le moyen de justifier, par d'épiques prouesses, l'inamissibilité de leurs droits. A maintes reprises, Cadoudal, Frotté, La Trémoïlle et cinquante autres se jettent, sous le feu des sentinelles républicaines, dans une barque non pontée, traversant la mer, vont supplier le comte d'Artois de s'arracher aux bras de Mme de Polastron, le conjurent de passer la Manche, et d'aller, sur les champs de bataille de l'Ouest, serrer la main de ceux qui meurent pour le Roi. Plus dangereux et plus écoutés dans le malheur que dans l'heureuse fortune, les courtisans du comte d'Artois retiennent à Londres un Prince trop docile à leur fausse sagesse.

Ce renoncement à la magistrature militaire porte un coup fatal à la popularité de la Branche aînée. Curieux prestige du soldat ! Certes, les Condé, en s'incorporant à l'armée autrichienne, avaient froissé le sentiment patriotique des Républicains qui se battaient contre eux. Mais ils avaient manié l'épée ! Mais ils avaient affronté les hasards de la guerre ! Mais ils avaient risqué leur vie pour un idéal [1] ! On raconte

---

[1] Étienne LAMY : *Les Témoins des jours passés*, page 61 : « Les Condés, que leur naissance place près du trône sans espoir de l'occuper, montrent seuls une des qualités nécessaires pour le reprendre : ils savent tenir l'épée et exposer leur vie. D'Artois envoie partout de Londres des conseils d'audace; Berry et Angoulême seraient prêts au courage, mais ils attendent que l'Europe les y invite. Henri IV aurait-il conquis son royaume, s'il eût attendu la permission de l'Espagne et l'assentiment de l'Angleterre ? »

que le général Hoche, sondé par les Royalistes, accueillit sans répugnance leurs ouvertures. « Rétablir la Monarchie, soit ! dit le pacificateur de la Vendée, mais quel sera le Roi ? » — « Le Comte de Provence ! » — « Jamais ! » répliqua Hoche. « Si vous désirez que je me rallie, prenez Condé, je ne veux avoir pour Roi qu'un soldat ! »

XVII

Certes, je n'essaierai pas de réhabiliter le Prince qui vota la mort de Louis XVI. Mais il faut loyalement reconnaître que, si le duc d'Orléans se morfondit dans le cloaque de la politique, ce ne fut pas tout à fait sa faute. Investi du grade d'amiral, l'ancien héros d'Ouessant revendiqua sans succès, à maintes reprises, l'exercice de sa charge.

Au mois d'août 1792, la déclaration de guerre à l'Autriche provoque des armements dans les ports. Le duc d'Orléans veut servir. On lui répond par un refus. L'armée de terre lui sera-t-elle plus accessible que l'armée de mer? Ses deux fils, le duc de Chartres et le comte de Montpensier, figurent dans l'état-major de Dumouriez. Se dérobant, dans une heure d'indépendance, aux intrigues et à la tyrannie de Laclos, Orléans veut se faire incorporer, comme un simple volontaire, dans l'armée du Nord. Un premier décret souscrit à ses désirs; mais un second édit s y oppose [1].

[1] Voy. Tournois : *Histoire de Louis-Philippe-Joseph, duc d'Orléans*, t. II, pages 214 à 218. L'auteur reproduit la correspondance échangée entre le Prince et les ministres de la Marine et de la Guerre.

La fatalité de sa destinée ne s'arrête pas à cet ostracisme. Le 15 août et le 5 septembre 1792, deux flottes mettent à la voile pour observer la Méditerranée. Le commandement en chef de l'une des escadres revient de droit au duc d'Orléans. Contrairement aux décrets en vigueur et aux règles de la hiérarchie militaire, le ministre de la Marine écarte le Prince, donne la première flotte au contre-amiral Truguet, et la seconde au contre-amiral de Latouche-Tréville. Néfaste proscription ! Les escadres ne rentrèrent qu'à la fin de l'année .793. Si le duc d'Orléans avait obtenu le commandement qu'il avait sollicité, ni les électeurs de Paris ne l'auraient envoyé à la Convention, ni le Prince, hors de France, n'aurait profané, par un vote criminel, le nom glorieux qu'il avait reçu de ses pères.

Revenu de l'exil et monté sur le trône, le fils du duc d'Orléans, Louis-Philippe, se rendit compte du grave préjudice qu'avait infligé à la Dynastie capétienne l'abandon momentané de la fonction militaire. Soldats ou marins, tous ses fils, Orléans, Nemours, Joinville, Aumale, Montpensier, participèrent à l'épopée africaine, et, fidèles à la tradition ancestrale, conquirent les sympathies et méritèrent l'estime d'une Nation qui, menacée sur sa frontière septentrionale et sur sa frontière orientale par d'ombrageux voisins, n'a dû, pendant quatorze siècles, — et ne devra, demain encore, son indépendance, sa sécurité, sa fortune, qu'à la tutelle de l'épée et qu'aux holocaustes des batailles !

XVIII

Il serait assurément injuste de ne pas rendre hommage à la dignité de Louis XVIII, à l'inflexibilité de ses revendications, à l'obstination de son idéalisme, à la ténacité de ses espérances. Au milieu des ingratitudes et des transes de l'exil, le Comte de Provence, insensible à la cruauté des hommes comme à l'inclémence des événements, n'oublie jamais qu'il est le Droit, l'Honneur et l'Avenir. Ni les violences de la Révolution, ni les victoires de César, n'obscurcissent dans son âme le pacte millénaire de Reims et ne lui font fermer les yeux sur les nécessaires réparations de demain.

Le Dauphin mort, quand la couronne de saint Louis sort du Temple et, franchissant les Alpes, va ceindre la tête du proscrit de Vérone, une lettre, écrite par le nouveau Roi au duc d'Harcourt, nous montre un Prince anxieux de conquérir son Royaume, — non la plume aux doigts, mais l'épée au poing. L'ardeur guerrière des ancêtres palpite sous la mamelle gauche de ce philosophe qui s'est moins fait connaître jusqu'ici par sa témérité que par sa cautèle. Avec quelle clairvoyance Louis XVIII pronostique l'inévitable mésestime qui sigille les Princes sourds à l'appel des aïeux et rebelles à l'action :

Ma situation, — déclare le frère de Louis XVI, est semblable à celle de Henri IV, sauf que mon aïeul avait beaucoup d'avantages que je n'ai pas. Ai-je porté les armes depuis l'âge de seize ans? Ai-je gagné la bataille de Coutras? Non, je me trouve dans un coin d'Italie. Une grande partie de ceux qui combattent pour moi ne m'ont jamais vu. Je n'ai fait qu'une campagne dans laquelle on a à peine tiré un coup de canon.

Mon inactivité forcée donne occasion à mes ennemis de me calomnier. Elle m'expose même à des jugements défavorables que je ne puis appeler téméraires, parce que ceux qui les portent ne sont pas instruits de la vérité.

Puis-je conquérir ainsi mon Royaume?

Je le répète : si je n'acquiers pas une gloire personnelle; si mon trône n'est pas entouré de considération, mon règne sera peut-être tranquille par l'effet de la lassitude générale, mais je n'aurai pu construire un édifice solide.

Si je reste en arrière, si je n'emploie pas non seulement ma tête, mais mon bras, pour monter sur le trône, je perds toute estime personnelle, et si l'on pouvait penser que ce fut de mon plein gré que je n'ai pas joint mes fidèles sujets, mon règne serait plus malheureux que celui d'Henri III.

XIX

Tant de clairvoyance fait trembler! Comment se fit-il que l'auteur de cette lettre si sensée, si française et si prophétique, au lieu de conduire lui-même les royalistes à l'assaut de la Révolution, ne dressa contre elle que les embûches de ses dépêches et de ses épîtres [2]? Une telle résistance à la destinée déroute

---

1 Toute cette lettre serait à citer : elle est extraite des *Papiers d'un Émigré*, par le colonel DE GUILHERMY, pp. 53-55.

2 Il faut rendre à Louis XVIII cette justice qu'il avait le sentiment de son devoir. Voici ce qu'il écrivait encore :

« J'ai bien examiné de sang-froid ma condition et jusqu'à quel point

le psychologue. Sans doute, le comte de Provence et le comte d'Artois allèguent le mauvais vouloir du Foreign-Office. Mais Louis XVIII aurait dû d'autant mieux braver la malveillance des ministres anglais qu'il ne s'illusionnait ni sur leurs sympathies, ni sur leurs desseins. « L'Angleterre veut faire la Contre-Révolution sans moi, — écrit le Prince, — pour qu'après ma Restauration, je n'aie pas, aux yeux de la France, la considération qui me sera nécessaire [1]. »

Eh bien ! puisque les rouéries de la diplomatie britannique n'échappent pas à Louis XVIII, pourquoi le Roi les favorise-t-il? Pourquoi s'abandonne-t-il à une inertie qu'il sait non moins funeste à nos intérêts qu'à son honneur? Pourquoi s'isole-t-il dans une pas-

---

ma vie peut être précieuse. Si je péris, ma couronne passera sur la tête de mon frère; il est plus jeune que moi de deux ans. Son fils aîné en a vingt, et le cadet en aura dix-huit. Il faudrait de bien grands malheurs pour que la succession courût des risques. Aussi, de ce côté-là, on peut être sans inquiétude.

Si j'étais tué, loin que cet événement décourage mes fidèles sujets, mes vêtements teints de mon sang redoubleraient leur courage plus qu'aucun autre drapeau. Il n'y a donc rien à craindre pour le Roi, qui ne meurt jamais en France. Le passage du Rhin, la saison qui s'avance, tout se réunit pour me persuader qu'au moins pour cette année, le Corps du prince de Condé n'agira point. Que me reste-t-il donc? La Vendée ! Tout autre parti, quel qu'il soit, est dangereux pour le bonheur présent et futur de mon Royaume, dangereux même pour la tranquillité de l'Europe, incompatible avec l'état présent de la France et (s'il est permis, après des intérêts aussi importants) insupportable à mon cœur. » (Baron DE GUILHERMY : *Papiers d'un Émigré*, p. 53.) Le colonel de Guilhermy, qui a trouvé cette lettre dans les papiers de son grand-père, nous dit qu'elle est datée du 28 septembre 1795. Le comte Georges DE LHOMEL, dans son *Histoire du Comte de Béhague*, reproduit la même épître. Une copie se trouve au Musée Condé A. G., t. IV, folio 128.

[1] *Lettres et instructions de Louis XVIII au comte de Saint-Priest*, avec une introduction, par le baron DE BARANTE, page 89.

sivité si contraire à la cause nationale et si propice à l'égoïsme britannique?

Vingt-cinq ans de dépêches, de mémoires, de correspondances, de protestations, n'auraient pas anéanti le Premier Empire. Pour sombrer, il fallut que Napoléon abattît lui-même, à coups de hache, la nef qui portait sa fortune. Quand Louis XVIII vint prendre possession d'un trône d'où d'inéluctables revers avaient culbuté César, le souvenir des anciens pourparlers engagés avec les ennemis de la France projeta, dès la première heure, sur la Monarchie reconstituée, l'ombre d'une défaveur meurtrière. Quinze ans de brocards contre les « Fourgons de l'Étranger » finirent par ancrer dans l'âme populaire une stupide légende qui devait survivre à la chute de ses victimes. Après avoir détrôné Charles X, ce folklore ne frappa-t-il point d'un implacable ostracisme la postérité royale?

Sans doute, les six cents royalistes que la France envoya, le 8 février 1871, à Bordeaux pouvaient, dès le lendemain, laurer du bandeau royal le front du descendant de Louis XIV. Mais le souvenir du décri qu'avait infligé à Louis XVIII une Restauration accomplie, non, certes, sous la sauvegarde des baïonnettes européennes, mais en leur présence, conseilla d'ajourner la cérémonie et l'aventure! Invoquant les leçons de l'expérience, les Falloux, les Broglie, les de Meaux et les Decaze refusèrent d'exposer, — dès le lendemain de la guerre, — dans la fumée des combats, le comte de Chambord aux outrages et aux périls que n'avait pas pu conjurer son aïeul. On convint de laisser à la République le soin de négocier avec le vainqueur, — en se réservant de la congédier, une fois la patrie amputée, l'émeute vaincue et la paix faite... Gauche prudence ! Les sages oubliaient le mot cinglant jeté par Jeanne d'Arc à la face de ses juges : « Ceux-là seuls qui furent au danger ont le droit d'être ensuite à l'honneur ! » L'exil et ses misères ne suffisent pas pour « sacrer » les princes et fixer leur nom dans le cœur des peuples. Toute auréole est un diadème d'épines : la foule n'acclame que les Chefs qui se désignent à ses regards et à son amour par la poussière de leurs luttes ou par le sang de leurs blessures.

Sans doute, les agents de l'Angleterre[1] et les Sociétés jacobines ameutèrent contre la France et contre les Bourbons toutes les cupidités, tous les vices et toutes les haines. Mais prouver l'ingérence des Loges, ce n'est pas établir notre innocence. La Franc-Maçonnerie ne corrode que les Constitutions où déjà sévit un secret ulcère. Si la Monarchie capétienne avait, à la fin du XVIIIe siècle, porté le harnais de guerre, les serres des oiseaux de proie n'auraient même pas égratigné son armure.

Pourquoi la Royauté perdit-elle la partie?

Ce qui lui manqua, ce ne fut point le peuple, mais un soldat. Dès le début de la Révolution, si les escadres et les bataillons s'insurgent, c'est que ni l'armée de terre, ni l'armée de mer n'ont une épée. Depuis près d'un siècle, les Bourbons, d'année en année, se dé-

---

[1] « Je crois que le Ministère britannique a fomenté et peut-être payé les commencements de la Révolution... » (*Lettres de Louis XVIII à M. de Saint-Priest*, page 88.)

robent à tout contact avec le soldat. Sous les premières Races, l'homme de guerre — *conviva regis* — ne se séparait jamais du Roi de France. En 1789, à ce compagnon héréditaire du Prince, a succédé l'homme de joie, le bateleur, le mime. Évincée de son poste, l'armée de l'Ancien Régime ne se reconnaît plus dans une Cour où le culte du plaisir, et non plus la religion du devoir, accapare les cœurs, passionne les intelligences, exalte les âmes. En se mutinant, Chateauvieux, Royal-Champagne, *Le Léopard, L'Embuscade, La Capricieuse*, équipages et régiments, n'abjurent pas les droits de l'autorité royale, mais en proclament la carence. Loin de répudier le Pouvoir suprême, leurs séditions le postulent.

Toute la Révolution n'est qu'un appel à l'hégémonie du Chef traditionnel absent. Si, dès le début des troubles, un Prince avait pris le commandement supérieur des bandes vendéennes, bretonnes, poitevines, flamandes, languedociennes, mancelles, normandes, cévenoles, provençales, comtoises, etc., qui, d'un bout du territoire à l'autre, se soulevèrent contre la République, la Convention n'aurait pas résisté deux mois à cette offensive de la France croyante et armée. Mais, privés d'un maître qui les anime de son souffle et qui les délivre de leurs compétitions, les généraux royalistes luttent les uns contre les autres, Talmont contre La Rochejaquelein, Stofflet contre Charette, Puisaye contre d'Hervilly, etc., également incapables de coordonner une campagne et de tracer un plan d'ensemble, en proie à des conflits d'influences, obsédés par des sollicitudes locales, tantôt instigateurs et tantôt victimes de querelles qui les empêchent de lier leurs opérations militaires et de marcher botte à botte à l'ennemi. Pendant que le Comité du Salut public, ou plutôt pendant que Carnot, — l'âme du Comité ! — tient dans sa main toutes les forces que les Conventionnels embauchent pour terrasser les « rebelles », l'indiscipline d'un État-major royaliste sans Chef livre les soldats à l'incohérence et voue leur cause à la déroute !

XX

Au moment où la Bastille va être prise, quelles dispositions morales prévalent donc dans les divers compartiments de la Société française? Contre une bourgeoisie surexcitée jusqu'à la fureur et jusqu'au crime par le *Contrat social*, l'*Émile* et l'*Encyclopédie*, qui, comme un alcool, lui brûlent les veines, — la France n'a, pour se défendre, que les autorités traditionnelles, abreuvées des mêmes erreurs, sans en être toutefois grisées, grâce à la sauvegarde de l'éducation et à la tutelle de la Race, mais, par cela même, autorités sans conviction et sans muscles.

Entre cet état-major jacobin en armes et ces pouvoirs en fuite, s'intercalent deux Peuples : d'abord l'immense multitude des artisans, des laboureurs, des petits rentiers, des modestes commerçants, masse honnête et chrétienne, mais, comme toute foule dépossédée de ses Chefs, masse — sauf dans l'Ouest et dans les Cévennes — impuissante et passive ; — puis l'écume des villes et la lie des ports, — horde de faillis, de légistes, d'outlaws, d'exacteurs et d'assommeurs, toute prête à mettre ses biceps, ses sophismes et ses poignards au service du Jacobin victorieux et rémunérateur! Dans ces conditions, la victoire de la Révolution et la défaite de la Monarchie ne sont-elles pas fatales?

. . . .

La France ne s'est jamais relevée de cette rupture avec l'Ordre chrétien et le Droit national. Voilà cent vingt ans que nous sommes sortis de la voie où nous avait engagés la politique capétienne. Depuis cent vingt ans, aucune main ne fut assez vigoureuse pour nous rendre l'harmonie détruite et la souveraineté perdue. La dislocation de la Société française ne pouvait naturellement que perpétuer l'amoindrissement de nos forces et la vacillation de notre rempart. Résignés au second rang, nous cessâmes de disputer à la Grande-Bretagne la suprématie navale. Sous Napoléon Ier, Trafalgar anéantit le simulacre de flotte que nos marins avaient essayé de reconstituer au lendemain d'Aboukir. Sous la Restauration, Hyde de Neuville, Portal et d'Haussez ont à peine eu le temps de renouer les traditions léguées à la Monarchie par les Sartines et les Castries, que la Révolution de 1830 bouleverse les plans et disperse les hommes qui venaient de donner l'Algérie à la France. A leur tour, le prince de Joinville et les amiraux Lalande, de Rigny, Mackau, Roussin, du Petit-Thouars, etc., tentent de soustraire la Monarchie de Juillet aux tragiques fatalités qui l'asservissent à la Grande-Bretagne. Pour faire échec à cette entreprise, l'ambassadeur d'Angleterre, lord Normanby, lie partie avec l'opposition républicaine et, le 24 février 1848, l'aide à renverser le trône et à frustrer la France d'un Prince trop soucieux de notre prestige et de son devoir [1].

Avec l'Empire, la tactique change. Les travaux exécutés à Cherbourg terrifient nos voisins, qui, dans l'achèvement de notre grand port militaire de la Manche, flairent la menace et le prodrome d'une révolte contre la dictature maritime de l'Angleterre. Il faut décourager cette ambition et distraire l'Empereur de son rêve.

Le 14 janvier 1858, cinq Italiens, arrivés, la veille, de Londres, lancent contre Napoléon III des projectiles qui l'épargnent, mais qui précipitent l'Empire dans la mêlée des aventures. Avant de monter à l'échafaud, le chef des conspirateurs rappelle à Napoléon III qu'un mystérieux serment oblige l'ex-carbonaro, devenu le chef de la France, à ravir l'Italie à l'affront de l'occupation étrangère. Le sort en est jeté. La parole d'Orsini devient un ordre. Nos troupes franchissent les Alpes, culbutent les trônes et délivrent l'Angleterre de ses transes [2]. Accaparé par une campagne qui absorbe toutes ses sollicitudes, l'Empereur renonce, en effet, à développer la puissance navale de la France pour jeter toutes ses forces dans le conflit territorial où Palmerston le précipite. C'en est fait de nos ambitions maritimes. L'Angleterre reste la reine incontestée de l'Océan ; tous ses vœux sont comblés, et tous les nôtres anéantis.

---

1 Sur les intrigues de lord Normanby, lire THUREAU-DANGIN : *Histoire de la Monarchie de Juillet*, t. VI, pp. 279 et suiv., 308 et suiv.

2 Pierre DE LA GORCE : *Histoire du Second Empire*, t. II, pp. 142 et suiv.

Mais, pour favoriser cette diversion, il faut créer une ambiance propice au complot britannique. Les soi-disant « souffrances » de « la Nation Sœur » n'intéressent, dans notre pays, que quelques douzaines de spéculateurs et de brouillons. Favorisées de généreux subsides, les feuilles césariennes sonnent un furieux hallali contre l'Autriche, contre le grand-duc de Toscane, contre les princes de Modène et de Parme, contre le roi de Naples, contre le Pape surtout et contre l'Église. Grâce à la presse de Paris et grâce à l'or de Londres, la conjuration réussit. L'opinion française se passionne médiocrement, il est vrai, pour la cause italienne, mais elle ne lui est pas non plus hostile. Les conspirateurs se contentent de cette ignorance et de ce marasme.

Quant aux Italiens, soumis à la maîtrise de l'Autriche, si les bourgeois de Milan se félicitent de notre intervention et de leur délivrance, en revanche, le peuple et les paysans, sincèrement attachés à la Maison de Habsbourg, reçoivent les libérateurs comme des intrus et leurs bienfaits comme des outrages.

Les hommes d'État peuvent bien bouleverser l'échiquier des races, effacer les frontières, arracher ou distribuer des couronnes, enrôler des factieux et déchaîner des révolutions. Mais là s'arrête leur puissance. Nul souverain n'est le maître des conséquences que les Révolutions engendrent. Ni Napoléon III ne soupçonne que l'unité de l'Italie aboutira, dix ans plus tard, à l'unité de l'Allemagne, et l'unité de l'Allemagne à la chute du second Empire; — ni Palmerston ne se doute qu'en conspirant contre la

Marine française, il travaille à la création de la Marine allemande. Dieu seul fait mûrir les germes que l'homme confie au sol raviné par le crime.

Au lendemain de la guerre de 1870, Thiers infidèle à la pensée de Richelieu et de Colbert, réduit les crédits de la Marine. Ni Gambetta, ni Jules Ferry, ni leurs successeurs n'écoutent davantage les avertissements que nous ont donnés nos revers. Si, en 1878, dans un Rapport qui fait tressaillir tous les patriotes, M. Étienne Lamy rappelle les lois historiques de notre développement et de notre grandeur, sa voix se perd dans le tumulte de nos discordes. Il faut attendre près de vingt ans pour qu'un ministre, M. Lockroy, obéissant aux suggestions de son Chef d'État-major, l'amiral de Cuverville, s'inquiète de notre détresse et fasse mine de relever notre fortune. Le 8 avril 1897, un projet de loi, déposé sur le bureau de la Chambre, réclame un crédit de deux cents millions, non seulement pour compléter nos forces navales, mais pour doter notre flotte des bases stratégiques et des chantiers de ravitaillement indispensables à ses évolutions et à son indépendance.

XXI

Autrefois, quand le vent — impondérable et gratuit moteur des flottes — gonflait leurs voiles, les navires pouvaient indéfiniment garder la mer. Aujourd'hui, nos bâtiments de guerre, tributaires de la houille, ne peuvent emmagasiner dans leurs soutes assez de tonnes de ce lourd combustible pour accomplir un long trajet sans de fréquentes escales.

Il faut donc que de copieux dépôts de charbon jalonnent la route de nos cuirassés et renouvellent les provisions de leurs moteurs. Sans magasins de ravitaillement, point de navigation possible hors des côtes et point de colonies invulnérables. En dotant Diego-Suarez, Dakar et Saïgon d'un outillage qui, de ces « points d'appui », fait autant de boulevards de nos possessions coloniales, nous confions à leurs docks, à leurs magasins, à leurs chantiers, le sort de Madagascar et de l'Indo-Chine.

Au mois d'août 1897, le traité d'alliance franco-russe, signé sur le *Pothuau*, complète notre défensive. Mais l'ennemi veille. Moins de trois mois plus tard, l'affaire Dreyfus, éclatant comme un coup de foudre, porte à nos projets de suprématie maritime et d'indépendance nationale les mêmes atteintes mortelles que lui avaient, tour à tour, infligé la prise de la Bastille, les Journées de Juillet 1830, la Révolution de 1848 et la guerre d'Italie [1]. C'est de

---

[1] A la même époque, l'auteur de ce livre alla voir un amiral qui, après lui avoir exposé le programme de M. Lockroy et l'avoir rapproché du pacte qui venait d'être conclu sur le *Pothuau*, ajouta : « Le jour où le programme de M. Lockroy sera exécuté, la France jouira de la même suprématie maritime que lui avait assurée Louis XVI à la veille de la prise de la Bastille. Nous aurons enfin ressaisi le sceptre des mers ! » Comme je me félicitais de ces pronostics et de ce triomphe : « Ne nous réjouissons pas si vite ! interrompit l'amiral. Étranger à la politique, j'ignore ce qui s'ourdit, à l'heure actuelle, dans les chancelleries. En revanche, je connais un peu l'histoire, et je ne serais guère étonné si, comme en 1789, l'Angleterre machinait demain, contre la France, un complot qui détruirait nos projets d'hégémonie navale ! »

« Quelques semaines plus tard, le Palais Bourbon rouvrait ses portes. Je venais à peine de pénétrer dans le salon de la Paix, que l'un

la main même de l'Angleterre que nos Ministres reçoivent et se transmettent la consigne qui, de nos jours encore, condamne la flotte française non seulement à l'immobilité, mais à la mutilation.

Le danger d'un complot maritime contre la Grande-Bretagne a toujours hanté nos voisins, justement soucieux de notre amoindrissement et de leur omnipotence. Que deviendraient, en effet, « les Rois de la Mer », si la France, la Russie et l'Allemagne, associant leurs forces navales, opposaient à l'impérialisme britannique le syndicat de trois flottes [1] ?

Pour briser ce pacte, entrevu dans la fumée des coups de canon qui saluèrent, à Kiel, les cuirassés de la République, l'Angleterre commença par livrer aux schrapnells du Mikado les escadres du Tsar. Une République avisée se serait fait un devoir de ne pas laisser affaiblir et frapper les alliés qui l'avaient délivrée de son isolement et couverte de leur armure. Qu'est-ce qu'un pacte qui s'annule, soudain, devant l'ami, criblé de projectiles? Qu'est-ce qu'un allié qui, le jour de la bataille, se plonge dans la piscine de Ponce-Pilate? Mais l'Angleterre n'a pas vainement commandité les rhéteurs qui, depuis un quart de siècle, vont de ville en ville, la coupe de champagne à la

---

distingués confrères, M. de Maynard, m'abordait et me montrait Ranc, parlant au milieu d'un groupe de députés et de journalistes, devant la statue de Pallas.

« L'ancien préfet de police de Gambetta ne venait que rarement à la Chambre, et, quand il se dérangeait, ce n'était point pour nous combler de discours et surtout de confidences. J'interrogeai M. de Maynard : Ranc annonçait dans tous les coins qu'un parti puissant allait demander la revision du Procès Dreyfus. L'amiral avait vu juste. » (*Libre Parole* du 26 juillet 1910.)

[1] Voir l'APPENDICE II.

main, préconiser la supériorité de l'inertie sur la lutte et de la jouissance sur le devoir. En abandonnant l'armée russe aux coups des Japonais, la République n'a-t-elle pas commis la même faute dont se rendit coupable le second Empire, le jour où, se désintéressant du conflit engagé dans les plaines de la Bohême, il laissa la Prusse écraser l'Autriche? Si Sadowa fut beaucoup moins funeste à François-Joseph qu'à Napoléon III, la République, à son tour, payera beaucoup plus cher que la Russie le désastre de Moukden. Pour réparer la brèche faite à la Double-Alliance par la déroute du Tsar, la République n'accueille-t-elle pas, avec la plus imprévoyante faveur, les ouvertures d'Édouard VII? Sous prétexte de protéger la France contre l'affaiblissement de la Russie et les menaces de l'Allemagne, le Tentateur nous offre de prendre à sa charge tous les frais de notre défensive navale. « A quoi bon, désormais, une flotte française? Pourquoi dilapider vos ressources dans un armement non moins stérile que superflu? La flotte britannique suffit à la tutelle maritime des deux peuples. » Grâce à l' « Entente Cordiale », l'Angleterre et la France ne formant plus qu'une seule âme et qu'un seul cœur, cette fusion de deux États en une seule puissance maritime exclut la coexistence de deux Marines et rend au budget de la propagande laïque les millions que dissipent les escadres.

Voilà le sophisme qui nous ensorcèle; — voilà l'entente clandestine qui courbera, pendant dix ans, les arbitres de notre Marine sous le joug de l'amirauté anglaise, — et tel est l'ingénieux accord en vertu duquel la République fait campagne contre nos arsenaux, contre nos escadres et contre notre État-Major [1]. Vassale volontaire de la Grande-Bretagne, la France radicale abdique son indépendance et rature l'œuvre des Capétiens.

Mais la Puissance occulte ne veut pas livrer au hasard la destruction d'un organisme que protègent contre la trahison ses origines, son passé, ses tuteurs. Installés rue Royale, les trois serviteurs de l'Angleterre, Lanessan, Camille Pelletan et Thomson, ne s'appliquent pas seulement à fausser tous les ressorts, mais à briser tous les rouages [2]. Pendant dix ans,

1 Le 3 avril 1910, à la tribune du Sénat, M. le vice-amiral de Cuverville dénonça ce pacte et cette thèse et les combattit avec la plus louable énergie. Mais, dès le 24 février 1911, à la séance du matin de la Chambre des députés, M. Delcassé, président de la Commission de la Marine, se faisait le défenseur de l'entente navale avec l'Angleterre, — entente en vertu de laquelle, en cas de conflit européen, l'Angleterre se chargerait de garder une partie de notre littoral. « La France, écrivait à ce propos l'amiral de Cuverville à *Paris-Journal* (26 février 1911) ne peut assurer la sécurité de ses frontières maritimes que si elle dispose d'une force navale puissante, vigoureusement entraînée, *pouvant prendre résolument l'offensive* et tenir la mer par tous les temps. Le rayon d'action de ses cuirassés doit leur permettre de se porter sur tous les points du globe où peuvent les appeler les intérêts du pays. Ceci pour répondre à ceux qui comptent pouvoir limiter le tonnage de nos cuirassés, sous le prétexte que leur mission est limitée aux mers de la Manche et de la Méditerranée. La France peut avoir à faire respecter son drapeau dans les mers les plus lointaines, et sa flotte doit pouvoir remplir sa mission, si besoin est, aux Antilles comme dans le Pacifique. Sous peine d'abdiquer son indépendance, la France ne saurait s'en remettre à une puissance étrangère, quelle qu'elle soit, au soin de protéger ses intérêts vitaux. »

1 Dans le *Correspondant* du 10 et du 25 avril 1906, sous ce titre : *La Marine nationale et ses ennemis*, j'ai essayé de raconter les vicissitudes du complot, en résumant les récits et les accusations des témoins qui comparurent devant la « Commission extraparlementaire de la Marine », que présidait M. Clémenceau. Les cinq volumes furent édités par l'Imprimerie nationale, sous ce titre : *Commission extraparlementaire de la Marine, Commission plénière*, 4 volumes grand in-4°, 1905 et 1906 ; — *Délégation dans les Ports ; Cherbourg, Brest et Toulon*, septembre et octobre 1903 — *Procès-verbaux des séances et*

sous les regards de deux Chambres serviles, les trois séides de la Puissance occulte, prenant à forfait la démolition de notre établissement naval, décrètent toutes les mesures que réclame l'inlassable adversaire de notre patrie.

La guerre déclarée à notre indépendance par la Grande-Bretagne, et la République ne vise pas que la génération soumise à leurs sévices. Non contents d'assurer la déchéance d'aujourd'hui, nos Jacobins travaillent au démembrement de demain. Une plaie peut se cicatriser, mais quel art peut triompher des mutilations que créent d'irréparables fractures? Les membres amputés ne repoussent plus. Saisies de repentir, les Majorités républicaines auraient beau voter dix milliards pour la reconstruction de notre flotte, ce sacrifice financier ne nous restituerait ni les ressources que gaspillèrent les malversations jacobines, ni la place dont nous déposséda l'Angleterre. Après le combat du 13 prairial, sous la Convention; — après la bataille d'Aboukir, sous le Directoire; —

---

dépositions, 1 volume grand in-4º (1904). Parmi les témoins qui déposèrent, figurent : les amiraux Fournier, Bienaimé, Caillard, Touchard, Bellue, Ravel, Gourdon, Jaurégulberry, Gigon, Fort, Massé, Germinet, Juhel; les commandants Darriens, Degouy, Klésel, Farret, Saint-Paul de Sinçay, Mottez et Gaschard; les ingénieurs Bertin, Laubeuf, Maugars, Latty, Choron, Maret, Javain, Lorenchet de Montjamont, Lemaire, Besson, Gayde, Chatel, Krantz, Serdoillet, de Salvert, etc. Les cinq volumes renferment le plus formidable dossier contre les destructeurs de la Marine française. A maintes reprises, l'amiral Bienaimé monta à la tribune pour sommer le président de la Commission, M. Clémenceau, de désigner un Rapporteur, et pour inviter la Chambre à instituer un grand débat sur les dépositions. Le Rapport ne fut jamais rédigé, la Chambre ne discuta pas les témoignages, et M. Clémenceau finit par ne plus convoquer ses collègues. Les premières révélations de l'Enquête suffirent néanmoins pour provoquer la chute de M. Pelletan.

après Trafalgar, sous Napoléon Ier, la France put se relever de chaque catastrophe. Le trust de nos modernes destructeurs a mieux besogné contre la France que les vainqueurs du 13 prairial, d'Aboukir et de Trafalgar pour l'Angleterre [1].

Dans ces déplorables conjonctures, en face d'un Pouvoir non seulement hostile à notre sécurité, mais soupçonné d'avoir peut-être déjà fait son deuil de notre indépendance; — en face d'une flotte démembrée et d'un état-major décimé; — en face d'équipages excités à la lutte, non contre l'étranger, mais contre leurs chefs; — en face d'arsenaux où l'anarchie seule travaille et de colonies offertes à tous les enchérisseurs; — en face, enfin, de points d'appui sans munitions et sans charbon [2], faut-il s'étonner si deux

---

[1] Dans le *Journal* du 7 février 1911, un officier attaché à l'État-Major général, M. le lieutenant de vaisseau Bergone, connu, dans la littérature, sous le pseudonyme de « Claude Farrère », publia un article où il disait que le ministère de M. Pelletan avait infligé à la France le même désastre que la défaite de Trafalgar. « Cela est acquis, disait-il, avoué, historique. » M. le lieutenant de vaisseau Bergone ajoutait que M. Pelletan avait coûté 600 millions à la France. Par suite de ces dilapidations volontaires et de l'asservissement de notre pays à la Grande-Bretagne, notre flotte ne compte aujourd'hui (février 1911), que *six* cuirassés, pendant que l'Allemagne en possède *vingt*. Lorsque le programme naval de M. l'amiral Boué de Lapeyrère sera réalisé, dans quinze ans (en 1926), notre flotte, dit encore M. Bergone, possédera *vingt-huit* bâtiments de guerre, et la flotte allemande *quarante-deux*. Pour avoir critiqué M. Pelletan, M. le lieutenant Bergone fut frappé, le jour même, d'un « blâme » et relevé de ses fonctions à l'État-Major général. S'il fut permis à M. Pelletan de détruire notre flotte, il est, en revanche, défendu aux patriotes de toucher à M. Pelletan. Le mot d'ordre est de cacher au pays les périls qu'il court et les forces qui le menacent.

[2] Le 31 mars 1904, la Chambre rétablissait, malgré l'opposition de M. Pelletan, le crédit d'un million supprimé par le Sénat sur l'approvisionnement du charbon destiné à notre flotte pour les évolutions d'escadre.

amiraux, l'amiral Bienaimé et l'amiral Fournier [1], calculant les chances que nous réserverait, sous de tels hiérarques, une guerre d'escadre avec la Grande-Bretagne, se rallièrent à l'humiliante tactique qui, sous Jeanbon Saint-André, Dalbarade et Monge, obligeait les officiers de la Convention et du Directoire à se claquemurer dans les rades, pour s'épargner les transes d'une inglorieuse rencontre [2]?

[1] *Commission extraparlementaire de la Marine*, deuxième fascicule. Déposition de M. Alfred Duquet : « L'amiral Bienaimé a déclaré, dans une conférence à l'École supérieure de Guerre, que, si la guerre existait avec l'Angleterre, immédiatement tous les vaisseaux de la flotte française devaient rentrer dans les ports ou dans les havres, de façon à ne pas être attaqués par les Anglais. »

« En d'autres termes, quand serait venu le moment de se montrer, il faudrait se sauver. Je considère cette déclaration comme extrêmement importante, comme pouvant avoir une importance considérable. Si elle était seule, je ne m'en inquiéterais pas, mais elle n'est pas seule. L'amiral Fournier a dit la même chose dans la petite brochure qu'il a fait paraître sous ce titre : *La Marine de guerre;* Réponses essentielles, par un Marin, p. 396. »

[2] Un homme politique étranger, qui jouit en Europe d'une légitime autorité, le comte Reventlow, l'ex-président de la Ligue maritime allemande, a, dans un savant article du *Tagliche Rundschau* (le 11 février 1906), énuméré les coups que M. Pelletan a portés à notre Marine et à notre fortune. Après avoir constaté, comme nous, que M. Pelletan « arrêta la construction des vaisseaux déjà mis en chantier », le comte Reventlow ajoute : « Les mêmes préoccupations d'économie lui fournirent un prétexte pour supprimer les manœuvres combinées des escadres de la Manche et de la Méditerranée. Pendant trois ans, les manœuvres avaient été exécutées sous la conduite de l'éminent amiral Gervais et avaient donné à la flotte française un degré d'entraînement, de solidarité, de préparation au combat, qu'elle n'avait jamais atteint, et qu'elle n'a plus aujourd'hui. On n'y fait plus de manœuvres de grand style, et ce que cela signifie pour une flotte, la guerre d'Extrême-Orient le montre de la façon la plus significative dans le sens positif et négatif.

« Ce n'est pas tout : toujours par économie, Pelletan réduisit d'environ un cinquième les équipages de l'escadre de la Méditerranée, qui est constamment tenue sur le pied de guerre, la ramenant ainsi, ou peu s'en faut, au niveau d'une formation de réserve. Il rogna, en outre, la consommation des munitions pour les exercices de tir, la consom-

XXII

Aujourd'hui, la France maritime de Richelieu, de Colbert, de Choiseul, de Castries, de Chasseloup-Laubat, de Sourdis, de Brézé, de Duquesne, de Château-Renault, de Tourville, de Suffren, de Bouvet, de Courbet, gît dans le même cimetière où dorment Tyr, Sidon, Athènes, Venise, Carthage.

A l'époque où Lanessan, Pelletan, Thomson, exterminaient nos forces navales, les vaisseaux de Nicolas II s'engloutissaient, les uns après les autres, dans la rade de Port-Arthur (2 janvier 1904) et dans la baie de Tsoushima (27 mai 1905) — moins fracassés par les bombes de l'amiral Togo que démantelés par l'impéritie des Makaroff et des Rojestvensky !

Mais pendant que le Tsar, instruit par cette catastrophe, en préparait la revanche, pendant que la flotte russe sortait peu à peu, plus forte, de l'abîme qui l'avait dévorée, la nôtre, sans un seul coup de canon, sombrait, en pleine paix, du deuxième rang au cinquième et bientôt du cinquième au sixième, victime de la félonie des uns et de la couardise des autres. Irréparable naufrage ! Sous un Régime que n'ordonne et n'exalte ni la pensée, ni la volonté d'un Chef,

---

mation du charbon pour les évolutions d'escadre, toutes choses qui rabaissèrent de la façon la plus fâcheuse l'éducation des équipages et des officiers, et, du même coup, la préparation au combat et la valeur militaire de la flotte. Par là, l'infériorité de l'escadre de la Méditerranée, en regard de la flotte anglaise de Malte, devint si éclatante que les autorités maritimes soutinrent avec raison que la flotte anglaise paraîtrait devant Toulon avant que l'escadre française fût seulement parvenue à se mettre sur le pied de guerre. »

arracher la flotte française à l'Erèbe serait une entreprise plus ingrate encore que de construire Notre-Dame de Paris avec le sable de nos grèves et la poussière de nos routes [1].

Ce fut en considérant les décombres dont se jonchent, aujourd'hui, nos ports, que nous nous demandâmes si la Marine Royale, anéantie par la Révolution, avait péri victime des mêmes manèges qui, sous nos yeux, s'acharnent en faveur des ambitions britanniques et contre le génie de la France. Pour découvrir les artisans de ce désastre, il fallait fouiller le passé, ouvrir les tombes, interroger les morts. Nous nous mîmes à l'œuvre. Cette enquête historique nous révéla, dans Jeanbon à Brest; — dans Lequinio et Laignelot à Rochefort; — dans Fréron et Barras à Toulon; les maîtres et les fourriers des conspirateurs qui, cent ans plus tard, devaient débusquer de son rang la Marine française.

Désolant succès de la félonie! De même que nos Ministres du xxe siècle, les Proconsuls de Brest, de Toulon et de Rochefort disloquèrent la flotte nationale, non seulement pour transférer à la guerre contre le Christianisme les forces et les crédits qu'exigeait notre défensive contre l'ennemi héréditaire, — mais afin d'exonérer la Grande-Bretagne d'une concurrence néfaste à sa suprématie maritime et à ses trafics. Bref, en 1793, comme de nos jours, ce fut la trahi-

---

[1] Voir la conférence donnée, le 9 mars 1910, à l'amphithéâtre de la Sorbonne, par G. Lacour-Gayet (*Ligue Maritime* d'avril 1910 (n° 212), pp. 47 à 53. La Ligue Maritime, présidée par M. Pierre Baudin, poursuit une vigoureuse campagne en faveur de la réorganisation de nos forces navales. Elle compte 15.000 adhérents. Nous ne saurions trop engager tous les patriotes à s'agréger à la Ligue (39, boulevard des Capucines).

son qui, sous le masque d'un fanatisme imaginaire, dévasta l'établissement destiné par le « Grand Cardinal » à sauvegarder l'intégrité de notre territoire et le rayonnement de notre influence.

Devons-nous donc désespérer du relèvement de la patrie? Nombre de Français semblent déjà suivre, tambours voilés et l'arme penchée vers la terre, les funérailles de notre grandeur. Le pessimisme est la philosophie des âmes murées dans une prison où ne pénètrent ni les clartés de l'avenir, ni les fanfares des revanches. Créatrice professionnelle de l'ordre, demain la Monarchie restaurée nous arracherait — tout le monde le pressent — et arracherait l'Armée, la Marine, à la morsure du ver sépulcral qui, depuis trente ans, ronge

> ... Ce monde affreux de bourreaux et de mages,
> Qui passe, groupe noir,
> Sur qui l'ombre commence à tomber, que Dieu marque,
> Qu'un vent pousse, et qui semble une farouche barque
> De pirates, le soir [1].

La beauté se ternit, la jeunesse se décolore, les littératures s'éteignent, les printemps se flétrissent, l'art passe, — mais la France demeure. Dans un cimetière allemand, sous le lacis des ronces et des mûriers sauvages, tout à coup d'une pierre fendue, s'exhale ce cri vainqueur : *Resurgam!* « Je me relèverai! » Les ossements en poussière de nos morts clament, avec la même énergie, l'ardeur de nos espérances et l'immortalité de notre destin!

1 Victor Hugo : L'Épopée du Ver

LIVRE PREMIER

TOULON

LIVRE PREMIER [1]

CHAPITRE PREMIER

PREMIÈRES ÉMEUTES

I. — C'est à Toulon que la Révolution débute. — Physionomie de la ville et du port. — Les Vaisseaux à l'ancre. — Les Galères.

II. — Officiers rouges et Officiers bleus. — Uniformes. — Les Marins. — Leur tenue. — Discipline. — Solde. — Misère.

III. — Conflits entre la Plume et l'Épée. — Attitude du comte d'Estaing. — La population de Toulon. — Aristocratie. — Bourgeoisie. — Peuple.

IV. — Un port de l'ancien régime. — Ses fêtes populaires. — La Farandole. — Le Jeu de la Targo. — Les Fie-

---

[1] I. — Archives Nationales : F⁷ 3.693, DXXIX, 15; II. — Archives de la Marine. Dossiers des Officiers C⁷ etc.; III. — Archives administratives et historiques du Ministère de la Guerre : *Correspondance générale;* IV. — LE CHEVALIER DE FONTVIELLE. *Mémoires* (1824); V. — GAUTIER DE BRÉCY : *La Révolution royaliste* (1834); VI. — Z. PONS : *Mémoires pour servir à l'histoire de la ville de Toulon en 1793* 1825); VII. — H. LAUVERGNE : *Histoire de la Révolution française dans le Var* (1839); VIII. — HENRY : *Histoire de Toulon depuis 1789* (1850), 2 vol. in-8°; IX. — V. BRUN : *Guerres maritimes de la France*, Toulon (1861), 2 vol. in-8°; X. — GUÉRIN : *Histoire maritime de France* (1863), 6 vol. in-8°; XI. — Capitaine CHEVALIER : *Histoire de la Marine française sous la première République* (1886), in-8°; XII. — Maurice LOIR : *La Marine Royale en 1789* (1892), in-16; XIII. — Georges DURUY : *La Sédition du 1ᵉʳ décembre 1789 à Toulon. Revue des Deux-Mondes*, tt. CXVI et CXVII. — Paul COTTIN : *Toulon et les Anglais en 1793* (1898), 1 vol. in-8°.

roues. — Les Bouffets. — Règne de l'Ordre et de la Mesure.
V. — Émeute du 23 mars 1789. — Sac d'une maison et du carrosse épiscopal. — Inaction de l'armée. — Les quatre péchés capitaux.
VI. — Le chef d'escadre, d'Albert de Rions. — Les ouvriers de l'arsenal. — Échauffourées et altercations. — Clubs populaires. — Impostures et légendes.
VII. — Nouvelle émeute. — Le lieutenant Dauville. — Costume de chasse et cocarde noire. — Rapport du colonel de Mac-Mahon. — Conflit des consuls avec les autorités maritimes.
VIII. — Intervention des sous-officiers du Corps Royal des canonniers matelots. — 17 novembre, nouvelles démarches des officiers municipaux auprès du Commandant de la Marine. — Les rapports s'aigrissent. — Envoi de députations à Paris.

I

Dans quel port l'anarchie exerce-t-elle ses premiers ravages? A Toulon. Premier port de la France, sur la Méditerranée, sentinelle avancée de la route des Indes, Toulon doit son origine, son agrandissement et sa puissance à la bonne fortune de sa situation géographique et à l'aisance de ses approches. Au pied des montagnes qui la dominent, s'enfonce une rade que la Monarchie consacra, vers la fin du XVIIe siècle, à l'établissement d'un grand port militaire. Henri IV avait reculé l'enceinte de la cité, flanqué de bastions et de courtines les remparts, bâti les forts Sainte-Catherine et Saint-Antoine, fondé l'arsenal maritime en jetant les assises des deux môles. Richelieu et Louis XIV achevèrent l'œuvre du Béarnais, — Louis XIV, surtout, qui voulut faire de Toulon, comme de Brest, un port militaire de premier ordre. En quelques mois, les terrassiers et les maçons, embauchés par Vauban, creusent le second port, construisent la nouvelle enceinte, érigent deux nouveaux forts, l'Aiguillette et Saint-Louis, et dressent, sur tous les cols accessibles à l'invasion, de robustes batteries — invulnérable système de défense contre lequel échoueront, vingt-cinq ans plus tard, en 1707, les forces réunies de l'Angleterre, de la Hollande et du prince Eugène.

Situé sur un terrain légèrement incliné vers la mer, au bord d'une baie profonde dont la presqu'île Sepet ferme l'entrée, Toulon s'encadre, au Nord, à l'Est, au Sud, à l'Ouest, de vingt collines, sur lesquelles les pins, les oliviers et les mimosas étagent leurs bouquets et dispersent leurs parfums.

Panorama grandiose d'une rade sans rivale ! Ici, le mont Faron, « droit et sec comme un mur »; là, le Coudon, pointu et tourmenté, — plus loin le morne, sombre et boisé, du cap Sicié, — l'anse Méjan, où mouillent les tartanes des pêcheurs, — enfin, la pointe de Carqueiranne, rougeâtre falaise, coupée à pic vers la mer. A la fin du xviiie siècle, aucun port n'égale Toulon en beauté et ne le dépasse en poésie. Ce n'est pas Naples, ce n'est pas Constantinople, c'est un port de France, un port de Joseph Vernet, avec ses forts, ses arsenaux, ses tours, le ciel du Bosphore et les enchantements de Pœstum.

Dans la rade se balancent le *Commerce de Marseille*, le plus luxueux bâtiment de guerre dont s'enorgueillit notre ancienne flotte après le *Soleil Royal*, — navire de cent dix-huit canons; — le vaisseau-amiral le *Tonnant*, l'*Apollon*, le *Thémistocle*, le *Commerce de Bordeaux*, le *Duguay-Trouin*, etc., vaisseaux et frégates que Puget, Lebrun, Girardon, Rose, Coulomb décorèrent de figures élégantes ou sillonnèrent de fleurs héraldiques. Au lieu de ces hydres noires qui transforment nos escadres en convois funèbres, les vaisseaux de l'Ancien Régime s'égaient de couleurs éclatantes, se relèvent de sveltes galeries et se constellent de sculptures délicates. La carène s'immerge, blanche et sans tache, dans la mer limpide. Séparées par une bande noire, les batteries s'encadrent de deux ou trois filets jaunes d'ocre ; — les pavois s'azurent de bleu de France et se parsèment de fleurs de lys d'or ; — les sabords et la tranche des canons flamboient d'écarlate, — et, de l'avant, comme de l'arrière, s'élancent — gracieuses allégories — des Naïades et des Nymphes, taillées dans le chêne par « les Maîtres d'Art entretenus » que forment et que surveillent les plus grands artistes de France.

Quelques années auparavant, des galères circulaient encore, triomphales, avec leurs étendards, leurs bannières, leurs pavoisades, leurs *apostis* de soie, leurs antennes, festonnées de cornettes et fleuries de lys d'or, avec leurs carrosses d'arrière, piaffant pour ainsi dire dans les nuées, avec leur tente de velours cramoisi, relevée de crépines, enfin avec leur peuple de rameurs au torse nu, que tenaient en haleine les comites et les argousins, la courbache à la ceinture.

Quand la mer était plate, avec une belle bise de travers, les galères volaient, comme des oiseaux, sur la cime des lames. La chiourme donne alors son maximum de vélocité, — vingt-six « palades » par minute. C'est le bateau à la fois le plus marin et le plus maniable. « Les bâtiments à rames, dit l'amiral Jurien de la Gravière, ont l'avantage d'aller où ils veulent, contre vent et marée, et de mettre à terre, d'un seul coup, plus de cinq cents hommes ! »

II

Sur les quais, à travers les rues, parmi la foule, vont et viennent les officiers du « Grand Corps », en habit de drap bleu de roi, les doublures et les parements écarlates, le collet blanc, — vert de Saxe, citron ou cramoisi selon le numéro de l'escadre, — la veste et la culotte rouges, le chapeau galonné d'or. Élèves et Volontaires endossent un uniforme identique. Chez les premiers, le collet rabattu de l'habit-veste arbore la couleur de l'escadre, et, chez les seconds, reste bleu. Les uns et les autres, à bord, portent la culotte « à la matelot », c'est-à-dire large, tombant jusqu'aux chevilles, et le chapeau rond, aussi « à la matelot », mais galonné pour les élèves. Nulle différence de couleurs entre les officiers du Grand Corps. La seule distinction qui souligne les provenances se manifeste dans les galons : du vice-amiral à l'enseigne, le galon est une broderie d'or, plus ou moins large, mais toujours du même dessin. Pour les capitaines de brûlot, lieutenants de frégate et capitaines de flûte, grades plus particulièrement dévolus à la bourgeoisie, le galon d'or n'a pas d'ornement.

D'où vient donc la qualification « d'officiers bleus »? Cette désignation s'applique aux officiers subalternes, à peine dégagés de la maistrance, aux officiers auxiliaires, aux jeunes gens autorisés à faire un stage à bord des vaisseaux du Roi, avant de recevoir le brevet de capitaine au long cours [1]. Le grand uniforme, — habit de drap rouge, doublé de serge écarlate, parements, vestes et culottes de même, bas écarlates, boutons dorés, chapeau brodé d'or, boucles de souliers dorées, ceinturon en peau d'élan, aiguillettes d'or sur l'épaule droite, — exige de tels frais que la plupart des officiers se dispensent de

---

[1] L'auteur de L'*Espion anglais*, t. IV, p. 21, s'exprime ainsi : « On appelle « Officiers bleus » ceux qui n'ont point de grades dans la Marine du Roi ou qui n'ont que des grades intermédiaires, et ne roulent point parmi les officiers du Corps. Les capitaines de flûte, de brûlot, de frégate, même les officiers de port, quoiqu'ils aient cet avantage et puissent parvenir au rang d'officier général, répugnent beaucoup aux officiers du Corps, et c'est à qui ne fera pas campagne avec eux. » Comme on le voit, il n'est nullement question d'une distinction d'uniforme.

l'acquérir. Si quelques jeunes gentilshommes, enclins au luxe, ajoutent des agréments à leur tenue, d'autres, au contraire, la simplifient. Hostile à toute gêne, le Bailli de Suffren se promène sur le pont de son navire, en corps de chemise, que recouvre une veste de coton légère qu'il ne boutonne jamais, — et la tête coiffée d'un large chapeau de feutre gris, que lui a donné son frère, l'évêque de Nevers [1].

Dans les salons, dans les cafés et dans les rues, les officiers rouges et bleus coudoient ou fréquentent une bourgeoisie et une noblesse dont la toilette, comme l'allure, rayonne d'élégance, d'harmonie et de fierté. Tricorne, culotte courte, gilet à fleurs, bas de soie, escarpins, c'est l'habit classique des amoureux, des gentilshommes et des pères nobles qui défilent, pimpants et rieurs, à travers les pièces de Marivaux, de Beaumarchais et de Sedaine. Une classe lettrée, indépendante et frondeuse, arbore le costume qui portera, dans l'histoire, le nom de notre race. En été, taillée dans la toile écrue, appelée *rousselo*, et, l'hiver, faite en laine grossière, *cadis*, ou de velours, la culotte courte remonte jusqu'au milieu de la poitrine, s'ouvre sur les flancs et boutonne presque sous l'aisselle. C'est la « culotte à pont » classique, la *braio* ou la *cavaliero* de la Provence. Sur les jambes, la culotte s'arrête aux genoux, où elle se boutonne par des jarretières, pour se prolonger, avec des guêtres, jusqu'à la chaussure : souliers au nœud de ruban noir ou à la boucle d'or.

Tantôt mauve, rousse ou jaune, la veste, *camisole*, ou *rebroundo*, recouvre un ample gilet — *coursel* — souvent vert, dont l'échancrure laisse passer la chemise de toile à grand col, non empesée, que décore une cravate flottante à la Colin. Sur la culotte s'enroule une ceinture en soie ou en laine, écarlate ou bleue, le *taiolo*, seule pièce, à peu près, du

---

[1] CUNAT : *Histoire du Bailli de Suffren*, p. 350.

vêtement ancestral qui survit, de nos jours, à l'ancien costume.

La coiffure est le tricorne, *capère a tres pouncho*, sous lequel s'arrondit la perruque poudrée, que maintient un nœud de rubans, ou que tire une queue tressée en catogan. Dans les environs de Toulon, les paysans endossent la blouse (*blodo*) de toile bleue ou grise, dérivée de la tunique qui, sous le nom de « bliaut », figure dans les chansons de geste, où les trouvères nous montrent ce vêtement porté par les paladins et les chevaliers, par Guillaume au Court Nez et par Amadis de Gaule [1]. En hiver, au chapeau les paysans substituent le bonnet, — brun chez les bergers, — rouge chez les marins. C'est le bonnet catalan de la côte ligurienne.

Si les Toulonnaises adoptent en général les modes parisiennes, quelques pièces du vêtement protestent contre cette invasion et respectent l'originalité du costume provençal. Les étrangers remarquent surtout le chapeau rond abattu qui s'attache sous le menton, le mouchoir triangulaire de mousseline bariolée de rouge, de jaune et de noir, couvrant la coiffe, et la coiffe de toile fine ou de mousseline enveloppant la tête. Pas un cheveu ne s'offre au regard. Quelques frisures à peine voltigent sur le front bien découvert.

L'habillement de dessus, *droulet* ou casaquin, d'étoffe commune noire ou d'indienne, se rétrécit dans le dos et descend, en trois bandes flottantes, jusqu'à mi-jambe. Le corset, laissé à découvert par le « droulet », de drap rouge en hiver et de gaze en été, se parsème d'arabesques et de fleurs. Le jupon s'arrête un peu au-dessous du genou. Le

---

[1] Léon Gautier : *La Chevalerie*, p. 410. La figure 65 représente un bliaut « simple », conservé au Trésor impérial de Vienne, et remontant à la fin du XII° siècle. C'est très exactement la blouse que portent, encore aujourd'hui, les paysans, dans la plupart de nos provinces. Mêmes broderies et mêmes échancrures.

costume se complète par les souliers plats et les bas de soie, le tablier de damas ou de satin, le *clavier* d'argent suspendu à la ceinture, les bagues, les bracelets, le cercle d'or au poignet droit, et, au cou, la croix de Malte.

Jetons maintenant un regard sur les laitières de la place Saint-Lazare. Les cotillons courts, le tablier de casaquin, la coiffe, passant sous le menton et couverte par un mouchoir de mousseline rouge, jaune et noire, le grand chapeau noir à la *bérigoulo*, donnent aux femmes du peuple comme aux paysannes [1] une allure jeune, élégante, presque radieuse ! Linge, accoutrement, tout respire la propreté, la coquetterie, la fraîcheur d'une population saine, robuste, ordonnée, sur laquelle veille un maître qui lui assure la sécurité, l'indépendance et la justice. Un peuple mal gouverné s'habille mal.

Faisons maintenant un tour sur le Quai du Port, entre l'Hôtel-de-Ville et la Vieille-Darse. Dans les tavernes boivent, chantent, crient des marins que n'égarent ni les grèves, ni l'alcool. Contre l'eau, alors la seule boisson du peuple, ne s'exerce pas encore la conspiration du cognac et de l'absinthe. Le plus sobre et le moins querelleur des soldats du Roi, le marin provençal n'a d'autre défaut qu'une excusable jactance qui le fait ériger, au-dessus de tous les hommes de mer, les amiraux de sa race, les Chevalier Paul, les Forbin et les Suffren, héros d'épopée, dont la légende, naturellement grossie par l'imagination méridionale, finit par exaspérer les Normands, les Bretons et les Flamands, plus discrets, mais non moins fiers des Tourville, des Duguay-Trouin et des Jean-Bart. Mais ces crises de jalousie passent vite, et le marin toulonnais, beau parleur, a bientôt fait de plier à ses ordres et de charger de ses corvées le Ponantais, pauvre corvéable sans résistance contre les maléfices de la faconde provençale.

[1] M. Charles Roux : *Le Costume en Provence* (1907), t. I, pp. 195 à 210.

D'ordinaire, les marins, le bonnet catalan sur la tête, se drapent dans un manteau de laine ou de bure, muni d'un capuchon à houppe, — épais et tutélaire caban que ne pénètrent et n'effleurent ni le souffle de la tramontane, ni les morsures du mistral. C'est vers la fin de l'Ancien Régime, seulement, que les matelots obtiennent une tenue à peu près régulière. Une lettre adressée, le 14 novembre 1786, aux commandants de la Marine, dans chaque port, les avise que, désormais, « les hardes » dont le gouvernement dotera les équipages « seront conformes tant en espèces qu'en couleurs [1] ». C'est qu'à cette époque le règlement se contente d'enjoindre aux hommes d'avoir « six chemises, deux culottes, un chapeau rond, en forme de toque, des bas et des souliers, un hamac et un sac en cuir pour renfermer les effets ». Sur certains navires, les équipages portent, en sautoir, un baudrier, qu'étampent les armoiries du Commandant [2].

En général, les gens de mer n'aiment pas servir sur les bâtiments du Roi. D'où vient cette répugnance? De deux causes. Tout marin a du sang de corsaire et même de flibustier dans les veines. La sévère discipline de la flotte inspire une aversion instinctive aux hommes que les règlements, beaucoup moins sévères, de la Marine marchande, ont habitués au laisser-aller des archipels et au sans-gêne des bouges. Pour qu'aux heures de crise, le matelot donne un coup de collier, le capitaine du commerce ne se soucie ni de la correction des mouvements, ni de la ponctualité du service. Un audacieux aventurier lui plaît mieux qu'un gabier docile [3].

Ajoutez à cette considération la modicité de la solde et l'irrégularité des paiements. Dans ses *Mémoires*, Malouet,

1 M. Loir : *La Marine Royale*, p. 124.
2 A. de Bouclon : *Liberge de Granchain*, p. 382.
3 M. Loir : *passim*.

l'illustre intendant de Toulon, ne cesse de nous signaler la pénurie de sa caisse. Quand d'Estaing revient d'Amérique, les fonds manquent pour rémunérer les hommes. Pressés de revoir leur foyer, plusieurs partent le ventre creux et la ceinture vide. En route, la faim pousse les plus hardis à détrousser les voyageurs. Aujourd'hui, les apaches de la Marine qui, soit à Cherbourg, soit à Toulon, dévalisent les passants, en sont quittes pour quelques jours de salle de police. Mais l'Ancien Régime ne badine pas avec ces gentillesses. Pris en flagrant délit de vol à main armée, sept marins, conduits à Aix, meurent sous la roue. Instruit de ce dénouement, le pauvre Malouet court à Marseille, emprunte cent mille écus, paie les équipages et raconte l'histoire à son ministre, le maréchal de Castries, qui félicite l'intendant de sa généreuse initiative.

Cette misère des Marins émeut tout le monde. Pendant la guerre d'Amérique, les échevins de Marseille octroient cent mille écus aux matelots, et le Clergé de France les gratifie d'un million. Naturellement, Louis XVI s'associe à cette munificence. Après avoir honni l'administration qui les oublie, les équipages de Suffren reçoivent du Roi des libéralités qui les désarment [1].

III

Si, à Toulon, les officiers, de quelque origine qu'ils se réclament, se mêlent et se fréquentent, il n'en est pas de

---

[1] Le Ministre reçut du Commandant et de l'Intendant de l'Escadre la communication suivante :

« Nous avons communiqué aux différents maîtres, aux veuves et aux enfants des victimes de la guerre les grâces que vous nous faites l'honneur de nous adresser pour ces honnêtes et malheureuses créatures. Leur satisfaction ne connaît pas de bornes et ils nous pénètrent de joie pour la reconnaissance qu'ils nous prient de vous témoigner. »

même à Brest et à Rochefort. Dans ces deux villes, l'esprit de corps dégénère parfois en esprit de coterie. Les officiers d'administration, les scribes, — « la Plume » — n'entretiennent pas des relations très cordiales avec l'Épée. Sous le ministère de M. de Boynes [1], la « Plume » obtient un crédit qui blesse l'amour-propre des officiers combattants. Un jour, la Plume abandonne l'uniforme gris de fer pour la tenue bleu de roi. Aussitôt, surgissent de violentes altercations qui, presque toutes, se dénouent sur le pré. Les officiers bleus et les capitaines de flûte partagent, dans certains ports, la défaveur de la Plume. Mais, à Toulon, sous le soleil qui fait sortir les officiers de leur demeure et les rapproche, sur la terrasse des cafés, autour des mêmes tables, la sociabilité méridionale atténue les angles et supprime les antagonismes. Le commandant de la marine à Toulon, le comte d'Albert de Rions, s'élève avec

---

[1] BOYNES (Pierre-Étienne BOURGEOIS de), né à Paris, le 17 novembre 1718. D'abord procureur à la Chambre royale, intendant de Franche-Comté; Premier Président du Parlement de Besançon, en 1757; conseiller d'État en 1761; ministre de la Marine en 1771. Moreau, dans son livre : *Mes Souvenirs* (t. II, p. 74), parle souvent de M. de Boynes, avec lequel il était lié. Il dit du ministre de la Marine que c'était « un homme de loi, sachant les formes et très bonne tête ». Après s'être aidé des lumières du lieutenant de vaisseau Boux, Boynes fit paraître l'ordonnance du 18 février 1772 qui créait huit régiments ou brigades, dont l'ensemble formait le Corps Royal de la Marine; à chaque régiment devaient être attachés plusieurs vaisseaux et frégates et un certain nombre de compagnies d'artillerie. Très attaquée, cette ordonnance vécut à peine deux ans, elle fut annulée par le successeur de Turgot, par Sartines. Boynes établit, au Havre, une École Royale de Marine, destinée aux jeunes gens qui désiraient servir à la mer. Il ne fallait faire aucune preuve de noblesse pour y entrer. Sartines la supprima. Boynes eut, en outre, le mérite de constituer, sous les ordres du comte d'Orvilliers, le futur lieutenant-général de la guerre d'Amérique, une escadre d'évolutions où triomphèrent les principes de la stratégie la plus savante et la mieux réglée, et où se distinguèrent Du Chaffant, La Touche-Tréville, La Clochetterie, etc. Boynes mourut en son château de Mousseaux, le 19 novembre 1783. (Voir LACOUR-GAYET : *La Marine sous Louis XV*, p. 415.)

chaleur contre une morgue « qui, dit-il, éloigne de la Marine les plus précieux serviteurs [1] ».

D'Estaing fait mieux : installé à Toulon, c'est aux officiers bleus qu'il réserve toutes ses sympathies et qu'il accorde toutes ses prévenances. Le Grand Corps ne l'aime point. D'Estaing vient de l'armée de terre; ses alliances et son nom ne conjurent pas les animosités et les jalousies des gentilshommes qui flairent peut-être déjà, dans le démocrate, l'indigne témoin du procès de la Reine. A peine investi de sa charge, d'Estaing s'entoure de capitaines du commerce auxquels il délivre des brevets de lieutenants de frégate, et lui-même se ménage, dans la personne d'un lieutenant de vaisseau sorti des Bleus, non seulement un conseiller plein d'expérience, mais un ami fidèle et un émule. Étourdis par ces innovations, les officiers rouges murmurent. Aussitôt, d'Estaing réunit les mécontents et leur déclare qu'il connaît les dispositions défavorables de l'État-major. « Cela ne m'empêchera pas, ajoute l'ancien colonel, de rendre justice à votre mérite et de demander au ministre les grâces et les récompenses dont vous serez susceptibles. Mais je vous préviens, en même temps, qu'en prenant congé du Roi, j'ai répondu à Sa Majesté, sur ma tête, de l'honneur de son pavillon; la vôtre m'en doit répondre à son tour [2]. »

---

[1] Voici ce qu'on lit dans l'*Essai historique sur la Marine*, par le chevalier DE LA SERRE, p. 12 : « C'est surtout à Toulon que l'on trouve de ces officiers plus justes et plus véritablement sensés, c'est une justice que l'on doit à ce département. On y rencontre plus d'honnêteté et de politesse, plus de cette urbanité qui distingue la nation française ». (Cité par Maurice LOIR, dans *La Marine royale en* 1789, p. 114).

[2] ESTAING (Charles-Henri, comte d'), amiral, naquit, en 1729, au château de Ravel, en Auvergne, débuta dans la carrière des armes comme colonel d'infanterie, servit dans l'Inde sous Lally, reçut la décoration de Saint-Louis, en 1757, et fut fait prisonnier, après avoir été blessé, au siège de Madras, en 1758. Ayant recouvré la liberté, il arme deux bâtiments, opère des prises, est partout vainqueur.

Avant la prise de la Bastille, Toulon, cité monotone et tranquille, accepte sans arrière-pensée la juridiction d'un évêque étranger à toute vanité et se soumet sans résistance à l'ascendant d'un Corps de marine, animé de la belle humeur provençale. L'ancre et la croix, celle-ci sur l'autel, celle-là partout, obtiennent l'égal respect d'une foule non seulement indifférente aux passions politiques, mais étrangère à l'esprit de parti. Quand le ministre de la Marine

---

Malheureusement, comme il revenait en France, il tombe au milieu des croisières anglaises, maîtresses de la mer, et, fait prisonnier, il est envoyé à Plymouth. Relâché à la paix, Estaing est nommé lieutenant-général et chevalier des Ordres, en 1762. Quand commence la guerre d'Amérique, il est chargé de porter les premiers secours aux États-Unis et part de Toulon avec douze vaisseaux et quatre frégates ; mais, contrarié par les vents, il mit près de trois mois à gagner l'embouchure de la Delaware. Cette lenteur sauva le corps d'armée anglais qui occupait Philadelphie, et qui eut le temps de se rembarquer pour gagner New-York. Estaing, de concert avec les Américains, combina une double attaque par terre et par mer contre l'île de Rhodes.

Les passes qui conduisent à New-Port, chef-lieu de l'île, furent brillamment forcées, et sept bâtiments anglais se brûlèrent pour échapper aux assaillants. Estaing s'empara de Saint-Vincent et de la Grenade, et battit l'armée de l'amiral Byron, qu'il poursuivit jusqu'à Saint-Christophe. Sollicité de nouveau par les Américains, il échoua au siège de Savannah, en Géorgie, qui lui coûta 1.100 hommes, et revint en Europe, laissant une forte croisière dans les mers d'Amérique. Accueilli triomphalement par les villes maritimes et par Louis XVI, mais toujours mal vu par la Cour, il prit, à Cadix, le commandement de la flotte franco-espagnole, qu'on fit revenir à Brest, puis convoya une flotte marchande aux Antilles. Quand la Révolution éclata, il en embrassa les principes avec ardeur.

Le marquis Calmon-Maison, dans son livre, l'*Amiral d'Estaing*, raconte « les faiblesses d'un grand soldat ». Le rôle du comte d'Estaing fut pitoyable. Appelé à figurer comme témoin au procès de la Reine, l'amiral prit une attitude qui déshonore la mémoire du marin. Sa lâcheté ne le sauva pas. Traduit, le 27 mars 1794, devant le Tribunal révolutionnaire, d'Estaing acheva de s'avilir par des déclarations honteuses : « Toute ma conduite, dit-il, a prouvé ma haine contre ces individus. » Ces individus étaient le Roi et la Reine. Si, « chargé de veiller, le 5 octobre, à Versailles, sur la sécurité de Louis XVI, d'Estaing disposa les troupes sur les bas-côtés de l'avenue de Paris, ce ne fut point en vue de barrer la route aux insurgés, mais pour l'ouvrir à la populace » ! D'Estaing fut guillotiné le 28 avril 1794.

envoie à Toulon un officier général, ce chef ne déploie point le pavillon du Roi sur le vaisseau-amiral sans inaugurer son commandement par une distribution d'aménités et une pluie de largesses. Le comte d'Estaing, le jour où il choisit son maître d'équipage, ne se contente pas de remplir d'or la main du matelot promu au premier rang ; il évoque devant l'escadre tout entière les services que ce bon Français a rendus à la Patrie, pendant la dernière campagne. De tels discours grisent la multitude et couronnent d'une auréole l'heureux élu. Artisans et marins se glorifient d'appartenir au bailli de Suffren, au comte d'Albert de Rions, au commandant de Castellet, etc., et portent avec orgueil les couleurs de leur maître. Une famille qui compte dans ses rangs, soit le pilote de l'amiral de Beausset-Roquefort, soit le calfat du lieutenant de Jonquières, ou même le charpentier de l'enseigne de Broves, etc., se gonfle de ce titre comme d'un blason.

La grande famille maritime constitue à Toulon une sorte de maison seigneuriale, à plusieurs étages, où tous les hôtes, — qu'ils habitent les combles ou les appartements de gala, — se considèrent comme les serviteurs du même chef et les compagnons de la même épopée.

IV

Vivant dans une atmosphère diaphane et toujours tiède, sous un soleil que n'obscurcissent que de rares nuages, le Toulonnais ne souffre, ni du climat, ni de la température. Aussi, se laisse-t-il ensorceler par la couleur et bercer par le rythme. Une lumineuse discipline se dégage, pour ainsi dire, de la nette silhouette des monts, de la profondeur du ciel, de l'harmonie des arbres, de la transparence de l'air et du visage riant de la mer. Cette atmosphère élyséenne communique aux hommes une mollesse qui, parfois, s'apparente à l'inertie du lazzarone endormi, à Naples, sur le quai de la Chiaia. Mais, de même que la mansuétude coutumière de la Méditerranée n'exclut pas les tempêtes, de même, le *dolce farniente* du Toulonnais s'aiguise d'impétueuses saillies. L'objection, le défi, la résistance, provoquent l'emportement, l'injure, l'émeute. Éclats rares. Joyeux, enthousiaste, lyrique, si le Provençal fronde facilement ses chefs, il acclame non moins facilement l'autorité qui se montre accueillante et juste. Mais cette mobilité ne l'incline ni vers l'oubli, ni vers l'ingratitude.

Nulle province ne témoigne plus de respect et d'attachement aux pouvoirs, aux coutumes, aux traditions, aux fêtes, dont s'ensoleilla le passé. Tous les saints du calendrier jettent hors de sa demeure le Provençal et le poussent sur la place publique, où sa joie, avide de témoins, éprouve le besoin de s'épancher en mélodies et en danses hostiles aux ténèbres. Point de divertissement sans farandole. Au son du galoubet et du tambourin, le coryphée développe, le long des rues ou des routes, la chaîne des danseurs et des danseuses, la rougeur du plaisir aux joues et le sourire de la jeunesse aux lèvres. Tantôt, les couples, hommes et femmes, érigent, comme des canéphores, au-dessus de leurs têtes, les bras en triangle, — et le chorège, passant de droite à gauche, entraîne, tour à tour, les couples, le front courbé, sous cette arche triomphale. Tantôt, autour du dernier groupe, soudain arrêté, les autres tournent et desserrent un immense peloton circulaire qui vire sur lui-même jusqu'à ce que le cycle, grossi par l'enroulement de toute la bande, s'immobilise. Alors, le coryphée, tirant la chaîne en sens inverse, dévide la pelote, la dégage et lui fait reprendre sa marche en bataille.

Naissances, Baptêmes, Mariages, Fête du Roi, Fête de la Reine, Fête patronale, font ronfler le tambourin, glapir le galoubet et gambader toute la Provence. La Révolution ensanglantera la farandole. Ivres de vin et de haine, jacobins et sans-culottes démasqueront, plus d'une fois, à travers les villes, leurs pyrrhiques sauvages, enveloppant, dans les plis et les replis de la sarabande, l'adversaire frappé d'un arrêt de mort. Mais, vienne la paix et surgisse le Roi, l'allégresse générale, aiguillonnant les Provençaux les entraînera de nouveau dans les orbes d'une tumultueuse mais innocente farandole.

Dès qu'arrive le carnaval, toute la Provence s'agite, bondit, se trémousse, chante. D'Arles à Antibes, la joie de vivre, l'ivresse du soleil, l'enchantement de la mer, les parfums du sol, grisent citadins et paysans et précipitent, dans une bruyante ronde, toutes les conditions et toutes les classes, également tributaires du branle national.

Mais, pendant cette sonore semaine, ce n'est pas seulement la chaîne des farandoleurs que secoue, à travers les villages, l'archet des ménétriers convulsifs. Un autre branle, « la Danse des Fieroues », plus harmonieux et moins violent, exclut de ses évolutions la foule et ne mobilise que les élites.

Vêtus de blanc, ainsi que Pierrot, quarante à cinquante jeunes gens s'enrôlent dans une bande que précède le tambourinaire, boute-en-train essentiel de toutes les frairies provençales. A notre virtuose, le protocole adjoint, cette fois, Arlequin, agile bateleur, qui dirige le chœur et conduit la marche. A peine le crépuscule a-t-il éteint les dernières étoiles qu'à travers les rues, enguirlandées de lanternes ou sillonnées de lampions, s'avancent, deux par deux, les danseurs, une longue quenouille à la main. Mouvante herse de Cierges ! Au bout de chaque bâton, une corolle de papier versicolore laisse émerger la flamme d'une bougie. Le sifflet de bord à la bouche, le chef de la Mascarade commande les mouvements, et la troupe, attentive à tous les signaux, et docile à tous les gestes, exécute les chassés-croisés, les marches et les contre-marches, avec une précision qui ne lasse pas l'insatiable curiosité de la foule, heureuse de prodiguer ses bravos aux danseurs et de les encourager de ses rires. Pendant que les jeunes gens, ravis de cette joie et fiers de leur triomphe, évoluent et pivotent, Arlequin scande la mélodie habituelle, mais non sans mêler aux couplets, soit un caustique brocard contre les héros de l'année, soit une allusion folâtre aux événements du jour. Mais nul trait méchant n'empoisonne ces honnêtes facéties dont les victimes sont les premières à sourire [1].

Le voyage d'un Prince, la première entrée de l'Évêque ou du Gouverneur, intéressent et passionnent la population tout entière, éprise de ses tuteurs, fière de leurs prouesses ou de leurs vertus, confiante dans leur sagesse ou leur bonté ! Dans ces jours de réjouissances publiques, les marins et les pêcheurs se disputent l'honneur d'offrir aux hôtes de la ville, non les exercices d'une troupe mercenaire, mais les séculaires divertissements des corporations locales. La joute sur la mer, ou le « jeu de la Targe [1] », met surtout en relief la souplesse, l'élégance et la joviale allure d'un peuple que n'ont encore asservi ni pollué les factions politiques.

En nombre pair, équipés, chacun, de huit rameurs, d'un patron et d'un brigadier, les bateaux jouteurs, dits *eyssaguos*, peints en blanc, se divisent en deux flottilles, distinguées, chacune, par une couleur différente. Non moins blancs, les chapeaux et les vestons des rameurs s'agrémentent de rubans aux couleurs du capitaine et de l'escadre.

A l'arrière de chaque barque s'allonge une échelle qui dépasse de trois coudées environ le bord et porte, à son bout, une planche sur laquelle le jouteur, bien campé, la main gauche protégée par un bouclier de bois, brandit, de

[1] Appendice N° III, p. 320.

la main droite, une lance... Musique ! Le tournoi s'ouvre. Chaque jouteur conspire la chute et l'immersion du rival dans la darse. Au milieu de l'émotion générale, soudain, un corps bascule, plonge au fond de l'abîme, remonte, surnage et regagne le quai. Rumeurs, cris, sifflets, bravos ! Un champion inflige-t-il à trois compétiteurs cette involontaire baignade? Le jury le proclame *frairé*. Avec le coucher du soleil, la lice se ferme aux nouveaux compétiteurs et la lutte se circonscrit entre les lauréats. Le prix de la Targe récompense enfin le *frairé* qui jette tous ses émules à la mer. C'est le Roi de « la Targo » ! La bataille terminée, les fanfares éclatent, les tambourinaires battent aux champs et les galoubets crépitent, — cependant que les mariniers s'emparent du vainqueur et le promènent, en triomphe, à travers les rues, où, sous la lumière des lampions et des chandelles, la foule, délirante, entonne la cantilène traditionnelle [1].

La danse des « Bouffets [2] » est-elle une survivance des graves pavanes liturgiques qui, jadis, le jour du *Corpus Christi*, pendant la procession, alternaient avec les encensements des thuriféraires? L'attitude et les « pas » des artistes font songer aux éphèbes dansants que l'église de Séville admet encore aujourd'hui dans le cortège de la Fête-Dieu. Il faut des semaines d'études pour plier les acteurs des Bouffets aux voltes de ce majestueux ballet qui, sans doute, inaugura ses figures dans les basiliques méridionales. Aussi nos Provençaux ne favorisent-ils de cette cérémonie hiératique que le Roi et les Princes, et n'en révèlent-ils le faste aux profanes que quatre fois par siècle.

Au nombre de vingt à quarante, les danseurs marchent, par file de deux, au son du galoubet qui cadence leurs pas.

[1] Appendice IV, p. 323.
[2] Appendice V, p. 326.

Les principales places de la ville obtiennent successivement la visite de la bande et le régal de ses exercices. Le défilé de la troupe ouvre le spectacle.

A la suite de quelques évolutions préliminaires, le coryphée commande halte ! à la tête de la colonne. En même temps que la première file s'arrête, les autres se mettent en marche vers le pivot autour duquel elles s'enroulent. Le peloton formé, la dernière file, devenant à son tour tête de colonne, dévide la spirale. Une habile conversion de front remet les danseurs en bataille...

Voilà le premier acte du branle. Un couplet, entonné par le chorège, annonce et précise la dernière figure. Aussitôt que les instruments jouent la ritournelle, les danseurs, placés sur une seule ligne, et sautant, en cadence, sur un seul pied, se conforment aux ordres du chorège. A la seconde reprise, un saut brusque replace les danseurs dans l'ordre primitif et chaque acteur rend à son camarade le service qu'il en a reçu. Deuxième couplet, même exercice. La chanson finie, la troupe va réjouir de ses ébats un autre quartier et y maintenir le goût du divertissement élégant et classique.

Les solennités religieuses servent alors de cadres à toutes les fêtes populaires. De même que l'ancienne France, quand la Provence batifole ou gambade, c'est — suivant l'expression de Michelet — sur les genoux ou dans les bras de l'Église, sa mère. Si, dans certaines provinces du Centre et du Nord, des évêques comme les Choiseul, les Fitz-James et les Caylus, sous prétexte d'épurer le culte, fermèrent l'Église aux distractions ingénues qu'y goûtait, depuis des siècles, la multitude chrétienne, cette rigueur calviniste ne gagne pas le clergé méridional, moins inclément aux joies des humbles et plus humain.

C'est ainsi que, jusqu'à la Terreur, le 25 juin de chaque année, la fête de la Saint-Jean procure à chaque classe, aux pauvres comme aux riches, le bienfait d'une trêve qui, pendant quarante-huit heures, les délivre de leurs corvées et de leurs épreuves. La veille, les feux, allumés dans toutes les rues, convient les jeunes gens et les jeunes filles aux rondes et fait jaillir de toutes les lèvres les clameurs et les chansons coutumières :

> San Jan fai fuec,
> San Peyre l'abro !

crient les joyeux farandoleurs, hantés, jusque dans leurs jeux, par les souvenirs de l'Évangile [1]. Le même jour, une solennité officielle associe tous les Pouvoirs — depuis le Gouverneur jusqu'aux édiles — à la joie populaire.

Précédés des capitaines, des sergents et des valets de ville, les Consuls, le chaperon sur le dos, vont, au son des tambours et des trompettes, prendre, en son hôtel, le lieutenant du Roi, pour le conduire à l'église, où les chantres entonnent le *Te Deum*. La cérémonie religieuse close, le même cortège se dirige vers la place des Récollets, qu'encombrent le bûcher municipal et la foule suburbaine.

Minute émouvante : nul geste n'est laissé à l'imprévu. Dociles au protocole, fixé par une Ordonnance royale, les Consuls présentent la torche au Gouverneur, qui la prend et qui convertit aussitôt les falourdes et les branchages en un rouge brasier autour duquel se déroule la rieuse farandole et vibrent les ardentes mélodies de ses rondes [2].

---

[1] Damase ARBAUD : *Chants de la Provence,* t. II, p. 38.
[2] LAUDET DE LA LONDE : *Histoire de Toulon.* — *Archives communales de Toulon,* AA. 14. — L. MONGIN : *Toulon ancien et ses rues.* M. Charles Roux, dans les *Légendes de Provence* (Paris, 1910), consacre un curieux et poétique chapitre aux anciennes danses provençales. Voici ce qu'il dit des danses de mai :
« Le premier jour de mai était autrefois la grande fête de la jeunesse.

Dans toutes ces fêtes — romérages, bravades, danses — s'épanouissent et triomphent l'ordre, la hiérarchie, la discipline. Un législateur invisible distribue les rôles, mesure les pas, règle les égards, trace les devoirs, fixe les distances. On se sent partout ici dans le temple de l'Eurythmie et de la Certitude. Sur les gradins où s'échelonne la Société française, chacun est à sa place et, sauf quelques grimauds de lettres, personne ne se plaint de son compartiment et de son lot.

Mais voici que la France se « régénère » et que le Gouvernement de la fraternité supplante les Puissances qui, depuis des siècles, domptaient et orientaient les cœurs. Qu'arrive-t-il ? Le 18 mars 1792, « les citoyennes de Toulon — raconte un historien local — décident de banqueter, comme les hommes, à deux francs par couvert, sur cette tragique place du Champ de Bataille, que la Révolution a tant de fois ensanglantée de ses tueries. Les Commissaires commandent le banquet pour deux heures. Mais, avant de se mettre à table, les « citoyennes » imaginent de défiler, deux par deux,

---

Les invitations se faisaient longtemps à l'avance et on les renouvelait solennellement la veille de la fête, en allant placer des branches de verdure et des gerbes de fleurs aux portes des jeunes filles et en leur chantant mille galanteries.

« Les danses de mai, mêlées de chant, de déclamation et de musique, étaient à figures et quelquefois même à longues scènes, mimées par les uns et commentées par les autres. On exécutait la *carole,* « chaîne ouverte ou fermée de danseurs et de danseuses, se mouvant au son des voix et, plus rarement, au son des instruments. La danse proprement dite, le *pas*, dirons-nous volontiers, consistait alternativement en trois pas à gauche et en balancés sur place. Un vers ou deux chantés par le premier danseur remplissaient le temps pendant lequel s'esquissaient les trois pas, et un refrain, que tout le monde reprenait, répondait au balancé. »

« La *carole* a joui d'une fortune extraordinaire : sans doute à la faveur des chants, tantôt très simples, tantôt très raffinés, ce divertissement a été à la fois aristocratique et populaire ; au château comme au village, la *carole* fut pendant de longues années, dans toute la France, une des danses préférées. C'est bien elle qui semble avoir donné naissance à notre farandole. »

galoubet et tambourins en tête, ainsi que des écuyers de cirque, à travers les quartiers stupéfaits de ce cortège et de cette licence. En route ! Pendant que les bourgeoises toulonnaises déambulent, et que leurs tambourinaires font rage, la plèbe se porte vers l'arène, où se dressent les tables, et circule autour des tréteaux, à peine protégés par quelques factionnaires. Tout à coup, de la foule une voix part et s'écrie : « Mangeons le dîner ! » Irrésistible appel ! Un mouvement électrique précipite aussitôt la multitude contre les barrières et vers les tables. En un clin d'œil, mets et vins disparaissent, et quand les belles promeneuses arrivent, c'est pour assister au désastre de leur festin. Si les infortunées n'avaient mis d'avance à l'abri cuillères et fourchettes, le pillage ne se serait sans doute pas circonscrit aux victuailles. Le lendemain, dans les rues de la ville, les chanteurs populaires improvisent sur l'aventure de la veille une satire où siffle ce refrain moqueur :

> N'an fa paga quaranto sou,
> Avon pas manja un f... 1

Tant que l'Église et la Monarchie soutinrent les volontés, patronnèrent les Pouvoirs et maintinrent les groupes, le peuple respecta les distinctions, observa les normes, obéit aux guides. Mais la Révolution bannit le Prêtre et anéantit le Roi, brise les cadres et coupe les amarres, dénude l'homme et l'isole. Dans ce naufrage de l'Ordre, le plébéien lui-même succombe. Le chorège éliminé de la scène, les choristes perdent le rythme, la mesure, l'honneur. Au peuple succède la populace, — à la corporation la poussière — et au bloc la boue !

1 J. Henry : *Histoire de Toulon de 1789 au Consulat.*

V

Mais, en 1789, encore soumise au régime du clan, la Société provençale se compose de groupes autochtones, liés l'un à l'autre par la communauté des sentiments et la réciprocité des services. La bureaucratie de l'Ancien Régime n'a pas envahi ce « Pays d'État », — soustrait à la tutelle de la capitale et muni de privilèges municipaux qui lui confèrent l'autonomie administrative, « sous la surveillance éloignée et sous le contrôle extrêmement général de la Dynastie nationale [1] ».

Les charges locales appartiennent à une bourgeoisie riche, instruite et généreuse, classe intermédiaire entre le Patriciat, dont son éducation la rapproche, et le Peuple, où elle se recrute et qu'elle gouverne avec une bonhomie paternelle.

Un jour vint où, sous le souffle d'un furieux mistral, cette harmonieuse construction s'écroula. Cruel orage ! Un soudain afflux d'étrangers et de truands, lâchés sur Toulon par les Clubs parisiens, rompit l'équilibre et détermina la catastrophe. Mais si l'émeute ne trouva point dans les rangs de la population locale ses excitateurs, elle y rallia tous les individus tarés que charrie dans ses égouts une grande ville.

Aussitôt qu'une sédition éclate, l'ambition ne manque jamais d'exploiter le crime. A peine les premiers malandrins exercent-ils leur industrie qu'un certain nombre de bourgeois toulonnais décident de profiter des troubles pour évincer les autorités traditionnelles. La sénilité des Chefs

---

[1] M. Charles MAURRAS : *Action française* (Revue) du 15 août 1907, p. 314 (*Le Mauvais Midi*).

ne favorise que trop cette usurpation. Sous la Monarchie, les mœurs sont, en effet, si faciles, et les Corps si indépendants que, dans les grandes cités, les hauts emplois, devenus en quelque sorte honorifiques, vont couronner la carrière des vieux officiers qui se sont usés sur les champs de bataille, au service de l'État.

Le prestige et l'audace d'une poignée d'ambitieux entraîne les hommes du peuple. La veille, les émissaires des bouges parisiens n'avaient point de soldats; le Tiers dissident lui donne une armée. Traduisant en provençal les discours des meneurs, nos bourgeois pervertis versent cette rhétorique aux bandes qu'ils flattent et qu'ils remorquent. Mais, si le peuple, subjugué, se détache de la Noblesse, ce n'est point pour devenir le client d'un Tiers disqualifié. Une fois lancées sur une pente, les masses ne s'arrêtent point à mi-côte. La démagogie enrégimente, sans retard et sans peine, les plébéiens affranchis du patronat aristocratique.

Ce déplacement de forces et ce transfert d'influences déchaînent la Révolution, que bridait jusqu'alors l'ordre social maintenu par la Monarchie. Une partie de la classe moyenne a voulu supplanter la Noblesse. Les bourreaux de la Terreur lui donneront l'égalité du même couperet et le partage de la même tombe.

Le 23 mars 1789, une bande de vauriens, armés de sabres, de piques et de bâtons, se portent à l'Hôtel de Ville de Toulon, où viennent d'arriver le premier consul Lantier de la Villeblanche et le secrétaire du Consulat [1], Baudin, chargés tous les deux de rédiger les cahiers du Tiers. Que veut cette plèbe hurlante? De quels antres sort-elle? Des perturbateurs inconnus lui ont persuadé que Lantier et Baudin fixent eux-mêmes les taxes muni-

---

[1] Ce mot de « consulat » désigne encore maintenant, dans beaucoup de villes du Midi, la Maison commune.

cipales et rançonnent arbitrairement les classes populaires. Protégés par d'intrépides amis, les deux magistrats se dérobent, à grand'peine, aux poignards braqués contre leurs poitrines, et se sauvent chez les voisins par les toits de la Mairie encombrés de factieux.

Cette évasion exaspère la foule. Il faut qu'elle se dédommage, par une méchante équipée, de sa déconvenue et de son impuissance. Non loin de l'Hôtel de Ville, se dressent la maison de Baudin et celle de son prédécesseur Mourchou. Cette proximité leur porte malheur. Hommes, femmes et enfants brisent les portes, pillent les appartements et démolissent les murs. Au bout de deux heures, si le sac est achevé, la justice du peuple n'est point satisfaite [1].

Mise en goût par cet exploit, la multitude court au Palais épiscopal, d'où l'évêque Elléon de Castellane-Mazanges vient de partir. Cependant, la voiture du prélat, étincelante de dorures, encombre la cour d'honneur. On décide aussitôt de faire expier au carrosse vide l'absence momentanée du maître. Les factieux s'emparent du véhicule, s'attellent aux brancards et le précipitent dans l'un des bassins du port [2].

---

1 « Au milieu d'une grêle de cailloux, on voit sortir des décombres une dame suivie de ses sept enfants : c'était Mme Baudin. » (LAUVERGNE : *Histoire de la Révolution dans le Département du Var*, p. 11.)

2 Cette échauffourée n'intimida pas Mgr de Castellane-Mazanges. Quelques jours plus tard, le 31 mars, il officiait à une procession générale, à l'issue de laquelle il présidait, dans son palais, la réunion de l'Ordre du Clergé. D'accord avec le Sénéchal d'Épée, M. Burgues de Missiessy, président de la Noblesse, — l'évêque de Toulon déclara au Tiers-État que « le premier objet que les deux présidents proposeraient à la délibération de leurs ordres serait la contribution commune à toutes les charges de l'État et de la ville, et qu'ils s'y soumettraient personnellement et d'avance ».

Quand l'émeute devint maîtresse de Toulon, Mgr Elléon de Castellane émigra, en même temps que Mgr de Beausset-Roquefort, évêque de Fréjus, et s'établit à Udine, ville alors soumise à l'Autriche. En 1802, lorsqu'on lui demanda sa démission, il hésita tout d'abord.

Ainsi, deux citoyens menacés de mort, une maison saccagée, des meubles pillés, un carrosse jeté à la mer, — voilà les premières manifestations de l'Ordre nouveau. Dès la première heure où elle se montre à Toulon, la Révolution lui signifie qu'elle est l'Armée de la Destruction et, comme l'Ankou de la Légende bretonne, le Char de la Mort !

Cependant, la nuit tombe, et l'émeute, chargée de butin, réintègre ses repaires, entre deux haies de soldats du Barrois et du Dauphiné, passifs et muets. Pourquoi cette inaction ? Une récente circulaire ministérielle, suggérée sans doute par les conspirateurs qui méditent l'amputation de la France, réglemente sévèrement l'emploi de la force armée. Plus de précautions insultantes contre les effusions de la joie populaire ! Pour faire marcher les troupes, les officiers

---

(Lettre du 13 janvier, adressée à M. Pascal, à Livourne.) Mais, dès le 25 août suivant, il donna l'ordre à son représentant dans le diocèse de Toulon, M. Maufrin, de cesser tout acte de juridiction... Mgr de Castellane montra les vertus d'un saint. Voici ce que nous écrivait à ce sujet, de Béziers, le 2 février 1907, M. le Marquis de Castellane-Majastre :

« Nouveau Belsunce, et encore plus magnanime, il succomba, victime de son sublime dévouement pour les troupes françaises qui, au commencement du siècle, vinrent occuper l'Istrie, où il s'était réfugié avec son frère, le marquis de Castellane, ancien seigneur de Mazanges.

« Une maladie épidémique décimait l'armée ; de plus, le typhus faisait de grands ravages dans les hôpitaux militaires d'Udine. Le saint prélat court s'enfermer dans un de ces hôpitaux, y passa les jours et les nuits à soigner et consoler les malades, à administrer les mourants, jusqu'à ce qu'il tombât, frappé lui-même par le fléau qu'il était venu braver pour secourir les soldats d'une patrie qui l'avait proscrit. »

Ces détails coïncident avec ceux que nous trouvons dans une lettre en date du 3 février 1827, où Mgr Emmanuel Lodi, évêque d'Udine, fait connaître que l'église dans laquelle Mgr de Castellane fut enterré avait été désaffectée en 1810 et transformée en dépôt de bois et charbons pour le service des troupes. Le tombeau fut vidé par un malfaiteur qui comptait y trouver des objets précieux. Mgr Lodi fit transporter les cendres de Mgr de Castellane dans l'église Saint-Antoine, près du Palais épiscopal. Elles y sont encore. (LAUGIER : *Le Schisme constitutionnel et la persécution du Clergé dans le Var.*)

doivent attendre que le brasier d'un incendie s'allume ou que le sang d'un citoyen coule. Observateur exact de la consigne, le gouverneur de Toulon, le lieutenant-général de Coincy [1], vieux soldat octogénaire, — s'est mélancoliquement croisé les bras sur le passage de la bande, — désarmé par l'autorité elle-même devant le crime vainqueur !

Quelques jours plus tard, les magistrats se ressaisissent et lancent des mandats d'amener contre les artisans de la sédition. Le procès s'instruit; à la suite d'une enquête, le Parlement d'Aix condamne les émeutiers à la hart. La sentence est à peine rendue que la bourgeoisie, sensible et poltronne, implore la grâce des coupables et recommande sa faiblesse à leur clémence. Mais, comme cette démarche ne suffit pas, le peuple souverain descend sur la place publique, gronde, rugit et réclame, non comme une faveur, mais comme un droit, l'élargissement de ses « frères » opprimés. L'heure n'est déjà plus à la résistance. Docile aux injonctions de la foule, le Roi signe les lettres de grâce

---

[1] COINCY (Jean-Baptiste de la Rivière de Montreuil, chevalier de), né le 7 août 1709, sur la paroisse de Saint-Laurent à Paris, mort en messidor an V (1797), à l'âge de 88 ans. Lieutenant en deuxième au régiment de Piémont en 1731; capitaine en 1741; brigadier en 1748, maréchal de camp le 20 février 1761; gouverneur de Toulon le 19 juillet 1763; lieutenant-général le 1er mars 1780; placé en 1791 à la tête de la 8e division militaire. Le général a, alors, cinquante-six ans sept mois de service. Il avait épousé, en 1765, Mlle Élisabeth-Rosalie de Sinéty. Nous avons trouvé, dans le dossier du général de Coincy, la touchante lettre que voici : « 25 février 1793, Citoyen ministre (*le général de Beurnonville*), — Un vieillard de quatre-vingt-quatre ans qui s'est montré avec avantage : Philipsbourg, en 1734, à Prague, à Bergopzoom, etc., n'a pas eu le même succès dans la guerre que lui ont faite quelques officiers de paix. Mais son honneur lui est resté. Je vous prie d'avoir la bonté de lire le *Mémoire* que je joins ici, et j'ai la confiance que vous m'accorderez la justice que je réclame. Recevez, etc., COINCY, à Arcueil-lès-Paris, rue de la Fontaine, 30, à la Maison de Santé. » Les *Souvenirs du Marquis de Valfons*, publiés par son petit-neveu et revus par G Maurin, parlent, à différentes reprises, avec éloges, de Coincy, qui fut, au régiment de Piémont, le camarade et l'ami de Valfons.

que sollicitent ses ministres et restitue à la rue et au crime les héros des émeutes futures.

Passivité du Pouvoir exécutif; couardise des classes moyennes, suprématie de la populace, ces trois facteurs de la Révolution, ces trois « corps d'idées perturbatrices », ces trois « péchés capitaux », maintiendront notre patrie sous le joug des sectes jusqu'à ce que l'Autorité, reprenant conscience de son rôle et de son devoir, au lieu de regarder les factions, se décide à les combattre.

VI

Un militaire résolu, le chef d'escadre comte Charles-Hector d'Albert de Rions [1], essaie, pendant quelques

---

1 D'ALBERT DE RIONS (Charles-Hector, comte), né à Avignon, le 19 février 1728. Garde-marine en 1743, à l'âge de quinze ans, lieutenant de vaisseau le 15 mai 1756, capitaine le 18 février 1772, contre-amiral le 1er janvier 1792.

Malouet cite dans ses *Mémoires* (t. I, p. 234) l'extrait suivant de la lettre que Suffren adressait, le 29 septembre 1782, au maréchal de Castries : « Je ne connais qu'une personne qui a toutes les qualités
« qu'on peut désirer, qui est brave, très instruit, plein de zèle et
« d'ardeur, désintéressé, bon marin : c'est M. d'Albert de Rions,
« et fût-il à l'Amérique, envoyez-lui une frégate. Je vaudrais beau-
« coup mieux, l'ayant, et si je meurs, vous serez assuré que le bien
« du service n'en perdra rien. Si vous me l'aviez donné quand je
« vous l'ai demandé, nous serions maîtres de l'Inde. »

Voici, d'autre part, une note du comte d'Estaing :

« M. d'Albert de Rions réunit tous les talents militaires et mari-
« times, plein d'audace et du désir de bien faire. Le bien du service
« du Roi exige de mettre en activité et au grand jour les qualités
« éminentes d'un officier aussi distingué. » (*Note* de D'ESTAING, *Archives de la Marine*, B4 169.) Le comte d'Albert de Rions mourut à Saint-Auban (Drôme), le 3 octobre 1802. Après avoir servi dans l'armée des Princes, et s'être retiré ensuite en Dalmatie, il était rentré en France sous le Consulat.

M. le marquis de Colbert du Cannet, petit-fils de Mlle Adeline d'Albert de Rions, qui avait épousé, en 1789, M. Louis de Colbert, a bien voulu mettre à ma disposition de précieux renseignements sur l'Amiral. V. APPENDICE VI, p. 329.

semaines, de retarder la victoire des agitateurs et la dissolution des Pouvoirs. La guerre d'Amérique avait mis en relief les vertus de ce fier marin. Commandant du *Sagittaire*, pendant la campagne de l'Inde, le comte de Rions a déployé de tels talents que le bailli de Suffren le tient pour un des premiers hommes de guerre de l'époque. Avec un vaisseau de cinquante canons, Albert de Rions attaqua le vaisseau anglais l'*Experiment*, chargé de 650.000 livres (16.250.000 francs), et s'en rendit maître, après un combat acharné. Lorsque l'escadre du comte de Grasse prit la mer, en 1781, le comte de Rions, chargé du commandement du *Pluton*, fort de soixante-quatorze canons, se fit remarquer dans tous les combats livrés au cours de la campagne, et remporta successivement des avantages signalés, le 25 avril de cette année, contre l'amiral Hood, sous le canon du Fort-Royal, à la Martinique; le 5 septembre, contre l'amiral Graves, devant la baie de Chesapeak; les 25 et 26 janvier 1782, près Saint-Christophe, contre le même amiral Hood, vaincu par lui, l'année précédente; enfin, dans les fatales affaires des 9 et 12 avril suivants, contre l'amiral Rodney, entre la Dominique et la Guadeloupe.

Au lendemain de ces désastres, un Conseil de guerre, appelé à se prononcer sur la conduite des officiers supérieurs, rendit en faveur du comte d'Albert un arrêt qui, non seulement le lava de tout reproche, mais le sortit de pair. Le combat de la Dominique, si funeste à la gloire de nos armes, commence la fortune du futur amiral, mis en relief par la sentence du Conseil. Les services militaires du marin obligent le ministre à les récompenser par le grade de Chef d'Escadre. C'est en cette qualité que d'Albert de Rions commande, l'année suivante, le vaisseau le *Séduisant*, au cours de la campagne d'évolutions qu'il dirige avec Buor de la Charoulière, dans la mer du Nord.

En 1786, Louis XVI veut visiter le port de Cherbourg. Le ministre de la Marine charge le comte de Rions d'offrir au Roi, sur le *Patriote*, un simulacre de combat naval dans la rade. Rions vient d'être nommé lieutenant-général, lorsque le chevalier Louis de Fabry [1], atteint par l'âge, abandonne le commandement de la Marine. Dès le lendemain, une ordonnance royale confie ce poste au comte d'Albert de Rions. Nulle fonction ne convenait mieux à ce caractère énergique, à cette âme austère, à cette conscience inflexible qu'exaltait le sentiment du devoir, vrai cœur de héros dans un temps où les classes supérieures devaient, hélas! se montrer si inférieures à leur mission et si inégales à la fortune. Mais cette rigueur exclut l'égoïsme et ne se confond pas avec la cruauté. Humain, bienveillant, d'Albert de Rions compatit aux misères des humbles et prodigue aux ouvriers comme aux matelots les soins d'une charité toujours intelligente [2].

Un décret de l'Assemblée Constituante avait fait surgir

---

[1] FABRY DE FABRÈGUES (le chevalier Louis), garde-marine en 1734, chef d'escadre en 1776, succéda, en 1781, au marquis de Saint-Aignan dans le commandement du port de Toulon et fut nommé lieutenant-général en 1782. Il avait pris part à la prise de Sainte-Lucie, à la triste affaire de Lagos (1759), et à une expédition contre les pirates d'Alger (1763). Nommé intendant de la Marine à Toulon, Malouet eut des démêlés avec le chevalier de Fabry, mais il n'en rend pas moins hommage à l'intégrité de son caractère, qui « était assez difficile, à son zèle et à ses connaissances comme chef d'un grand port » (*Mémoires*, t. I, p. 181).

[2] *Moniteur* du jeudi 17 décembre 1789 : « Le commandant, homme dont les qualités personnelles sont révérées, que toute la ville honore et qu'elle voudrait aimer..., homme d'une humanité privée peu commune, qui, tout à l'heure encore, avait consacré aux pauvres marins une somme assez considérable destinée à l'ornement d'une fille chérie... » Lors du mariage de sa fille avec le marquis de Colbert, l'argent destiné aux fêtes nuptiales avait été distribué aux ouvriers et aux marins pauvres. Une brochure du temps nous apprend que l'amiral soutenait de ses libéralités une institution de prévoyance, appelée la « Bourse du marin », fondée pour secourir les familles des matelots tombés dans la misère.

du sol « les milices citoyennes ». A Toulon, la Garde nationale, formée de deux bataillons de cinq cents hommes chacun, enrôle sur-le-champ mille volontaires recrutés dans toutes le classes. Dès le début, le comte de Caraman [1], le gouverneur de la Provence, interdit l'embrigadement des ouvriers de l'arsenal. L'intérêt de l'État, le souci de la paix publique et les préparatifs belliqueux de l'Angleterre n'exigent-ils pas que, dans les ateliers, aucune trêve n'interrompe la cantilène des marteaux et des forges? La trop légitime peur du chômage hante les officiers. Tous les soirs, chaque poste de la Garde nationale se transforme en club, ouvert à toutes les excitations et prêt à toutes les fureurs. Attirés dans ces repaires, les ouvriers en sortent humiliés de la modestie de leur besogne et gonflés de haine contre leurs chefs. Le lendemain de chaque réunion, les discours de la veille, propagés dans les chantiers, intoxiquent l'atmosphère de l'arsenal et refroidissent le sentiment du devoir. Une fièvre d'irritation et d'animosité gagne le port et embrase les têtes. Inquiet

---

1 CARAMAN (Victor-Maurice de Riquet, comte de), né le 16 juin 1727, à Paris, mousquetaire le 1ᵉʳ avril 1740, à l'âge de treize ans, fit sa première campagne en Flandre en 1742; capitaine au régiment de Berry-cavalerie, 14 mars 1743. Commanda sa compagnie aux sièges de Menin, Ypres et de Fismes; combattit à Fontenoy, où il se distingua. Colonel d'un régiment de dragons de son nom le 1ᵉʳ décembre 1745, il le commanda pendant toutes les campagnes suivantes. Brigadier le 22 décembre 1757; maréchal de camp le 20 février 1761; inspecteur général en 1767; lieutenant-général en Languedoc (1777) et lieutenant-général des armées le 1ᵉʳ mai 1780. Commandeur de Saint-Louis en 1779 et Grand-Croix le 25 août 1784. Commandant en second la province des Trois-Évêchés, le 20 janvier 1781, et Gouverneur militaire de la Provence, le 7 juin 1787 jusqu'au 7 février 1790. Forcé d'émigrer en 1792; rentré en France en 1801 et mort à Paris le 24 janvier 1807.

Lorsque la Révolution vint briser sa carrière, le comte de Caraman comptait soixante-douze ans de services actifs et treize campagnes de guerre. Il allait être élevé à la dignité de maréchal de France avec quatre autres lieutenants-généraux. Le comte de Caraman a laissé des *Mémoires* inédits (*Communication de M. le duc de Caraman*). Voir APPENDICE Nº VII, p. 332.

de ce malaise, M. de Rions prend le parti de mettre en vigueur la circulaire de M. de Caraman. Mais l'ouvrier a déjà perdu l'amour de sa tâche et le respect de ses supérieurs.

Un jour, le bruit se répand dans Toulon que l'ennemi (quel ennemi?) a miné la ville pour la faire sauter. L'amiral craint qu'à la faveur de cette légende la populace n'envahisse, la nuit, les riches quartiers et ne s'y livre aux plus graves désordres. Pour rassurer les travailleurs, il fait dire, dans les ateliers de la Marine, que l'arsenal offre l'hospitalité de ses galeries et de ses salles aux familles qui ne se croient pas en sûreté chez elles. Les meneurs de la plèbe transforment en complot la bienveillante proposition du comte d'Albert. Les clubistes murmurent à l'oreille des boutiquiers que l'État-Major tend un guet-apens au peuple pour le massacrer. Le gouverneur de Toulon, le général comte de Béthisy [1], les officiers de terre et de mer, encourent les mêmes soupçons et subissent les mêmes outrages. Les ennemis de l'ordre décident alors de préciser leurs griefs. Après avoir révélé que les chefs de l'armée font des préparatifs d'attaque au poste du Petit-Rang et à la patache du Port, les mêmes personnages désignent le 1er décembre comme le jour où doit se déclarer l'incendie et commencer le sac de la ville. On ajoute que la

---

[1] BÉTHISY (Eugène-Eustache, comte de), né le 4 janvier 1739 à Mézières (Ardennes) et mort à Paris le 14 juin 1823. Frère de l'évêque d'Uzès, entré au régiment de Rohan-Rochefort, le 24 mai 1750, en qualité d'enseigne, premier capitaine en 1755, colonel aux grenadiers de France en mai 1762, colonel de Cambrésis en 1765, maréchal de camp le 5 décembre 1781, cordon rouge (commandeur de l'Ordre royal de Saint-Louis) en 1787, inspecteur divisionnaire d'infanterie en 1788, gouverneur intérimaire de Toulon du 10 mai au 7 juillet 1789, en l'absence du général de Coincy; grand-croix en 1794, promu par Louis XVIII lieutenant-général en 1801. Avait fait la campagne de 1756 à Minorque, où il fut blessé, et aussi la campagne d'Allemagne. Blessé à Wartbourg. Gouverneur des Tuileries le 9 mai 1822. Marié à Mlle du Deffand. Mort le 14 juin 1823 (Arch. adm. du M. de la G.).

garnison de Digne vient, à marches forcées, prêter main-forte au comte de Rions et au comte de Béthisy, de longue date affiliés tous les deux à la conjuration ourdie contre la souveraineté nationale.

Ces impostures finissent par affoler une multitude énervée par la peur. Un soir, le Commandant apprend que l'émeute mugit à la porte de l'arsenal. A ce moment, sa femme et sa fille l'accompagnent. Au lieu de les congédier, le Commandant les emmène pour les associer à ses périls. Aussitôt, les meneurs insinuent que le comte de Rions ne se fait escorter de sa famille que pour la dérober aux explosions qui doivent saccager tout à l'heure les édifices. A l'instant même où l'amiral arrive près de la porte de l'arsenal, un ami l'instruit de cette fable. S'avançant vers la foule, l'ancien compagnon de Suffren interpelle les vociférateurs : « Voici, leur dit-il, ma femme et ma fille qui vont se retirer chez elles. Se trouve-t-il parmi vous un citoyen assez osé pour vouloir leur faire du mal? »

L'air calme et digne, le ton assuré et plein de confiance du vaillant, marin imposent silence à la plèbe. Les clameurs s'apaisent et les factieux ouvrent leurs rangs à la comtesse de Rions et à sa fille, la marquise de Colbert, qui, non moins courageuse, que l'amiral, regagnent leur hôtel entre deux haies de mutins, sous la conduite de deux officiers sans armes.

Le lendemain, le chef des perturbateurs, le procureur Barthélemy, provoquait une agitation nouvelle. Endoctrinés par cet intrigant, les Canonniers-matelots déclarent qu'ils refuseront désormais tout service étranger à la sûreté de l'arsenal. La fermeté se lasse. Le comte d'Albert fait dire aux mutins qu'il respectera leurs répugnances. Cette faiblesse calme momentanément les rebelles. Les Canonniers jurent de défendre — jusqu'à la dernière goutte de leur sang — le dépôt confié au Commandant de la Marine. Serment de soldats déjà pervertis par les homélies des taverns ! Cette sédition à peine éteinte, les ouvriers de l'arsenal prennent feu à leur tour. Nul règlement n'autorise alors le port de la cocarde tricolore : l'amiral met ce hochet en interdit. Fureur des ouvriers.

Pour attiser les colères, l'Administration municipale allègue que les ennemis de la Nation veulent s'emparer du port. Il faut déjouer ces menées. Les édiles invitent, le 14 octobre 1789, les bons citoyens « à ne pas quitter la cocarde nationale », talisman magique, d'où dépendent la concorde et la paix de la cité. Crédules à ces niaiseries, ouvriers et bourgeois arborent l'amulette nouvelle, et M. d'Albert, par déférence pour les échevins, autorise les ouvriers à se décorer de l'insigne dans l'arsenal. Cette condescendance ne réconcilie pas le peuple avec le Corps de la marine, condamné à la proscription par les Clubs de la capitale.

VII

Mais la Marine n'a pas seule à se plaindre. De même que dans le reste de la France, les conspirateurs tentent de soulever les soldats contre leurs chefs. Une lettre adressée par le colonel de Royal-Dauphiné, le marquis de Mac-Mahon [1], au ministre de la Guerre nous apprend qu'au mois d'août 1789, « un grenadier ayant mérité d'être traduit devant le Conseil de guerre, pour un propos plus qu'insubordonné tenu à un capitaine sous les armes, au moment de l'inspection de la compagnie », le colonel, « vu la suppression

---

[1] Maréchal de camp en 1814, pair de France en 1827, eut, de son mariage avec Mlle de Caraman, quatre fils et quatre filles. Le plus jeune de ses fils, Patrice de Mac-Mahon, né le 12 juin 1808, était appelé à devenir maréchal de France et président de la République.

des coups de plat de sabre et la fermentation presque générale, estima qu'une punition immédiate, infligée par le chef du régiment, produirait plus d'effet que les poursuites judiciaires ». Un piquet conduisit donc le coupable « chargé de chaînes » en plein midi, à la vue de toute la ville, au cachot de la Grosse Tour. Le colonel se montra d'autant plus sévère que le grenadier avait obéi, non à un mouvement d'humeur, mais aux suggestions des meneurs, qui se flattaient d'intimider le Pouvoir militaire.

Le dernier mot reste quand même aux factieux. Deux mois et demi se sont à peine écoulés que le commandant du fort, sommé par les édiles de lever l'écrou du grenadier, donne au captif la clef des champs. Le colonel s'émut de cette lâcheté, mais l'autorité supérieure a déjà pris l'habitude de laisser impunies toutes les défaillances [1].

Un nouvel incident consomme la rupture de « la Nation » avec le patriciat militaire et maritime. Le 14 novembre 1789, un jeune officier du régiment du Dauphiné, d'origine normande, M. Dauville [2], en costume de chasse,

---

[1] « Pour revenir au grenadier, dit le colonel dans sa lettre, le motif qui m'avait décidé à user avec lui de cette prompte sévérité, c'est qu'étant le plus bel homme du régiment, extrêmement gâté, j'avais de fortes raisons pour croire qu'il avait été excité, et qu'on l'avait mis en avant dans l'espoir que je ne me déciderais jamais à faire le sacrifice d'un aussi bel homme. Ce qui me le fit condamner à six mois de cachot. »

Le marquis de Mac-Mahon ajoute :

« M. du Balay, major commandant le régiment cet hiver, me marque que la milice nationale est venue en corps, la première fois le prier, la deuxième lui demander, la troisième lui ordonner, et enfin le menacer d'élargir le grenadier.

« M. le major s'est conduit avec l'honnêteté, le caractère et la fermeté qu'il devait par le refus le plus formel. Mais le commandant du fort, épouvanté des menaces de la milice, a obligé le major de faire sortir ce grenadier, qui n'a subi que deux mois et demi de prison et qui a été ensuite chassé clandestinement à la pointe du jour, avec une cartouche jaune. »

[2] DAUVILLE (René-Jean-Guillaume-Portes), né à Torigny (Manche), le 21 décembre 1758, sous-lieutenant le 1ᵉʳ août 1774, lieutenant en

le chapeau orné d'un ruban noir, — sur lequel est épinglée la cocarde nationale [1] — sort de Toulon pour aller fusiller quelques perdreaux dans la campagne. Au moment où M. Dauville se dispose à franchir la porte d'Italie, un volontaire, en faction sur le seuil, jette un coup d'œil vers le chapeau et ne veut y voir que la cocarde noire, « signe de ralliement de tous les « conspirateurs ». Six semaines auparavant, la cocarde noire n'a-t-elle pas joué un rôle à Versailles, au cours des « orgies » où les Gardes du Corps fraternisèrent avec le régiment de Flandre ? La sentinelle, l'esprit hanté par cette stupide fable, arrête l'officier suspect et menace de lui enfoncer sa baïon-

---

deuxième des fusiliers le 3 août 1783, au régiment du Dauphiné (aujourd'hui 38ᵉ de ligne), lieutenant en premier le 25 août 1788. A fait la campagne de guerre en 1778 (Archives administratives du Ministère de la Guerre).

Voici dans quels termes s'exprime le colonel marquis de Mac-Mahon sur ce jeune officier :

« Le sieur Dauville, sixième lieutenant du Régiment, officier de mérite, chargé depuis plusieurs années de l'instruction, ayant demandé au major de profiter du samedi, — jour de repos pour l'instruction, il s'est présenté à l'avancée où la milice nationale a un poste, contre la garde de la garnison. Il avait une veste de chasse et sur son chapeau une ancienne cocarde noire qui, y étant cousue, il s'était contenté de mettre la cocarde nationale par dessus. »

1 Avant 1789, les cocardes des troupes françaises étaient de couleurs différentes. La plupart des corps d'infanterie portaient les cocardes blanches. La cavalerie avait la cocarde noire. Les Gardes Françaises et les Gardes de la Porte du Roi avaient aussi la cocarde noire, ainsi que la Maréchaussée, les Gardes de la Marine, les Gardes du Pavillon amiral, Royal-Artillerie et quelques autres Corps. Depuis la fameuse journée de l'Hôtel de Ville (17 juillet 1789) où Louis XVI fut contraint de fixer sur sa cocarde blanche les cocardes bleue et rouge, la question de la cocarde passionnait les esprits. La cocarde tricolore ne devint officielle qu'à la suite de la proclamation royale du 28 mai 1790 et du décret de l'Assemblée Nationale du 18 juin de la même année. Un nouveau décret du 5 juillet 1792 déclara que le port d'une cocarde autre que la cocarde tricolore serait puni de mort. Dans une lettre en date du 29 mai 1910, M. le colonel Le Gros, commandant du 38ᵉ de ligne (ancien Dauphiné), en garnison à Saint-Étienne, a bien voulu nous communiquer un extrait très intéressant de l'*Historique du Régiment* relatif à l'incident du lieutenant Dauville.

nette à travers le corps, s'il continue sa route. M. Dauville se retire en arrière et, pour tenir à distance les gardes nationaux qui l'interpellent et l'insultent, met son fusil dans la position de « Haut les Armes ! » Attiré par le bruit, le commandant du poste arrive, écoute les explications qu'on lui donne et blâme l'attitude du volontaire. Mais M. Dauville, mal rassuré, se dit que l'aventure peut être faussement interprétée par la populace, et, désireux de prévenir tout commentaire fâcheux, va trouver le major du régiment, M. du Balay, lui expose les faits et le prie de l'accompagner à l'Hôtel de Ville pour déposer entre les mains du Consul — le Maire — une plainte en forme contre les insolences des «patriotes» [1].

Cette cautèle tourne au détriment du jeune officier. Pendant que M. Dauville libelle sa protestation, le récit de la scène se répand dans la ville et se grossit, chemin faisant, de toutes les fables que forgent les imaginations surexcitées. Au moment où M. Dauville et le

[1] Voici un nouvel extrait du Rapport du colonel de Mac-Mahon :

« Le sieur Dauville se rend aussitôt chez le major, qui le conduit chez le consul-commandant, qui était déjà assailli d'une multitude plaignante. Le major, après avoir justifié l'officier et harangué, ordonne les arrêts au sieur Dauville pour avoir causé un motif de plainte.

« Il se retire. Un instant après, le major, rappelé à l'Hôtel de Ville, le trouve rempli d'une multitude innombrable qui lui demande de la manière la plus instante de leur livrer sur-le-champ l'officier pour être mis en prison et gardé par la milice nationale jusqu'au retour de la réponse des États généraux, à qui l'on adressait le procès-verbal. M. du Balay, par une opposition aussi ferme que le tapage était orageux, obtint délai jusqu'après dîner. Rappelé à l'Hôtel de Ville à trois heures, il eut grand'peine à y entrer; il déclara à ces Messieurs qu'il a fait conduire au fort La Malgue le sieur Dauville, où il restera en prison *pour assurer la tranquillité publique,* mais sous la garde et l'autorité du commandement du ٍort jusqu'à ce que le ministre ou le commandant de la prison se prononcent sur la détention de cet officier. L'hôte du sieur Dauville voulut prendre la parole et plaider sa cause, mais il fut éconduit de la salle et on lui dit que si le sieur Dauville était resté chez lui, on aurait brûlé sa maison. » La lettre du colonel de Mac-Mahon est datée du « château de Sully, par Autun » (*27 novembre 1789*).

major sortent du Consulat, une foule furibonde assaille de ses vociférations « le coupable » et le voue à tous les supplices. N'a-t-il point insulté la Nation? Mandés en toute hâte au Consulat, le major du Royal-Dauphiné et le maréchal de camp de Carpilhet [1], qui commande les troupes de la garnison, donnent tort au volontaire.

Dans ce temps-là, chaque fois que le peuple vocifère, les hommes d'ordre recourent à un stratagème qui rappelle l'expédient classique d'Ugolin. Pour sauver la victime que réclament les émeutiers, on l'emprisonne... Toutefois, comme il faut, avant tout, calmer l'effervescence de la plèbe, les mêmes personnages ordonnent de conduire le jeune officier au fort La Malgue. Les miliciens veulent se charger de cette mission, mais le *veto* des officiers du régiment les écarte, — et c'est entouré de ses camarades que le lieutenant prend le chemin de la bastille toulonnaise, où le porte-clefs l'enferme.

---

[1] CARPILHET (Jacques DE), né le 17 janvier 1730, à Grasse (Alpes-Maritimes), engagé volontaire en 1747, lieutenant d'infanterie le 9 mars 1748; reçu ingénieur le 1ᵉʳ janvier 1750, capitaine le 15 avril 1756, lieutenant-colonel le 11 août 1768, colonel au Corps Royal du Génie le 1ᵉʳ janvier 1777, brigadier le 1ᵉʳ janvier 1784, maréchal de camp le 9 mars 1788. Fait les campagnes d'Italie (1748), du Rhin (1759), d'Allemagne (1760 à 1762). Nous lisons dans son dossier : « A mérité tous les suffrages de ses chefs et ceux de M. le comte de Langeron et de M. de Caux pour avoir conduit les travaux du fort de Châteauneuf et de l'île des Rimains, dont il a été chargé pendant six ans. » Carpilhet fut ensuite détaché aux îles Saint-Pierre-et-Miquelon. Suppléa M. de Coincy à Toulon du 1ᵉʳ novembre 1790 au 1ᵉʳ août 1791. Mis à la retraite, il ne cessa de demander à être rendu au service actif. Après cinquante ans et six campagnes, le général de Carpilhet jouissait d'une pension de 4.800 livres. Cette pension fut réduite d'abord, en l'an II, à 3.000 livres, puis définitivement à 1.350. Le 4 vendémiaire an IX, il écrit de Grasse à Carnot, ministre de la Guerre, pour demander « un à-compte très nécessaire dans ses vieux jours, pour suppléer à la perte de sa fortune pendant la Révolution ». (Archives du Ministère de la Guerre.)

VIII

Cette peine imméritée, cette obéissance aux sommations de la foule indigne les officiers de terre et de mer. Mais il faut compter avec l'orgueilleuse susceptibilité du Corps municipal : une protestation banale, voilà tout ce qu'osent se permettre les camarades du prisonnier. Les sous-officiers du Corps royal des Canonniers-matelots témoignent plus de hardiesse. Une lettre, transmise par ces braves gens à l'Hôtel de Ville, porte les mots que voici :

« Nous venons vous déclarer qu'en qualité de citoyens
« et de militaires, nous reconnaissons pour maître notre
« Roi et pour chefs nos officiers; que nous ne souffrirons
« jamais qu'on manque au respect qui est dû, soit à ceux
« de terre, soit à ceux de la marine, et que nous les sou-
« tiendrons par honneur et par devoir... Nous réclamons
« la tranquillité pour les militaires et principalement pour
« les citoyens de la Ville continuellement tourmentés par
« les factionnaires de la Milice nationale [1]. »

Averti de cette démarche, M. de Rions, avant de l'approuver, prend la peine de demander au Maire-Consul si « les bas officiers ont su conserver le respect qui lui est dû [2] ». Le Consul, au nom de ses collègues, rend hommage à la conduite des canonniers et déclare qu'elle ne mérite que des éloges. Mais ce dénouement pacifique contrarie les desseins des perturbateurs. On ne veut pas en rester là. Le lendemain, M. de Rions reçoit la visite d'une députation de la Garde nationale qui vient réclamer le châtiment des signataires.

---

1 *Mémoire de la Ville de Toulon*, p. 24.
2 *Archives municipales de Toulon*. — Lettre du comte de Rions, 15 novembre 1789.

Refus du Commandant de la Marine [1]. Le 17 novembre, nouvelle sommation. Sans s'être fait annoncer, une cohue d'officiers municipaux, de miliciens et de volontaires, envahit le cabinet de M. d'Albert, au moment où l'amiral, sur l'ordre du Ministre, trace le plan d'une nouvelle organisation de nos forces navales. Les émissaires des meneurs parlent haut, remplissent l'hôtel de rumeurs, traitent le compagnon de Suffren comme un intrus sans droits et sans passé. Cette insolence agace un Chef naturellement haut et fier. Parmi les municipaux, M. d'Albert reconnaît des volontaires mal famés. « Si j'avais été prévenu de la pré-« sence de ces individus, déclare l'amiral, je me serais mis « à la porte et je les aurais empêchés d'entrer. » Ces paroles désignent certains vauriens de l'arsenal, qui, chassés des vaisseaux du Roi où ils tentèrent de mutiner l'équipage, n'ont guère le droit de venir aujourd'hui réclamer un redressement de torts : « J'ai la force en mains, « conclut M. de Rions, je compte sur mes braves gens; je « n'ai pas peur; je serai en tout inexorable; je suis le Chef; « je soutiendrai tous les officiers de la garnison et je ne « souffrirai jamais qu'aucune des personnes sous mes ordres « soit insultée par les volontaires [2]. » Les propos de M. d'Albert intimident les Consuls. Les volontaires incriminés veulent répondre. On leur ferme la bouche. Cette résistance calme-t-elle le commandant de la Marine? Toujours est-il qu'après deux heures de pourparlers, l'entrevue se dénoue par un *mezzo termine* : il est arrêté, de part et d'autre, que les bas officiers iront, le lendemain, à l'Hôtel de Ville, retirer leur protestation et qu'en échange, M. d'Albert restituera au consul Roubaud la missive que ce dernier lui a fait parvenir.

Ce pacte — où se manifestent une fois de plus les senti-

---

1 *Mémoire de la Ville de Toulon*, p. 27.
2 LAUVERGNE, p. 27.

ments conciliants de l'État-Major — ne procure pas même aux représentants de l'autorité le bienfait d'un armistice. Les meneurs comprennent qu'ils n'ont décidément pas lieu de redouter un Pouvoir qui n'a gardé de ses anciennes vertus que l'énergie verbale. Le soir même, dans une assemblée générale de la Garde nationale, les chefs de la populace enjoignent à la milice de se dérober à la dictature du commandant de la Marine. Il faut une réparation éclatante. Un major, un capitaine et un volontaire reçoivent la mission de se rendre à Paris et de demander justice à « Nos Seigneurs de l'Assemblée Nationale ». M. d'Albert connaît assez tôt cette décision pour essayer de la conjurer. La courtoisie du gentilhomme rivalise avec la bienveillance native du chrétien. Une lettre, écrite en toute hâte par le commandant de la Marine à la Municipalité, tente de la désarmer :

« Si, dans mon étonnement et la tête encore pleine du
« travail qu'on me forçait d'interrompre, il m'est réelle-
« ment échappé des expressions susceptibles d'être mal
« interprétées, je désavoue, dit M. d'Albert, tout ce qu'elles
« peuvent avoir d'offensant, mon intention n'ayant pas
« été et ne pouvant pas être d'offenser personne. J'ose
« croire avoir assez bien mérité de la ville et de ses citoyens
« et que mon caractère est assez connu pour qu'on ne
« doive pas douter de l'assurance que j'en donne ici. Nous
« avons tous besoin de la paix et de la tranquillité, et per-
« sonne ne le désire plus que moi. On sera injuste toutes
« les fois qu'on me jugera ou qu'on jugera mes démarches
« d'après d'autres sentiments. »

La Municipalité repousse dédaigneusement ces explications et ces excuses. La députation part le 20 novembre pour Paris, où l'ont devancée les délations et les impostures du Club des Blancs.

Les officiers supérieurs de la Marine n'apprennent pas sans colère les tortueux subterfuges des Consuls, et leur lâche complaisance pour des hommes que toute la ville méprise. La cause de l'anarchie et du désordre va triompher, sans doute, mais l'honneur exige que cette victoire soit disputée. Délégué par ses camarades auprès du Ministre de la Marine, le capitaine de vaisseau de Costebelle [1] est chargé d'édifier la Cour et l'Assemblée Nationale sur les prétendus complots de l'État-Major contre les Consuls. M. d'Albert ne consent à cette démarche qu'avec peine; il sait que les ministres ne protègent plus les fonctionnaires et les abandonnent à l'arbitraire de la Constituante. Mais soutenir le Pouvoir royal contre ses propres faiblesses, n'est-ce point servir encore la France?

[1] COSTEBELLE (de), Garde marine en 1766; lieutenant en 1779. Voici ce qu'on lit dans son dossier : « Détaché de l'Île de France à Ceylan, commandant la corvette *La Naïade*, a attendu l'escadre et a croisé, quoiqu'il eût la jambe cassée; a commandé ensuite la frégate *La Consolante* en ligne, au combat du 20 juin sur Gondelour, est resté dans l'Inde, commandant *La Bellone*. » Capitaine de vaisseau le 15 juillet 1784. Décédé à Paris le 5 juillet 1791 (*Archives de la Marine*, C¹ 23, 175, 191).

CHAPITRE II

LA SÉDITION ET LA CONSTITUANTE

I. — Les porteurs de pouf sont expulsés de l'arsenal. — Journée du 30 novembre 1789. — Émeute et violences contre les officiers. — MM. de Broves, de Saint-Julien, de Bonneval. — Le comte d'Albert de Rions.
II. — Transfert des blessés à la prison. — Lettre de M. de Rions père.
III. — Retentissement de la sédition dans toute la France. — L'Assemblée Constituante s'en occupe. — Discours de Malouet. — Réponse de Robespierre. — Maury prend la parole. — M. de Champagny. — Le citoyen Ricard. — Le duc de Liancourt.
IV. — Le Roi donne l'ordre de mettre en liberté les prisonniers. — Résistance du Maire-Consul et de ses collègues. — Lettres du comte d'Albert à Target et à Louis XVI. — Le comte d'Albert quitte Toulon.

I

En face d'un Pouvoir municipal systématiquement favorable à toutes les usurpations de la milice citoyenne, M. d'Albert ne prend conseil que de lui-même pour conserver au Roi l'arsenal et la flotte qui, depuis quinze ans, assurent la suprématie de la France sur les mers. Instruments d'une machination secrète, les meneurs, pour disloquer nos forces, soufflent la sédition dans les chantiers de l'État où se prépare notre défense. L'enrôlement des ouvriers de l'arsenal dans la Garde nationale est revendiqué par les factieux comme un droit devant lequel doit fléchir le droit même de l'État. M. d'Albert flaire, non sans raison, dans le démagogue patriote, l'agent d'un ennemi conjuré contre notre prépondérance. Résolu d'avance à ne céder devant aucune injonction dommageable aux intérêts dont il a la tutelle, le Commandant de la Marine interdit aux ouvriers l'accès de la milice et met à l'index les insignes qui révèlent cette affiliation et cette connivence.

Se croyant atteints dans leurs droits par l'arrêté de M. de Rions, deux maîtres de manœuvre, — Causse et Canivet, — ce dernier expulsé, le mois précédent, de la frégate l'*Alceste*, commandée par le capitaine de Beaurepaire, à la demande même de l'équipage que Canivet avait voulu soulever contre son Chef [1], deux maîtres de manœuvre — dis-je — arborent à leur chapeau l'aigrette des miliciens, — le pouf factieux, — impatients d'enseigner à leurs subordonnés le mépris du pouvoir et la tactique de la révolte. Ce défi réclame un exemple.

Le 30 novembre 1789, d'Albert de Rions, fort de son droit, expulse de l'arsenal les transgresseurs de la consigne. Sévérité nécessaire, mais vaine. Au nom de la supériorité qu'il s'adjuge, — si le Jacobin s'affranchit du joug de toutes les lois, en revanche, il ne reconnaît et n'admet d'autre code que celui qu'il promulgue et qu'il impose [2]. Le lendemain, à neuf heures, deux hommes se présentent à la porte de l'Arsenal et demandent le comte de Rions : le premier, le Maire-Consul de la Ville, le citoyen Roubaud, serviteur des Clubs et de leurs passions ; l'autre, le général de Carpilhet, commandant des troupes de terre de la garnison, — âme débile, incapable de résister à une sollicitation et poussant l'urbanité jusqu'à la défaillance. Un aide de camp de M. de Rions prie les deux visiteurs de franchir le seuil de l'Ar-

[1] *Archives de la Marine*, BB 42.
[2] *Mémoire que M. le comte d'Albert de Rions a fait dans la prison où il est détenu*, p. 20. Brochure communiquée par M. le marquis de Colbert-Cannet.

senal : une courte conférence avec le chef de la Marine dissipera les malentendus. Mais le « foyer de la puissance du Commandant » inspire au Consul une invincible défiance. Roubaud désire voir l'amiral, non à l'Arsenal, mais à l'hôtel de la Marine, au centre de Toulon, sur la place du Champ-de-Bataille, en pleine fermentation populaire. Asquiescement immédiat de M. de Rions, qui ne soupçonne aucune perfidie. Néanmoins, comme il faut tout prévoir, l'amiral donne à l'un de ses officiers, M. de Martignan, l'ordre de diriger vers l'hôtel un détachement de cent Canonniers marins, prêts à toute alerte. Jamais précaution ne fut plus justifiée.

Accompagné d'une trentaine d'officiers intrépides, le Commandant n'a point hasardé dix pas dans la rue qu'une foule malveillante le presse, l'investit, et tâche, à sa suite, d'envahir l'hôtel. Pendant que les perturbateurs, massés devant la porte, malmènent, avec la lâcheté coutumière des foules, les jeunes gens qui ferment le cortège, le consul Roubaud et son compagnon Barthélemy supplient l'amiral d'autoriser la réintégration à l'Arsenal des deux bouteleux congédiés la veille. « Mais si je vous cède, — objecte M. de Rions, — la multitude redoublera de violence, et nos ouvriers d'indiscipline ! » Inutiles remontrances ! L'œil humide, un genou en terre, les magistrats viennent d'arracher à M. de Rions désemparé la grâce des coupables, quand le détachement de Canonniers, commandé par le comte de Rafélis de Broves [1] et le major de Bonneval, se

---

[1] BROVES (Joseph-Barthélemy, comte de RAFELIS DE), était né à Anduze (Gard), en avril 1753. Son père, colonel d'infanterie, premier gentilhomme de la Chambre de la reine Marie-Antoinette, fut député aux États Généraux. Son oncle, lieutenant-général des armées navales, avait été le compagnon d'armes de Suffren, de Bougainville, de la Motte-Piquet, d'Estaing, etc. Le major de vaisseau de Broves avait débuté à quatorze ans dans la carrière navale : il fit ses premières armes avec son oncle dans la campagne de Tunis et prit part au combat de Bizerte. Il assista à tous les combats de terre et de

range en bataille sur la place d'Armes, à quelques pas de la terrasse que domine l'hôtel. Au même instant, sur ce tumultueux agora, déferle une plèbe frémissante, qui se précipite vers les marins et les assiège de ses houleuses vagues. Un charivari d'injures, d'imprécations, de cris de mort, s'élève de cette écume. On veut la tête d'Albert de Rions. A défaut du Commandant, qu'abrite l'hôtel, les séditieux ne demandent qu'à se dédommager sur son État-Major. Un homme du peuple se rue sur M. de Broves et tente de le désarmer. Le fourreau seul reste entre les mains de l'agresseur. L'épée à la main, M. de Broves se hâte de commander au peloton de « porter les armes [1] ». Mais cette défensive se heurte, hélas ! à la résistance des Canonniers, qui, comme toutes les troupes qu'on n'a pas su défendre contre le contact de la foule, refusent d'obéir aux chefs vacillants et craintifs. Enhardis par cette défection, les voisins assaillent, à coups de pierres, M. de Broves, le blessent et se disposent à le

mer de l'armée navale du comte d'Estaing, s'empara d'un brick anglais (1779), etc., et se distingua à l'assaut de Grenade. Il entra le premier dans les retranchements et donna la main à d'Estaing pour l'aider à franchir le talus. Celui-ci embrassa Rafelis de Broves sur les drapeaux anglais renversés et lui donna la croix de Saint-Louis. Il fut promu major de vaisseau à la signature de la paix entre la France et l'Angleterre.

1 Rien n'était plus légitime que ce commandement de « Portez les armes » ! Néanmoins, M. de Broves n'est pas sûr de l'avoir formulé : « J'eus lieu d'être fort surpris, déclare M. de Broves, lorsque, quelque temps après, j'appris qu'on m'accusait d'avoir commencé à faire feu, lors même qu'au préalable on s'était abstenu de faire charger les armes. Ce commandement n'a jamais été fait ; j'en atteste la vérité et l'honneur, que l'on sait m'être plus précieux que la vie. Si quelques canonniers ont cru l'entendre, je dois leur pardonner cette accusation, car, dans un moment de tumulte, et lorsque j'étais attaqué, j'ai pu faire le simple commandement de « Porter les armes ! » avec l'air menaçant que j'aurais pu avoir en commandant de les charger. Mais, encore une fois, je jure, sur ma parole d'honneur, non seulement que je n'ai pas fait un commandement que je n'avais pas le droit de faire, mais même que je n'en ai pas eu l'idée. » (*Exposé de la conduite de M. de Broves le 1er décembre* 1789. Ce document fait partie du *Recueil des Pièces concernant M. d'Albert de Rions.*)

massacrer, quand, pour échapper à la mort, le gentilhomme, alerte comme un vrai marin, escalade d'un bond la balustrade et rejoint l'amiral et son cortège. Cette évasion sauve la vie de l'officier et l'honneur de la multitude.

Après avoir octroyé la grâce des deux ouvriers, le Commandant constate, non sans mélancolie, l'insuccès de sa clémence et le triomphe de ses pronostics. Loin de calmer la foule, la capitulation du Pouvoir l'a mise en appétit de nouvelles violences. Pendant que des volées de cailloux brisent les vitres de l'hôtel de la Marine et que les crosses des fusils battent les portes, deux officiers, MM. Chambon de Saint-Julien [1] et Roux de Bonneval [2], l'un piétiné par la foule, l'autre harcelé de coups de sabre, se dérobent à grand'peine aux poussées des vociférateurs et aux poignards des coupe-jarrets. En présence de cette effervescence, deux délégués du Commandant de la Marine vont, sur son ordre, l'un à l'Hôtel de Ville, réclamer la procla-

---

1 SAINT-JULIEN (Jean-René-César CHAMBON DE), né en 1750, garde-marine en 1764, à bord de l'*Aurore*, commandé par M. de Baussier. Ce fut en 1764 qu'il débuta dans la carrière navale. Enseigne en 1772, lieutenant de vaisseau en 1778, major à Toulon en 1786, capitaine de vaisseau le 1er janvier 1792; il arbore son pavillon, le 24 juillet de la même année, sur le *Commerce de Bordeaux*, vaisseau de quatre-vingts canons, et escorte un convoi de trente-cinq voiles en Sardaigne. Il passe contre-amiral, comme Chaussegros et Trogoff, en janvier 1793.

En 1789, Saint-Julien était sorti de la bagarre de l'hôtel de la Marine, où il avait défendu le comte d'Albert de Rions, « tout mutilé, un œil poché et pouvant à peine se soutenir ». Sa vie resta longtemps en danger. Il fut question de faire subir à Saint-Julien l'opération du trépan. Cependant, ni cette aventure ni sa détention au fort La Malgue, en avril 1793, ne l'empêchèrent de rester fidèle à la République. Aussi le Conseil général du Var ne tarda-t-il point à lui rendre ses armes, et cette décision fut-elle prise à l'unanimité; il put ainsi exercer son commandement jusqu'à la catastrophe du 29 août (COTTIN, 110).

2 BONNEVAL (chevalier et plus tard comte ROUX DE), garde-marine le 5 septembre 1745, lieutenant en premier le 1er février 1770, capitaine le 13 mars 1779, major de la Marine à Toulon le 1er février 1786, et Chef d'Escadre le 15 mars 1786. (A.M.-C.[1] 172, 186.)

mation de la loi martiale; et l'autre, au quartier d'infanterie, requérir l'assistance des soldats du Barrois.

Nouvelles visites et nouveaux pourparlers des Consuls. Point d'esclandre! Point d'appel aux troupes réglées! Un conflit entre les habitants et l'armée provoquerait le plus grand des malheurs. Avec le concours de leurs seuls volontaires, le colonel et le major de la Garde nationale, M. Morellet et M. Saurin, jurent de dompter les séditieux et de protéger l'État-Major. Mais comment? Tout d'abord, il faut que l'amiral livre le comte de Rafélis de Broves à la faction populaire. Celle-ci l'accuse — à tort, il est vrai — d'avoir commandé le feu sur le peuple. Mais l'iniquité de l'accusation ne donnera-t-elle pas plus de prix au sacrifice de la victime? Une détention de quelques heures fera tomber toutes les colères, assoupira les rancunes, amortira la fièvre et sauvera la ville. Ces sophismes égarent le comte d'Albert de Rions. Pour ramener au devoir, sans violence, une cité révoltée, de quelles générosités n'est pas capable ce patricien débonnaire! M. de Broves lui-même s'offre en holocauste aux ressentiments de la populace. Tout à l'heure, un émeutier lui a promis le sort du major de Belsunce [1]. Loin de s'effrayer de ce destin, le jeune officier s'y prépare et l'accepte comme une rédemtdion et comme une délivrance. Un peloton de la Garde nationale reçoit la mission de conduire M. de Broves au Palais de justice. Avant de prendre congé de l'amiral, l'otage de l'émeute, croyant sa dernière heure venue, tend sa montre à l'officier de la milice Jacquier : « Vous la remettrez, lui dit-il, à mon domestique, pour l'indemniser de ses gages. » Une

---

[1] Massacré à Caen, le 12 août 1789. Voir le *Mercure de France*, 26 septembre 1789. Lettre des officiers du Régiment de Bourbon et des Membres du Comité général de Caen. Voir aussi le *Correspondant* du 25 août 1907 : *Mutineries militaires au début de la Révolution*, par M. Oscar HAVARD. Le major de Broves était le parent et l'ami du major de Belsunce.

larme fut la réponse du Garde national. Deux officiers des troupes de terre, MM. d'Espinette et de Mezange, qui passent alors devant l'hôtel de la Marine, courent se placer l'un devant, l'autre derrière le comte de Bonneval, prêts à le protéger contre les violences de la populace. Grâce à ce dévouement, Bonneval ne perd ni ses épaulettes, ni sa croix de Saint-Louis.

Contre toute attente, la plèbe, muselée, se contente d'insulter le captif. « Je pensais, — déclara le surlendemain M. de Broves, dans une déposition conservée aux Archives, — je pensais que le calme se rétablirait *par l'effusion de tout mon sang. Je fus cruellement détrompé* [1]. » Mot sublime qui nous révèle l'héroïsme latent de ces Polyeuctes de la Monarchie, moins affamés de combat que de martyre.

Nous l'avons déjà constaté : le pouvoir qui faiblit, non seulement n'éteint pas la haine, mais l'attise. L'amiral a livré M. de Broves [2]. Grisée par cette victoire, la foule

---

1 A.N. — F.¹ 3.693.

2 A la suite de ces événements, le comte de Broves reprit le service à la mer. Rentré en France à la fin de 1790, il se trouve à Paris au moment de la journée du 10 août, qui coûta la vie à son père. Le comte de Broves venait d'être fait capitaine de vaisseau ; chargé par le duc de Brissac d'une dépêche verbale pour le comte d'Artois qui avait quitté la France, il reçut à l'étranger la nouvelle du massacre de son père et de la captivité du Roi. Il rentra en France vers 1796 et vécut à l'écart jusqu'à la Restauration.

Rétabli, en 1814, sur la liste des capitaines de vaisseau, il put nommé, le 3 mai 1816, commandeur de l'ordre de Saint-Louis, et retraité, six mois après, comme contre-amiral. Il se retira à Alais et y mourut le 14 février 1821.

Aux Archives de la Marine, nous avons trouvé une lettre du 18 août 1814, où M. de Broves sollicite le grade de Contre-Amiral. En voici quelques extraits :

« Au retour de Terre-Neuve, où je parvins à maintenir l'ordre, le roi me fit transmettre sa satisfaction par son ministre, le chevalier de Fleurieu, et me chargea de porter à son auguste frère, Monsieur, une lettre cachetée sans adresse. Je m'acquittai de cette mission par l'entremise du comte d'Avaray et je pris ensuite le comman-

réclame maintenant l'amiral. Que dis-je? Il faut que le sang de tous les officiers assouvisse sa fureur. Sous les ruades des assaillants, les portes de l'hôtel s'ouvrent avec fracas, et les ouvriers, enfin maîtres de la place, tombent, les bras nus, sur le comte de Rions, le major de Bonneval, M. de Village [1] et M. de Castellet [2], qu'ils arrachent à la milice, volontairement impuissante, et qu'ils traînent, sous une averse de huées, à la geôle municipale où les a précédés M. de Broves. En route, la voûte d'acier d'une douzaine de fusils royalistes, croisés sur la tête de l'amiral, soustrait aux assassins le compagnon de Suffren. Mais, dans quelques semaines, l'émeute, moins novice, saura mieux veiller sur sa proie.

dement de la deuxième compagnie de l'escadron de la marine qui a servi jusqu'au licenciement de l'armée de LL. AA RR. Après quoi, je me rendis en Angleterre, d'où au siège de Valenciennes, de là à Gênes, pour passer à Toulon et enfin à Vérone, jusqu'au départ de V. M., laquelle, ne m'ayant pas permis de la suivre à l'armée de Condé, m'adressa ces paroles : « Adieu, Monsieur de Broves, nous « nous reverrons en France. Je compte sur vos services. » Sous ce titre : *Une famille de Provence. Les Rafélis de Broves*, M. l'abbé de Broves, petit-fils du comte de Broves, a publié, à Alais, en 1891, un livre (2 vol. in-8°) — que M. le comte F. de Ramel nous a gracieusement communiqué, — et où se trouvent également les détails qui précèdent.

1 VILLAGE (Jean-François-Alphonse-Gabriel, chevalier de), originaire de Marseille, fils de Jean-Baptiste de Village et d'Élisabeth de Fortia de Piles.

2 CASTELLET (marquis de), garde-marine en 1748, enseigne en 1754, lieutenant de vaisseau en 1762, chevalier de Saint-Louis en 1771, capitaine de vaisseau en 1777, chef d'escadre le 2 novembre 1786 et directeur général à Toulon le même jour. Voici ses états de service, tels que nous les trouvons dans ce dossier (A. M.) : « A fait vingt et une campagnes, douze ans deux mois deux jours de navigation, tant en paix qu'en guerre, trois combats, dans l'un desquels il a été blessé à une main, à la prise et au combat de la Grenade, les 4 et 6 juillet 1779. »

II

Le lendemain, le bruit court en ville que les médecins veulent faire transférer à l'Hôtel-Dieu l'amiral perclus de rhumatismes et meurtri de contusions. Aussitôt, cinquante vauriens envahissent l'hôpital, et, n'y trouvant pas de Commandant de la Marine, s'indemnisent de leurs mécomptes sur deux blessés, MM. de Castellet et de Bonneval. Ces malheureux dorment : on les enlève de leurs lits; on les oblige à sortir en toilette sommaire, et, comme ils regimbent, des coups de bâton les précipitent vers une sombre ergastule, où la bande les cadenasse.

La geôle du Palais de justice devait garder le comte d'Albert de Rions et ses compagnons jusqu'au 15 décembre. Une lettre du colonel de Rions père, « commandant pour le Roi dans le Diois, le Gapençais et les baronnies du Dauphiné [1] », nous apprend que les plus haineuses tracasseries molestèrent les prisonniers :

J'ai quatre-vingt-huit ans, écrit M. de Rions père. J'ai un fils qui fait la gloire et l'ornement de ma vie. Il est mon ami; j'ai toujours lu dans son cœur. Lorsque je me permets d'attester qu'il n'est pas un meilleur citoyen que lui, et que son cœur se sent encore plus navré, lorsqu'il fixe son attention sur la haine peu méritée qu'on lui témoigne, et lorsqu'il s'occupe de tous les maux qu'il vient d'éprouver, la tendresse paternelle ne m'égare point (2).

---

1 D'ALBERT DE RIONS (François), né le 1ᵉʳ août 1702, capitaine le 10 juin 1734, chef de bataillon le 7 septembre 1746, lieutenant-colonel 1759; major de la ville de Die le 19 décembre 1760; maréchal de camp le 1ᵉʳ août 1791. Campagnes d'Allemagne et d'Italie. (*Arch. administratives du Ministère de la Guerre.*)

2 F¹ 3693.

Dans une autre lettre, en date du 11 décembre 1789, M. de Rions père se plaint qu'on inflige à son fils « le tourment de la présence permanente d'une sentinelle non seulement à la porte de sa chambre, mais dans sa chambre même. Toute permission de visiter l'amiral est refusée à son gendre, le marquis de Colbert, et à son beau-frère, le marquis de Ladevèse. »

III

Cette affaire eut un retentissement immense. Toutes les municipalités du département et de la région envoyèrent leurs compliments et leurs excitations aux Consuls toulonnais, ravis de ces hommages. Dans son étude documentée sur la « Sédition du 1ᵉʳ décembre [1] », M. Georges Duruy donne quelques extraits des lettres que reçurent les ennemis de l'ordre et du comte d'Albert.

« Si le besoin ou le malheur des circonstances l'exigent,
« — écrivent les citoyens de Lorgues, — nous volerons
« au secours des Toulonnais au premier signal ! » La Garde
« nationale de Besse, la ville de Pignans, le Corps muni-
« cipal de Draguignan, proposent « une alliance offen-
« sive » entre les cités révolutionnaires pour confondre « les
« cabales et les intrigues » que les ennemis de la Patrie
« trament dans les villes du Royaume où les Aristocrates
« se croient encore assez nombreux pour parvenir à leur
« but. Émus du danger que la cité de Toulon vient de
« courir par le fait de la conspiration ourdie par les enne-
« mis de l'État, les édiles du Puget offrent à MM. les
« Administrateurs de la Commune de Toulon, argent,
« vivres, vigilance, services, forces et, par-dessus tout, le

[1] *La Sédition de 1789 à Toulon*, *Revue des Deux-Mondes* du 15 mars et du 1ᵉʳ mai 1893.

« patriotisme des habitants de ce lieu qui n'aura d'autre
« terme que celui de leur vie ! »

A Brest, où la Société des Amis de la Constitution est en train de fomenter la grève de l'arsenal et l'émeute de l'escadre, la mutinerie des ouvriers de Toulon et le succès des perturbateurs soulèvent l'enthousiasme. Le triomphe de Toulon ne fait-il pas pressentir le succès de Brest?

> Nous avons appris — disent les Municipaux brestois à leurs frères toulonnais — que vous avez essuyé un choc avec MM. les Officiers de Marine... Notre cause est d'autant plus commune que notre position pourrait être la même. Jusqu'ici, tous les projets de nos aristocrates ont été détruits. Mais l'union des vôtres avec ceux-ci fomente encore quelque sujet de discorde... Nous partageons vivement vos inquiétudes, et, s'il était possible que nous puissions voler à votre secours, nous vous prouverions que, de tous vos concitoyens, vous n'en avez pas de plus zélés que nous [1].

Une correspondance s'échange entre les deux villes. Toulon s'excuse de n'avoir pas mis suffisamment en lumière l'entente secrète formée entre les officiers des deux ports. Brest répond qu'il a la certitude qu'une « Confédération destructive » lie les commandements de Brest et de Toulon [2]. Cruelle ironie! Le trait distinctif des classes dirigeantes, ce n'est point, en effet, leur solidarité, mais leur isolement, ce n'est point leur harmonie, mais leurs dissonances. Seuls, les adversaires de l'ordre social se rapprochent, s'entendent et, la main dans la main, conspirent.

L'Assemblée Nationale s'occupe, à son tour, de l'émeute

---

1 *Archives de Toulon*. — Lettre en date du 18 décembre 1789, de la Municipalité de Brest à celle de Toulon.

2 *Archives de Toulon*. — Lettre en date du 18 janvier 1790, adressée par la Municipalité de Toulon à celle de Brest.

de Toulon. Le major de la Roque-Dourdan, investi du commandement de la Marine pendant la détention du comte d'Albert, a fait parvenir au ministre un Rapport sur les troubles du 1er décembre. Le 7 décembre, après avoir entendu la lecture de ce document, Malouet prend la parole. Avec la clairvoyance d'un philosophe qui, depuis de longues années, scrute les hommes et les choses, l'orateur pronostique la victoire de la violence et l'avènement de l'anarchie :

> Qu'est devenu — s'écrie-t-il — le Gouvernement? Sur quels fondements repose la liberté publique? Qui commande, enfin, dans cet Empire? Les ennemis, les coupables ennemis de la Nation, persuadent aux ouvriers que c'est à eux de faire la loi, que tout acte d'autorité est désormais une injustice; que toute discipline est une insulte aux droits du peuple, que tout homme constitué en dignité ne peut avoir ni autorité ni dignité; que la liberté, enfin, est le droit de tout oser; et voilà le peuple si facile à séduire, à tromper, qui ignore que tous les désordres, tous les maux de l'anarchie finissent par retomber sur sa tête, qu'il ne peut être un instant tyran sans devenir bientôt esclave, voilà le peuple en fureur et le commandant traîné au cachot. Eh ! Messieurs, j'y serais dans cet instant avec lui, si j'étais à Toulon, où les coupables seraient déjà punis... Je suppose qu'une injustice atroce, une violence criminelle, eût été commise à Toulon envers les citoyens. Eh bien ! Messieurs, ce serait encore un attentat inouï, un outrage aux lois que d'avoir douté de votre justice, d'avoir puni sans mission, sans tribunal, la violence par la violence, d'avoir ému le peuple et de l'avoir constitué juge de ses chefs. Quel sort vous attend, si les attentats des factieux sont partout impunis; si les injures particulières acquièrent toute l'énergie, toute la puissance des intérêts publics; si la liberté des actions, des écrits, des paroles, ne consiste que dans la fureur !... Que le Pouvoir exécutif reprenne son action et sa vigueur, qu'il existe par vos soins une autorité protectrice de la liberté et de la sûreté de tous... Il n'y a ni administration, ni officier public qui puisse remplir ses devoirs et se mêler de Gouvernement, tant que chaque parti

du peuple se croira la Nation et autorisé comme tel à exercer la souveraineté. Cette liberté qui nous est si chère n'existera que le jour où nous aurons un Gouvernement. La liberté des outrages et des violences est une servitude qui avilit, qui corrompt tout ce que nous voulons régénérer.

Pendant qu'une enquête se poursuit à Paris sur les troubles de Toulon, les Consuls, avides de prolonger leur dictature, écrivent à l'Assemblée Nationale qu'une flotte anglo-hollandaise croise au large du port. En présence de cette menace, « le Peuple » (c'est-à-dire le Conseil municipal) « a resserré plus étroitement les officiers détenus et pris occasion de cet incident pour rester en armes [1] ». La prudence n'ordonne-t-elle pas de surveiller les conspirateurs?

Mensonge! Les avis reçus par le Ministre de la Marine ne signalent dans la Méditerranée que la présence d'un vaisseau anglais de cinquante canons [2]. « Il faut mander à la Municipalité de Toulon — suggère Malouet — que l'Assemblée voit avec inquiétude l'insurrection du Peuple; — puis démentir l'histoire du complot et de l'escadre! » Robespierre s'inscrit contre cette motion, pourtant si légitime. Respect à la légende et point de pardon pour les officiers [3]!

Le député de la Sénéchaussée de Toulon, Ricard, se montre encore plus violent. « Je certifie, dit-il, qu'on a préparé le combat; — qu'on a commandé aux soldats de tirer sur le Peuple, avant qu'on pût prévenir un sou-

---

[1] *Moniteur* du 15 décembre 1789. — Les paroles de Malouet suscitèrent un tel vacarme que l'orateur dut quitter la tribune, sans avoir pu prononcer son discours. Le texte a été inséré dans une brochure intitulée : *Compte rendu au Ministre de l'Affaire de Tonlon*, suivi de *l'Opinion de M. Malouet*. Paris, chez Baudouin, imprimeur de l'Assemblée Nationale, 1789.

[2] *Moniteur* du 15 décembre. Séance du 14.

[3] *Archives de Toulon.* — Lettre de Malouet à la Municipalité de Paris, le 14 décembre.

lèvement. » Toujours le même système de fables ! Le 21 décembre, une lettre informe enfin l'Assemblée que les officiers détenus sont élargis. Sur la proposition de Ricard, les édiles toulonnais, hier encore rebelles aux lois, reçoivent des éloges pour leur obéissance ! Nul ne songe à reprocher à cette factieuse oligarchie les sévices dont elle s'est rendue coupable contre de braves gens, purs de toute faute.

Le 2 janvier, Maury demande qu'un châtiment frappe les auteurs de l'arrestation. Cette requête voue l'orateur aux animosités de la presse : « Vouloir soumettre les chefs du Peuple à des réparations au nom du Peuple, ce serait — dit le *Journal historique* — soumettre le Peuple à une supériorité de rang qu'il ne doit pas reconnaître; ce serait même renverser l'ordre naturel des choses, car le Peuple, collectivement pris, est le commettant des officiers auxquels on voudrait qu'il fît des réparations, lorsqu'ils sont ses salariés. » Ce galimatias forme le fonds de la philosophie politique dont se grisent alors les classes lettrées. Toute la métaphysique jacobine s'y condense. Le Peuple omnipotent, le Peuple infaillible, le Peuple impeccable, voilà le dogme que le *Contrat social* a fait germer dans les âmes, vides des croyances anciennes.

Contraste douloureux ! Autant la nouvelle race d'hommes se montre affirmative et fougueuse, autant les défenseurs de l'ordre témoignent de résignation et de mélancolie. Leur attitude passive laisse déjà prévoir leur prochaine déchéance. Le 16 janvier, un ancien officier de marine, M. de Champagny [1], daigne reconnaître le néant des griefs

---

1 *Moniteur* du 15 décembre. CHAMPAGNY (Jean-Baptiste, NOMPÈRE DE), duc de Cadore, né à Roanne en 1756, mort en 1834. Neveu, par sa mère, de l'abbé Terray. Major de la Marine en 1789, est nommé par la Noblesse de Montbrison député aux États Généraux, se réunit, l'un des premiers, au Tiers État, proteste, en 1789, contre l'abolition des titres de noblesse. Incarcéré en 1793, libéré après Thermidor,

articulés contre M. de Rions. Si, malgré l'irréprochable correction de sa conduite, le Commandant de la Marine subit d'indignes violences, la logique exigerait, ce semble, que ses persécuteurs encourussent la rigueur des lois. Pas du tout. M. de Champagny ne voit dans l'échauffourée du 1ᵉʳ décembre que « l'erreur d'un peuple honnête et bon, agité par un motif qu'on ne peut blâmer, puisqu'il fera notre gloire et notre bonheur ! » Après cette harangue où s'épuise l'énergie de l'orateur, les législateurs sont invités à sanctionner de leur vote un ordre du jour qui déclare « M. d'Albert exempt d'inculpation ». Est-ce trop exiger du courage de l'Assemblée que de lui demander l'absolution de l'innocence?

L'acquittement d'un citoyen indemne de tout délit, mais « suspect », met en fureur le citoyen Ricard. « Cet officier, — tonne l'impétueux législateur, — cet officier a « médité pendant huit jours tous les moyens qui étaient « en sa puissance pour détruire les habitants qui étaient « sous sa sauvegarde. Et cet homme ne serait point cou « pable ! » En présence de l'émotion que provoque cet appel aux sévérités du Code, un des plus grands seigneurs de Royaume, le duc de la Rochefoucauld-Liancourt, croit de son devoir de plaider les circonstances atténuantes. En faveur du « Peuple »? Non ! en faveur de M. de Rions. « Le « peuple, dit l'orateur, ne peut jamais être entraîné par « des intentions coupables. Et si ses actions ne sont pas

---

est nommé conseiller d'État par le premier Consul. Ambassadeur à Vienne, de 1801 à 1804, est rappelé à Paris pour exercer les fonctions de ministre de l'Intérieur, et remplace, en 1807, Talleyrand aux Affaires étrangères, accompagne Napoléon à Bayonne, puis à Erfurth, à Vienne; négocie le mariage de Marie-Louise. Il devient, en 1811, intendant de la Couronne. En 1814, il adhère à la première Restauration, est nommé pair, puis, au retour de l'île d'Elbe, reprend son poste auprès de Napoléon Iᵉʳ. Est rappelé par la Restauration à la Chambre des pairs, en 1819, et conserve son siège sous la Monarchie de Juillet.

« toujours bonnes, ses intentions sont toujours pures. Ja-
« mais, rassemblé, il n'a conçu le projet de commettre
« un crime. » Voilà donc la plèbe la plus impure, non
seulement amnistiée, mais glorifiée ! En revanche, M. de
Rions n'a pas le droit de compter sur la même indulgence.
« L'habitude d'une autorité sans bornes, d'un commandement sans opposition, tel que le service à la mer le rend
nécessaire, a *paru quelquefois faire oublier à M. de Rions
que la Révolution, désirée par toute la Nation, exigeait d'autres formes* [1] ». Ainsi, d'après le duc de Liancourt [2], la
victime des truands provençaux ne saurait ni invoquer
les mêmes excuses que les perturbateurs, ni obtenir les
mêmes éloges. Son rang, sa naissance, son emploi, la condamnent fatalement aux défiances du Peuple, Pontife et
Roi. Au moment où la France « se régénère », le déni de
justice est un témoignage de bienveillance dont doivent
se montrer ravis les Français en butte aux sévices de la
Nation. Tant d'autres, en effet, regretteront un jour de ne
pas l'obtenir !

[1] *Moniteur* du 18 janvier 1790. Séance du 16 janvier au matin.
[2] LA ROCHEFOUCAULD-LIANCOURT (François-Alexandre-Frédéric, duc DE), né en 1747, mort en 1827. Il obtint, en 1768, la survivance de la charge de grand maître de la garde-robe, qu'occupait son père, le duc d'Estissac; mais, ayant encouru la défaveur, il s'éloigna de la Cour et fit, en 1769, en Angleterre, un voyage qui fut consacré à l'étude des procédés industriels et agricoles. Il revint ensuite s'éta-blir dans sa terre de Liancourt, où il fonda une ferme-modèle et une école des arts et métiers que Louis XVI prit sous son patronage. Élu député aux États Généraux par la Noblesse du bailliage de Clermont-en-Beauvais, il s'enrôla parmi les libéraux. En qualité de lieutenant-général, il eut le commandement des départements de la Picardie et de la Normandie; il offrit à Louis XVI un asile dans ces provinces; le roi refusa. Après le 10 août, il émigra en Angleterre, puis aux États-Unis. Il rentra en France sous le Consulat. Napoléon lui rendit ses grandes entrées à la Cour, mais le duc les refusa. A la Restauration, il rentra à la Chambre des Pairs, et fit partie de l'opposition. Son culte de la popularité déplut à la Cour et lui fit retirer, en 1823, tous ses titres honorifiques. L'Académie des Sciences lui ouvrit ses portes,

IV

C'est le 7 décembre que la nouvelle de la sédition toulonnaise était parvenue à Paris. Sur l'ordre du Roi, M. de Saint-Priest [1] a prescrit l'immédiate mise en liberté des officiers détenus. « Sa Majesté, — dit le Ministre de l'Intérieur, au cours de la lettre adressée aux édiles de Toulon, — Sa Majesté fera examiner par les juges compétents tout ce qui a trait à cette affaire, afin que les vrais coupables soient punis. Mais le préalable indispensable est que M. le Comte d'Albert et les quatre officiers détenus, MM. de Village, de Broves, de Bonneval et de Castellet, soient remis en liberté sans délai et rétablis dans leurs fonctions si importantes pour la Marine de Sa Majesté. C'est de sa part que je vous le prescris, Messieurs, à peine

---

[1] SAINT-PRIEST (François-Emmanuel de GUIGNARD, comte de), né à Grenoble, le 12 mars 1735, fils d'un intendant du Languedoc, reçu chevalier de Malte à quatre ans, exempt dans les Gardes du Corps à seize ans, se rend à Malte, en 1753, pour y faire ses « caravanes », revient en France en 1754, prend part à la guerre de Sept ans, promu colonel, va en Espagne, avec le prince de Beauvais. Bientôt de retour, il quitte la carrière militaire, est nommé, à l'âge de vingt-huit ans, ministre à Lisbonne (1763) ; puis envoyé, en 1768, à Constantinople, où il fut l'un des meilleurs ambassadeurs que la France ait eus auprès de la Sublime Porte. La mission de M. de Saint-Priest dura jusqu'en 1785. Nommé, en 1787, ambassadeur à La Haye, où il ne resta que quelques mois, et fait partie du cabinet Necker comme ministre sans portefeuille. Nommé ministre de l'Intérieur en juillet 1789. Très courageux, le comte de Saint-Priest inspirait une indicible frayeur aux Jacobins. Au mois de décembre 1790, il émigrait, et en 1795, il se rendait à Vérone, où l'appelait Louis XVIII, qui le nomma Ministre de sa Maison. Rentré en France en 1814, il est promu lieutenant-général, puis est appelé à siéger à la Chambre des Pairs. M. de Saint-Priest mourut dans ses terres, près de Lyon, le 26 février 1821. Instruit, spirituel, le comte de Saint-Priest a eu pour biographe le baron de Barante, qui a édité les *Lettres et instructions de Louis XVIII au comte de Saint-Priest* (Paris, 1845). En tête de ce Recueil, se trouve une très intéressante biographie de l'ancien ministre de Louis XVI.

de la responsabilité la plus sérieuse... J'ai l'honneur d'être très parfaitement votre très humble et très obéissant serviteur [1]. »

Ni le Maire-Consul, ni ses collègues, ne se laissent émouvoir par les injonctions et par les menaces d'un Pouvoir déjà non seulement vaincu, mais supplanté. Le Peuple a dans ses mains les représentants d'une caste odieuse : pourquoi se dessaisirait-il de ces otages? N'a-t-il pas le droit de prendre des garanties contre une « féodalité » qui tente de survivre à l'arrêt de mort dont « la Nation » l'a frappée? Quand les roitelets des tribus cafres opèrent une rafle, s'ils font des prisonniers, ce n'est pas pour les garder dans d'onéreuses prisons, mais pour les anéantir. Les contemporains signalent chez les coupe-jarrets toulonnais la même hantise meurtrière.

Un jour que le vieux colonel de Rions se présente au Palais pour voir son fils, le gardien lui lance cette invective, grosse de menaces : « Vieillard, vous êtes bien âgé, mais votre fils est plus vieux que vous [2] ! » Les piques des hastaires toulonnais ne s'aiguisent-elles pas, dans l'ombre, pour égorger le compagnon de Suffren?

Il faut agir. Le Gouverneur de la Provence, M. de Caraman, prévient la Municipalité que, si les perturbateurs veulent empêcher l'élargissement du comte de Rions, le général de Carpilhet a reçu l'ordre de mettre ses troupes au service de la loi [3]. Les édiles opposent l'inertie à cette invi-

---

1 *Mémoire de la Ville de Toulon sur l'Affaire du 1ᵉʳ décembre*, p. 61.
2 Brochure du temps, intitulée : *Opinion du vicomte de Mirabeau, membre de l'Assemblée Nationale*, dans l'affaire de Toulon.
3 Lettre de M. de Caraman, en date du 10 décembre, à la Municipalité de Toulon : « Je ne doute pas que vous ne m'informiez sur-le-champ de l'exécution de l'ordre de Sa Majesté, je suis sûr de l'obéissance des habitants de Toulon et de leur fidélité à leur serment. Ainsi, vous ne serez pas dans le cas d'employer la troupe que M. de Carpilhet ferait marcher à votre réquisition, si vous le jugiez nécessaire.» (*Archives de Toulon*. — Lettre de M. de Caraman, en date de Marseille.)

tation, et, pour pallier leur révolte, déclarent que la Commune de Toulon, respectueusement soumise aux ordres du Roi, s'empresse toujours d'y obtempérer, lorsqu'ils portent l'empreinte légale de sa volonté certaine. Mais, considérant que la lettre de M. de Saint-Priest n'a point ce caractère, que M. le comte d'Albert et les autres officiers furent *arrêtés à la clameur publique*, Toulon refuse de donner aux captifs la clef des champs. Pour triompher de ces sophismes, il faut que l'Assemblée Nationale envoie son président, M. Freteau, solliciter du Roi une « main-levée d'écrou », en due forme. En présence de ce protocole, force est de capituler. « Le Conseil, ayant à sa tête M. Roubaud, « Maire-Consul en chaperon, précédés des trompettes de « la Commune et des sergents de ville, se transporta — « nous révèle un procès-verbal — dans tous les lieux « où les compagnies de la Garde Nationale étaient séparément assemblées, chacune sous les ordres de son capi- « taine. Le décret de l'Assemblée Nationale et l'ordre du « Roi furent lus et publiés à son de trompe, à la tête de « chaque compagnie [1]. » Pour protéger les détenus, enfin libérés des tendresses municipales, le Maire a cru devoir mobiliser la Garde urbaine. Sans cette précaution, nos « aristocrates » n'auraient probablement fait qu'un saut de la prison dans le champ mortuaire [2].

Cet élargissement n'est pas une délivrance. Le croirait-on? Un des prisonniers les plus maltraités, M. de Castellet, à peine hors de la geôle, reçoit du consul Roubaud l'invitation

---

1 *Archives de Toulon.*

2 On lit dans le *Mercure de France* de 1790, p. 80 : « M. le Vicomte de Broves, député de Draguignan, en Provence, se rendait à la Salle des Séances par la terrasse des Feuillants, aux Tuileries. Le roi s'y promenait alors. Sa Majesté aperçut M. de Broves, fit un mouvement vers lui et, l'appelant par son nom, daigna lui annoncer que son fils était libre. M. le Vicomte de Broves, attendri par cette marque de la sensibilité du Roi, ne put exprimer sa reconnaissance que par des larmes. »

de quitter la ville, où « ses jours ne seraient pas en sûreté ». Bien qu'absous par tous les Pouvoirs, l'honorable officier prend la fuite et va dans le Comtat-Venaissin, « en Avignon », chercher l'abri que lui refusent les dictateurs du port qu'il commande [1].

Sorti de l'infâme repaire où l'ont enfermé les Consuls, le comte d'Albert, loin de se plaindre, remercie le Ciel d'en être quitte à si bon compte. Dans quelques mois,

---

[1] Voici quelques extraits de la lettre que M. de Castellet adressa d'Avignon, le 20 décembre 1789, au ministre de la Marine, M. de Fleurieu : « ... Comment expliquer, Monsieur le comte, que j'aie été traîné dans un cachot, qu'on ait entendu cent et une dépositions et qu'il n'y en ait pas une seule qui m'accuse? J'ai donc été traité comme coupable, avec la conviction que je ne l'étais pas. Je ne suis sorti qu'avec les accusés, et, lorsque j'ai été élargi, M. le Consul m'a dit que, pour satisfaire à l'inquiétude du peuple, il désirait que je m'absentasse... Averti que ma vie n'était pas en sûreté et celle de ma femme qui a été témoin de toutes les horreurs que j'ai éprouvées, j'ai laissé ma misérable fortune livrée à leur méchanceté.

« Tout ce que je possède est situé à une lieue de Toulon, il est impossible que je puisse vous peindre à quel degré de dérangement je porte mes affaires particulières, en les abandonnant, et je puis vous dire, avec vérité, que je reste sans ressources et sans *moyens pour avoir du pain*. Si j'avais eu de quoi faire ma route avec ma femme, j'aurais été avec M. d'Albert, mais je n'en ai pas eu les moyens.

« J'ai pris le parti de venir à Avignon, et c'est ici où je vous expose mes affaires et ma situation. C'est ici où j'attendrai vos ordres et vos conseils. Je ferai tout ce que vous m'ordonnerez de faire. Si vous croyez que je doive retourner à Toulon, j'aurai le courage d'y aller et d'y remplir mes devoirs jusqu'à ce qu'ils m'aient enterré sous les décombres de l'arsenal.

« Si vous m'ordonnez d'aller à Paris, sans doute je m'y rendrai, mais en laissant à ma femme les moyens de subsistance. Je ne puis y aller qu'à pied et je l'entreprendrais. Je crois ne devoir rien vous cacher, ni dans la position de mon avenir, ni dans la situation de ma fortune, dans l'exposé vrai que j'ai l'honneur de vous en faire. Prononcez, je suis prêt à prendre le parti que vous ordonnerez, c'est avec la confiance que je vous dois que je vous demande conseil, secours protection et assistance.

« J'ai l'amour-propre de croire que vous ne devez pas me laisser dans l'abandon où m'a mis une insurrection à laquelle je n'ai donné lieu d'aucune manière et sous aucun rapport. Recevez, etc. CASTELLET. » (A. N.) Le pauvre officier — comme on le verra plus loin — n'était pas au bout de ses épreuves.

des milliers d'innocents n'envieront-ils pas son sort? Les secrétaires de l'Assemblée Nationale lui transmettent un exemplaire de l'ordre du jour qui l'amnistie. En possession de ce décret, le comte d'Albert, estimant inutile une protestation qui ne serait pas comprise, écrit au président Target qu' « il reçoit avec la reconnaissance la plus res-
« pectueuse les assurances que l'Assemblée Nationale dai-
« gne lui donner de son estime... Puissions-nous, ajoute
« l'officier général, puissions-nous être les dernières vic-
« times du désordre! Puisse bientôt arriver le jour où
« le citoyen honnête, vivant heureux sous la sauvegarde
« des lois, le peuple saura que, pour être véritablement
« libre, il doit leur obéir, et où le trône reprenant sa
« dignité, le meilleur des Rois exercera sans opposition
« cette autorité active, conservatrice de tous les droits,
« que les décrets de l'Assemblée Nationale, organe des
« Français, lui décernent. Ce sont là les vœux que le pa-
« triotisme le plus pur nous inspire [1]. »

A Louis XVI, le comte d'Albert réserve une lettre d'un tout autre style, — lettre où le vassal, frémissant de colère et de honte, livre à son seigneur toute sa pensée et toute son âme :

« Sire, lui dit-il, un décret qui présume qu'il n'y a point
« de coupable, lorsqu'il y a un délit constaté, ne saurait
« être un jugement. Nous ne pouvons nous empêcher de
« craindre que celui rendu sur l'affaire de Toulon ne nuise,
« par ses funestes effets, à l'ordre public, à la discipline
« militaire et à la subordination si nécessaires pour la sûreté
« des arsenaux et pour l'emploi des forces navales. Daignez,
« Sire, nous permettre de déposer aux pieds de Votre Majesté
« ces craintes, notre soumission et notre profonde douleur [2]. »

Cette énergique réprobation d'un décret indigne prouve

---

[1] *Moniteur* du 27 janvier 1790, Séance du 23. — Lettre du comte d'Albert de Rions au Président de l'Assemblée.
[2] LAUVERGNE, p. 491.

au Roi que, si les législateurs l'abandonnent, les hommes d'épée lui restent. Mais, vaine chevalerie ! Au lieu de donner des ordres aux Français qui mettent à sa disposition leurs biens et leur vie, Louis XVI ne sait que leur notifier ses vœux et les assurer de sa gratitude. Il faudrait un duc de Guise, un Condé, pour utiliser les soldats et les dévouements qui s'offrent. Le mauvais sort de la Monarchie veut qu'elle ait à sa tête, en cette heure tragique, le plus vertueux et le plus pacifique des princes.

L'aube de la Terreur se lève sur la France. Dans nombre d'âmes, gronde déjà la concupiscence d'une sanguinaire saturnale. Malgré la sauvegarde du Corps municipal et le rempart de trente dragons, l'amiral ne peut quitter ni sans encombre, ni sans affront, une ville où son cœur généreux témoigna tant de dévouement à une populace ingrate. Dès le premier relai, la multitude montre le poing au carrosse et harcèle de huées le seul officier qui, dans la chute de tous les pouvoirs, aurait pu protéger Toulon contre ses malheurs et contre ses crimes. Un fracas de clameurs, d'invectives, de sifflets, accompagne, d'étapes en étapes, ce représentant de l'Ancien Régime, si supérieur aux hommes du nouveau, et salue jusqu'au bout ce vaillant serviteur, si peu compris et si mal défendu par ses maîtres. A Brest, où le Ministre de la Marine envoie le comte de Rions, de nouveaux outrages et de nouvelles iniquités obligeront bientôt le vaillant gentilhomme à s'exiler d'un monde où la justice et la probité, toujours trahies, sont destinées à rester si souvent sans vengeance [1]...

---

[1] Une lettre, écrite d'Aix, à la date du 26 décembre 1789, et conservée aux Archives de Toulon, donne les détails qu'on vient de lire. Voir aussi la *Sédition de 1789*, par M. DURUY. M. Georges Duruy raconte qu'à Aix, les officiers du régiment de Lyonnais, M. de Miran et plusieurs gentilshommes, s'empressèrent d'aller rendre visite au comte d'Albert. Le colonel et les officiers de la milice citoyenne refusèrent, en revanche, d'aller le saluer.

CHAPITRE III

FUSILLAGE ET PILLAGE

I. — Le nouveau Commandant de la Marine, M. de Glandevès. — Attentat contre le commandant de Castellet. — Officiers maltraités. — Châteaux saccagés.
II. — Le Club des Blancs (Jacobins) et le Club des Noirs (Royalistes). — Fréquence des rixes et hardiesses des perturbateurs. — Guet-apens du 23 août 1791. — Fusillade. — Morts et blessés.
III. — Un capitaine de vaisseau, M. de Beaucaire, tombe mortellement frappé. — Rapport sur cet assassinat. — Le commandant de Glandevès traîné à un réverbère. — Départ du commandant de la Marine.
IV. — Le général de Coincy et le Corps municipal. — Pillages de châteaux et de maisons à Flayosc, à Tournon, à Montauroux. — Les tueurs du Beausset.
V. — Impuissance de la loi. — Assassins impunis. — Magistrats terrorisés. — Lettre du Garde des Sceaux Duranthon.

I

Au rigide M. de Rions, succède, le 1er janvier 1790, le plus souriant et le plus enrubanné des Chefs, M. de Glandevès. M. de Glandevès [1] veut faire de Toulon le pays

---

[1] GLANDEVÈS (Jean-Baptiste, chevalier, puis commandeur DE), né le 7 novembre 1728, au Castellet-Saint-Cassien, près Entrevaux (Basses-Alpes), chevalier de l'Ordre de Saint-Jean-de-Jérusalem, promu chef d'escadre le 20 août 1784. Il commandait le *Souverain*, de l'escadre de Vaudreuil, dans la traversée de Boston à Porto Cabello. « Officier respectable par son âge, son habileté et sa bravoure. » Un « esprit borné, une piété douce, un caractère calme et bienveillant,

de l'Astrée. En vain la Jacquerie sonne-t-elle son furieux tocsin dans tous les clochers, M. de Glandevès, sourd à ce tumulte gaulois, s'obstine à ne voir dans la Révolution qu'une églogue. Nul glas ne réussit à le réveiller de ses songes. Si les familiarités du nouveau Chef d'Escadre désarment les artisans étrangers aux passions des sectaires, elles enhardissent les meneurs et les poussent à de nouvelles violences. Bertrand de Molleville raconte, dans ses *Mémoires*, que, le 3 mai 1790, le Commandant de la Marine, entraîné à l'Hôtel de Ville, y fut détenu pendant vingt-quatre heures [1]. Cet exploit des *bravi* toulonnais ne réussit pas

---

le faisaient généralement aimer par ses chefs, par ses égaux et par ses inférieurs. » (SÉGUR : *Mémoires*, t. I, p. 453.)

Le dossier de M. de Glandevès contient une lettre en date du 2 juin 1771 où le chevalier, alors capitaine de frégate, « supplie Monseigneur le duc de Praslin (alors ministre de la Marine) de vouloir bien jeter les yeux sur son ancienneté et ses services... Il n'a cessé d'aller à la mer et de donner des preuves de son zèle. Blessé grièvement dans un combat, nanti d'une lettre très flatteuse de Monsieur le Duc, il n'a jamais participé à aucune grâce. Il ose espérer, Monseigneur, qu'il vous trouvera porté à lui faire regagner quelques-uns des rangs que la seule faveur lui a fait perdre. Il est l'ancien de MM. d'Espinouse, La Grange, Chérisey, Vaudreuil, Chabert, d'Orves, Dampierre, la Porte-Vezins, Nieul, d'Amblimont, Capellis et Talbot. Quatre campagnes, accomplies sous les ordres de M. de Broves, et dont la dernière vient d'être terminée par des succès, lui paraissent une occasion favorable et le moment de vous faire des représentations. Il commande aujourd'hui deux frégates dans le Levant. »

Une autre lettre, en date du 23 août 1779, nous apprend que M. de Glandevès, capitaine de vaisseau, commandant de la Marine de Marseille, a obtenu du Roi la grâce ci-après, savoir : Une pension de six cents livres qui lui a été accordée en considération de la perte qu'il a faite en quittant le détail de la Majorité pour passer au grade de capitaine de vaisseau et à son peu de fortune.

1 Voici ce qu'on lit dans les *Mémoires particuliers pour servir à l'histoire du règne de Louis XVI*, par Bertrand DE MOLLEVILLE, t. I, p. 301 : « Le 3 mai 1790, un nombreux attroupement se porte chez M. le Commandeur de Glandevès; on lui fit quelques demandes auxquelles il accède; on affecta de ne pas ajouter foi à ses réponses et on l'entraîna avec violence à l'Hôtel de Ville. Pendant le trajet, cet officier général fut sans cesse menacé de perdre la vie. M. de Cholet, lieutenant de vaisseau, reçut trois coups de sabre et deux

à délivrer M. de Glandevès de son optimisme et de ses chimères. Dix jours plus tard, le 14 mai 1790, la fête de la Fédération déploie ses pompes idylliques à travers les rues de la ville enguirlandées de fleurs. Le successeur de M. de Rions — transformé en bailli de village — serre dans ses bras « le vertueux travailleur », sourit à sa « tendre épouse », anime de sa gaieté les sarabandes de la farandole et conduit avec élégance les chœurs des tambourinaires ivres de joie. C'est un opéra-comique de Sedaine, qui déroule ses flonflons en plein soleil de Provence. Comment aurait-on pu se défier de ces bergerades et mettre en doute la sincérité des acteurs? Un procès-verbal authentique, signé des futurs bourreaux et de leurs futures victimes, atteste, le soir même, l'universel accord et l'universelle duperie.

A la pastorale de M. de Glandevès, un seul personnage avait manqué. Moins de trois mois après cette fête bocagère, le retour de l'un des blessés du 1er décembre fit sortir du bois le loup classique. Appelé par son oncle, l'évêque de Nevers, M. de Castellet était allé se remettre de ses émotions et de ses blessures sous un ciel moins sillonné d'éclairs. Au mois de mars 1790, le chef d'escadre veut reprendre le chemin de la Provence. Comme notre pays vient d'être régénéré, tout déplacement exige alors maintes cérémonies. Propriétaire du château d'Ardennes, à une lieue de Toulon, M. de Castellet, avant de s'installer dans sa terre, juge qu'il ferait sagement d'aviser de son dessein le Commandant de la Marine.

« M. de Glandevès — lisons-nous dans une lettre de
« M. de Castellet — eut la bonté d'exposer mon désir

---

de baïonnette et courut les plus grands dangers. M. d'Archambaud, élève de la Marine, voulant donner du secours au commandant, fut assailli par une troupe de forcenés et fut heureusement sauvé par une femme qui le fit entrer chez elle; le peuple se porta dans les auberges où se trouvaient quelques officiers avec le projet de les égorger tous. M. le Commandeur de Glandevès fut détenu vingt-quatre heures à l'Hôtel de Ville.

« aux officiers municipaux, qui consentirent à mon retour
« et m'adressèrent une lettre d'invitation pour m'y déter-
« miner. Cette lettre, écrite dans les termes les plus hon-
« nêtes, fut suivie d'une délibération conforme du Conseil
« municipal de Toulon [1]. »

Voilà donc notre châtelain en règle avec le protocole démocratique. Mais, au moment de rentrer dans son domaine, un dernier scrupule obsède le méticuleux Chef d'Escadre ! Pour écarter tout ombrage et assurer sa sécurité, notre circonspect officier se demande s'il ne ferait pas bien de prêter le serment civique ? Accompagné du Commandeur de Glandevès, M. de Castellet se rend, le 13 août 1790, à l'Hôtel de Ville de Toulon et prononce devant le Maire la formule du schibboleth légal. La conscience en paix avec la loi, l'officier se dirige vers sa demeure; deux volontaires de la Garde nationale lui servent d'escorte...

La Municipalité de Toulon [2] a-t-elle prévenu les meneurs de la présence de M. de Castellet? Toujours est-il que les ouvriers de l'arsenal, à la nouvelle que l'un des ci-devant prisonniers de l'Hôtel de Ville se trouve à Toulon, — quittent en hâte leurs ateliers et se mettent à la poursuite

---

[1] Aux termes des décrets du 14 décembre 1789, le *Conseil* municipal était élu par l'assemblée générale des citoyens actifs, laquelle devait nommer un nombre de notables double de celui des membres du Corps municipal. C'est par la réunion de ces notables et des membres du *Conseil* municipal que se formait le Conseil général de la Commune. Mais les notables n'étaient pas appelés à délibérer sur toutes les affaires. Le Maire ne les convoquait que lorsqu'il s'agissait de questions importantes. Le *Conseil* général de la Commune était convoqué toutes les fois que l'administration municipale le jugeait convenable. Mais elle ne pouvait se dispenser de le réunir lorsqu'il s'agissait de délibérer sur des acquisitions ou aliénations d'immeubles, sur des impositions extraordinaires pour dépenses locales, sur des procès à intenter ou à soutenir, sur des travaux à entreprendre, sur des emprunts à contracter sur l'emploi de divers capitaux, enfin sur tout ce qui se rattachait à la gestion financière de la commune.

[2] *Archives nationales*, F1 3693.

de l'officier. Cette chasse rappelle à l'ancien compagnon de cachot du comte d'Albert les cruelles péripéties de la journée du 1er décembre. Se voyant près d'être atteint par la bande, M. de Castellet, suivi des deux volontaires, envahit une auberge et se cache dans le grenier. Mais les malfaiteurs arrivent, enlèvent l'officier général, le dépouillent de tout ce qu'il a sur lui, l'assomment, le traînent sous une potence et délibèrent s'ils doivent, sur l'heure, faire justice de « l'ennemi du peuple ». Grâce au ciel, deux grenadiers du régiment de Barrois, en promenade sur la route, voient la scène, tombent sur les bandits, les mettent en fuite, puis, chargeant M. de Castellet sur leurs épaules, le portent, criblé de blessures et presque mourant, à l'hôpital, où la victime ne reprend connaissance qu'au bout de cinq heures de médications et de soins [1]. Mais quel affreux réveil ! Le château d'Ardenne, saccagé par les malfaiteurs, n'offre plus d'asile au malheureux Chef d'Escadre. Dépouillé de sa fortune en moins d'une heure, M. de Castellet se voit contraint d'aller à Nice chercher un refuge et demander au Roi de Sardaigne l'abri que ne peut lui garantir la France émancipée de la servitude monarchique [2].

[1] *Mémoires* de Bertrand DE MOLLEVILLE, I, 326. B. de M. ajoute que deux des assassins condamnés aux galères furent ensuite mis en liberté après le vote de l'amnistie.
[2] Voici un extrait de la lettre adressée de Toulon le 2 juillet 1791 par M. de Castellet à M. Thévenard, le Ministre de la Marine :
« Je suis digne de toute votre pitié, puisque je suis le plus malheureux des hommes et que je n'ai mérité mes malheurs sous aucun rapport. » Suit le récit que nous venons d'abréger. M. Castellet ajoute :
« Ma femme, qui avait été témoin de ces horreurs, demanda, en rendant compte à M. de la Luzerne, quel était le lieu sur la terre où nous pourrions habiter pour mettre ma tête à l'abri des assassins, M. de la Luzerne lui répondit d'aller où elle se croirait le plus en sûreté. Elle profita de mon anéantissement pour me faire transporter dans une campagne inaccessible aux malfaiteurs, où elle pût me donner des soins sans y être troublée. M. de la Luzerne, qui savait que la ressource unique qui me restait pour ma subsistance était mes appointements, eut la bonté d'ordonner le paiement, et M. de

II

De même que dans la plupart des départements, le Directoire du Var [1], recruté parmi l'élite sociale de la

la Luzerne, qui connaissait ma position, m'a accordé la même grâce. Lorsque l'Assemblée Nationale a décidé de suspendre les appointements des fonctionnaires publics, ma femme a représenté à l'Assemblée Nationale que ma position exigeait une exception, que ma santé et ma position me mettaient dans l'impossibilité de soutenir la voiture. Ce décret vient d'être renouvelé, et je suis encore entre les mains des médecins, avec une tête qui éprouve des mouvements affreux, un pied qui tend à la paralysie et constamment dans un état de faiblesse digne de pitié. Sans ressources de subsistances, voilà ma position, et voilà les titres que je fais valoir, pour vous prier de faire donner des ordres pour que mes appointements me soient payés. Du moment où ma santé me le permettra, je sortirai de ma retraite et je me rendrai où vous m'ordonnez d'aller. Il y a quarante-quatre ans que j'obéis aux ordres du Ministre; accordez-moi, si vous le jugez à propos, la retraite que mes ressources ont méritée et, quelque modique que soit mon traitement, je vivrai avec assez d'économie pour ne pas mourir insolvable. Il y a dix mois, Monsieur, que l'on écarte de moi toutes les nouvelles politiques pouvant aggraver ou augmenter mes maux, ce qui a fait que j'ai ignoré même le temps où le Roi vous a donné sa confiance..., je vis dans un jardin éloigné de tout lieu d'habitation, mais les lettres qui me sont adressées à Toulon me sont envoyées; accordez-moi la grâce de me dire ce que je dois espérer, parce que je me livrerai au désespoir pour ne pas prolonger mes malheurs, si vous me condamnez à mourir de faim. J'ai l'honneur, etc. »

1 *Directoire de Département.* D'après la Constitution de 1791, chaque département était dirigé par un Corps administratif élu, composé de trente-six membres; ce corps se divisait en *Conseil* proprement dit et en *Directoire*, nommé à la fin des sessions par les administrateurs, pour suppléer le Conseil pendant les intervalles. Ce *Directoire* se composait de huit membres. — La session du Conseil ne durant qu'un mois chaque année, le *Directoire* était en exercice pendant onze mois et demeurait chargé de l'exécution des arrêtés et de l'expédition des affaires courantes. Chaque année, il devait rendre compte de sa gestion au Conseil de département. Il correspondait avec le Ministre de l'Intérieur, lui adressait tous les mois un état raisonné des affaires du département. Il s'occupait aussi de l'administration générale et

contrée, vit bientôt s'insurger contre son pouvoir la coalition des violences et la ligue des appétits. Gouvernement d'opinion, la démagogie refuse de subir longtemps la suprématie des Corps élus. Les idées révolutionnaires sont comme les passions et comme les torrents. On ne les endigue pas avec des rubans de soie.

Investie, aujourd'hui, de l'onction sainte par le vote populaire, l'autorité se trouve, demain, devancée par les motions de la rue. Il faut qu'elle obéisse chaque jour au courant de l'opinion ou qu'elle démissionne. Le véritable organe de la démagogie, c'est donc le Club, où la multitude la plus impure, la plus brutale et la plus inculte, impose à la majorité ses quotidiennes surenchères.

A Paris, le Club des Jacobins domine le Parlement et lui dicte ses ukases. A Toulon, le Directoire départemental, déjà battu en brèche par la Municipalité, se trouve encore obligé de lutter contre la tyrannie grandissante de la Société patriotique locale qui s'appelle, dans le chef-lieu du Var, le « Club des Blancs », dont le drapeau rallie tous les boutefeux de la ville. C'est sous les arceaux de l'église Saint-Jean que le Syndicat rassemble ses séides. Le Club des Blancs dirige les factions, gouverne l'arsenal et régente le port.

En face des Blancs se dresse un autre groupe : le « Club des Noirs », installé dans l'église Saint-Pierre, où se coudoient les hommes de 1789, les Constitutionnels, les Aristocrates et les Royalistes. Le Club des Noirs essaie de

---

contrôlait tous les actes des Conseils et *Directoires* de District du Département.

Directoire de district. Il était composé de quatre administrateurs, les huit autres formant le Conseil de district. C'était une sorte de Commission exécutive, analogue au *Directoire* de département, auquel il était subordonné pour toutes les questions administratives.

En général, les Directoires des Départements et des Districts (arrondissements) furent girondins, et les Conseils généraux des Communes jacobins.

constituer un Pouvoir défensif avec les supériorités de l'intelligence, de la fortune et de la vertu. Mais, comme il n'a pour lui que la raison et la loi, le nombre se défie de ses desseins et se soustrait à son influence [1]

Prise, un beau jour, d'un accès de sagesse, l'Assemblée Nationale, après avoir longtemps subordonné l'autorité militaire à l'autorité civile, décide, le 10 juillet 1791, qu'en cas de désordre, la direction des troupes appartiendra désormais, — non plus aux Corps municipaux, mais aux chefs militaires. Malheureusement, si la démocratie usurpe volontiers, elle se soucie beaucoup moins d'abdiquer. Sa fierté se cabre contre l'humiliation d'un sacrifice. L'autorité militaire flaire ces répugnances. Aussi, pendant plus d'un mois, hésite-t-elle à notifier au Conseil général de la Commune le décret qui destitue les édiles de leur prérogative la plus chère. Mais bientôt, la fréquence des rixes et l'impunité des perturbateurs persuadent d'abréger ce dangereux interrègne de la loi : après avoir fait remettre au premier magistrat un exemplaire du nouveau décret, le commandant de place, le colonel des Roys, avertit le Conseil qu'à partir du 23 août, la volonté de l'Assemblée Nationale prévaudra contre l'arbitraire du Club des Blancs et contre les privilèges de l'Hôtel de Ville.

A cette notification, le Club oppose une déclaration de guerre. Depuis deux ans, l'Assemblée Nationale a confié la fortune de la France, abandonné notre présent et livré notre avenir au caprice des flots et à l'arbitraire des vents. Sommée, par un édit en due forme, de se calmer, la tempête redouble de fureur. Loin de s'adoucir, le « Club des Blancs » pousse la Municipalité, sa vassale, vers l'arène d'où l'Assemblée Nationale a décidé de l'exclure. Contrairement aux injonctions de la loi nouvelle, un arrêté du Conseil convoque, sur la place de

---

[1] LAUVERGNE, pp. 91-95.

l'Hôtel-de-Ville, 600 miliciens dévoués à la cause du désordre. Le colonel des Roys invite le Corps municipal à faire rentrer dans leurs antres ces janissaires de l'anarchie, — héros de toutes les émeutes, écumeurs de tous les butins, armée de Catilina qu'enflamment toutes les convoitises. Refus arrogant de l'Hôtel de Ville. Les esprits s'exaltent, la journée s'avance, les ombres du crépuscule, propices au crime, commencent à s'épaissir, et la cohorte révolutionnaire a faim. Le souffle des Ménades embrase l'atmosphère. Une émeute se prépare. Saisis d'une émotion tragique, quatre cents hommes de cœur décident de prendre les armes pour ne pas laisser aux factieux la maîtrise de la rue. Ce noble dessein relève le courage des Toulonnais et donne du cœur aux troupes de ligne. Résolus à prêter main-forte à l'autorité militaire, les Miliciens Noirs vont chercher leurs fusils et s'alignent spontanément sur le Champ-de-Bataille.

Le Gouvernement a voulu dépouiller les Municipalités de la dictature : mais les édiles toulonnais, investis du magistère suprême par le droit divin de la Révolution, entendent rester les seuls maîtres de la ville. Un délégué de la cité reçoit la mission de transmettre au commandant supérieur des forces de terre et de mer, au lieutenant-général de Coincy, l'ordre de nettoyer le Champ-de Bataille des troupes parasites qui l'encombrent. Le Forum ne doit appartenir qu'aux mercenaires de la Municipalité souveraine. Mais il est plus facile de libeller cet ordre que de l'imposer. Sommé de se retirer, le commandant du bataillon de Saint-Roch déclare qu'il « est aux ordres, non du Conseil, mais du général, seul chef légal des villes en état de siège ».

A ce moment, le bruit court que les Clubistes de Saint-Jean, touchés de la grâce, viennent solliciter l'accord et conclure avec leurs frères une paix. En même temps, de la rue de l'Arsenal sortent une centaine de miliciens qui brandissent en l'air la crosse de leurs fusils. Comment pourrait-on suspecter les intentions conciliantes d'une telle troupe? Les couleurs tricolores en écharpe, le visage souriant et les mains tendues, vingt à trente membres du Conseil municipal précèdent les Blancs, non moins amènes. Cette pantomime avenante justifie les rumeurs qui circulent et rapprochent les distances.

Les « frères » qui, tant de fois, échangèrent des horions vont, tout à l'heure, à coup sûr, cadencer le pas d'une joyeuse sarabande. Ravis d'en finir avec les dissensions civiles, les Noirs arrondissent déjà le bras pour serrer les Blancs dans une cordiale étreinte. Mais, sur un geste soudain des Conseillers, voici qu'une salve de coups de feu éclate. C'est le Club Saint-Jean qui, sans crier gare, abat ses mousquets et les braque contre les trop crédules gardes urbains de l'ordre. Des morts et des blessés jonchent le sol; une foule en détresse s'échappe par toutes les issues, les femmes s'évanouissent, les enfants piétinés se lamentent, — cependant que les assassins, le sabre au poing, poursuivent les fuyards et les égorgent dans les culs-de-sac. Voilà les scènes qui, sur le signal d'une faction parjure, mettent Toulon en deuil; voilà le prologue de la réforme qui doit affranchir la cité!

III

Un capitaine de vaisseau, inoffensif témoin du drame, M. de Beaucaire [1], tombe mortellement frappé d'une balle

---

[1] BEAUCAIRE (Antoine-Claude DE), né vers 1735, garde-marine le 17 février 1750, enseigne en 1755, lieutenant de compagnie le 1er janvier 1759, lieutenant de vaisseau le 1er octobre 1764, capitaine d'une compagnie de fusiliers le 1er janvier 1775, capitaine de vaisseau le 1er janvier 1777. Retiré du service le 20 octobre 1779. « Il était resté

dans le dos. Le surlendemain, le Chef d'Escadre baron de Durfort, commandant de la Marine par intérim, adresse au ministre Thévenard le rapport suivant :

vingt-sept ans dans la Marine, avait trente-trois ans de services, avait fait douze campagnes en temps de guerre, et avait essuyé six combats. Étant sur l'*Orphée*, commandé par M. d'Erville, il eut le commandement d'une prise de vingt canons faite sur les Anglais dans le Levant. En 1758, le 28 février, l'*Orphée* fut pris devant Carthagène par trois vaisseaux anglais de soixante-dix canons, et un de quatre-vingt-dix, après un combat fort vif. Le lieutenant de Beaucaire resta quarante-deux jours sur le *Royal George* et demeura prisonnier jusqu'au mois de janvier 1763 (soit cinq ans).

« En 1771, étant sur la *Mignonne*, il prit un forban de quatorze canons et de vingt-cinq hommes d'équipage. Décoré de l'Ordre de Cincinnatus en 1777. »

Le 15 fructidor an X, la veuve du capitaine de Beaucaire adressait la navrante lettre que voici au ministre de la Marine et des Colonies.

« Citoyen, La citoyenne Duchasteau, veuve Beaucaire, a l'honneur de vous représenter qu'ayant eu le malheur de perdre son mari, ancien militaire, ainsi que vous le verrez par les états de services, elle est restée avec cinq enfants, que la modicité de sa fortune ne lui permet pas de faire élever, selon ses désirs, pour les mettre à mesure de suivre la carrière de leurs ancêtres.

« Elle s'est vue tout à la fois privée de son mari, et de tous les secours pécuniaires, n'ayant obtenu aucune pension, ni pour elle, ni pour ses enfants, quelques démarches qu'elle ait pu faire pour cela.

« Elle a eu le chagrin de perdre son fils aîné, qui était au service de la Marine, le seul en état de ne point être à sa charge, victime, ainsi que son père, des malheurs de la Révolution.

« Elle ose mettre sous vos yeux que son mari jouissait d'une pension de 2.623 francs, ainsi qu'il conste, pour son brevet, seul soutien de toute sa famille ; qu'il lui était dû, à l'époque de sa mort, près de trois ans, sans qu'elle ait pu, depuis ce temps, l'obtenir. Elle voit grandir sa famille, sans état, et n'ayant aucun moyen d'existence, elle espère que vous voudrez bien vous intéresser au sort malheureux d'une famille infortunée dont tous les ayeux, tant paternels que maternels, sont morts au service de leur patrie, — DUCHASTEAU, veuve BEAUCAIRE.

« A Toulon, le 15 fructidor an X. » (A. M.)

Une note ministérielle annexée au dossier conclut à la concession d'une pension de 300 francs sur la caisse des Invalides de la Marine et à l'admission d'un fils au Prytanée. Le père du capitaine de Beaucaire était mort chef d'escadre en rade de Toulon, après quarante-six campagnes sur mer, cinquante-huit ans de services. Le grand-père et le bisaïeul avaient été tués à l'ennemi.

« Il s'est passé avant-hier — écrit, le 25 août 1791, M. de Durfort — des évènements malheureux dont je ne puis vous développer les causes, mais dont j'ai été témoin sur le Champ-de-Bataille.

« La Bourgeoisie, divisée ici de sentiments, en est venue aux coups de fusils. Il y a eu, à ma connaissance, cinq hommes tués sous mes yeux et deux dangereusement blessés. M. de Beaucaire, capitaine de vaisseau retiré, spectateur et causant avec des officiers d'infanterie à la tête de leur troupe, est du nombre des premiers. On dit aussi qu'il y a eu des gens tués en ville. La loi martiale a été publiée; mais malheureusement trop tard, car on n'en est venu là qu'à neuf heures et demie, et le choc avait lieu sur les six heures.

« Je ne puis entrer à cet égard dans d'autres détails; ils ne sont pas de mon ressort, mais, Monsieur, je répète ici que j'ai encore été, comme la dernière fois, sommé par la Municipalité, à une heure après midi, de lui envoyer cent hommes; que j'ai été moi-même aux casernes, que je n'ai pu en rassembler que quatre-vingt-deux; et que, malgré les soins que je me suis donné, je n'ai pu encore renforcer le poste de l'arsenal qu'à neuf heures, que j'ai été dans l'impossibilité d'envoyer un détachement à la sûreté du Bagne, poste si important dans une émeute et qu'il est indispensable, ou que vous obteniez si vous voulez que je puisse répondre de l'arsenal et des vaisseaux que le peu qu'il y a ici de troupes de canonniers soit uniquement à mes ordres pour la sûreté de ces objets si précieux, ou que vous obteniez un bataillon d'infanterie pour, conjointement avec ce qui me reste, fournir aux demandes qu'on me fera dans pareilles circonstances [1]. »

Ainsi, les autorités, toujours vigilantes, attendent la dispersion du dernier assassin et le dernier soupir de la dernière victime pour mobiliser la maréchaussée et arborer le drapeau rouge de la loi martiale. Dans *Hamlet*, Fortinbras, prince de Norvège, et son armée débouchent, l'air vainqueur, sur le théâtre, aussitôt que le crime a couché sur le sol tous les héros du drame. Depuis 1789, ce

[1] A.N.F⁷ 3.693.

cérémonial shakespearien clôt la plupart de nos tragédies politiques. Dès que l'évasion et le meurtre ont dépeuplé le champ du carnage, les carabiniers de l'ordre accourent.

Le lendemain du massacre, le 24 août 1791, les spadassins municipaux défilaient devant le prétoire. Rita hypocrite. Les égorgeurs n'avaient rien à craindre. Sous le règne des Jacobins, le sang qui tache le Forum ne s'épanche-t-il pas invariablement des mêmes veines? Pas un coupe-jarret n'a le droit de redouter les juges et l'échafaud. Inspiré par le Club Saint-Jean, le tribunal de première instance prononce contre les artisans du massacre un arrêt hypocrite que le tribunal d'appel, non moins docile, s'empresse de biffer. Captifs de la Terreur, les magistrats de Marseille affranchissent le poignard de l'assassin et enterrent la hache du justicier. Désormais, plus de contrainte. Nuit et jour, « le Lion de Saint-Jean », la gueule sanglante, les yeux torves, la crinière hérissée, le ventre creux, rugit sur la place publique. Au lieu de museler le monstre, la prudence n'invite-t-elle pas à le cajoler?

Au milieu du choc des armes et du tumulte de la sédition, le Commandant de la Marine, l'amiral de Glandevès, passe son temps à minauder avec le peuple. Sa main libérale s'offre d'elle-même à toutes les mains hâlées et calleuses. On restaure les remparts; tantôt l'amiral s'attelle au modeste véhicule du cantonnier; tantôt, volontaire canéphore, le comte se couronne la tête de l'auge rustique ou macère le mortier du Limousin. Comment le peuple pourrait-il méconnaître les vertus de ce gentilhomme qui, par-dessus le justaucorps chamarré de « l'officier rouge », endosse le bourgeron du plébéien?

Mais n'est pas plébéien qui veut! Un beau jour, las dis ces travestissements et rassasiés de ces marivaudages, les ouvriers s'emparent de leur « frère », le garrottent et lui passent au cou la corde d'un réverbère. Déjà, trente mains se cramponnent au chanvre qui doit ériger l'amiral au sommet de la potence. Mais à ce moment, un formidable coup de poing culbute les chenapans, desserre le nœud fatal et délivre le condamné, qui, cette fois, ne sourit plus. Revenu à la vie, M. de Glandevès reconnaît dans le sauveur un malandrin qu'il obligea naguère et qui lui témoigne sa gratitude en empêchant, pour la première fois, un crime. Le lendemain, les bandits qui voulaient pendre le commandant de la Marine le ramènent en triomphe à son hôtel. O douceur des ovations populaires ! Du haut de son pinacle, M. de Glandevès savoure délicieusement les vivats de la foule résipiscente. Mais huit jours ne sont pas écoulés qu'une nouvelle saute de vent précipite l'incorrigible élève de Rousseau sur le pavé. Vingt batteurs d'estrade le bloquent et le fustigent. Roué de coups, le Chef d'Escadre n'échappe au tranchant du sabre que grâce à l'opportune intervention d'un piquet de Gardes nationaux qui se jette sur les coquins et les disperse [1]. Ainsi ballotté entre l'hôtel de la Marine et la potence, M. de Glandevès, décidément sans foi dans l'avenir, remet le commandement au comte de Flotte d'Argenson et s'esquive pour toujours d'une ville où le peuple administre à l'aristocratie qui l'adule autant de bourrades qu'à celle qui le combat [2].

---

1 LAUVERGNE, pp. 108-109.

2 Une lettre, portant les signatures de MM. de Raféllis de Broves, d'André, du marquis de Roquefort, de Meifrun, de Montgaillard, de Durand de Maillane, de Bouche, de Peloux, etc., députés de la Provence, sollicitent les bontés du ministre de la Marine en faveur du commandant de Glandevès, qui a exercé les fonctions de commandant par intérim de la Marine à Toulon, du 1er janvier 1790 au 13 juillet 1791. « Le témoignage de confiance que Sa Majesté a bien voulu lui donner en l'envoyant à Toulon pendant les troubles, sa manière prudente, noble et distinguée, avec laquelle il a su concilier tous les intérêts, ramener tous les esprits à la subordination, rappeler le calme dans cette ville agitée et s'y maintenir par la considération de sa sagesse et de ses vertus, cette mission si délicate et si bien accomplie, jointe à ses longs et utiles services, vous paraîtra, Monsieur, un titre bien respectable pour faire accorder à cet officier distingué un avancement proportionné à son zèle et aux dangers auxquels il a été

IV

Hier, la plèbe de Toulon obéissait aux autorités traditionnelles ; aujourd'hui, elle ne connaît plus d'autres souverains que son plaisir et ses vices. Pas une journée ne s'écoule sans qu'un geste homicide ne vienne rappeler aux représentants du roi l'omnipotence de la canaille et la déchéance de l'autorité. Le 6 avril 1792, un aide de camp du général de Coincy et un officier du 11ᵉ de ligne, revenant de l'Hôtel où siège le Directoire, subissent l'assaut d'une bande de malandrins qui, fondant sur les deux « épaulettiers » à coups de bâton et de nerfs de bœuf, les mettent en fuite. Avisé de cette agression, le général de Coincy adresse une plainte aux Administrateurs et les informe que, pour se mettre lui-même à l'abri des brutalités de la populace, « il fait garder son domicile par deux compagnies de grenadiers ». Le Directoire communique aussitôt à ses maîtres, c'est-à-dire aux édiles, l'épître du général, et les prie de rétablir l'ordre. La municipalité n'hésite pas : un gendarme, accompagné d'un fort détachement de la Garde nationale, va, sur l'injonction de la Commune, notifier au général de Coincy « un mandat d'amener » ! Le pauvre général répond qu' « il est malade et qu'il ne peut obtempérer à l'ordre municipal ». En même temps, M. de Coincy, prêtant au Directoire un courage dont est dépourvue l'autorité militaire elle-même, le supplie de l'assister de sa protection et de ses conseils. Riposte du Directoire : « Nous « répondons à M. de Coincy que, si M. le Juge de paix « a décerné contre lui un mandat d'amener, c'est sans

exposé, et vous portera, sans doute, à le dédommager dans cette circonstance, etc. » La lettre ajoute que M. de Glandevès est en train de solliciter des passeports pour aller dans sa famille à Entrevaux. (A. M.)

« doute en suite d'une accusation qu'il a reçue ou d'une
« procédure qu'il instruit, que les objets judiciaires ne sont
« point de notre ressort, — qu'il nous est expressément
« défendu par la loi de nous y mêler ; — que ce ne peut
« donc être qu'à M. le Juge de paix lui-même à pronon-
« cer sur les motifs qui empêchent M. de Coincy de se
« rendre à ce tribunal, — que quant à nous, nous ne som-
« mes en séance que pour surveiller le maintien de l'ordre
« et la tranquillité publique. »

Des violences exercées contre les deux officiers, pas un mot. Si le peuple souverain les a bâtonnés, c'est que leur maître, le général de Coincy, était coupable. Le serviteur de la plèbe, le juge de paix, requiert un gendarme d'exécuter le mandat d'amener. Nouvelle résistance du général. Le lendemain, 7 avril 1792, dès quatre heures du matin, les officiers municipaux et le juge de paix envahissent l'hôtel du Département et préviennent les Administrateurs. « Les officiers rassemblés chez M. de Coincy ont déclaré hautement qu'ils perdraient plutôt la vie que de permettre que le général se rende au tribunal » de paix, et, en tenant ce propos, *ils ont endossé leurs « épées et enlevé leurs épaulettes »*. Pure bravade ! Quel fut le résultat du conflit ? La populace gagna la partie, et le général de Coincy quitta Toulon.

Cette victoire ne pouvait qu'encourager les anarchistes à redoubler d'audace. Gare aux contempteurs de la religion nouvelle ! Administrateurs, juges, officiers municipaux, tous ceux qui, revêtus d'une autorité plus ou moins précaire, ont le courage de l'employer en faveur de la loi, donnent barre contre eux à une démocratie jalouse de son omnipotence. « Parler de la souveraineté de la loi, — disent nos Jacobins, — n'est-ce pas conspirer contre le Peuple souverain qui fait la loi et, par conséquent, contre nous qui sommes le Peuple [1] ? » Quand le Peuple souverain

[1] A. N., F7 3693.

condamne un aristocrate, défense au Parquet, défense à l'Assemblée Nationale, défense aux Ministres, non seulement de suspendre, mais de contredire la Justice populaire. De même que le cimeterre du sultan Mourad, le laive du Peuple est sacré. Le 4 mai, à Flayosc [1], les paysans démolissent le château du marquis de Villeneuve, le seigneur du village, et pillent les meubles, en présence des officiers municipaux et du juge de paix, que ne gêne aucun pouvoir rival ou supérieur, et qui ne gênent eux-mêmes ni les pillards, ni les assommeurs. Instruits de cette opération de brigandage, les administrateurs du département, les Roubaud, les Gazan, les Maure, les Debaux, adjurent, dans un grave arrêté, les voleurs de restituer leur butin à la Nation, qu'ils ont lésée dans ses droits. Comment justifier ce sophisme? Pour amener les larrons à résipiscence, nos honnêtes gens font observer que « violer les lois, c'est augmenter les atroces jouissances de l'aristocratie »! Les instances et l'homélie de nos Girondins ne touchent point une population que les philosophes du Tiers ont décidément libérée des contraintes du Décalogue. «A Montauroux [2], dans le district de Fréjus, — lisons-nous dans un Rapport du 27 mai 1792, — quarante citoyens de l'endroit ont voulu pénétrer, au cours de la nuit du 16 mai, dans la maison du curé, et, ne pouvant y parvenir, ont brisé les fenêtres à coups de pierres. De là, ils se sont introduits dans le château du ci-devant seigneur, ont enlevé les meubles, pillé les denrées, les effets, jusqu'à la vaisselle de cave. » Le château de Tournon [3], situé à une lieue de distance, subit les mêmes violences et le même pillage. Le Directoire du district essaie, lui aussi, de faire rendre gorge aux ban-

---

[1] FLAYOSC (Var), commune de 2594 habitants, canton et arrondissement de Draguignan.

[2] MONTAUROUX (Var), commune de 1220 habitants, canton de Fayence, arrondissement de Draguignan.

[3] TOURNON (Var). On n'y voit plus que les restes d'une tour crénelée située sur un rocher à pic dépendant de la commune de Montauroux.

dits. Mais ces derniers — dit le procès-verbal — « s'y refusent énergiquement, en disant froidement qu'ils sont quarante coupables, qu'on se bornera certainement à les décimer, que quatre seulement pourront donc être condamnés à mort, qu'il est donc plus utile, par contre, de ne rien rendre. » Hélas ! en supposant la justice révolutionnaire capable de déployer une telle sévérité, nos bons brigands lui font encore trop honneur. Pas un corsaire n'est inquiété...

Aux Gabres [1], dans le district de Grasse, une partie des habitants saccagent le canal qui alimente le moulin du ci-devant seigneur. Deux paysans, d'un village voisin, veulent s'approcher de la foule armée pour reconnaître les coupables. Un coup de fusil tue l'un de ces indiscrets et met l'autre en fuite.

Le 13 mai, au Beausset [2], près de Toulon, deux vieillards abordent l'accusateur public et lui confient leurs doléances contre le capitaine de la Garde nationale. Instruit de ces critiques, l'officier — un forban qui sort du bagne — convoque la milice, et celle-ci, sur un geste du capitaine Vidal, après avoir fusillé les deux plaignants, jette leurs cadavres dans un puits.

Quelques jours plus tard, nouveaux troubles dans la même commune. Les gens du pays dévastent sept maisons sous les yeux d'une municipalité asservie et complice. C'est le 21 mai que ce nivellement s'opère et que la démocratie villageoise corrige, la pioche d'une main et le sac de l'autre, l'inégalité des fortunes. Dix jours se passent, cinq cents hommes de la Milice toulonnaise et un bataillon du 91ᵉ de ligne, envoyés au Beausset pour escorter et soutenir les administrateurs du Var, ne réussissent à mettre

---

1 Les Gabres (Alpes-Maritimes), 60 habitants, canton de Cannes.
2 Le Beausset (Var), chef-lieu de canton de 1754 habitants. Patrie de Portalis.

la main ni sur un incendiaire, ni sur un massacreur. Le silence des témoins et l'hostilité du corps municipal contrecarrent et annulent toutes les recherches. Au moment même où cette imposante armée dispose ses fusils en faisceaux, une scène de la *Farce de Maître Pathelin* s'improvise. Accourant sur la place du village, métayers, vignerons, bayles, entraînent gardes municipaux et soldats dans les orbes d'une immense « farandole » qui, jusqu'à la nuit tombante, déploie, à travers les vignobles et les mas, son allégresse ironique et ses stridentes chansons. Le lendemain, les enquêteurs tentent vainement de desceller les lèvres de ces astucieux ruraux. Pas un officier municipal ne connaît les coupables. Les enfantins subterfuges de la rouerie paysanne dupent et même gagnent les Administrateurs du Var. Ces vertueux Girondins n'osent-ils pas prétendre que les autorités locales qui, pendant deux jours, assistèrent, les bras croisés, à la destruction de sept maisons et au massacre de deux vieillards, « ne sauraient être inculpées ni d'impéritie ni de connivence [1] » ?

V

Cette impuissance des mandataires de la Loi, cette lâcheté du Directoire, fortifient les malandrins dans ce sentiment de leur force et la persuasion de leur souveraineté.

---

[1] Extrait du procès-verbal dressé par les Administrateurs du Var :
« ...Tout ce qu'on pouvait leur reprocher, c'était le silence qu'ils s'obstinaient à garder sur l'indication des coupables, dont il semble impossible qu'ils ne connaissent quelqu'un, surtout relativement à la dévastation des maisons qui s'est faite presque sous leurs yeux, mais, d'une part, il n'est pas physiquement impossible qu'au milieu du désordre et dans l'état pénible où ils devaient se trouver en voyant des attentats coupables auxquels ils ne pouvaient remédier, ils n'ayent reconnu aucun de ceux qui les commettaient et n'ayant ensuite reçu aucune notion positive à ce sujet et que de l'autre, en suppo-

Pour échapper à la vindicte populaire, quelques bourgeois se cachent dans les faubourgs de Toulon. Un firman du maire du Beausset somme les fugitifs de revenir en toute hâte, s'ils veulent préserver leurs demeures du sac légal. Parmi les sujets de notre tyran, quelques-uns vont peut-être sourire de ses menaces. Le jour même, pour exclure tout doute, les janissaires de Vidal, sur l'ordre de leur sultan, font mettre le feu à plusieurs fermes et convient au pillage toute l'écume de la contrée. Procès-verbaux, rapports, missives, multiplient les récits de ces prouesses et, pendant des semaines, encombrent de leurs inutiles liasses les armoires des greffes. Mais les pouvoirs qui noircissent le plus de paperasses sont aussi ceux qui presque toujours, inquiètent le moins le crime.

Soyons justes envers le Garde des Sceaux d'alors, Duranthon [1]. Le 5 juin 1792, le Ministre de l'Intérieur, Cahier de Gerville [2], reçoit de son collègue une lettre où Duranthon s'indigne de l'impunité dont les autorités départementales

sant qu'ils connaissent quelques-uns des coupables, leur résolution de ne pas les dévoiler peut tenir à un motif de crainte et peut-être de danger pour eux. » A. N. — F3 3.693.

[1] DURANTHON (Antoine), né en 1736 à Mussidan (Dordogne). D'abord procureur général du Parlement de cette ville, devint, à la Révolution, procureur-syndic de la Gironde. Appelé au ministère de la justice le 12 avril 1792 sur la désignation de Vergniaud, il démissionna le 3 juillet suivant. Voici le portrait que Mme Roland trace de Duranthon : « Je n'ai jamais bien compris ce qui avait pu faire estimer Duranthon capable d'entrer au ministère, si ce n'est l'idée du peu de facultés nécessaire pour remplir celui de la Justice. Lourd, paresseux, vain et parleur, timide et borné, ce n'était véritablement qu'une vieille femme. La réputation d'intégrité, les mœurs réservées d'un avocat décent, quelques témoignages d'attachement pour la Révolution et le ton d'un homme honnête, avec l'âge de l'expérience, lui serviront probablement de recommandation; il n'a pas même eu le talent de se retirer à propos, le seul qui eût pu lui acquérir quelque gloire. Lorsque je considère quels ont été ses successeurs, je me fâche moins contre ceux qui l'avaient jugé digne de la place, mais je me demande où il faut chercher des hommes propres à gouverner? » *Mémoires de Mme Roland*, édition PERROUD, chez Plon, t. II, pp. 256-57.

[2] CAHIER DE GERVILLE (Bon-Claude), né à Bayeux, en 1752, mort dans la même ville en 1796. Avocat au Parlement de Paris quand

couvrent les attentats commis, le 13 mai précédent, au Beausset « par le chef d'une faction armée qui, élargi deux fois, à la faveur de deux amnisties consécutives, a su se faire nommer commandant de la Garde nationale et s'emparer de la force publique pour la faire servir à ses passions et à ses vengeances. Vous savez — ajoute le Ministre — comment on est parvenu à faire assassiner publiquement, par la Garde nationale, rassemblée en présence du Commandant, et au son de la générale, deux vieillards, à l'un desquels on reprochait de s'être plaint des vexations exercées contre lui, et à l'autre, de lui en avoir donné le conseil.

« Vous savez — insiste Duranthon — que le 21, huit maisons ont été dévastées, pillées et démolies, et que les témoins et les victimes de la fureur des séditieux, glacés par la terreur et par des menaces d'assassinat dont ils sont persuadés que l'effet serait infaillible, suivant la déclaration confidentielle qu'ils en ont faite au Directoire du District, sont contraints de garder le silence devant les criminels, en présence même de la Justice, mais vous ignorez peut-être que la Municipalité, dont une partie est complice au moins par sa négligence et par sa faiblesse, après avoir laissé avilir en ses mains l'autorité qui lui est confiée, après avoir souffert sous ses yeux des émeutes journalières, des emprisonnements arbitraires ou détentions illégales, des contributions pécuniaires, la démoli-

---

éclata la Révolution, il se rallia aux idées nouvelles et devint, en 1779, procureur-syndic adjoint du département de Paris. Les « Amis de la Constitution » le patronnant et le désignant, le 27 novembre 1791, au roi, qui, prévenu, non sans raison, contre ce robin, lui dit : « Vous vous chargez là, Monsieur, d'une tâche bien difficile. — Sire, répondit solennellement Cahier de Gerville, il n'y a rien d'impossible à un ministre populaire auprès d'un Roi patriote. » Cahier de Gerville donna sa démission le 24 mars 1792, à la suite d'un Rapport sur l'état de la France. Ce fut Cahier de Gerville qui fit voter, par la Constituante, l'enlèvement des registres de l'état civil au clergé. Il a publié un *Mémoire sur l'état civil des protestants en France*, et un *Compte rendu* de son administration.

tion d'une église par l'effet d'une mine, dont l'explosion ébranla toutes les maisons du voisinage, enfin, des menaces de mort, faites à plusieurs particuliers, entre autres au curé constitutionnel, qui ne sauva sa vie qu'en donnant sa démission ; — vous ignorez, dis-je, que cette Municipalité vient de mettre le comble à sa lâche complaisance en essayant d'excuser les coupables et en ne donnant que des renseignements faux ou inutiles. »

Révolté de l'inaction de son collègue Cahier de Gerville, Duranthon a pris sur lui d'écrire au Ministre de la Guerre pour le prier d'acheminer vers le théâtre du crime « une force capable de réprimer les rebelles ». En même temps, l'accusateur public du département du Var reçoit du Garde des Sceaux l'ordre de « dénoncer et de poursuivre des excès si criminels et de se concerter avec les Corps administratifs pour rendre son cours à la justice, assurer aux témoins la liberté nécessaire pour déposer la vérité et faire mettre à exécution les jugements qui pourront être rendus ».

La fin de cette lettre est encore plus sévère que le début :

« J'espère, Monsieur, que vous voudrez bien, de votre côté, écrire au Département, et l'engager à ranimer le zèle des Corps administratifs et municipaux. Peut-être serait-ce le cas, après avoir vérifié les faits, de sévir contre cette Municipalité, s'il est vrai, comme on me l'assure, que le 13 mai, malgré le bruit de la générale et des premiers coups de fusil tirés presque sous les fenêtres de la Maison commune, elle ne proclama la loi martiale qu'après que tous les crimes eurent été consommés. La crainte ne peut servir d'excuse à des fonctionnaires publics, qui ne doivent en connaître d'autre que celle de voir la loi vaincue par la violence et la sûreté générale compromise [1]. »

[1] A. N. — F⁷ 3.693.

L'honnête mercuriale du Garde des Sceaux ne pouvait arrêter le courant qui précipitait la France vers la dictature des malfaiteurs. Pour conjurer cette chute, il aurait fallu d'autres digues que des circulaires ministérielles. Aucune rigueur ne troubla la bande du Beausset dans la tranquille gloire de ses forfaits inexpiés.

Au lieu de châtier les coupables, le Directoire du Var, en proie à la même affection verbale qui ronge la Gironde, se contente de narrer ses crimes. Le Président de l'Assemblée Législative reçoit de ces scribes intempérants une lettre non moins pathétique qu'infructueuse. « Les juges — lit-on dans cette épître — remplissent mal les devoirs de leur place ou ne les remplissent pas du tout; les plus grands crimes restent impunis par la crainte que l'on inspire aux témoins de payer de leur vie la révélation qu'ils en feraient; quelques procédures sont commencées; les délits sont constants; ils ont été commis en plein jour, dans l'enceinte même des villages, en présence d'une foule nombreuse, et personne n'en nomme encore les auteurs. Le château de Salernes a été incendié et pillé, on a pris des informations sur ce délit, et on peut décerner un mandat d'arrêt que contre un malheureux paysan que l'on a surpris dérobant quelques effets, après que le feu qui avait réduit le château en cendres avait été entièrement éteint. Pour arrêter le cours de ces désordres, il faudrait contenir les factieux par un grand exemple, mais où sont les juges pour le donner? »

Malgré ces doléances, aucun « exemple » d'une répression sévère ne vient rappeler les Jacobins du Var au respect des anciennes lois contre lesquelles la Révolution s'est faite [1]. Émus de cette puissance du crime et de cette

---

1 Voici l'une des lettres qui furent adressées au ministre de l'Intérieur pour le rassurer :

« Toulon, le 3 juin 1792, l'an IV° de la Liberté.

« Nous avons eu l'honneur, Monsieur, de vous informer, par nos

impuissance du Code, les Sans-Culottes décrètent, *in petto*, la mort des Girondins toulonnais qui, bien qu'inertes, osent récriminer contre la souveraineté populaire. Mais, en même temps que la bourgeoisie libérale perd son crédit et sa puissance, les truands beaussetais, impunis et victorieux, prennent figure de héros. Et, quand le tocsin sonnera dans les clochers de Toulon, nos révolutionnaires n'entreprendront aucune campagne contre « la bourgeoisie corrompue », sans faire appel au poignard et à la torche de ces Jacobins de village, dociles et précieux sicaires qui, comme au xixe siècle, les Kurdes lâchés sur les Arméniens de Diarbekir par le Sultan Abdul-Hamid, ne tromperont jamais la confiance dont les honore un maître altéré de sang.

lettres du 12, 22 et 27 mai dernier, de tous les troubles qui s'étaient élevés au Beausset et des crimes qu'on y avait commis dans les journées du 13 et du 20; vous avez vu par nos dernières lettres que nous avions d'abord envoyé dans ce lieu une force composée de cinq cents hommes de la Garde nationale pour n'y conserver que celui des troupes. Tous les avis que nous avons reçus depuis se réunissant à nous assurer que la tranquillité publique était enfin rétablie au Beausset, nous en avons pareillement retiré ce dernier détachement et nous nous empressons, Monsieur, de vous en instruire. Roubaud fils, Guizol, Guérin, Gazan. »

Ainsi, comme depuis huit jours, on n'assassine pas au Beausset, tout va bien, et la tranquillité étant rétablie, les troupes sont congédiées. Joseph de Maistre raconte que, sous la Terreur, les Français qui résidaient à l'étranger recevaient de France des lettres analogues. Quand un jour s'écoulait sans qu'un crime fût commis, les correspondants écrivaient de même : « Nous sommes tranquilles, tout va bien ! »

CHAPITRE IV

DICTATURE DU PARTI JACOBIN

I. — Les dictateurs de Toulon. — Sylvestre. — Lemaille dit « Beau Soleil », pendeur de la ville. — L'avocat Barthélemy. — Barry dit le « Boiteux », etc., etc.
II. — Une séance au Club Saint-Jean.
III. — Discours de Sylvestre. — Journée du 28 juillet 1792. — Massacres dans la rue. — Bonnets rouges et paquets de cordes. — Les membres du District assassinés.
IV. — Récit, d'heure en heure, des massacres (28, 29 et 30 juillet 1792), par le greffier municipal. — Première journée. — Rôle du colonel du Merbion. — La Commune refuse d'arborer le drapeau rouge et d'appliquer la loi martiale.
V. — Le Commandant de la Marine fournit des armes aux émeutiers. — Soldats condamnés mis en liberté.
VI. — Patrouilles et gardes renvoyées dans leurs quartiers. — Nouveaux assassinats. — Proclamation du Corps municipal à la cité. — Observations du colonel du Merbion.
VII. — Dernière journée. — Un blessé assassiné.

I

La plèbe ne veut que des chefs qu'elle ait le droit de mépriser. Ouvriers de l'arsenal, matelots, portefaix, bouchers, forgerons, crocheteurs, remorquant les bourgeois cupides ou tarés que toute émeute enrôle, — procureurs, tabellions, avocats, journalistes, galefreniers de l'écritoire et de la basoche, boutiquiers faillis, religieux évadés, prêtres renégats, — cheminent et font nombre, affublés des plus sordides carmagnoles et coiffés des plus écarlates bonnets rouges — derrière une douzaine de clubistes et de flibustiers qui, depuis trois ans, sonnent l'hallali de toutes les convoitises et préparent la curée de toutes les vengeances.

Le véritable *Capo di popolo* de Toulon, c'est Sylvestre [1], le président et le tribun du Club Saint-Jean, orateur aux poumons infatigables, vainqueur de la Bastille, héros du 10 août, dépêché à Toulon par les Jacobins de Paris pour abattre l'aristocratie maritime, nanti de guinées par le Foreign-Office pour détruire le port militaire qui surveille la route des Indes. Autour de Sylvestre se groupe et s'agite un cortège de robins et de forbans, hommes de loi et hommes de main, l'avocat Barthélemy, le rentier Gueit, le maire Paul, le perruquier Lambert, le perceur de bronze Jassaud, le chiffonniste Figon, le tape-dur Monteil, Barry dit le Boiteux, et enfin le « pendeur de la ville », Lemaille, dit « Beau-Soleil », — tous terroristes, tous exacteurs, promettant, chaque soir, à la clientèle famélique du Club, le crochetage des coffres-forts et l'amputation des têtes.

Le 27 juillet 1792, à 9 heures du soir, Sylvestre estime que l'heure est enfin venue de fournir au monstre le butin attendu. Le Moloch populaire réclame une proie. Il s'agit maintenant de distribuer les rôles et de régler l'ordonnance des saturnales. Pour enflammer ses affidés et soulever la foule, Sylvestre, debout à la tribune du Club, embouche le clairon de l'émeute, et, pendant toute la nuit, hurle le péan du carnage :

« Citoyens, — dit l'orateur, — les crimes de nos adver-
« saires ont dépassé toutes les limites de l'indulgence. Il
« faut enfin songer au salut de l'État, exterminer de son
« sol tout ce qu'il y a d'impur et de factieux. Les nobles,

[1] Jacques-Victor Sylvestre était originaire de Briançon.

« les prêtres et les riches sont vos ennemis naturels; leurs
« clameurs et leurs intrigues tendent encore à nous muse-
« ler, nous enchaîner à la glèbe, nous condamner à la
« dîme et aux impôts. Amis, levons-nous contre eux, et,
« pour commencer l'œuvre d'expiation, je vote la mort
« du Directoire et de tous les « Noirs » [1].

Le 28 juillet, à l'aube, Sylvestre parlait encore. Assujettie au tribun, la Municipalité de Toulon s'entend avec
notre chef de bande pour faciliter sa tâche. Ainsi que
nous l'avons déjà dit, la Milice toulonnaise comprend des
chefs et des soldats réfractaires à l'anarchie. Il faut neu-
traliser cette force. Les Édiles décident d'ouvrir les portes
de la ville aux Gardes nationales des communes environnantes, toutes inféodées aux condottieres du Club, toutes
enjôlées par les orateurs qui, depuis de longs mois, leur
adjugent les dépouilles de la noblesse et du négoce vaincus. La loi confie la garde et les clefs des portes au
commandant de place, au colonel du Merbion. Sommation
est faite à cet officier de laisser entrer les milices rurales
d'Ollioules, de la Seyne, de la Valette et du Beausset.

Non moins averti que les habitants de Toulon, le Commandant de place connaît le discours de Sylvestre; il sait
quel guet-apens se prépare, quels pillages se trament,
quelles tueries s'ourdissent et quels sicaires conspirent. Une
résistance énergique aux réquisitions de la Municipalité
préviendrait, à coup sûr, les plus grands malheurs. Quand,
seule, l'insurrection contre une légalité homicide peut assurer le respect de l'ordre, la révolte s'impose. « Le crime
de la violence — dit un historien — est alors à ceux qui
l'ont rendu indispensable, et celui qui le hasarde peut
être un libérateur [2]. » Ame passive, le colonel du Mer-

---

[1] LAUVERGNE : *Histoire de la Révolution dans le département du Var*
p. 113.

[2] E. LAMY : *Études sur le second Empire*, p. 438.

bion [1], comme beaucoup d'autres de ses collègues, confond la consigne avec le devoir, la servitude avec la fidélité. En face d'une faction qui viole toutes les lois, se courbe une autorité militaire docile à tous les textes.

II

Esclave du règlement, le colonel introduit lui-même dans Toulon les auxiliaires que Sylvestre a convoqués pour opprimer les honnêtes gens et protéger les assassins. Aussitôt que, sous les auspices de ce chef débonnaire, les bandes suburbaines, poudreuses et armées, occupent tous les postes, Sylvestre, n'ayant plus de surprise à craindre, — rassemble, sur la place Saint-Jean, les Clubistes les plus qualifiés de la banlieue et de la ville.

« Mes frères, pour commencer la journée, dit le tribun,
« nous allons faire un tour de promenade civique, mais
« il nous manque un drapeau; en voici un qui sera toujours
« le nôtre ! »

---

[1] Du MERBION (Pierre JADART), né à Montmeillant (Ardennes), le 30 avril 1734, lieutenant de milice en 1754, au régiment du Vexin en 1757, sous-aide-major en 1763, aide-major en 1768, avec rang de capitaine en 1769; capitaine de grenadiers en 1782; lieutenant-colonel le 5 février 1792, colonel le 15 octobre; général de brigade le 8 mars 1793; de division le 15 mai; général en chef provisoire de l'armée d'Italie le 8 août 1793, confirmé le 15 prairial an II. Du Merbion se rendit maître de Saorgio, enleva les camps des Fourches et de Baoux, où soixante canons et 2.000 prisonniers tombèrent en son pouvoir, prit le col de Fenestre (11 mai 1794), et remporta sur les Austro-Sardes une brillante victoire dans les plaines de Cascaro. Tourmenté par de fréquents accès de goutte, le général fut obligé de demander sa retraite. La Convention, en la lui accordant, ajouta cette déclaration à son décret : « Du Merbion est non seulement un général républicain, mais encore un des généraux les plus instruits de la France. » (*Notes inédites sur le général du Merbion et la famille militaire Jadart*, par P. LAURENT, Paris, 1895, in-8°, p. 56.)

Alors, déliant un énorme sac, Sylvestre en tire un lot de bonnets rouges et un paquet de cordes, qu'il distribue aussitôt à ses satellites. Le chanvre à la main et le chaperon cramoisi sur la tête, les mamelucks du tribun se mettent en marche à travers les rues, anxieuses et muettes. Tandis que Sylvestre et sa troupe avancent, sinistres, de carrefour en carrefour, parmi la population qui s'effare d'heure en heure, le Conseil général de la Commune, escorté d'une bande de Clubistes, se rend en pompe auprès du Directoire.

Pacifiques et pusillanimes citadins, étrangers aux stratagèmes des dissensions civiles, les administrateurs du Département se montrent plus attristés qu'inquiets, plus abattus que défiants. Une pathétique harangue du maire Paul subjugue cette bourgeoisie ingénue, toujours sensible à la cantilène d'un caressant discours. « Je vous en conjure, venez avec nous ! » s'écrie le Maire. « Allons ensemble porter la bonne nouvelle de notre réconciliation à nos chers amis de la Société populaire ! »

Assentiment unanime du Directoire. Nul soupçon ne rampe dans le cœur de cet ingénu Tiers État, voué à toutes les duperies et résigné à tous les attentats. On sort ; chaque administrateur prend le bras d'un clubiste ou d'un édile. A peine le cortège a-t-il aventuré quelques pas sur la place, que les bonnets rouges, aux aguets d'un mauvais coup dans les rues voisines, s'élancent de leurs créneaux, le sabre d'une main, la corde de l'autre. Un magistrat et trois administrateurs, d'abord séparés, sont ensuite saisis par les massacreurs, qui les hissent aux réverbères et les pendent. Un autre membre du Directoire se sauve de la ville. Mais l'arrêt qui le condamne atteindra, quand même, le fugitif. En se laissant glisser, la nuit, le long des remparts, le malheureux s'est cassé la cuisse, et voici qu'il tombe sur le sol rougi de son sang. Le lendemain matin, l'égorgeur Jassaud, instruit de l'aventure, embauche une troupe de sacripants, enlève le blessé, le couche sur un brancard et, fier de sa proie, court accrocher le moribond à la première lanterne de la rue Saint-Roch. Les vainqueurs ont aussi leurs martyrs. Un chef de légion, Aune, voulant sauver Gazan, l'avait entraîné vers la rue de la Cathédrale. A la vue de cette scène, les *bravi* se précipitent sur Aune. Rixe violente : les égorgeurs triomphent et emportent leur proie. Mais le chef de légion, criblé de coups, ne survit pas à la victime qu'il voulut arracher à la mort. D'autres Toulonnais, un accusateur public, un administrateur du District, le négociant Reboul, etc., expirent, çà et là, au bout d'une corde ou sous le couteau [1].

III

Un document, d'une brutalité shakespearienne, est tombé entre nos mains [2] : c'est le récit de ces sombres journées, rédigé, de minute en minute, par le greffier de la Commune de Toulon, sous la dictée des conjurés et de leurs sicaires. Pendant quatre jours, — édiles qui trament en secret les massacres ; — administrateurs que la corde ou le poignard immole ; — tueurs aux bras rouges et aux couteaux nus ; — femmes hurlantes ; — tambours qui battent la générale, — officiers de terre et de mer, serviteurs passifs de l'émeute, poussant la discipline jusqu'à ouvrir Toulon et livrer des sabres aux égorgeurs ; — populace dansant la farandole autour des cadavres et versant des larmes devant les forçats délivrés ; — patrouilles de Gardes nationales protégeant le stylet des massacreurs ; — magistrats ne convoquant la force armée qu'après chaque assassinat et proclamant, à son de trompe, devant les pavés jonchés

---

1 LAUVERGNE, p. 115.
2 A. N. — F7 3.693.

de morts et de blessés, la sécurité de la rue ; — officiers municipaux, enfin, refusant d'appliquer la loi martiale pour ne pas attenter aux droits du Peuple-Roi qui tient, le sabre à la main, son lit de justice ; — tout ce personnel de bouge, de bagne, de sédition, de corps de garde, d'échafaud, de cloaque, de sabbat, va et vient, défile, se démène, du 28 au 31 juillet 1792, à travers ce copieux cahier d'où s'exhale une odeur de boue et de sang — et que cautionne la signature d'un prêtre apostat, complice lui-même des crimes qu'il homologue.

Le Drame s'ouvre le samedi 28 juillet, « l'an IV de la Liberté », dans la grande salle de la Maison commune où la Municipalité tient ses assises. Nous sommes au matin. Sept heures sonnent ; tous les conspirateurs sont à leur poste. Le greffier donne lecture d'une missive qui vient d'être déposée sur le bureau du Conseil : « Nous vous prions, Messieurs, de vous rendre tous à l'instant auprès de nous », dit ce billet laconique qu'envoie et que signe, au nom des administrateurs composant le Directoire du Var, le président Pascal, l'affidé de la Commune, le traître. C'est le guet-apens qui s'amorce. La Commune obéit d'autant plus vite à l'invitation du citoyen Pascal qu'elle a, dans l'ombre, machiné elle-même ce *scenario*. Conformément au mot d'ordre, les trois Corps administratifs, Commune, District, Département, envahissent l'Hôtel du Directoire, ceux-là pour décréter la mort, — ceux-ci pour la recevoir. A la suite d'une brève délibération, la majorité décide que les trois Corps iront ensemble, à travers les rues, « procéder à la proclamation de « l'Adresse aux « citoyens » délibérée au début de la séance ». On se met en route. Mais laissons ici la parole au Secrétaire de la Commune :

« Il a été trouvé dans les corridors, escaliers et cours du Département un nombre assez considérable de gens armés, — et les membres des trois Administrations étant sortis, après avoir recommandé aux citoyens le plus grand respect pour leurs magistrats et pour les chefs qu'ils se sont donnés, d'après la Constitution, une foule immense s'est répandue au milieu d'eux, et la Municipalité, après avoir employé les armes de la persuasion, les seules qu'elle eût alors en son pouvoir, et voyant que ses efforts étaient inutiles pour ramener les citoyens égarés à l'observation des lois, s'est retirée à la Maison commune, pour aviser aux moyens de rétablir la tranquillité publique indignement violée. » Derrière les astucieuses nuées de cette phrase où se déploie le galimatias de la plus basse basoche, quel lecteur aperçoit les cadavres des quatre membres du Directoire que la Commune de Toulon a précipités elle-même sur les couteaux de ses *bravi*?

Même jour, 9 heures du soir.

De même que les souverains, au lendemain d'une campagne heureuse, défilent devant le front de leurs troupes pour féliciter les vainqueurs, la Commune, en présence des cadavres encore chauds du Directoire, descend sur le Forum pour passer la revue de ses spadassins et leur serrer la main. La cérémonie terminée, nos invulnérables échevins, de retour à l'Hôtel de Ville, « se rendent réciproquement compte des citoyens » contre lesquels le Peuple, juste et bon, a rendu son verdict. Le total est exact : pas un condamné ne manque à la liste. Les brigands stipendiés ont loyalement gagné leur salaire.

Mais il ne faut pas que la calomnie puisse desservir nos édiles auprès des Pouvoirs publics. Un citoyen, l'honorable Chautard-Martelly, délégué par la Commune, gagnant Paris, ira, dès demain, à la barre de la Convention, présenter les faits sous leur vrai jour.

IV

Le 28 juillet, à 11 heures du matin, lecture est faite de la lettre suivante émanée du colonel du Merbion : « J'ai l'honneur de vous informer, Messieurs, que les patrouilles se font avec exactitude. S'il se passe quelque chose, je vous en ferai part. Des patrouilles, de retour, me préviennent, à l'instant, qu'elles ont vu quelques citoyens pendus à des réverbères. »

Avec l'intelligente discrétion d'un serviteur bien stylé, du Merbion n'insiste point davantage. La Commune se trouve ainsi prévenue, à demi-mot, que l'ennemi n'est plus à craindre et la besogne faite. Nos édiles peuvent donc se rassurer. Si les soldats circulent dans Toulon, le fusil sur l'épaule et le briquet au flanc, ce n'est point pour empêcher les supplices, mais pour les constater : nul sentimentalisme malsain n'anime les troupes de la Civilisation et leurs dignes chefs.

Comme cette corvée ne nécessite pas un ample déploiement de troupes, le même colonel demande humblement aux dictateurs municipaux, si, fermant les portes de Toulon aux Gardes nationales qui sollicitent l'entrée, la Commune ne ferait pas mieux de réserver aux troupes de ligne et à la milice urbaine « le rétablissement de l'ordre ».

Point de réponse. On statuera plus tard.

A trois heures, M. le Procureur de la Commune requiert le Conseil d'inviter sur l'heure M. le Juge de Paix de la ville, « de vouloir bien procéder à l'enlèvement des victimes de cette fatale journée ». Le Conseil fait droit à la requête et « invite le juge de paix Escudier, ici présent, à prendre les mesures les plus promptes pour cette opération ».

Quelles sont ces victimes? Le vice-président Guérin, les administrateurs Maure et Roubaud, et le procureur général syndic Gazan. Pendus sur la place des Lanternes, les uns par le cou, les autres par les deux pieds, ou par un seul, lacérés de coups de sabre, les quatre magistrats offrent, depuis huit heures du matin, aux passants, le cruel spectacle de leurs cadavres pollués de sang coagulé.

A trois heures un quart, « les Chefs de patrouille, ainsi que les Commandants militaires qui viennent, à tous les instants, dans la salle, affirment que la ville jouit de la tranquillité la plus parfaite. Enchantée de cette pasquinade, la Commune de Toulon enjoint au Commandant de place « de retirer la moitié de ses troupes ». Deux heures se passent. Un émissaire avise la Municipalité que le sieur Louis Reboul, négociant de cette ville, vient d'être mis en état d'arrestation dans la maison du sieur Rossel, rue du Pavé-d'Amour. On avise de l'incident le colonel du Merbion. Naturellement, le digne officier se croise les bras : ne sait-il point à quoi s'en tenir sur les desseins secrets des édiles toulonnais? Le lieutenant de grenadiers Bouby, introduit, quelque temps après, dans la Salle des séances, fait savoir à la Municipalité que « ledit sieur Reboul a succombé sous les coups de la multitude, nonobstant les nombreuses patrouilles dont il était environné ».

Si le procès-verbal se tait pudiquement sur les circonstances de cette mort, un témoin nous les révèle. Après avoir décapité Reboul, les tueurs s'emparent de la tête, ouvrent la bouche, y versent du vin, introduisent entre les dents le tuyau d'une pipe, puis, las de leur orgie, jettent cette tête outragée sous le cadavre qui se balance au bout d'une ficelle [1].

Quelles forces se lèvent contre les sicaires? aucune. Tout va donc bien.

---

1 HENRY : *Histoire de Toulon*, t. II.

A ce moment, la célèbre milice du Beausset, impatiente de s'associer à la besogne des premières bandes et de partager leur bonne fortune, s'énerve au pied des murailles et maugrée contre la fermeture des portes. Vite, un courrier ordonne au colonel du Merbion de recueillir les nouveaux convives et de leur assigner une place à cette prairie sanglante.

Deuxième acte.
Dimanche 29 juillet, l'an IV de la Liberté, six heures trois quarts du matin. « Un capitaine de la Garde nationale ayant rapporté qu'un citoyen vient encore d'être victime », il est enjoint au colonel du Merbion « de prendre, sur l'heure, les mesures nécessaires de répression capables de ramener l'ordre ». Règle générale : les mesures d'ordre sont toujours prescrites après chaque forfait, et jamais avant. Au lieu d'écrire, cette fois, du Merbion se présente à la Maison commune.

La victoire des égorgeurs et l'opprobre de l'armée humilient-ils et troublent-ils notre stratège? Son uniforme est sali, de la boue du cloaque débordé. Mis en présence des proconsuls, du Merbion déclare que « la tranquillité « publique lui paraît essentiellement compromise et qu'en « conséquence il requiert la proclamation immédiate de « la loi martiale ». Après vingt-quatre heures d'assassinats et de pillages, l'âme du naïf officier s'ouvre enfin à l'espoir d'une revanche, et c'est aux promoteurs des tueries que du Merbion soumet ses désirs et confesse ses remords.

Hélas ! « le lion de Saint-Jean » n'est pas encore assouvi. En vain, le colonel plaide la cause de la population décimée. La Commune refuse d'arborer le drapeau rouge de la loi martiale et défend au colonel de lancer ses hommes contre les assassins. La rue appartient, non à l'armée de l'ordre, mais aux séides de l'Hôtel de Ville. En consé-

quence, « le Conseil, considérant que, la générale battue,
« tous les citoyens se sont rendus à leurs bataillons res-
« pectifs, a délibéré que, avant de proclamer la loi mar-
« tiale, il devait employer toutes les voies de persuasion
« qui sont en son pouvoir pour faire rentrer les citoyens
« en eux-mêmes et les rappeler au respect dû aux per-
« sonnes et aux propriétés. Et, de même suite, le Con-
« seil, sur les offres généreuses qui lui sont faites par
« M. Camille Rossy [1], maréchal de camp employé dans
« l'armée du Midi, de se joindre au Corps municipal pour
« exécuter la délibération qu'il vient de prendre, agrée ses
« services et l'invite à prendre séance dans le Conseil. La
« séance est déclarée suspendue, et le Conseil, ayant à sa

---

1 Rossy (Camille DE), né le 30 septembre 1727, à Ajaccio (Corse), engagé volontaire en 1742, enseigne en 1743, lieutenant en 1746, capitaine en 1748, major en 1772, lieutenant-colonel en 1785, colonel en 1791, maréchal de camp le 15 juin 1792. Une année à peine après avoir offert ses services à la Commune de Toulon, le général Camille de Rossy était arrêté le 28 juin 1793, à Puget-Théniers, par trente grenadiers en état d'insubordination. Les mutins l'accusent de trahison. Le jury militaire devant lequel comparaît le général Camille de Rossy déclara « qu'il n'y a lieu à accusation » et le renvoya indemne. Les autorités républicaines le retinrent, quand même, en prison et le dirigèrent ensuite sur Paris pour y être jugé par le Tribunal révolutionnaire. Dès l'arrestation, le général Kellermann, commandant en chef l'Armée des Alpes, avait adressé au Comité de Salut public la lettre suivante :
« Grenoble, 24 juillet 1793. — Le général de division Antonio Rossi, porteur de la présente, qui se rend à Paris, justifiera auprès de vous la fausse idée que l'on a pu concevoir contre son frère qui se trouve, depuis l'événement qui lui est arrivé, dans la vallée de l'Arche, en état d'arrestation ici, et qui doit être jugé par une Cour martiale. Je ne doute pas un instant qu'il ne soit blanchi et reconnu pour un bon militaire... » — Général KELLERMANN. (*Archives administratives* du Ministère de la Guerre.) Malgré cette lettre si décisive et malgré l'acquittement prononcé par la Cour martiale, le général Camille de Rossy fut traduit devant le Tribunal révolutionnaire de Paris et condamné à mort le 8 pluviôse an II (27 janvier 1794). « Convaincu d'avoir été l'un des généraux perfides qui ont tramé la perte de la République, au moment qu'il commandait dans la vallée de Barcelonnette, au mois de juin dernier. » *Réimpression du Moniteur*, t. XIX, p. 352.

« tête M. le Président du District et M. le Maire accom-
« pagné du sieur Rossy, précédé, suivi et entouré d'une
« escorte nombreuse de troupes de ligne, garde nationale
« de Toulon et du District, se porte dans les différents
« quartiers de la ville dans lesquels il a la douleur d'ap-
« prendre que plusieurs citoyens venaient d'être victimes
« de la dernière effervescence populaire. »

Chaque fois que la Commune sort de la Mairie et s'aventure sur la place publique, une imposante force armée veille à sa sauvegarde et la met à l'abri des stylets qui frappent, dans les autres quartiers, les citoyens privés de la même tutelle. Mais les édiles rentrent-ils dans leurs foyers, aussitôt un ordre de la Commune enjoint au colonel de renvoyer les soldats et les miliciens superflus. La connivence de l'Hôtel de Ville avec les *bravi* n'exonère-t-elle pas, d'ailleurs, le Conseil de toute inquiétude et de tout risque? Pendant que les sbires déciment, à coups de sabre, le Département, le District, l'Administration judiciaire, le Négoce, l'Armée, la Marine, — le Conseil municipal, au milieu de la fumée du combat, reste le seul Corps intangible.

V

Le Commandant de la Marine, M. de Flotte, reçoit, à son tour, l'ordre de faire rembarquer immédiatement « tous les matelots, officiers et mariniers venus à terre » pour seconder la troupe. Il faut que la justice du peuple garde son indépendance. Le contre-amiral ne se contente pas d'obtempérer à cet ordre. Un citoyen révèle à la Commune que M. de Flotte est « en train de distribuer trois cents fusils aux Gardes nationaux du Beausset, rassemblés devant l'arsenal ». Le Conseil délibère et déclare que,

« puisqu'il existe un accord entre le Commandant de la Marine et les citoyens du Beausset, toute intervention du Corps municipal serait au moins inutile ». Les libéralités de l'amiral servent trop bien la cause populaire pour que les édiles toulonnais s'en offusquent. Ce n'est pas tout : « Au même moment, — nous signifie le Procès-verbal,
« — un bruit de tambours se fait entendre à la porte
« de la Maison commune, et, peu d'instants après,
« entrent une foule de citoyens conduisant — des bran-
« ches d'arbre à la main — sept infortunés, ci-devant
« soldats au Régiment de Bourgogne, détenus aux ga-
« lères [1] ».

Les échappés du bagne ont naturellement droit à tous les hommages. Gardien du Code, le Procureur de la Commune félicite nos galériens récalcitrants d'avoir bravé les lois et brisé leurs fers. Néanmoins, « l'acte de bienveillance » qui les élargit doit être « la dernière atteinte aux lois ». Cette harangue touchante provoque une scène d'attendrissement général. Depuis deux jours, chaque fois qu'une patrouille de Gardes nationaux est venue à la Maison commune raconter qu'elle a vu « plusieurs citoyens pendus à des réverbères », cette communication n'a pas altéré la stoïque placidité de nos échevins. En présence des soldats infidèles au devoir et couronnés de lauriers par la populace ivre, cet imperturbable sang-froid se dément et « un flot de larmes coule de tous les yeux ».

Immédiatement après avoir serré sur leur poitrine les citoyens forçats, les membres de la Commune apprennent que le peuple a « victimé » les sieurs Denans, accusateur public près le Tribunal criminel du département du Var, et Pascal Gantheaume, membre du District de Toulon.

C'est la veille — c'est le 28 juillet — que Denans aurait dû

[1] Le procès-verbal ajoute : « A la suite d'un délit par eux commis au mois de... (le nom du mois est laissé en blanc) et condamnés à Digne par un Conseil de guerre. »

figurer sur les diptyques mortuaires de la Cité. Poursuivi par une bande armée qui voulait le massacrer, « l'homme de loi » se souvint de la précieuse immunité que conféraient, jadis, les lieux sacrés aux chrétiens qui réussissaient à saisir la nappe de l'autel. Pourquoi l'église Saint-Louis ne le protégerait-elle pas contre les assassins salariés par la Commune? Mais « le droit d'asile » a disparu dans le même abîme où la philosophie humanitaire a jeté pêle-mêle tous « les privilèges féodaux ». Sans respect pour le temple, les sicaires enlèvent Denans, à genoux sur les dalles, le hachent à coups de sabre et le pendent ensuite, par un pied, à la lanterne de la place du Marché-au-Foin [1].

Le Registre communal mentionne, à la même page, le meurtre d'un fabricant de chandelles, Joseph Pélissier. Après avoir voulu se frapper de deux coups de feu, Pélissier « s'est précipité » — tout seul ! — « du haut de sa maison « dans la rue, d'où il a été porté expirant à l'hôpital, où il « est mort [2] ». En se multipliant, le crime use-t-il l'horreur qu'il inspire? Ou bien les nouveaux assassinats sont-ils conformes aux plans des conjurés? Après avoir mentionné ces vulgaires faits divers, voici comment conclut le Procès-Verbal : « Le Conseil, vu la tranquillité qui règne dans la « ville, déclare la séance levée à midi et demi et s'ajourne « à deux heures. »

---

1 L. Mongin : *Toulon ancien et ses rues*, t. II, pp. 25-26. La place du « Marché-au-Foin » s'appelle aujourd'hui « place P.-Puget ».

2 Lauvergne, p. 116, raconte ce même fait dans les termes suivants : « Dans la rue des Pomets, un fabricant de chandelles voit son ennemi à la tête d'une bande; ses jambes se refusent à la fuite; il monte sur les toits de sa maison et il se précipite contre une forêt de baïonnettes tendues pour le recevoir. » Nous lisons dans l'ouvrage de L. Mongin : *Toulon ancien et ses rues* (t. II, p. 168), que la mort de Pélissier donna lieu au couplet que voici :

O Pelissié, lou candelié
Fasies un vilain lanternié !

29 juillet 1792 : deux heures. On commence par élargir, « vu la circonstance », un sergent « détenu en police correctionnelle » et un fabricant de fausse monnaie. Le colonel du Merbion, introduit, « expose au Conseil que des citoyens « se sont portés au fort de La Malgue et qu'ils demandent « avec instance la libération de tous les détenus ». La Commune délibère. Écoutons son arrêt : « Le Conseil, considé« rant que le mouvement, quoique contraire aux lois, n'est « pas dangereux par ses suites, — considérant qu'un refus « formel pourrait détruire *cet esprit d'ordre et de paix qui* « *paraît devoir se fixer dans la ville* (quatre assassinats com« mis le matin !), — vu l'urgence et ouï M. le Procureur de « la Commune, délibère que M. du Merbion sera prié et le « prie de se rendre aux vœux des citoyens. » Les individus incarcérés dans la prison de la Porte de France obtiennent le bienfait de la même mansuétude, — commandée par « les circonstances ».

L'assistance passive aux exécutions de la justice populaire constitue, paraît-il, un exercice des plus fatigants. « Les grandes corvées qu'a faites la troupe de service « jusqu'à ce jour — déclare le Procès-Verbal — exigent « qu'elles soient soulagées dans ce moment de cessation « d'effervescence ». Il faut donc que le colonel du Merbion diminue les gardes et réduise les patrouilles. Tous les ennemis de la République n'ont pas reçu le châtiment fixé par le Peuple souverain. La Commune ne veut point que les exécuteurs soient gênés dans leur besogne par la surveillance, même platonique, de l'armée. Du Merbion s'exécute : ni cet officier, ni ses hommes n'arrachent un Toulonnais à la mort. Aussi la Commune honore-t-elle de sa bienveillance le chef discipliné qui n'hésite jamais à sacrifier les lois de l'honneur aux édits de la République.

« Vous me demandez, — écrit le 29 juillet 1792, l'an « IV° de la Liberté, à 9 heures du soir, le colonel à ses « maîtres, — vous me demandez la diminution du service

« des troupes, l'effervescence qui régnait dans la ville
« ayant cessé : je vais ordonner, en conséquence, qu'elles
« rentrent dans leurs quartiers et ne laisserai pour la tran-
« quillité et sûreté de la place ainsi que le bon ordre, que le
« nombre de détachements nécessaires. »

VI

Troisième acte. Lundi 30 juillet, l'an IV de la Liberté.
Sept heures du matin.

Une nouvelle lettre invite le Colonel « à réduire encore le
« nombre de troupes qui composent les patrouilles ».

Point de doute, un meurtre est imminent ! A neuf heures
et demie, la Commune est, en effet, instruite qu'un attroupement s'est formé et « que le sieur Gantheaume, juge
« au Tribunal du District, vient d'être *victimé* à l'instant
« même où il a été saisi ». Plusieurs officiers municipaux
quittent, à ce moment, la salle, et vont dans la rue constater le décès du citoyen. Les narrateurs n'ont pas menti :
le juge Gantheaume est bien mort ! Mais le programme de
la journée ne comporte pas que cette exécution unique. Le
Peuple en attend d'autres. A dix heures, « le sieur Jean Naste,
portefaix de poste au Palais de Justice », avertit le Conseil
que « plusieurs personnes, après avoir saisi les clefs de la
« prison, se sont emparées du geôlier ». Trop de précipitation
empêcherait le Peuple souverain de sévir. Sur-le-champ,
le Greffier libelle une épître au Colonel : « Un Rapport, qui
« vient de nous être fait, annonçant qu'on s'est porté aux
« prisons du Palais, nous vous requérons de mettre sur pied
« la Garde nationale et la troupe de ligne. » Il faut deux
ou trois heures au moins pour réunir les forces dont la
Commune réclame la mobilisation et les diriger vers le

théâtre du crime. Avant même que les tambours n'aient battu le rassemblement, un messager informe les conspirateurs que l'événement a justifié leurs doctes calculs : sans attendre l'arrivée des secours, le concierge du Palais a commis l'inconvenance de succomber ! Une fois de plus, triomphe donc la tactique de la Commune.

Comment ce pauvre portier est-il mort ? Comme un héros. Devançant les septembriseurs de l'Abbaye, de la Force et des Carmes, les révolutionnaires toulonnais ont voulu vider, à coups de sabre, l'ergastule du Palais de justice. Pour sauver les prisonniers, confiés à sa garde, Antoine Fadas offre sa vie aux assassins. Cette résistance et ce généreux holocauste ne font qu'exciter les sicaires au crime. Exaspérés d'un dévouement qui les protège contre leurs propres fureurs, les malandrins se tournent vers le geôlier, le lardent de coups de sabre, l'arrachent à sa loge et le traînent sur la place du Marché-au-Foin, où personne ne vient, hélas ! rivaliser de chevalerie avec cette humble victime du devoir. Durant le trajet, Fadas, mortellement frappé, invite doucement les bourreaux à ne pas le meurtrir d'inutiles blessures : « Puisque vous allez me tuer, leur dit-il, cessez de me faire souffrir. » Infructueuse requête. Les bravi redoublent de violences, et c'est un moribond qu'ils lient au réverbère et qu'ils tuent [1].

Mais voici que se présente, de la part du contre-amiral, « un sieur Castellan [2] », — aide de camp, sans doute, du Commandant de la Marine. Au cours de cette période tragique, nous avons déjà vu M. de Flotte fournissant des sabres aux sicaires du Beausset. Enhardies par cette

---

[1] *Archives communales de Toulon.* MONGIN : *Toulon ancien et ses rues,* t. II, p. 32.

[2] CASTELLAN (Chevalier de), Breton, garde-marine en 1748; lieutenant en 1762; lieutenant-colonel en 1777; capitaine de vaisseau en 1779. Nommé contre-amiral, M. de Castellan fut promu, en 1797, commandant des armes à Toulon.

étrange condescendance, d'autres gardes nationales sollicitent du contre-amiral le même cadeau et le même service, — et M. de Flotte, « désirant » — déclare son émissaire — « donner des armes autant qu'il pourra le faire —
« tout en ne contrevenant pas aux besoins des troupes et
« à l'armement des vaisseaux, — prie la Commune de nom-
« mer des Commissaires pour vérifier l'effectif des sabres
« que possède l'Arsenal ». La Commune se contente de répondre « qu'elle s'occupera dans un temps plus utile de
« cette préoccupation ». M. de Flotte a donc carte blanche : on lui laisse la latitude de conquérir les étoiles de vice-amiral en armant les justiciers de la Commune.

Onze heures et quart.
Billet de M. du Merbion : « Vous me requérez de nou-
« veau de mettre sur pied les troupes de ligne et la Garde
« nationale. Des ordres sont donnés en conséquence. » Pour rassurer la cité terrifiée, une quatrième procession de la Commune et des membres du District se déroule à travers les rues de la ville, sous la protection de la milice urbaine et des troupes soldées. Le cortège s'arrête au milieu des carrefours et sur les places publiques, où les huissiers municipaux donnent lecture d'une Proclamation émouvante :
« Citoyens, le terme de l'orage est enfin venu ; la Muni-
« cipalité s'étant déterminée d'user de la force pour arrêter
« ce torrent destructeur, elle a réussi et vient vous le
« dire... Citoyens, vous devez être fatigués, on va bientôt
« vous inviter à rentrer dans vos foyers ; retournez-y tran-
« quillement ! »
Le colonel du Merbion commande l'escorte et constate lui-même que « la Garde nationale désire le repos ». Les patrouilles sont donc décommandées. Au même moment, — vers deux heures, — nouvelle alerte ! Avis est donné qu'un attroupement se forme du côté de l'Hôpital. La

Commune délègue un de ses membres, « le citoyen Simon, prêtre », et le charge de disperser les perturbateurs. Naturellement, à l'arrivée du lâche fauteur de troubles, l'effervescence augmente.

Quatre heures et demie.
« Dernière épître du colonel du Merbion. Enfin, le mandataire galonné de la Commune se tait et l'officier parle. Ne craignant plus de contrecarrer les desseins occultes des Proconsuls, du Merbion déclare que la tranquillité publique lui paraît essentiellement compromise et qu'en conséquence il requiert, pour la deuxième fois, la proclamation immédiate de la loi martiale et le déploiement du drapeau rouge. » La corde d'une main, le sabre de l'autre, Sylvestre et ses malandrins veulent affirmer la souveraineté du peuple par de nouvelles exécutions. Le pavé de Toulon n'a-t-il donc pas bu assez de sang? Les paroles de M. du Merbion indignent les édiles, peu habitués à subir les observations d'un impertinent subalterne. En vertu de quel droit cet « épaulettier » intervient-il dans les conflits de la cité? Une discussion s'engage. Au bout de quelques minutes, un messager porte la réponse suivante au Colonel : « Le Conseil
« a délibéré qu'avant d'employer envers le peuple attroupé
« les moyens de rigueur requis par le sieur Commandant,
« tout le Conseil se lèverait ensemble, se partagerait en
« divers groupes, se mettrait à la tête de plusieurs
« patrouilles et marcherait, par diverses rues, droit aux
« attroupements, pour user du dernier moyen de douceur. »
Les rédacteurs de la lettre ne craignent pas d'ajouter : « Ces moyens de paix ont été employés et ont réussi; les attroupements ont été dissipés. » Comme personne n'ignore que cette démarche n'empêcha point les tueries, nos Jacobins n'osent se dispenser de faire allusion au léger incident qui marqua la dernière sortie du Conseil. Aussi le Rapport conclut-il : « Mais un citoyen avait été victime

de la fureur populaire, et, malgré la célérité de la marche du Conseil, ce citoyen n'était plus, à son arrivée. » Faute inexcusable! Avant de mourir, ce factieux n'aurait-il pas dû différer de quelques minutes sa fin pour expirer aux genoux de la Municipalité accourue pour lui offrir la consolation de sa présence?

Investi de la mission de parcourir le quartier des ci-devant Minimes, le substitut du Procureur de la Commune se met à la tête d'une patrouille et « rapporte, à son retour, qu'il n'a rien trouvé qui annonçât un attroupement et « que tout était *dans la plus parfaite tranquillité!* » La Commune transmet en toute hâte au Colonel ces assurances optimistes : entre deux meurtres, les spadassins reprennent haleine et gambadent. « Vous êtes témoin, Monsieur, que les citoyens viennent de s'unir eux-mêmes, qu'ils parcourent la ville, faisant la farandole et se donnant des témoignages d'amitié, ce qui fait espérer que notre cité jouira du calme si désiré. » Sur cette pantalonnade, la séance est levée à neuf heures du soir.

VII

Quatrième acte.
Mardi 31 juillet 1792, l'an IV de la Liberté!
Depuis le samedi 28 juillet, voilà quatre jours que, fraternellement maniés par les sbires de la Commune et les « Pendeurs de la Ville », la corde et le couteau travaillent à la régénération de la cité, sous les auspices des trois Corps administratifs et des officiers de terre et de mer, instigateurs ou témoins de ces attentats patriotiques. Il est sept heures du matin : nous nous acheminons vers la conclusion du drame. Après avoir tantôt « saigné » et tantôt chanvré les vivants, voici qu'on achève les blessés et qu'on vole les morts.

A peine en séance, la Commune prend connaissance du Rapport suivant, rédigé pendant la nuit par MM. Berluc, officier municipal, et Merckel, notable :

« Le 30 juillet 1792, à minuit, le lieutenant du poste
« Saint-Ursule est venu nous dire qu'il y avait un homme
« qui s'était jeté des remparts et qui demandait du secours,
« s'étant cassé une jambe. Nous nous sommes transportés
« chez le Commandant de la Place pour le prier de faire
« ouvrir les portes pour venir à son secours. Un caporal
« d'ordonnance est venu avec les clefs ; nous avions envoyé
« le sieur Dufour, sergent de ville, pour faire venir une
« chaise de l'hôpital, afin qu'on pût le transporter. Nous
« avions pris quatre gardes nationaux en partant de la
« Maison commune... »

« Quatre hommes pour balayer la canaille !

« Un grand nombre d'individus s'est présenté tout d'un coup dès que la porte a été ouverte ; ils ont forcé le passage de cette première porte, ils ont ensuite franchi la barrière avant notre arrivée, pour la faire ouvrir, et nous leur avons crié de nous attendre, et ils n'ont pas voulu nous écouter. Comme nous nous approchions de l'endroit où cet homme était tombé, nous les avons vus revenir, le portant, n'ayant pas voulu attendre la chaise de l'hôpital que nous avions envoyé prendre ; nous avons demandé son nom et on nous a répondu en courant toujours et pouvant à peine l'entendre à cause du bruit qu'ils faisaient que c'était le sieur Debaux, membre du Directoire du département. Ne pouvant pas les suivre, nous leur avons recommandé, en criant, de le porter à l'hôpital pour le soigner. Ils nous ont répondu qu'ils obéiraient à nos ordres. Plus nous avancions et plus ils se pressaient, tellement qu'ils ont disparu, et nous ne savions pas ce qu'ils avaient fait de la personne qu'ils portaient. Entrés dans la ville, nous avons dirigé nos pas vers l'hôpital et, chemin faisant, nous avons rencontré des citoyens qui nous ont dit qu'ils étaient assurés qu'on ne l'avait pas porté à l'hôpital. Retournés sur nos pas pour savoir ce qu'il était devenu, nous avons trouvé deux ou trois personnes qui nous ont dit qu'on l'avait enlevé à ceux qui le portaient et qu'il avait été la victime de la fureur populaire. Nous observons que, quand nous sommes arrivés à la porte pour la faire ouvrir, nous avons trouvé le sieur Roquette, chirurgien, qui nous a offert d'aller avec nous faire panser cet homme, si le cas le permettait. Ce que nous avons accepté et, de tout ce que dessus nous avons rédigé le présent procès-verbal, étant rendus à la Maison commune de Toulon, à deux heures du matin.

« Le 31 juillet 1792, l'an IV° de la Liberté. Signé : BERLUC, *Officier municipal*, et MERKEL, *notable* [1] ».

Ces quatre jours et ces quatre nuits, qu'éclabousse de sang le stylet des sbires, ne vous reportent-ils pas au temps des César Borgia, des Bentivoglio de Bologne et des Oliveretto? Et, quand on parcourt ces écritures où, d'heure en heure, les scribes municipaux, d'une plume machinale, enregistrent les attroupements de la foule, les proclamations des édiles, les coups de poignards, les farandoles des assassins, les rumeurs des tambours, les carnages de magistrats, l'inertie des Chefs militaires, le massacre des mourants, la complicité de la Puissance civile, l'élargissement des forçats, l'épouvante de la cité, — ne croit-on pas lire le *Diarium* de

---

[1] « Nous, Maire de la ville de Toulon, certifions et attestons que le sieur Simon, qui a collationné et signé l'extrait du Procès-Verbal ci-dessus, est secrétaire-greffier de la Commune, ainsi qu'il se qualifie, qu'aux seings et écritures duquel pleine et entière foi doit être ajoutée, tant en jugement que hors. En témoin de quoi, nous avons signé les présentes, munies du sceau de la Municipalité, et fait contresigner par notre secrétaire. Donné à Toulon, dans la Maison Commune, le quatorze août mil sept cent quatre-vingt-douze, l'an quatrième de la Liberté. — PAUL, *Maire*. — *Par mandement :* GUILLOT. »

Burchard ou le *Relazione* de Paulo Capello, vous racontant, avec la même quiétude, le guet-à-pens de Sinigaglia, — Don Juan de Cerviglione décapité en pleine rue, à la turque, sur le pavé servant de billot ; — les corps traînés à la queue des chevaux, puis lancés dans le Tibre ; — Don Ramiro d'Orco, coupé en quartiers sur la place publique, le coutelas sanglant auprès du cadavre? Boucheries de Toulon et tueries de Rome, de Venise ou de Sienne, au xviiie et au xvie siècle, nous font voir ce que devient l'homme quand Dieu, se retirant de lui, l'abandonne à ses passions et le laisse seul !

CHAPITRE V

ASSASSINATS DES OFFICIERS DE MARINE

I. — Pillages dans les bastides. — Les officiers de marine Désidery et Saqui Detourès pendus. — Assassinat du curé de la Valette et de l'administrateur Sénès. — Les forçats du bagne sont licenciés.
II. — Exécutions de Tambour-Major et de Petit-Dragon. — Assassinat du capitaine de vaisseau de Rochemore.
III. — Le Commandant de la Marine comte Joseph de Flotte d'Argenson. — Ses rapports avec les autorités civiles. — Dénonciations.
IV. — Perquisitions nocturnes chez le Commandant de Marine. — Rapport officiel et réponse du Commandant.
V. — Réponse des administrateurs à la lettre de l'Amiral. — Un faux. — M. de Flotte justifié.
VI. — Les *bravi* toulonnais décident la mort du comte de Flotte. — Une invitation perfide. — Pressentiments de la comtesse de Flotte. — L'amiral à la lanterne. — Massacre et pendaison.
VII. — L'ordonnateur de la Marine, M. de Possel-Deydier, hissé à un réverbère — Ce que deviennent les restes de MM. de Rochemore et de Flotte.
VIII. — La ville et le port complètement dominés par les Jacobins et par leurs séides. — Indiscipline, anarchie. — Bourgeoisie opprimée par la populace.
IX. — Exécution du chanoine de Bastard. — La *Minerve* et la *Melpomène*. — Omnipotence et arrogance des Clubs. — Assassinat du capitaine de Basterot.

I

Les bastides suburbaines ne défendent leurs hôtes ni contre le sac des pillards, ni contre le fer des tueurs. Le carnage franchit l'enceinte des murs. On saccage, on dévalise, on tue, dans la banlieue comme à Toulon. Après avoir éclaboussé les dalles du port, le sang contamine les parterres des villas. Quelques semaines auparavant, les communes de la périphérie avaient déjà subi les mêmes convulsions et pâti du même délire. Se drapant dans le marteau de la philosophie, l'Usurpation, le Vol et l'Assassinat avaient, de village en village, abattu l'orgueil des « seigneurs » et promené la rapine et la mort dans « leurs donjons ».

Quand la flamme et le fer eurent frappé de terreur « l'arrogante féodalité », la « sainte colère des patriotes » se déchaîna contre de plus modestes manoirs. Après la Jacquerie féodale, — la Jacquerie démocratique. La première avait fait main basse sur l'argenterie, les tableaux, les statues, les bijoux ; — la seconde confisque les assignats, les meubles, le linge. Dans les gentilhommières et même dans les métairies, s'embusquent — disent les « patriotes » d'opulents « conspirateurs » que le salut de la République commande de rançonner et de proscrire. Leur infliger la mort ou l'exil, n'est-ce pas enlever au Gouvernement déchu des ressources et ravir à la Réaction ses janissaires ?

Vers les premiers jours d'août, la Municipalité de Rians avait incarcéré le capitaine de vaisseau Désidery, sur l'inculpation de manœuvres contre la sûreté de l'État. Une malle, saisie chez l'officier, renfermait cinq cents cocardes noires ! Pouvait-on nier le complot [1] ? Le 18 août, M. Dési-

---

[1] Nous avons trouvé aux *Archives Nationales* (F7 3693) la pièce suivante :

« Copie de l'Adresse des citoyens actifs de la ville de Rians à Messieurs les Maires et Adjoints municipaux de la ville de Saint-Maximin, en date du 31 juillet 1793, l'an IVe de la Liberté.

« Les soussignés, citoyens actifs de la ville de Rians, vous représentent qu'un détachement du 61e Régiment qui a passé ici le 30 du

dery, transféré de Saint-Maximin à Toulon, obtient à la Grosse-Tour une hospitalité que le « Club des Blancs » s'empresse d'abréger. Après avoir nolisé une felouque, les *bravi* de Sylvestre vont, par mer, chercher le captif et le débarquent devant l'Hôtel de Ville, où l'attendent « les citoyens actifs » de Toulon. « Un instant après, (les trois Corps administratifs réunis) reçoivent l'avis qu'un attroupement considérable vient de se porter au devant du Palais, a forcé la garde, fait ouvrir la geôle et « victimé » ledit sieur Désidery [1]. » Comme toujours, après le meurtre, sur

courant et qui y a séjourné aujourd'hui, informé de l'incivisme et des entreprises de contre-révolution, par le traître Désidery, qui est dans ce moment dans votre ville, se posta dans sa maison quatre cent quatre-vingt-cinq cocardes noires dont nous vous en envoyons une, afin que vous jugiez vous-même de ses abominables projets, et un moule pour des balles à calibre. La découverte de sa correspondance n'est pas encore faite parce que les Commissaires ne sont pas encore nommés par la société patriotique des Amis de la Constitution de cette ville, séant aux Pénitents Bleus, où les papiers du traître Désidery sont déposés. Nous vous prions, en conséquence, de prendre notre dénonciation en considération pour délibérer dans votre sagesse, les moyens qu'elle vous dictera, pour faire arrêter provisoirement Désidery, ci-devant noble. Nous vous adresserons ensuite les procès-verbaux nécessaires pour constater les faits afin que son procès lui soit fait, pour qu'il subisse la peine que la loi a prononcée contre lui. Un traître démasqué n'est presque plus rien à craindre, mais celui-ci deviendrait dangereux par ses correspondances; il était parvenu à séduire une grande partie des cultivateurs, il les entretenait dans l'erreur, il les travaillait depuis longtemps pour leur faire livrer la guerre civile avec nous, enfin il n'y a pas de scélératesse qu'il ne se soit permis pour parvenir à faire réussir ses abominables projets. La loi autorise d'arrêter les manœuvres d'un traître, elle prononce la peine de mort contre celui qui est convaincu de perfidie, mais il faut que son procès lui soit fait et nous attendons que vous ne tarderez pas de le mettre en état d'arrestation pour déjouer ses complots. »

1 DÉSIDERY (Jean-Elzéar-Honoré), fils de Jean Désidery, écuyer, né à Rians, généralité d'Aix, en Provence, le 7 mars 1739. Le dossier de Désidery (*Archives de la Marine*) renferme une lettre, datée de Toulon, 20 octobre 1776, où le signataire, lieutenant de vaisseau, s'adressant au ministre de la Marine, le prie de l'autoriser à quitter le service. Le lieutenant Désidery dit qu'il sert le roi depuis sa vingt et unième an-

la réquisition de l'autorité compétente, la garnison prend les armes et la Municipalité se rassemble. Pour décréter quelle mesure? Pour déclarer que jamais la cité ne fut, ni plus tranquille, ni plus heureuse.

Un autre jour, le canon tonne, la *Marseillaise* gronde et la ville retentit de bruyantes fanfares. Pourquoi ces chants et cette musique? Au-dessus de la populace hurlante se dresse un sabre qui porte la tête de Maxime Saqui Detourès [1].

Fils d'un capitaine de vaisseau, Maxime Saqui Detourès,

---

née et fait l'énumération de ses campagnes maritimes : « Une santé délabrée, conclut la lettre, et des incommodités occasionnées par une âcreté dans le sang ne lui permettent pas de continuer un service auquel sa santé, moralement ruinée, ne permet pas de porter l'exactitude et le zèle qu'il a toujours marqués et qu'il croit ne plus pouvoir suivre, la dernière campagne qu'il vient de faire l'ayant altérée au dernier point. »

1 LAUVERGNE (page 127) parle ainsi qu'il suit de Saqui Detourès : « Élégant écrivain, frère d'un capitaine de vaisseau, Saqui des Thourets était accusé d'avoir dit que la voix du peuple était celle de Satan; il l'avait comparée aux vociférations des Juifs au pied de la croix du Christ. » Or, GUÉRIN s'exprime de la manière suivante sur le même personnage : « Saqui des Thourets, vieux brave que l'organisation de 1791 avait tiré de sa retraite pour l'appeler à la défense du pays, eut le même sort que son camarade (Rochemore). Un de ses frères, capitaine de vaisseau, échappa par la fuite. » Or, voici ce que nous avons trouvé dans le dossier « Saqui des Thourets » des Archives de la Marine (C^7 301) : « En mars 1779, le sieur Saqui Destourès, capitaine de vaisseau, après avoir servi cinquante-quatre ans, avoir obtenu, en 1774, sa retraite, vient de mourir à Toulon (1779). Il laisse une veuve et deux enfants tous deux au service, l'un lieutenant et l'autre enseigne. » D'autre part, une autre pièce énumère les services à la mer de l'un des fils du précédent, de l'aîné, qualifié de « Marquis de Saqui de Detourès ». Capitaine de vaisseau en 1792, cet officier émigra, fit la campagne des Princes et décéda en Angleterre, à Saint-Pancras, comté de Midlessex, le 17 juin 1800, laissant une veuve et trois enfants. C'est donc le frère de ce capitaine de vaisseau qui fut assassiné. Une savante brochure de M. Édouard Poupé, bibliothécaire de la ville de Draguignan, *Le Meurtre de Maxime Saqui* (Draguignan, 1908), ne laisse aucun doute à cet égard. M. Poupé a tiré ses renseignements des Archives du Tribunal de Draguignan. Joseph-Marie-Maxime Saqui Detourès (ou des Tourrès) était né à Toulon, le

après avoir figuré parmi les membres de la « Société des Amis de la Constitution », quitta le Club Saint-Jean pour le Club Saint-Pierre, et rompit avec la Révolution pour défendre, dans la presse locale, les principes monarchiques. Les Jacobins ne pardonnèrent pas à leur ancien coreligionnaire sa résipiscence et son exode. Molesté par les Sans-Culottes, Saqui se réfugie à Neoules et, se croyant oublié, s'aventure, un dimanche (26 août 1793), vers la tombée de la nuit, à la Roquebrussanne, où un « patriote » le reconnaît, le couche en joue et l'arrête. Saqui fait vainement appel aux magistrats. Otages des truands, les édiles et les juges n'exercent alors l'autorité que pour la trahir. L'événement s'ébruite. Instruit de l'arrestation, un officier de la Garde nationale, un capitaine du Beausset, mobilise douze sbires toulonnais, les arme de sabres et de pistolets, et, fort de cette escorte, se fait délivrer « l'ennemi du Peuple ». En abandonnant le captif aux treize estafiers, la Révolution autorise contre l'homme qu'elle frappe d'anathème toutes les tortures. Nantis de leur proie, les chenapans commencent par pendre Saqui par les aisselles aux branches d'un mûrier, — mais sans le précipiter dans le vide. Il faut graduer la joie des bourreaux et la douleur du martyr. On promet à Saqui la vie s'il consent à nommer ses complices. « Je ne parlerai que devant les juges ! » répond le patient. Les tortionnaires le détachent. Saqui n'en peut plus. Un charitable paysan humecte, avec une grappe de raisin, les lèvres de la victime. Saqui prend alors la parole, non pour maudire ses assassins, mais pour leur pardonner sa mort. Après avoir recommandé son âme et ses enfants à Dieu, il prie les bourreaux de ne pas le faire trop souffrir.

Un colloque s'engage : « N'est-il pas vrai — dit le chef de

---

4 novembre 1751. Sa mère s'appelait Marie-Marthe de Pignet de Guelton. Maxime Saqui avait été nommé, en juin 1791, troisième député suppléant à l'Assemblée Législative. Nous remercions M. Poupé de sa précieuse communication.

la bande — que tu voulais faire périr quantité de personnes à Toulon et jouer aux boules avec les têtes des enfants? » Puis il montre à la victime une lettre et lui demande s'il l'a signée. Réponse affirmative. La missive est insignifiante. « Cela suffit ! » ripostent les Toulonnais. On repend le condamné. Les exécuteurs taillent le corps à coups de sabre. Insensible aux estafilades, Saqui « remercie chaque assassin », ajoute qu' « il lui pardonne » et l'invite « à frapper fort ». Les savantes cruautés des bourreaux ralentissent l'avènement de la mort. Enfin, après trois heures de supplice, deux coups de pistolet, tirés dans le ventre, achèvent le condamné. Mais cette victoire ne désarme pas la Révolution et ne finit point la cérémonie. Il faut faire durer le supplice et le plaisir. Un des sacripants décapite, avec son couteau, le cadavre. Pendant qu'il lèche la lame sanglante, ses camarades suspendent, pour la troisième fois, et mutilent ce qui reste du martyr. Est-ce tout? Le crime vainqueur veut se pavaner dans sa gloire. On fixe la tête au bout d'un sabre, et c'est avec ce trophée, désormais classique, d'une tête coupée, que le Régime républicain s'inaugure dans Toulon vaincu. Malheur aux citoyens qui, sur le passage de la bande, ferment leurs fenêtres, ou s'évadent. Les assassins forcent les portes des maisons et donnent aux royalistes le choix entre l'accolade au trophée et une corde de réverbère [1].

Pendant que la bande du Beausset égorge Saqui Detourès, à la Roquebrussane, une autre troupe se rend à la Valette pour vouer au même supplice le curé de ce vil-

---

[1] Après le Neuf Thermidor, un des assassins de Saqui, Laurent Rouquier, dénoncé par ses compatriotes, fut traduit devant le Tribunal criminel de Grasse, condamné à mort le 7 juillet 1795, et exécuté à Brignoles le 1ᵉʳ août suivant. (E. POUPÉ : *Le Meurtre de Maxime Saqui*, p. 9.) Tous les renseignements qui précèdent sont empruntés à cette étude.

lage. Le prêtre, caché par un ami, sort de sa retraite, descend sur la place et va lui-même au-devant de l'homme qui demande sa tête. Le chef des tueurs, Barry, raille et ricane. Le condamné veut haranguer les Clubistes : « S'il faut mourir, leur murmure-t-il, donnez-moi le temps de recommander mon âme à Dieu et d'implorer son pardon ! » Ce disant, l'abbé Martel tombe à genoux et commence sa prière. Pressé de voir couler le sang, Barry ne permet pas au prêtre de se recueillir. Le cimeterre du bourreau s'abat trois fois sur le pasteur et le décapite au quatrième coup. Les tueurs font deux parts du cadavre. La tête est donnée à Barry, qui l'emporte au Club des Blancs. Le tronc du martyr, attaché à une corde, est traîné à travers les rues de la Valette, puis suspendu, pantelant, à un arbre du chemin.

Ancien membre du District, Senès [1] avait cru trouver un asile sûr à la campagne. Le 24 août 1792, les « citoyens actifs », conduits par un ecclésiastique défroqué, l'officier municipal Simon, vont le chercher, sous l'escorte de deux bataillons de ligne et d'un bataillon de la garde nationale, et l'emprisonnent à la Grosse-Tour. Mais, en route, la foule

---

[1] Senès s'appelait « Senès, dit l'Ancien », pour le distinguer de « Senès cadet », procureur-syndic du District. Henry raconte que l'ex-prêtre Simon se rendit dans la prison pour interroger le prisonnier. Voici un extrait du procès-verbal : « M. Senez répondit qu'il ne connaissait pas autre chose d'un complot de contre-révolution, sinon que les sieurs Gantheaume, juge du tribunal de District, et Rimbaud, commissaire du Roi, avaient grande envie que les émigrés revinssent en France pour opérer un nouvel ordre de choses, ce que lui, sieur Senez, blâmait très fort, parce que ces deux individus jouissaient de places que la Constitution leur avait données; qu'il a ignoré s'il existait d'autres complots ou s'il y avait des relations avec les émigrés, et a signé sa réponse : que cela fait, le sieur Senez fut remis et enfermé dans un cachot, après quoi le dit sieur Simond, le croyant en sûreté, se retira, après avoir exhorté le peuple à laisser agir la justice. »

On sait ce que fait le peuple en pareille circonstance. De même que pendant les massacres du mois de juillet, le colonel du Merbion survint, avec sa troupe, aussitôt que le crime fut consommé, pour constater, suivant la formule, que « la tranquillité publique était rétablie ».

exige que Senès soit acheminé vers le Palais. Le renégat, qui dirige le cortège funèbre, annulant le mandat dont ses maîtres l'ont investi, défère au désir de la plèbe et lui livre le prisonnier. Senès est enfermé dans un cachot. Brève captivité ! Les Clubistes arrachent Senès à la geôle, le poussent à coups de crosse vers le premier réverbère où ils le suspendent, par un pied, après lui avoir tailladé le corps de coups de sabre. Le martyre se déroule. Pendant un quart d'heure, Senès s'agite, la tête en bas, au bout du chanvre. Les quinze minutes écoulées, les tortionnaires délient le captif, et l'interrogent : c'est le second acte.

Troisième phase. Enroulant, cette fois, le chanvre autour du cou, l'exécuteur hisse « le coupable » aux fourches du gibet, mais sans donner au câble la secousse meurtrière. Ici, encore, la consigne est de ralentir le supplice du condamné pour prolonger la joie des bourreaux. Cette savante strangulation dure une demi-heure. Mais voici que le chef des pendeurs donne l'ordre de précipiter la fin du drame. Sur un signe du maître, pressé, sans doute, de pourvoir à une autre torture, les exécuteurs dénouent la corde et restituent le patient au sol et aux sabres. Nouvelles estafilades ! Le pauvre corps, haché, mutilé, troué, roué, loque sanglante, au bas de la rue des Chaudronniers, où un ultime coup de stylet vient, enfin, à bout de ce cadavre récalcitrant et de ce juge intègre [1].

La violence ne se sent jamais sûre de son empire. A mesure qu'elle subjugue la cité, l'armée des rancunes grossit et bouillonne. Il est donc nécessaire que les tyrans enrégimentent, à leur tour, de nouvelles troupes pour contenir les forces qui se lèvent et braver les ressentiments qui s'exaspèrent.

Le 23 août, Sylvestre donne l'ordre de licencier le bagne. La Charte des Droits de l'Homme affranchit ces « esclaves

---

[1] *Archives communales de Toulon.*

d'un Code barbare ». La Garde nationale du Beausset se charge elle-même d'assurer à la Chiourme les bienfaits de l'ère nouvelle. L'extrême infortune est pusillanime et méfiante : les galériens se demandent, tout d'abord, si leurs libérateurs ne sont pas des sbires déguisés qui, sous prétexte de favoriser une évasion illicite, veulent vider le bagne à coups de fusil.

Pour rassurer nos soupçonneux galériens, le Club Saint-Jean doit promettre des armes, des vivres et le pillage. Alors, les forgerons de l'arsenal déferrent les chaînes des captifs, et dix-huit cents bandits, en souquenilles écarlates, se précipitent, la *Marseillaise* aux lèvres, dans les rues de Toulon épouvanté. Le Parti Noir ne laisse pas aux forçats le temps de justifier la confiance de Sylvestre et de se faire les ministres de ses fureurs. L'imminence du péril aiguillonne les miliciens royalistes et les gardes nationaux modérés. Les tambours battent la générale; on court aux armes; les portes de la ville se ferment et la chiourme, vaincue, tendant elle-même les mains aux chaînes, réintègre, avant la nuit, le banc expiatoire [1].

II

Quels hommes ont ordonné le déferrement des forçats? Toute la ville nomme les deux chefs de bataillon de la Garde nationale du Beausset. La milice urbaine de Toulon sollicite contre ces malfaiteurs un châtiment exemplaire. Mais les Jacobins peuvent-ils livrer aux bourreaux deux patriotes éprouvés dans vingt émeutes et propres à toutes les besognes? Pour ravir les coupables à

---

[1] HENRY reproduit le Rapport de M. de Courtives, le commissaire de la Marine, chargé du service du bagne, sur le déferrement des forçats.

la rigueur des lois, Sylvestre décide de leur substituer deux démagogues subalternes. Avec le sang de ces obscurs travailleurs, les terroristes sauvegarderont l'intégrité de leurs cadres et laveront la tache du parti. Le 10 septembre, Sylvestre ordonne une émeute, comme un général ordonne une manœuvre. A son appel, les sicaires accourent. On convoque les deux condamnés à la Maison commune pour y répondre de l'accusation que Sylvestre forge contre eux. Pleins de confiance, Tambour-Major et Petit-Dragon vont, de compagnie, à l'Hôtel de Ville, où les Municipaux doivent les entendre et les absoudre. A peine le seuil de la porte franchi, le chef de la bande se tourne vers ses mameluks, et ceux-ci, sur un geste de Sylvestre, s'emparent des deux prisonniers, les terrassent et les accrochent au plus proche gibet.

Les morts ne parlent pas. Les libérateurs de la Chiourme ferment ainsi la bouche aux deux seuls témoins qui pouvaient les dénoncer et les trahir. Le supplice de Tambour-Major et de Petit-Dragon expie le crime de la secte et assure l'impunité des coupables.

Le même jour, le 10 septembre 1792, pendant qu'un groupe de tape-dur toulonnais procède à cette exécution, un autre met la main sur le Major-Général de la Marine, le comte de Rochemore [1]. « Connu, dit Lauvergne, par l'austérité de ses principes et la gravité de ses paroles », ce capitaine de vaisseau n'a pu retenir sa colère en présence des malandrins qui, deux fois dans la même semaine, après avoir obtenu du Commandeur de Glandevès les témoignages

---

[1] ROCHEMORE (Joseph, vicomte de), fils de Joseph-Paul-Ange de Rochemore, ancien officier général des vaisseaux du Roi, et de dame Élisabeth de Nitian, né le 7 octobre 1732 sur la paroisse de Saint-Castor de Nîmes. M. de Rochemore avait donc soixante ans lorsqu'il fut assassiné. (A. M.)

de la plus paternelle bienveillance, l'ont abreuvé d'avanies et de voies de fait.

Les gens de l'arsenal détestent instinctivement, dans M. de Rochemore, l'homme du devoir, le chef inclément aux paresseux, l'officier impitoyable aux mutins. Dans les temps de trouble, exiger la ponctualité dans le travail et le dévouement aux intérêts de l'État, c'est mériter la mort. Le peuple condamne le Major-Général. Il ne reste plus qu'à l'exécuter. Sylvestre offre ses sbires.

Les Municipaux de la commune de la Garde, où le comte de Rochemore possédait une maison de campagne, avaient incarcéré le capitaine de vaisseau dans la cave de leur mairie. Pour quel crime? M. de Rochemore avait dit à son paysan — déclare le mandat d'arrêt — qu'« il lui ferait labourer la terre comme il faisait labourer ses mules ».

Informés de cette arrestation, les truands toulonnais se rendent à la Garde pour interroger le délateur. Point de paysan : on ne le trouve pas. Alors, l'officier municipal de la Garde convoque les voisins, les invite à déposer et rédige, sous leur dictée, le Procès-Verbal que voici :

« Déposition des sytoyens de La Garde :
« Jean Terrette ayant déposé, pour entendre dire que M. Rochemore avait dit à son peysan que fait tu la.
« Je fit labourer les mulles, luy ayant répondu par des voix indirecte qu'un jour il laboria comme les beuff.
« Avait enteandu Toussaint Escarel dépossant le même eyffet,

« Jh. Genouvier,	*idem.*
« Ambroise Auran,	*idem.*
« Honoré Auran,	*idem.*
« François Hué,	*idem.*
« François Vittou,	*idem.*

« Les sytoyens des només sy dessus ont déposé devant moi, J. Alzan, Officier municipal de la Garde, ce 10 septembre 1792, l'an IV de la liberté et de l'égalitée. »

Voilà le misérable écrit qui frappe le Major-Général

d'un arrêt de mort. Enlevé de la prison, au moment où le geôlier en ouvre la porte pour donner au captif une tasse de café, le comte de Rochemore, appréhendé par cinquante chenapans, dépouillé de ses habits, couvert de chaînes, frappé, poussé, et échoue sous le réverbère de la rue Méridienne, où les pendeurs attendent leur proie et leur salaire.

La lanterne vient d'être décrochée et la corde passée au cou du condamné, quand l'un des exécuteurs court à l'Hôtel de Ville pour y chercher un dernier mot d'ordre. L'attente est courte. Du haut du balcon, un édile dessine le geste rituel. Aussitôt, la bande, le sabre à la main, se rue sur le capitaine de vaisseau et le larde de coups, pendant que le bourreau le hisse à la potence. Dans cette lutte d'un contre mille, le couteau de l'un des assassins tranche l'artère carotide. Du cadavre suspendu s'écoule un jet rouge. Le massacreur Barry lave ses mains dans le sang qui tombe et les secoue sur la foule, qui vocifère des cris de mort [1].

III

Le même jour où succombe le Major-Général de Rochemore, les tueurs immolent le Commandant de la Marine, l'amiral Joseph de Flotte d'Argenson [2]. Ancien page du

1 HENRY, 183. — LAUVERGNE, 122.
2 FLOTTE (Joseph, comte de), seigneur d'Argenson, était le fils de Charles II de Flotté et de Louise Freau Chunpey. Né à Saint-Pierre-d'Argenson (Hautes-Alpes), il fut d'abord page du Roi, puis pourvu d'une pension de 600 livres, qui lui fut accordée à la suite d'une supplique où l'attention du Roi était appelée sur la pauvreté de la famille. Sorti des Pages, Joseph de Flotte fut d'abord lieutenant dans le régiment de Belsunce (1753-1754), puis garde de la Marine (1754), enseigne de vaisseau (1778), commandant d'escadre (1789); contre-amiral (1792, 1ᵉʳ juillet). Chevalier de Saint-Louis depuis 1771.

Roi, et gratifié, à ce titre, d'une pension de six cents livres, le contre-amiral de Flotte n'offre rien de commun avec les Royalistes intransigeants et fidèles, comme M. de Rochemore. Dès les premiers jours de 1789, la Révolution enfiévra de son souffle notre Provençal et dessécha dans son cœur tout sentiment monarchique. Enflammé d'une naïve passion pour les doctrines révolutionnaires, l'Amiral coupa derrière lui tous les ponts et salua de ses vivats la chute de l'Ancien Régime. La Municipalité de Toulon et le Directoire du Var trouvèrent d'abord, dans le Commandant de la Marine, un coreligionnaire enthousiaste. Cette ferveur entraîna même M. de Flotte aux plus regrettables complaisances. Au cours de la sanglante journée du 28 juillet, les royalistes toulonnais ne virent-ils

---

il touchait, à ce titre, une pension de 1.600 livres. Il avait épousé à la même époque sa cousine, Mlle Henriette de Vitalis. La famille de Flotte est une famille chevaleresque qui remonte au xie siècle. Les de Flotte étaient qualifiés de « quatrièmes barons » et de « Grands Veneurs héréditaires du Dauphiné ». M. J. Roman, dans le *Bulletin de la Société d'Études* de Gap (quatrième trimestre 1904, n° 12), a consacré un article des plus curieux à la famille de Flotte. Nous y lisons que « la forte race des Flotte fut batailleuse et se mit plus d'une fois en révolte contre les autorités civiles ou ecclésiastiques ». De 1779 à 1784, le futur amiral se couvrit de gloire dans de nombreux combats et protégea le commerce de Marseille en s'emparant de plusieurs corsaires qui infestaient la Méditerranée. La Bibliothèque Nationale (Manuscrits français, 33.090, de la page 169 à la page 194) conserve plusieurs lettres adressées au comte de Flotte par les ministres Sartines, Berryer, Castries, etc. C'était une tradition de l'ancien régime de ne pas adresser aux officiers de sèches et banales missives, mais des lettres pouvant être conservées dans les archives familiales, comme des témoignages de la satisfaction royale. La comtesse de Flotte survécut à son mari et mourut à Saint-Pierre-d'Argenson, après 1830. Quatre enfants, deux filles et deux fils, ont perpétué jusqu'à nos jours la descendance de l'amiral. L'aîné, Henri, lieutenant de vaisseau sous le premier Empire, mourut en 1847. Son fils, M. Fernand de Flotte, habite l'Algérie, où il gère les propriétés de son beau-frère, le comte de l'Estang-Parade. (*Communication de M. Stéphane Moulin, de Lyon, et de M. Félix Fournier, de Marseille.*)

Voir l'APPENDICE VIII, page 834.

pas l'amiral poussant « le ralliement » jusqu'à la complicité? La trop célèbre Garde nationale du Beausset sollicitait des armes : le Commandant de la Marine leur fit distribuer des sabres.

Pour que la froideur d'une brouille succède à la chaleureuse amitié des premiers temps, il faut qu'après avoir conspiré contre la Royauté, les Jacobins s'aliènent M. de Flotte en conspirant contre la France et contre la Marine. Mais alors, qu'arrive-t-il? A mesure que M. de Flotte s'éloigne des proconsuls municipaux, les royalistes toulonnais, d'abord défiants, se rapprochent de l'amiral et oublient les fautes du Girondin assagi. Sous la poussée de ses nouveaux alliés, plus d'une fois le Commandant de la Marine fit-il échouer les manèges des édiles? Cette humiliation leur fut, dit-on, plus d'une fois infligée. M. de Flotte se pique au jeu. Au milieu des ténèbres qui planent sur Toulon, une chétive lueur scintille — espérance des uns, terreur des autres — au-dessus de l'Hôtel de la Marine et signale la dernière forteresse de l'ordre.

Dès le mois de février 1792, les agitateurs, à la fois irrités et inquiets de l'attitude de M. de Flotte, désignent la maison du Commandant comme « l'antre » d'une conjuration « liberticide ». Jetés hors de France, les uns par des Jacqueries rurales, les autres par des séditions urbaines, si nombre de gentilshommes tâchent d'oublier, à Nice, leurs angoisses, d'autres, en proie à une déprimante inaction, rêvent d'en sortir par un coup de main. A ce Coblentz provençal, il faut une tête. Nos Jacobins adjugent libéralement à M. de Flotte la direction du complot. Reste à démontrer que les « factieux » considèrent Toulon comme leur future citadelle et M. de Flotte comme leur complice et comme leur chef. Rien de plus facile. Les artisans de la machination fabriquent des lettres où s'accuse une « scélérate » entente avec les émigrés. Ramassée dans la rue, une épître de la plus compromettante allure est aussitôt transmise au Directoire qui, nanti d'un véritable « plan de Contre-Révolution », entreprend une enquête sur l'origine et sur l'auteur de cette pièce « criminelle ».

D'accord avec le Club Saint-Jean, les Jacobins de l'Hôtel de Ville avaient forgé la missive. On les savait capables de toutes les supercheries pour se débarrasser d'un pouvoir gênant et supprimer un Chef intrépide. Le Directoire flairait lui-même l'imposture. Mais, au lieu de démasquer ces fourbes, il les fait juges en leur soumettant sa trouvaille. La Municipalité n'attendait que cet acte de défaillance. Sur-le-champ, dans les papiers falsifiés par ses scribes, l'Hôtel de Ville reconnaît et dénonce la main de M. de Flotte.

IV

Le Procureur général-syndic du Département donne l'ordre d'exercer chez l'Amiral les perquisitions réglementaires. Capitulation honteuse ! La Montagne triomphe, une fois de plus, de la Gironde. L'alliance du Directoire et de la Marine avait jusqu'alors, en mainte circonstance, tenu en échec la dictature des Blancs et sauvé Toulon de la tyrannie révolutionnaire. Favorisée par la pusillanimité du Directoire, la tactique des édiles rompt le pacte, brouille les alliés et prépare leur commune ruine. Une énergique adresse de M. de Flotte aux citoyens de Toulon nous fait assister aux lâches manèges des légistes qui, pour donner satisfaction à d'inexorables ennemis, violèrent, la nuit, la pudeur d'un foyer domestique [1]. Dans ce Manifeste se montre à nu « l'homme de 1789 »,

[1] Voici le récit de cette expédition nocturne, — récit rédigé, d'abord, par le Directoire du Var :

le disciple de Condorcet et de Rousseau qui croit sincèrement que la Révolution a régénéré la France. Plein de foi dans le dogme nouveau, l'Amiral, rompant avec ses camarades du Grand Corps, s'est séparé d'Albert de Rions et de Rochemore, prophétiquement hostiles à la Démocratie, à son *Credo* et à son personnel.

Mais, après avoir donné toute son âme au régime qui

« DÉPARTEMENT DU VAR   *Toulon*, 16 *Mars* 1792,
« *l'an IV° de la Liberté.*

« Nous avons eu l'honneur de vous mander, par notre lettre du 11 de ce mois, que nous ne négligerions aucun moyen pour parvenir à découvrir l'auteur d'une lettre qui répand un grand jour sur les motifs du désarmement du Régiment d'Ernest et qui contient un plan suivi de Contre-Révolution.

« Nous vous marquions, en même temps, que nos soupçons s'étaient portés sur plusieurs personnes et qu'ils n'avaient pu se fixer encore d'une manière bien positive sur aucune.

« Nous avons communiqué cette lettre à quelques membres de la Municipalité de Toulon qui ont cru y reconnaître l'écriture de M. de Flotte, Commandant de la Marine. Nous sommes parvenus à nous procurer un billet écrit de la main de ce commandant; il nous a paru que cette écriture avait beaucoup de ressemblance avec celle de la lettre dont il s'agit; cependant, nous sommes loin de pouvoir assurer qu'elle soit de la même main.

« Nous avons cru devoir prendre un arrêté pour autoriser M. le Procureur général-syndic à dénoncer à l'officier de police l'auteur de la Lettre, et il a joint à sa dénonciation la Lettre et le Billet qui ont été préalablement paraphés par M. le Vice-Président.

« M. le Procureur général-syndic a eu une conférence avec M. Escudier, juge de paix, qui lui a promis de ne rien négliger pour remplir l'objet de la dénonciation et parvenir à la découverte du coupable. M. Escudier lui a dit qu'il se porterait le soir même avec un ou deux officiers municipaux chez M. de Flotte, et il l'a prié de vouloir bien l'y accompagner. Ils s'y sont, en effet, rendus le 14 de ce mois à l'heure indiquée; M. de Flotte s'est défendu avec beaucoup de hauteur des soupçons qu'on avait sur lui. Il a remis à M. le Juge de paix deux ou trois minutes de lettres écrites de sa main. Et il a écouté avec beaucoup d'attention la lecture de la lettre qui lui donne lieu à la dénonciation.

« Les lettres saisies nous ont été remises par M. le Procureur de la Commune et un officier municipal à qui M. le Juge de paix les avait confiées pour nous les montrer; nous y avons aperçu la même ressemblance d'écriture. Nous n'avons cependant aucune preuve de fixer décidément nos soupçons sur M. de Flotte. » A. N., F⁷ 3693.

proclama la souveraineté de la Raison, le pauvre Amiral se trouve d'autant plus déconcerté par l'affreux démenti que les faits administrent à ses rêves. Était-ce donc la peine d'avoir flétri l'omnipotence royale pour subir ensuite les vexations d'une oligarchie plus tyrannique que la Royauté la plus absolue? Il ne suffit pas à notre Girondin de saisir une opinion publique pervertie par le succès de la violence. Dans une lettre à « MM. les Membres du Directoire du Département du Var », M. de Flotte leur demande quelle réparation morale les chefs de Toulon comptent lui donner pour l'indemniser de ses humiliations et lui restituer son honneur [1].

V

Les Administrateurs du Var n'ont garde de laisser « le libellé » de l'Amiral sans réponse. Le 18 mars, le Ministre de l'Intérieur reçoit du Directoire un Rapport où nos Jacobins lui soumettent leurs griefs et leur défense [2]. A les

---

[1] *Archives nationales*, F¹ 3693.
[2] *Adresse* du Commandant de la Marine aux citoyens de Toulon :

« ... *A tous les cœurs bien nés que la Patrie est chère* !

  « Citoyens,

« Je vais mettre sous vos yeux un événement qui vous intéressera tous.
« Un abus d'autorité, un acte de despotisme qui doit faire trembler tous les gens du bien, vient de se commettre envers moi dans la nuit du 13 au 15, dans un moment où toute la ville célèbre la réunion de tous les partis, où elle rend justice au civisme qui m'a toujours animé; dans un moment où l'allégresse publique a pénétré tous les cœurs, et à laquelle je participe comme citoyen et comme Commandant de la Marine.
« .. Au milieu de la nuit, six personnes entrent avec fracas dans mon appartement, sans être annoncées, entourent mon lit d'une manière sinistre et silencieuse et, après avoir répandu l'offroi dans le

entendre, le Juge de paix, le Procureur général-syndic et les autres citoyens qui, dans la nuit du 14 mars, à onze heures du soir, se rendirent chez M. de Flotte, loin d'avoir envahi avec fracas le domicile de l'Amiral, « s'étaient présentés « d'une manière convenable et analogue à la mission qu'ils

cœur de ma femme, — et dans le mien une surprise extraordinaire, — je reconnais le juge de paix, le procureur général-syndic du Département, celui de la Commune, avec deux de ses membres, et le colonel de la Garde nationale, ne répondant que très difficilement à mes questions, n'annonçant leurs intentions que par des mots vagues et entrecoupés, portant des regards curieux jusque dans mon lit, ils demandent enfin à voir mon secrétariat, je leur ouvre un bureau, ils se permettent de fouiller dans ma correspondance et emportent trois minutes de mes lettres. Qui n'eût pensé que j'étais criminel? Point du tout, c'était pour confronter mon écriture avec une sorte de lettre anonyme, sans caractère moral ou physique qui eût rapport à moi. Si j'avais pu y reconnaître quelque fonds de ressemblance, j'aurais remercié les administrateurs de leur vigilance, pour le salut de la chose publique, mais cela n'étant pas, je réclame le respect pour l'ordre public et la tranquillité due aux citoyens paisibles qui reposent à l'abri des lois.

« Représentez-vous, citoyens, une famille effrayée, une femme enceinte, les suites les plus funestes à craindre à l'aspect de plusieurs hommes, au milieu de la nuit, sans ces marques distinctives qui annoncent de vertueux magistrats, protecteurs des lois. Mais, au contraire, des pistolets et des armes étaient les signes effrayants de la violence. Je n'en ai point à reprocher à ces administrateurs, je leur reproche un abus d'autorité bien dangereux vis-à-vis d'un Pouvoir constitué, dont la confiance fait la base de la tranquillité publique.

« Je ne devais point m'y attendre, car, depuis la Révolution, je n'ai cessé d'être dans l'esprit de la Constitution, que j'ai fait tous les sacrifices, même celui de ma fortune militaire qui s'est trouvée compromise par la différence des opinions, et c'est dans un moment où je partage avec transport, avec enthousiasme, la conduite des citoyens de Toulon, que des administrateurs viennent me traiter comme un contrerévolutionnaire. Qui peut mieux connaître ma conduite que mes concitoyens? S'il en est un seul qui puisse dire que je lui ai donné un mauvais conseil ou un mauvais exemple, qu'il se montre, mais s'il ne s'en trouve pas, je dois espérer de vivre tranquille à l'abri de la loi et dormir sans crainte d'être réveillé en sursaut par de vertueux administrateurs, qui doivent être entourés de l'amour public et non de la terreur.

« Un ami des lois de la Constitution, un chef chargé d'un grand dépôt, une famille dans la sécurité que donne la vertu, eût mérité plus de ménagements, mais il oublie facilement un affront que la conscience

« avaient à remplir ! » M. de Flotte, « il est vrai, prit la
« parole avec beaucoup de hauteur ». Mais « Mme de Flotte
« fut la première à calmer son mari en lui disant que ces
« Messieurs venaient remplir un ministère prescrit par leur
« devoir, et que, plus il était rassuré par son innocence,
« moins il devait s'offenser de leur démarche ». Enfin « per-
« sonne ne porta de regards curieux sur le lit conjugal ».
Dans cette aventure, le Directoire découvre et dénonce un
seul coupable : l'Amiral ! Au lieu de faire un crime aux
Administrateurs de cette visite nocturne, « l'Amiral n'au-
« rait-il pas dû les remercier, puisque leur motif n'avait été
« que de donner le moins d'éclat possible à cette affaire,
« au cas où M. de Flotte ne se serait point été (sic) reconnu
« comme l'auteur de la lecture »? Autre excuse : remplis
d'égards pour M. de Flotte, nos Jacobins avaient craint
qu'en « opérant cette perquisition pendant le jour, il ne se
« formât auprès de l'Hôtel quelque attroupement qui eût
« pu compromettre la sûreté de M. de Flotte [1] ».

Quel doucereux pharisaïsme ! Pour combattre l'émotion que « l'imprimé de l'Amiral a suscitée dans les chantiers et dans l'Arsenal », le Directoire a convoqué les Sections où domine l'écume du port et de la cité. Après avoir
entendu les explications des Administrateurs du Var, la
plèbe a, naturellement, comblé l'Amiral d'injures et ses adversaires d'éloges. Voilà donc l'honneur de la Gironde
vengé ! Le Juge de paix n'a pu encore contrôler les papiers
saisis chez M. de Flotte et comparer l'écriture avec l'épître
suspecte [2]. « Mais nous ne devons pas dissimuler — ajoutent

---

repousse, si toutefois il a le bonheur de triompher de ceux qui vou-
draient altérer la confiance publique, objet de ses désirs.

« A Toulon, le 16 mars 1792, l'an II de la République française, une
et indivisible. — FLOTTE (*Ibidem*). »

[1] Le Rapport est signé : GUÉRIN, M. SECOND, GUIZOL, RUEL,
Administrateurs composant le Directoire du Département du Var (Ibid.).

[2] Le morceau épistolaire fabriqué par les ennemis de M. de Flotte
pour le perdre ne compte que les trois lignes suivantes :

« ces probes personnages — que, parmi les pièces de com-
« paraison données par M. de Flotte, figure la minute d'une
« lettre écrite par lui à M. Tixier de Norbeck, où l'on
« retrouve une partie des principes consignés par la lettre
« que nous avons dénoncée à l'officier de police, et surtout
« la même intention d'en imposer au peuple, en prenant le
« langage du patriotisme [1]. »

« J'accepte le projet de faire casser la Municipalité et de la faire remplacer par des bourgeois aisés de la ville. S'il ne réussit, les troubles recommenceront, et plus violents que jamais. » A. N. F⁷ 3693.

[1] Voici le texte de cette lettre, où se révèlent, non les trames « liberticides » de l'Amiral, mais ses principes libéraux et ses illusions révolutionnaires :

« J'ai reçu, mon cher Norbeck, les trois Mémoires en réponse à M. de Bouzaye. Je vous en remercie; je les lirai avec l'intérêt que j'ai voué aux auteurs.

« La manière, mon cher Norbeck, dont vous vous êtes livré à votre métier, vous donne de grands avantages, car vous joignez... (ici plusieurs lignes en blanc).

« Je dois répondre à l'invitation que vous me faites d'employer mes lumières à rapprocher les deux partis en opposition qui s'est manifesté (sic) à Toulon. Vous me connaissez et je me flatte que vous ne me jugez ni sur les discours de l'envie, ni sur les calomnies de l'intérêt. Vous savez que notre ville, ou, pour mieux dire, le Corps de la Marine a toujours été partagé, — même dans les temps les plus calmes, — en oisifs, en intrigants et en véritables serviteurs du Roi. J'ai toujours été de ces derniers, lorsque j'ai commandé, soit à la mer, soit à terre.

« J'ai employé tous les moyens pour opérer le bien, sans avoir égard aux intérêts particuliers. Les circonstances qui amenèrent la catastrophe de M. d'Albert m'ont mis dans le cas de commander la Marine. Vous étiez à Toulon. Pour lors, mes démarches ont dû vous être connues. Je crus de mon devoir d'arrêter le désordre. Je ne pus y parvenir que par le concours des autorités qui se constituèrent d'une manière aussi tranchante que la seule impolitique pouvait heurter. Je me fis un devoir de maintenir l'ordre public qui eût été en danger en marchant sur les traces qu'on eût voulu me tracer. Vous savez qu'en physique les mêmes causes produisent les mêmes effets. La suite a dû vous prouver si j'avais bien combiné les intérêts. »

Le destinataire de cette lettre, Texier de Norbeck, non moins attaché aux idées nouvelles que M. de Flotte, était né à St-Xandre (Charente-Inférieure) le 2 novembre 1724. Entré au service en 1748,

L'examen attentif des écritures ne devait justifier ni les insinuations, ni les calculs des Administrateurs. Quelques jours plus tard, une lettre avise le nouveau Ministre de l'Intérieur, le « vertueux » Roland, que l'enquête du Juge de paix innocente l'Amiral. Malgré la ressemblance qu'offrent les deux écritures, « celle de l'épître perdue, disent les « experts, ne coïncide pas avec les pièces de comparaison « remises par M. de Flotte aux enquêteurs (lettre du « 6 avril 1792) ». Si, cette fois, M. de Flotte a pu déjouer les machinations de l'ennemi, le décret de mort, porté par le Pouvoir occulte contre le Commandant de la Marine, n'est point raturé. Le parti jacobin a désigné M. de Flotte aux stylets d'une bande de *bravi* qui, le jour venu, l'achemineront, sans hésitation, vers le théâtre de son supplice.

VI

En dépit de leur servilité, les Administrateurs du Var n'ont pu se soustraire aux sanctions qui menacent les serviteurs intermittents de l'anarchie. Mais, après avoir assassiné ces timides auxiliaires, les Jacobins n'accomplirent que la moitié de leur tâche. Tant qu'un pouvoir indépendant reste debout et en armes dans Toulon, la Révolution se sent sans lendemain. La Municipalité ne peut admettre auprès d'elle la coexistence d'un Corps capable de lutter et,

il fut nommé enseigne de vaisseau en 1761, lieutenant de vaisseau en 1762, capitaine de bombardiers en 1775 et capitaine de vaisseau en 1780. M. de Norbeck fut nommé, à la même époque, sous-directeur de l'École d'artillerie. C'est en y faisant des expériences de balistique qu'il fut horriblement mutilé par l'explosion d'une bouche à feu qui lui enleva un bras, une épaule, un œil et une fraction de la mâchoire. Promu en 1786 directeur d'artillerie, M. de Norbeck continua de servir activement jusqu'au 23 janvier 1793, date où il cessa d'être compris sur la liste du personnel. Le contre-amiral Texier de Norbeck mourut à Paris le 20 janvier 1797.

par conséquent, de vaincre. Le comte de Flotte « est le chef et l'âme de la Marine ». Sylvestre décide de le faire disparaître. Il faut sacrifier les modérés qui, sur les cendres non encore éteintes des anciennes ardeurs, guettent la flamme prête à jaillir ; — il faut surtout ne laisser aux Girondins d'autre perspective que l'exil ou la mort !

Les solennités révolutionnaires ne répugnaient pas au comte de Flotte : il aimait à y parader avec son État-Major. Les démagogues connaissent cette faiblesse. Combien de fois le Commandant de la Marine n'a-t-il pas pris place aux banquets populaires où le nouveau régime exige la présence des officiers, moins pour les mettre en relief que pour les domestiquer ? Dans ces réunions, M. de Flotte, cédant à une bienveillance naturelle, se prête aux familiarités des convives. Grâce à cette bonhomie, l'état-major du parti jacobin, les Jassaud et les Barry, entretiennent avec « le Lafayette de la Marine » des rapports dépourvus de cordialité peut-être, mais non de courtoisie. Aussi, le 10 septembre 1792, quand ces deux meneurs prient M. de Flotte, alors aux champs, de venir en ville célébrer, avec le Club Saint-Jean, la fête de la Fédération et renouveler le serment de fidélité à la Nation souveraine, cet appel ne surprend ni ne choque le Commandant de la Marine, coutumier de ces cérémonies civiques et, dans maintes conjonctures, facile interlocuteur des deux célèbres motionnaires.

Obsédée d'un funèbre pressentiment, la comtesse de Flotte adjure en vain son mari de ne pas céder aux insidieuses instances dont l'importune une faction qui, jusqu'ici, n'a caché ni ses desseins, ni ses haines. Le long de la route, la souriante aisance des deux émissaires et leur obséquieux bavardage entretiennent chez l'Amiral l'illusion d'une droiture et d'une sécurité que devrait pourtant exclure le souvenir encore récent des plus lâches perfidies. Mais les murs de l'enceinte franchis, le silence soudain des deux escogriffes, le masque revêche de leur visage, le feu de leurs regards, la dureté de leurs gestes, la précipitation brutale de leur marche, avertissent l'Amiral de son erreur. Plus de doute ! Les deux compagnons de l'Amiral sont l'avant-garde du bourreau. A peine arrivé devant l'arsenal, le comte de Flotte entend les clameurs des justiciers de la rue qui le condamnent et qui l'attendent : « *L'Amiral à la lanterne !* » vocifèrent les rôdeurs. Sous le proconsulat du tyran qui va, tout à l'heure, sortir des limbes, trop de gentilshommes gravirent, le sourire aux lèvres et le fard aux joues, les marches de l'échafaud. M. de Flotte n'appartient pas à cette race de résignés, sans biceps et sans muscles. Si l'âge n'a ni courbé sa haute taille, ni affaibli son ossature, la corruption du siècle n'a pas davantage délabré l'âme énergique que loge cette vigoureuse charpente [1].

La garde de l'arsenal est sous les armes : l'espérance de réveiller chez le soldat français le sentiment de l'honneur inspire au comte de Flotte un discours qui ne peut plus malheureusement trouver le chemin des cœurs. La faconde des Clubs déprave, depuis deux ans, l'intelligence populaire. Sourds aux accents indignés de l'Amiral, officiers, sous-officiers et soldats restent immobiles et muets, les yeux cloués au sol. Abandonné par l'armée, l'Amiral ne s'abandonne pas.

Puisqu'il faut mourir, il faut qu'une fin courageuse couronne une vie honorable. Arrachant des mains du factionnaire un fusil armé de la baïonnette, M. de Flotte assène des coups mortels sur les premiers assassins, en tue trois, en blesse plusieurs. Mais le nombre l'emporte et, dans ce combat inégal le gentilhomme tombe, enfin, horriblement

---

[1] « Cet officier général, homme de la stature d'Hercule à tête si grave et si solennelle qu'on l'avait surnommé le Père Éternel ». (LAUVERGNE : *Histoire de la Révolution dans le Var*, p. 124.)

mutilé. Le drame expire. Les meurtriers exhaussent ce qui reste de la victime aux fourches d'une lanterne.

VII

Un seul officier, désigné par le Club des Blancs aux stylets des sectaires, échappe, dans cette tragique journée, à la sentence capitale fulminée par le Pouvoir occulte contre les dernières forces sociales. C'est l'ordonnateur de la Marine, M. de Possel-Deydier. A quatre heures du soir, la maison du Commissaire-Ordonnateur est envahie. Jassaud enfonce la porte, saisit à la gorge le factionnaire de service, l'entraîne hors de la chambre, passe devant le gendarme de planton qui, frappé de stupeur, « reçoit comme un mort », dit Lauvergne, les injures et les bourrades. Un instant après, l'Ordonnateur, le chanvre au cou, touche à sa dernière heure, et va périr. Mais voici que, soudain, le bombardier de la Marine Coste, secrétaire du Club, passe, voit la scène, se souvient d'une faveur récente dont le gratifia M. de Possel et, s'élançant dans la mêlée, renverse Jassaud. Un coup de couteau coupe la corde et sauve la vie de l'administrateur de la Marine. [1]

[1] Dans le carton F7 3693 des A. N., nous avons trouvé la pièce suivante : « Samedi 11 septembre 1792. Nous, maire et officiers municipaux, déclarons que le peuple, ayant victimé deux personnes, il auroit aujourd'hui consenti à l'établissement de tous les autres. Et, en effet, nous avions appris, avec la plus grande satisfaction, qu'ils s'étoient rendus chez eux.

« Quant à M. Possel, commissaire ordonnateur, ce même peuple, s'étant assuré que les accusations dont on le chargeoit n'étoient que pure calomnie, voulant le dédommager du trouble que son arrestation lui auroit causée et rendre son innocence publique, l'auroit fait sortir avec tous les égards qu'il méritoit. Et deux officiers municipaux s'étant rendus au Palais, l'auroient accompagné en triomphe, au milieu d'un applaudissement général, dans sa maison où il est actuellement.

La ville, après ces attentats, tombe dans un sépulcral silence; les bandits réintègrent les tapis-francs du port, les honnêtes gens se cadenassent dans leurs maisons, puis la nuit enveloppe de ses impassibles ténèbres les assassins et les cadavres... Une heure du matin. Tout à coup, le tambour bat la générale. Après avoir exploré la rue, les survivants du Directoire, rassurés par la solitude de la cité, quittent leurs demeures et se dirigent, en rasant les murs, vers l'Hôtel de Ville sans lumière. Les voilà rangés autour de la table départementale. Quelles mesures ces courageux citoyens vont-ils prendre contre les égorgeurs? Ils ont sous la main les troupes de terre et de mer, les unes commandées par le colonel du Morbion, et les autres par le contre-amiral Truguet, le Chef de l'Escadre. Vont-ils les convoquer pour balayer la canaille et fusiller les tueurs? Et la justice, une fois satisfaite, les victimes recevront-elles les honneurs funèbres que tous les peuples décernent à leurs morts? Nulle narration ne saurait être comparée à celle que rédigent, au milieu de la nuit, les maîtres officiels de Toulon. La voici :

« A une heure et demie du matin, ce jeudi 10 septembre 1792, l'an IV de la liberté et de l'égalité [1].

« La générale ayant battu, les administrateurs du Direc-

« Mardi onze heures et demie. — PAUL, *maire*, SENÈS. »

HENRY, dans son *Histoire de Toulon depuis* 1789, fait observer, non sans raison, que « dans cette apologie, la Municipalité se condamne elle-même. Si, dit-il, les deux officiers municipaux avaient été présents à la visite des prisonniers, ils avaient donc assisté, témoins impassibles, à la tentative de meurtre? » M. de Possel avait passé par de trop rudes épreuves pour garder ses fonctions : il fut remplacé par le fameux Pache, le fils de l'ancien portier de l'hôtel de Castries, qui fut bientôt appelé au ministère de la Guerre, pendant que le capitaine de Chaussegros recevait la succession du comte de Flotte. Mme ROLAND dit dans ses *Mémoires* (édition Perroud), t. I, page 149, que « Pache fut envoyé à Toulon par Monge, et qu'il y fit des sottises ».

1 En réalité, le procès-verbal devait être daté du mardi 11 septembre 1792 (Le 10 septembre était un lundi).

toire du département du Var se sont rendus tout de suite à la Maison commune.

« M. Berluc ouvre la séance.

« Terrin, officier municipal, expose que, vers les onze heures et demie à minuit, se trouvant de garde à la maison commune, il a vu amener le sieur Rochemore, officier de la Marine, qu'on accusait d'avoir dit à son paysan qu'un jour il lui ferait labourer la terre comme il faisait ses bœufs, etc. (*Suit la relation que nous donnons plus haut.*)

« Le procès-verbal continue :

« M. le Commandant de la place est requis de commander un nombre de troupes suffisant pour servir à la garde de l'Hôtel de la Marine.

« M. Truguet, contre-amiral, et commandant l'escadre, a détaché un officier pour avertir les corps administratifs qu'il était à son poste et aux ordres des corps administratifs.

« On a remis sur le bureau divers papiers et une clef qu'on a dit avoir été trouvée dans les poches de M. de Flotte, et il a été annoncé *que cet officier avait été « victimé » par le peuple.*

« Il a été tout de suite donné des ordres pour renforcer la garde du poste du Palais de Justice.

« Alors, M. le Maire et MM. les Officiers municipaux sont sortis pour aller rétablir *la tranquillité publique.*

« Un instant après, M. du Merbion est entré et a dit qu'il avait exécuté les réquisitions. MM. le Maire et Officiers municipaux sont rentrés vers une heure et constatèrent que *la plus grande tranquillité régnait dans la ville.*

« M. Blache, officier municipal, dit que *tout est tranquille* et qu'il conviendrait de requérir le juge de paix de la campagne, en l'absence du juge de paix urbain, pour faire enlever les deux personnes victimées (M. de Rochemore et M. de Flotte). »

Ainsi, le Commandant de place est requis, non d'arrêter les massacreurs, mais de placer un cordon de troupes autour de l'Hôtel « où gît le cadavre de M. de Flotte ». Maintenant que l'Amiral est mort et son Hôtel vide, le Directoire songe à protéger, quoi ? Sans doute, les mânes de la victime. Quant aux corps de M. de Flotte et de M. de Rochemore, qui jonchent toujours le sol où ils sont tombés, il n'est pas question de leur accorder l'aumône d'une sépulture décente. Un officier municipal se contente de demander s'il ne conviendrait pas de requérir un juge de paix pour enlever ces sanglantes dépouilles. Aux regards de l'Administration municipale, cette mesure de police n'offre d'ailleurs qu'un intérêt des plus vulgaires : si la propreté de la rue n'était pas intéressée à l'enlèvement des cadavres, nos édiles ne bougeraient point.

Les ennemis de la République égorgés, les tueurs jouissent-ils de la quiétude due à leurs services? Telle est la seule question qui passionne les Pouvoirs publics. S'il est naturel que le Directoire du Var s'applaudisse de cette sécurité, que dire du colonel qui s'associe à cette joie et qui trouve que tout va bien? Que dire aussi de Truguet qui, devant les restes ensanglantés de ses deux camarades, Flotte et Rochemore, avertit les protecteurs des assassins qu'il se tient à leur disposition et qu'il attend leurs ordres? Hélas! l'audace des meneurs immobilise alors les braves gens, moins paralysés par la peur que maléficiés par le régime.

VIII

Ces assassinats assurent le triomphe des Jacobins et la ruine du port. Désormais, le Club des Jacobins domine Toulon et la Marine. Le Ministre ne se permet pas une promotion sans consulter les Sociétés populaires. Le commandant des forces navales, le comte de Trogoff, et le commandant de la Marine, Chaussegros, n'ont obtenu le grade d'amiral qu'avec l'autorisation du Club de Brest [1].

---

1 COTTIN, *Toulon et les Anglais*, p. 27. — (*Le Ministre à la Société des Amis de la Liberté* à Brest, 2 janvier 1792.) — CHAUSSEGROS (Martin-Benoît de), né à Toulon, le 20 mars 1737, lieutenant des

Émule des Jacobins brestois, le Club de Toulon transmet à Monge la nomenclature des marins qu'il juge dignes d'éloges ou d'avancement [1]. Chaque fois qu'un conflit s'élève entre les autorités maritimes et les Sociétés patriotiques, le Ministre soutient toujours les meneurs des Clubs [2]. Sans consulter les officiers, les Comités de surveillance règlent le service du port, libèrent les prisonniers, ouvrent un bureau de dénonciations contre les chefs, arrêtent, un jour, l'amiral Rosily et son état-major [3]. Les ministres eux-mêmes souffrent de cette ingérence. Leur civilité ne désarme pas nos sans-culottes. La Municipalité de Toulon reproche à Monge « son apathie et sa lenteur [4] ». Un mécanicien, nommé Doinet, signale vainement au Ministre les manèges des « patriotes » qui poussent les ouvriers au chômage et limitent leur

---

gardes-côtes du bataillon de Toulon en 1748, enseigne de vaisseau en 1758, lieutenant de vaisseau en 1772, capitaine d'infanterie de marine en 1774, lieutenant-colonel en 1779, capitaine de vaisseau en 1780, contre-amiral en janvier 1793. Exerce les fonctions de commandant des armes. Chaussegros s'était battu deux fois, en 1781 et en 1782, contre l'amiral Hood, dans la baie du Fort-Royal, à Saint-Christophe. Une action d'éclat, au combat de Chesapeak, lui valut la croix de Saint-Louis et une pension de 600 livres. La santé de Chaussegros était précaire : il mourut peu de temps après le siège. (COTTIN, p. 100.)

1 Aussi docile que le Club est exigeant, Monge promet de consulter attentivement la liste du Club, pour n'admettre dans la Marine que des officiers qui sauraient faire respecter le pavillon de la République. — (*Lettre du Ministre à la Société républicaine de Toulon*, 23 janvier 1793.)

2 COTTIN, *ibid*. Un commandant d'armes s'étant plaint d'une mesure qui tendait à la confusion des pouvoirs civil et militaire, Monge répond : « Il faut approuver cette mesure, c'est le peuple français tout entier qui fait la guerre. Il est heureux qu'il y prenne un intérêt si vif. » Note marginale écrite par Monge sur une Lettre adressée au Ministre, le 13 mars 1793, par Cœuret-Secqueville, commandant d'armes à Lorient.

3 Lettres de Cœuret-Secqueville, en date des 14 février, 26 juin et 27 août 1794.

4 *Archives municipales de Toulon*, mai 1794.

besogne aux intrigues politiques [1]. Dans l'arsenal de Toulon, un « Comité central », arbitre souverain de la Marine, étend sa surveillance sur la construction des vaisseaux, sur la répartition des crédits, la solde des ouvriers et les opérations des États-Majors. Bientôt, les ouvriers se contentent de répondre à l'appel du matin, touchent leur paye et détalent [2]. « Nous sommes cinquante mille hommes et, en outre, six mille ouvriers, écrit un honnête marin, navré de l'impéritie de ses chefs et du *farniente* de ses camarades. Avec tout ça, l'ouvrage n'avance pas. Ça fait frémir de voir tant de monde dans un port à ne rien faire [3]. »

A la fin de 1792, une lettre de Bertin au ministre Dalbarade constate qu'un crédit de 215.770 livres a rémunéré des travaux qui n'auraient pas dû coûter plus de vingt mille livres [4]. L'indiscipline désole les bâtiments comme les quais. Les vaisseaux de guerre n'appareillent qu'avec un déficit de soixante à cent hommes! La faiblesse de Truguet fait rougir les officiers; le contre-amiral promet aux marins de ne voir en eux que « des amis », des frères, des égaux, et de n'exiger la subordination que pour le bien du service [5]. L'arrogance des marins finit par inquiéter

[1] Lettres adressées le 28 février et le 31 mars 1793 au Ministre de la Marine. « Les malveillants, dit Doinet, affectent un patriotisme exalté en chansons pour entretenir les ouvriers à ne rien faire. » Le même correspondant reproche au Ministre « d'avoir fait une sottise en augmentant la solde des ouvriers sans exiger un surcroît de travail. L'intrigue dirige Toulon et l'arsenal. » COTTIN, p. 28.

[2] Lettre de Dalbarade, 22 avril 1793. — Lettre de l'ordonnateur Puissant au Ministre, 19 juin, 7 juillet 1793. — COTTIN cite aussi les *Mémoires* de Thaon de Revel.

[3] Ainsi s'exprime, le 3 mai 1793, le citoyen Jean Merci, marin, dans une lettre à son ami Beau, à Bayonne.

[4] Lettre de Bertin au Ministre, 4 mai 1793.

[5] Un de ses marins rapporte « qu'il ne faisait un pas et ne tenait un seul propos qui ne fût pour captiver le suffrage du peuple et des matelots ». Aussi son vaisseau était-il fort mal tenu. « L'amiral, a écrit le même matelot, — laisse monter l'indiscipline jusqu'au point qu'il n'est plus possible de faire nettoyer. Dans le bord du

les municipalités elles-mêmes. Les édiles de Lorient écrivent au Ministre qu'il « fait fausse route en croyant la tolérance propre à exalter le patriotisme » : « Cette classe d'hommes, disent-ils, se regarde comme privilégiée. On les a comblés de faveurs et d'éloges. Mais, nous le disons à regret, la plupart n'ont vu, dans le surhaussement de leurs salaires, qu'un moyen de plus de se livrer à l'ivrognerie et à la débauche, dans la liberté — et l'égalité, que l'indépendance de toute autorité; et, dans les louanges qui leur ont été adressées, que le besoin qu'on avait d'eux. »

On avait commencé par exciter la populace contre l'aristocratie et contre l'Église. Rivales coalisées contre « les droits » du Tiers État, l'Église et la Noblesse méritaient la mort. La Révolution les anéantit. Mais il ne suffit pas au « Peuple » d'avoir renversé les deux Puissances; le Tiers État substitue son hégémonie à celle de ses victimes. Les vainqueurs se seraient déclarés satisfaits si la Révolution s'était tenue à ce transfert d'autorité et de fortune. Mais, après avoir été l'auxiliaire et le témoin du mouvement, le Peuple voulut en devenir, à son tour, le bénéficiaire. Les ouvriers travaillaient; ils feront travailler la bourgeoisie. C'est ainsi que, sous les regards de la foule, les modérés doivent s'atteler « comme des bêtes de somme » aux voitures d'artillerie, et traîner les canons sous la surveillance et sous le bâton des artisans qu'ils avaient émancipés la veille.

commandant, on a de la crotte à mi-jambe; on fait impunément les ordures jusque devant la porte du Conseil. » Ces détails sont confirmés par Tilly, le chargé d'affaires de France à Gênes. « L'équipage de Truguet, dit-il, tenait un Club à bord, et son bord était un cloaque. » — Lettre de la Municipalité de Lorient au Ministre, 30 avril 1793; — COTTIN, passim. La République disparue, Truguet fit régner la plus rigoureuse discipline sur ses navires.

IX

Mais il ne suffit pas à la plèbe d'humilier la bourgeoisie vaincue. L'heure vient de la supprimer. Un jour, les portes du fort La Malgue se ferment sur soixante-douze Toulonnais que leurs services à la mer ou dans l'administration civile investissent d'un crédit défavorable aux maîtres de la cité [1]. En même temps, la guillotine, qui n'est encore connue que de nom par nos Provençaux, franchit l'enceinte de la ville et reçoit les hommages des « patriotes » accourus au milieu de la cour du « Département » pour saluer, dans le couperet républicain, le futur instrument de leur affranchissement total. Quelle victime gravit, la première, les degrés de l'échafaud? Un prêtre, l'abbé de Bastard d'Estang [2]. Après avoir refusé le serment contraire à la discipline catholique, l'abbé de Bastard s'est embarqué, le 15 avril 1793, à Cette, avec quatre autres ecclésiastiques, également proscrits, pour aller, à Rome, demander un asile

---

1 Un lieutenant-général, un maréchal de camp et de nombreux officiers de Marine figuraient parmi les détenus. A bord du vaisseau le *Duguay-Trouin,* monté par des équipages et des officiers ponantais, les clubistes qui voulurent mettre les mains sur l'État-Major furent très mal accueillis; les matelots, munis de barres de cabestan, jurent d'assommer quiconque essaierait de s'emparer de leurs Chefs. Ce fut le seul vaisseau qui résista. LAUVERGNE, 140.

2 BASTARD D'ESTANG (Dominique-Jules-François, l'abbé de), né en 1746 à Nogaro, près Estang, en Armagnac (Gers), l'abbé de Bastard était le fils de Jean-Pierre de Bastard, comte d'Estang, officier au régiment de Foix, et de Marie-Laure de Castellane de Caumont. Après avoir fait ses humanités au collège de Pontlevoy, il prit à Toulouse ses grades universitaires, reçut à Auch les ordres mineurs, compléta à Saint-Sulpice ses études théologiques et fut ordonné prêtre à Lectoure. D'abord chanoine à Lectoure, il fut, pendant dix ans, vicaire général de Lombez (de 1777 à 1787). En 1788, il retourna dans le diocèse de Lectoure. (*Communication de M. le comte de Bastard d'Estang.*)

à la terre pontificale. Une tempête surprend le navire qui porte les cinq passagers, et le jette sur la plage inhospitalière de Bandols, où la Municipalité ne les recueille que pour les déférer à un tribunal de sang. M. de Bastard comparaît devant le jury trié par les Trois Corps et veut présenter sa défense. Dans tous les pays, le Code reconnaît à l'accusé le droit de parler. Le Président ferme la bouche au prêtre innocent.

Sans égards pour leurs passeports et pour le décret qui leur enjoint de quitter la France et auquel les proscrits se sont empressés d'obéir, la Commission militaire condamne les cinq naufragés à la peine de mort. Cette sentence viole le droit des gens. A l'iniquité les maîtres de Toulon ajoutent l'insulte. Dans un Manifeste placardé sur tous les murs, le Conseil municipal informe les populations que le Tribunal criminel vient de frapper « un de ces scélérats contre-révolutionnaires continuellement occupés à déchirer le sein de notre chère patrie. Le glaive de la loi — insistent les dictateurs — va, dans l'instant, trancher le fil de cette vie infâme et criminelle, et vous êtes invités par vos magistrats à assister à cette exécution, avec tout le respect d'un peuple libre et qui ne trouvera jamais son bonheur qu'à l'abri des lois. — Toulon, le 16 avril 1793, une heure après-midi, l'an II de la République française. »

Désigné pour subir, le premier, la peine capitale, l'abbé de Bastard, du haut de l'échafaud, adresse au peuple un discours si chrétien et si magnanime, que le délégué de la Convention, Pierre Baille, inquiet de l'attitude de la foule, ordonne au bourreau de couper court à cette harangue en abattant le condamné sur la fatale plate-forme. De plus en plus émus, les spectateurs crient : « Mort aux assassins ! » et manifestent contre les artisans de ce crime une hostilité si violente que Baille n'ose pas infliger le même sort aux compagnons du martyr.

Non moins innocent et non moins diffamé que le prêtre, un capitaine de vaisseau, M. de Basterot, subit le même supplice. Vouées aux mêmes haines, l'Église et l'Armée ne devaient-elles pas payer du même châtiment leur égale résistance au désordre ?

A cette époque, les équipages de la flotte, embauchés par les Clubs, portent partout la terreur [1]. Dès le mois d'août 1790, d'après le témoignage du commandant de Glandevès, l'équipage de l'*Iphigénie* contraint son capitaine à désarmer [2]. En 1792, le comte de Grasse, capitaine de la *Sibylle*, essuie les huées de ses marins qui l'accusent de félonie [3]. Le 8 avril 1793, le vaisseau le *Thémistocle* appareille avec un déficit de soixante hommes [4]. Le 26 du même mois, M. de la Londe, commandant de la *Badine*, se dirigeant vers la Corse, rentre à Toulon sur l'ordre de son équipage qui réclame des réparations pour la frégate [5]. Dans le même temps, deux navires de guerre, la *Minerve*, commandée par le citoyen Féraud [6], et la *Melpomène*, placée sous

---

[1] « Indisciplinés et anarchistes à la manière de la phalange marseillaise, les marins toulonnais se réunissant en Clubs et Sociétés populaires, délibéroient et pesoient les intérêts de la patrie. Dans tous les ports, ils signaloient leur arrivée en voulant pendre quelques citoyens, sous prétexte qu'ils étaient nobles ou prêtres, ils portoient partout la terreur. » (Général GOURGAUD : *Mémoires pour servir à l'Histoire de France sous le règne de Napoléon Ier*, t. 1er, p. 8.) D'autre part, l'amiral Truguet, qui avait commandé cette escadre pendant la malheureuse expédition de Sardaigne, écrivait, le 28 juin 1793, au Président de la Convention : « La contagion de l'insubordination fait des progrès... La discipline est la première des armes ; l'armée navale l'attend, et son chef vous déclare qu'il ne peut rien faire sans elle. » (*Moniteur* du 3 juillet 1793.)

[2] Lettre de M. de Glandevès aux officiers municipaux, 8 août 1790.

[3] Lettre de Chaillan à M. de Flotte, 25 juin 1792.

[4] Lettre de l'amiral de Trogoff à la municipalité, le 7 et 8 avril 1793.

[5] Lettre de la Londe, Toulon, 26 avril 1793 (Min. p. 30-31).

[6] FÉRAUD (Pierre-Jacques), né à la Seyne (Var), le 25 juillet 1744. Marin à douze ans, quartier-maître à dix-huit ans, maître d'équipage

les ordres de M. de Basterot [1], reçoivent l'injonction de convoyer deux chebecs algériens et se heurtent à la résistance de leurs équipages. Prévenus de cette mutinerie, les Commissaires de la Convention, Le Tourneur de Granville [2], Brunel [3], et Rouyer [4], se rendent à bord de la *Melpomène*, commencent par féliciter les marins de leur civisme (!) et, pour achever de les conquérir, font couronner d'un bonnet rouge les mâts des deux frégates. Cajoleries vaines ! Les décisions prises par le haut commandement ont le tort de

à vingt-sept ans, capitaine de flûte à quarante ans, sous-lieutenant de vaisseau en 1787 (quarante-trois ans); lieutenant, chevalier de Saint-Louis en 1791 et capitaine de vaisseau en 1793. Le capitaine Féraud adhéra au mouvement royaliste de Toulon, et se retira ensuite en Angleterre. Le Gouvernement britannique lui alloua une pension de six mille francs. (V. POUPÉ : *L'Affaire de la Minerve et de la Melpomène*, avril-mai 1793. Marseille, 1902 ; — COTTIN, *passim*, et le dossier de Féraud aux Archives de la Marine.

1 BASTEROT DE LA BARRIÈRE (François-Gabriel de), né à Rochefort-sur-Mer le 18 mai 1762, fils de Guillaume de Basterot, capitaine de vaisseau, et de Esther-Honorée de la Clochetterie, aspirant garde-marine en 1777, enseigne de vaisseau en 1780, lieutenant de grenadiers en 1780, lieutenant de vaisseau en 1786, capitaine de vaisseau le 1er janvier 1793. Basterot fut exécuté le 28 mai, entre la Grosse-Tour et le Mourillon, sur le pont de l'*Eygoutier*, en face de la rade, devant les matelots de l'escadre assemblés. Il mourut courageusement. Pendant qu'on lui lisait la sentence de mort, il écrivait tranquillement une lettre à sa femme. (HENRY : *Histoire de Toulon*, t. II, p. 9, dit qu'il fut décapité.) (LAUVERGNE : *Histoire de la Révolution*, p. 148 et 221, assure qu'il fut pendu.) (Voir aussi F. POUPÉ : *L'Affaire de la Minerve et de la Melpomène*, p. 30-43.)

2 LE TOURNEUR DE GRANVILLE (Étienne-François-Louis-Honoré), né à Granville, le 15 mars 1751, capitaine du génie à Cherbourg, député de la Manche à la Législative et à la Convention, membre du Directoire exécutif, chef de brigade du génie, préfet de la Loire-Inférieure (1800-1804), conseiller à la Cour des Comptes, proscrit en 1816, décédé à Laecken, près Bruxelles, le 4 octobre 1817.

3 BRUNEL (Ignace), né à Magnières (Meurthe), ancien conseiller du Roi, lieutenant-général de l'Ile-de-France, député de l'Hérault à la Législative et à la Convention, se donna la mort à Toulon le 29 floréal an III, au cours de l'insurrection jacobine.

4 ROUYER (Jean-Pascal), maire de Béziers, député de l'Hérault à la Législative et à la Convention, membre du Conseil des Cinq Cents.

heurter les convenances des équipages. Chaque bâtiment compte plusieurs Clubs, — Club du Gaillard d'avant, Club du Gaillard d'arrière, Club de la Batterie. Les meneurs signifient aux capitaines que la *Melpomène* et la *Minerve* ne mettront pas à la voile. Homme de résolution, Féraud s'arme jusqu'aux dents, monte sur le gaillard de la *Minerve* et menace de casser la tête au premier matelot rebelle. Ce discours énergique calme l'effervescence révolutionnaire des hommes qui s'inclinent et prennent la mer. La capitulation de la *Minerve* entraîne celle de la *Melpomène* [1].

Les deux frégates se dirigent vers Bône, louvoient sur les côtes d'Afrique, vont à Livourne, mouillent devant Gênes, et, le 13 avril 1793, sont de retour à Toulon. Pendant cette croisière, les matelots témoignèrent du plus mauvais esprit. A peine en rade, l'autorité les avise qu'ils vont reprendre la mer pour gagner Alger. Cette décision exaspère les équipages. On délibère. Au lieu d'appareiller, les marins saisissent le Club Saint-Jean de leurs griefs, non contre Féraud, mais contre M. de Basterot. Ancien maître d'équipage, promu capitaine de vaisseau, orateur de Club à la parole tranchante, Féraud jouit d'un ascendant qui décourage les Jacobins les plus exaltés et qui le protège contre leurs cabales. En revanche, M. de Basterot, malgré son éclatante adhésion aux doctrines nouvelles, n'a jamais désarmé les Clubistes, et reste pour eux un aristocrate incorrigible. En l'immolant, les meneurs immoleront, non un frère, mais un suspect.

Le mot d'ordre est donné. Le jour où le capitaine de la *Melpomène* invite l'équipage à lever l'ancre, les marins, révoltés, déclarent qu'ils feront sauter la frégate plutôt que de sortir du port. A la suite de ce prologue, la tragédie déroule ses phases classiques. Le 21 avril, les représentants du peuple, les autorités militaires et civiles, après avoir

---

1 LAUVERGNE, p. 147.

délibéré, transmettent aux deux capitaines les plus amphigouriques tirades du *Conciones* jacobin. « Ne perdez pas de vue, citoyens, disent les Trois Corps, que c'est avec les armes de la raison et de la *popularité* qu'un équipage doit être dirigé, et alors, sans doute, un capitaine peut être rassuré sur la docilité et l'obéissance [1]. » Pour inculquer aux marins ces nobles principes, les Trois Corps chargent plusieurs fonctionnaires d'ajouter à la vertu du nouveau décalogue le prestige de leur éloquence. Les délégués se dirigent donc vers le Lazaret, où stationne l'équipage de la *Melpomène*, et, du haut d'un balcon, l'orateur, désigné par ses collègues, fait ronfler au-dessus des mutins, les périodes d'un solennel discours sur les devoirs du marin et la sainteté de la discipline ! Cette sonore homélie soulève les ricanements des matelots, plus accessibles aux bourrades des « loups de mer », comme Féraud, qu'à l'éloquence sentimentale des rhéteurs de Loge. Pour connaître les fauteurs du désordre, on veut procéder à l'appel nominal. Mais, au moment où le Commissaire Alziary, chargé de cette corvée, tente de mettre la main sur le rôle d'équipage, les hommes du canot défendent à l'agent comptable de délivrer la pièce et, s'il passe outre, les mutins menacent de pendre aux vergues de la *Melpomène* l'indocile employé.

Quelques jours plus tard, pourtant, les mutins, assagis et débarqués, cèdent la place à des matelots plus soumis. Mais il faut que cette révolte se paie. Quel en sera le bouc émissaire? Le capitaine, le chef, M. de Basterot. Ainsi le décide le Club, mesurant son audace à la passivité des victimes. En proie à un incorrigible optimisme, le condamné refuse de fuir. Pourquoi tremblerait-il? N'a-t-il

---

[1] E. POUPÉ : *L'Affaire de la Minerve et de la Melpomène* (avril-mai 1793), Marseille, 1902.

point déserté le Patriciat et la Monarchie pour rester fidèle à la Révolution et à la Marine [1]?

C'est devant un Conseil de guerre que le « coupable » aurait dû comparaître. Mais la Révolution se défie des juges qu'anime le sentiment du devoir. On défère Basterot à une Cour martiale où le fameux Barthélemy [2] dicte aux jurés la peine capitale contre un homme qu'aucune loi n'a le droit de frapper. A supposer, en effet, que son innocence n'aurait pu le défendre, l'aliénation mentale qui terrassa, le jour même, l'infortuné capitaine, le rendait intangible au bourreau. Mais il fallait du sang au Club des Jacobins pour mettre le comble à l'asservissement de Toulon [3].

---

[1] LAUVERGNE, pp. 145-148.

[2] BARTHÉLEMY, né à Toulon le 12 janvier 1752, avoué avant la Révolution; secrétaire du Conseil municipal en 1789; officier municipal 1790-91; juge de paix de Toulon août 1791; chef du bataillon du district d'Aix octobre 1792; président du Tribunal criminel du Var novembre 1792; commandant de la gendarmerie nationale maritime; nommé par Garat commissaire-auditeur près la Cour martiale maritime de Toulon, le 1er avril 1793, condamné à mort le 7 août 1793 et exécuté le même jour. E. POUPÉ, ibid.

[3] L. MONGIN : Toulon ancien et ses rues, t. II, p. 94, donne la liste des Toulonnais qui furent pendus au cours des troubles de juillet, août et septembre 1792 : cette liste comprend dix-huit personnes. Si l'on ajoute à cette liste les huit Toulonnais qui furent tués le 23 août 1791, et les trois victimes du Tribunal criminel, on arrive à un total de vingt-sept. Mais Mongin omet Petit-Dragon et Tambour-Major, ainsi que les malheureux qui furent saignés ou pendus dans les villages suburbains, au Beausset, à la Valette, etc., etc.

CHAPITRE VI

RÉVOLTE DE TOULON CONTRE LA RÉPUBLIQUE

I. — Les Royalistes et les modérés se révoltent contre la dictature jacobine.
II. — Le Mazaniello de Toulon. — Le bridier Jean-Baptiste Roux dirige le mouvement insurrectionnel contre les autorités de Toulon et contre les Représentants en mission. — Séance au Couvent des Minimes. — Discours de Roux.
III. — Les Sectionnaires se rendent à l'Hôtel de Ville et délogent le Corps municipal.
IV. — Fin du régime républicain, le 12 juillet 1793. — Proclamation de Louis XVII.
V. — Roux et les Conventionnels. — Les Royalistes constituent un Gouvernement. — Nomination du Comité général. — Un ancien Garde du Corps, le comte de Grasset, nommé commandant de la Garde nationale.
VI. — Exécution des *bravi* toulonnais. — Le Conventionnel Pierre Baille se pend dans sa prison.
VII. — Son collègue Beauvais, délivré le 20 décembre, meurt à Montpellier, trois mois plus tard. — Incinération du martyr. — Les cendres envoyées à la Convention.

I

Pendant qu'à Paris la bourgeoisie, domptée ou complice, se serre autour de la Convention et, résignée à l'esclavage, tourne, comme Samson, la meule pour nourrir ses maîtres, — à Toulon, le couteau « patriote » va susciter non l'épouvante, mais l'offensive. Au lendemain de la journée du 31 mai, où succomba la Gironde, un frémissement de colère souleva le sol. De Caen à Marseille et de Bordeaux à Lyon, soixante-quinze départements flétrirent les proscripteurs. Si des Chefs dignes de ce nom, si des Français résolus à rompre avec la superstition révolutionnaire, s'étaient emparés de cet élan national pour le coordonner et le conduire, la Monarchie, avant la fin de 1793, aurait supplanté la Convention, subitement arrêtée dans sa carrière de destructions et de crimes. Malheureusement, la bourgeoisie libérale, qu'émut la chute de la Gironde, ne sut pas répudier les erreurs du groupe politique qui l'avait poussée contre la tradition nationale. Les anciennes connivences enchaînèrent sa volonté : ce fut son châtiment et le nôtre. Il aurait fallu abjurer tous les pactes et renoncer à tous les mensonges. Mais, moins dominés par le patriotisme que par l'orgueil, si les disciples résipiscents de la Gironde réprouvèrent les forfaits de la Révolution, ils n'eurent pas le courage d'en condamner les causes. Voilà pourquoi l'insurrection, sans franchise et sans drapeau, de la Bourgeoisie lyonnaise, échoua contre un adversaire exempt d'incertitudes sur ses principes et sur ses visées. La victoire devait fatalement rester à la faction nantie de l'unité politique qui manquait au parti rival. En affichant le dessein, non de remplacer la République, mais de la maintenir, les chefs de l'émeute lyonnaise pouvaient-ils se flatter de rallier à leur louche sédition le pays ensanglanté par les Jacobins ?

A Toulon, les fauteurs de la révolte — il faut leur rendre cette justice — n'ont rien de commun avec ces oligarchies, plus avides de places que d'ordre, plus ambitieuses que chevaleresques, qui font la guerre au Pouvoir infidèle, moins pour châtier ses forfaits que pour lui disputer son butin. Dès le premier jour, l'étendard fleurdelysé de la Monarchie flotte à la tête des troupes qui marchent contre les soldats de la Convention. Ce n'est ni la Déclaration des Droits de l'Homme, ni la Constitution de 1791, que les Toulonnais invoquent pour justifier leur résistance et leur rupture. En divorçant avec le Gouvernement officiel, nos Provençaux n'ont pas la sotte fatuité de se déclarer meilleurs républicains que les membres du comité de Salut public.

A quels hommes la République confie-t-elle, alors, la maîtrise de Toulon, la défense des lois et le respect du droit nouveau? A Chaussegros, à Trogoff, à Saint-Julien, et à Puissant.

Le vice-amiral Benoît de Chaussegros commande la Marine, le vice-amiral comte de Trogoff et, son second, le contre-amiral Saint-Julien de Chambon, les forces navales, —enfin, Puissant de Molimont [1], les services administratifs.

Si les Monarchies confèrent à leurs agents la franchise, l'énergie, la certitude, le goût des grands desseins, en revanche, les Républiques et les Démocraties créent des fonctionnaires irrésolus, pusillanimes, moins préoccupés de servir la patrie que d'assurer leur avenir, incertains entre le maître d'aujourd'hui et le dictateur de demain, et, pour conjurer les naufrages, moins enclins à braver les cyclones qu'à les fuir. Obligés de se prononcer entre le Gouvernement

---

[1] PUISSANT DE MOLIMONT (Joseph-Maurice), né le 9 juin 1740, à Chaumont-en-Bassigny, fils d'un avocat, fut d'abord soldat au service de la Compagnie des Indes. Prisonnier des Anglais en 1761, il ne revient en France que l'année suivante. En 1767, il est Écrivain de la Marine et des Classes; Sous-Commissaire en 1774; Contrôleur en 1777; Ordonnateur à Saint-Malo le 1er octobre 1792; à Toulon le 1er avril 1793. Un *Mémoire* sur le perfectionnement des services administratifs de la Marine lui avait valu ce poste et une pension de 6.000 livres. Tréhouart, alors adjoint au Ministre, déclarait, à ce propos, que « Puissant n'avait cessé de donner des preuves d'une intelligence rare et d'un vrai dévouement à la chose publique ». (COTTIN, 103). M. A. Babron, commissaire général de la Marine, du cadre de la réserve, petit-fils de Puissant, a bien voulu mettre à notre disposition les écrits justificatifs de son aïeul, notamment : *Toute la France a été trompée sur l'Événement de Toulon, en 1793. Voilà la vérité*, par le citoyen PUISSANT, ex-Ordonnateur de la Marine à Toulon. Brochure de 57 pages. A Coutances, de l'imprimerie de M.-N. AGNÈS, an V de la République.

de Paris et le Gouvernement de Toulon, Chaussegros, Trogoff, Saint-Julien, Puissant, louvoient, temporisent, leurrent le ministre de dépêches aussi copieuses qu'obscures qui ne trompent peut-être pas, d'ailleurs, le destinataire en proie, sans doute, lui-même, à d'égales transes. Au moment où Toulon se révolte, sait-on, en effet, comment se dénouera le conflit entre la Convention et la France? Qu'on songe qu'à cette époque (juillet 1793), la Vendée et Lyon mènent contre la République une campagne heureuse, et que l'écrasement des « rebelles » n'est ni prévu, ni surtout souhaité par tout le monde. Une République, à peine âgée de quelques mois, peut-elle, d'ailleurs, se flatter de mieux défier la catastrophe qu'une Monarchie millénaire? La paix la met aussi bien en péril que la guerre. A toute heure, la déchéance menace les « gouvernements d'opinion », soumis, en vertu de leur principe même, à l'aléa d'une émeute, d'un vote ou même d'un discours. Au lendemain d'une bataille où la Montagne remporte la plus éclatante victoire, la Sainte-Ampoule d'un Scrutin ne peut-elle oindre et sacrer la Gironde désarmée ou la Royauté vaincue?

Le droit nouveau que servent Chaussegros, Trogoff, Saint-Julien, Puissant, les autorise, que dis-je, les oblige à s'enrôler dans le groupe politique en faveur duquel le Souverain — à savoir le Peuple — se prononce. C'est ce qu'ils font. Tout d'abord, leurs volontés et leurs affections oscillent, comme oscillent les résolutions et les chances des conspirateurs. Mais, bientôt, l'audace et le succès du parti royaliste épargnent aux Pouvoirs indécis les embarras d'une transition lente entre les deux régimes. En brusquant le dénouement, le Comité général de Toulon accélère, non seulement l'adhésion des Autorités officielles, mais la capitulation de l'armée navale. Comment se défendre contre un Pouvoir qui, fort de l'assentiment presque général et, surtout, plein de confiance dans la sainteté de sa cause, abat toutes ses cartes et précipite ses coups?

Au début, pendant quelques jours, il est vrai, les nouveaux maîtres de Toulon maintiennent les formules du protocole républicain, mais ces bagatelles de la porte peuvent-elles tromper la foule qui connaît les royalistes, et qui sait quel intraitable dévouement les lie au Roi? Ne voyons donc dans leur verbalisme qu'une très légitime ruse de guerre destinée à contrecarrer momentanément l'offensive de la Convention contre la cité affranchie. Le jour où les troupes se trouvèrent prêtes à faire face à l'ennemi, le masque républicain tomba. Le Comité général date, à l'instant, les actes officiels de « l'An premier du Règne de Louis XVII », — et, le jour même, sur ses ordres, claque, au sommet de tous les édifices nationaux, le drapeau blanc, vainqueur de la République et de la mort !

II

Quel fut l'instigateur de la rébellion? Un simple artisan, Jean-Baptiste Roux[1], qui surgit, tout à coup, d'une échoppe de bridier, comme, au XVIe siècle, le créateur de la Ligue parisienne, Bruyère, sortit d'une boutique de parfumeur.

---

[1] Pour distinguer Roux de ses homonymes, les habitants de Toulon l'appelèrent « Roux Louis XVII ». Il fut témoin du retour des Bourbons. En 1817, Louis XVIII lui accorda le cordon de Saint-Michel. Mais Roux était mort quelques jours avant l'arrivée de l'Ordonnance royale qui le décorait. Dans le célèbre *Mémoire touchant la vie et la mort de Mgr le duc de Berry*, Chateaubriand reproduit le texte d'une lettre adressée de Marseille, le 2 juin 1816, au duc de Berry, par la princesse Caroline de Bourbon, sa future femme, lorsqu'elle vint en France pour épouser le fils de Charles X. Dans cette lettre, la fiancée du duc de Berry raconte qu'elle est allée à Toulon où, dit-elle, tous ses instants ont été employés à recevoir des hommages, des fêtes sur terre et sur mer. « Il est impossible, dit-elle, de décrire l'enthousiasme de ces bons habitants de la Provence; ils me gâtent... J'ai vu avec plaisir ce brave Rousse (*sic*), de Toulon, le seul qui ait fait reconnaître Louis XVII et qui continue, par un entier et désintéressé dévouement, à se rendre utile à son pays et à son Roi. » CHATEAUBRIAND : *Œuvres complètes*, édition POURRAT, t. II, p. 108.

Les croyances chrétiennes, semées par le clergé dans l'âme populaire, y avaient fait lever des vertus, — la constance dans le travail, l'esprit de droiture, le culte de la tradition, le sentiment de l'ordre, — que n'avait pu étouffer la licence révolutionnaire. En 1789, Roux avait, paraît-il, acclamé les sophismes que le Tiers État désignait alors à la faveur populaire. Mais bientôt, le sens chrétien protesta, chez Roux, contre les vilenies et les fureurs d'une secte qui voulait moins réformer la société que détruire la France. La Montagne n'offrait aux prolétaires qu'une joie, celle de la persécution contre les vaincus et contre les faibles. Le parti de Roux fut vite pris. Depuis le Coup d'État du 31 mai, les ouvriers et les bourgeois avaient vainement essayé de réunir leurs « Sections » pour se compter et s'entendre. A toutes leurs doléances, le Club des Jacobins et le Conseil municipal avaient opposé l'outrage d'un refus.

Le 12 juillet 1792, le Club, prévoyant de nouvelles instances, décide d'y mettre un terme. Sur son ordre, les hérauts de la ville menacent de la peine capitale tout citoyen toulonnais qui solliciterait, à nouveau, la convocation des « Sections ». Mais il faut que cette mise en demeure n'ait pas l'air d'une galejade. Pour porter l'épouvante dans l'âme de la « Réaction », les Jacobins placent à leur tête les représentants Pierre Baille [1] et Beauvais [2], et s'élancent, en émeute, à travers les rues de la ville consternée. Coiffés du bonnet phrygien et la carmagnole

---

[1] BAILLE ou BAYLE (Pierre), conventionnel, né à Marseille, mort à la fin de 1793. Il avait été, au commencement de la Révolution, administrateur des Bouches-du-Rhône. A l'Assemblée, il siégea avec les Montagnards, vota la mort du roi, et fut envoyé en mission dans le Midi.

[2] BEAUVAIS DE PRÉAUX (Charles-Nicolas), conventionnel, né à Orléans en 1755, exerçait depuis longtemps la médecine à Paris, lorsque, à l'époque de la Révolution, il fut nommé successivement juge de paix, député à l'Assemblée Législative et à la Convention Nationale. Il vota la mort du roi, et fut envoyé à Toulon. Beauvais a laissé plusieurs écrits, parmi lesquels nous citerons son *Mémoire sur*

sur le dos, armés, les uns de mousquets, et les autres de piques, nos malandrins chassent devant eux une foule qu'achève de mettre en déroute une bande de tape-dur qui, le sabre à la main, s'avancent gravement en bataille, comme un corps de bourreaux asiatiques, le cimeterre aux dents, derrière un pacha turc. Sous les fenêtres de tous les Royalistes, la horde fait halte, non sans avertir chaque victime que son dernier jour vient de sonner. « *Plor: di bouon Diou pei lei brigan!* » vocifèrent les bandits [1]. L'expédition finie et pendant que l'émeute, haletante et lasse, regagne ses tanières, Roux parcourt les rues qui viennent d'être visitées, entre chez les « Patriotes de 1789 » comme chez les partisans de la Monarchie, et donne à tous les suspects rendez-vous, pour le soir même, à la Chapelle des Minimes.

Cette aventureuse tournée vient à peine de se clore que Roux voit venir chez lui le Procureur de la Commune Le Clerc, magistrat probe, mais effaré :

« Abdiquez, dit-il à Roux, une résolution téméraire.
« Ne bougez point. Je vous réponds que vous n'aurez
« rien à craindre. Si vous persistez, au contraire, le
« sang ruissellera dans le rues de Toulon. »

Voilà bien le langage que tient trop souvent, dans les temps de troubles, une bourgeoisie sans courage à un peuple sans principes. Les risques immédiats d'une entreprise la touchent plus que les avantages lointains. Sous prétexte de dérober ses amis au péril, elle se soustrait facilement à son devoir. Grâce à Dieu, cette fausse sentimentalité ne gagne pas l'homme du peuple :

---

les maladies épizootiques des bêtes à cornes des Iles de France et de Bourbon (1783); *Description topographique du mont Olivet* (1783, in-8°), etc.

1 « Plus de bon Dieu pour les brigands. » Les brigands, c'est-à-dire les Royalistes et les Catholiques.

« Je périrai, répond Roux, ou bien les Sections s'assem-
« bleront cette nuit. Transmettez mes paroles à ceux qui
« vous envoient !

— Mais, insiste le vertueux Girondin, corrompu par
Rousseau, pourrez-vous arriver à vos fins, sans répandre
le sang ?

— Nous avons pour nous la sainteté de notre cause
et le courage du désespoir ! » réplique Roux, qui prend
aussitôt congé de Le Clerc pour se rendre aux Minimes.

C'est sous les arceaux de la Salle capitulaire que les
Sections doivent se réunir et délibérer sur le salut de la
ville. Situé dans l'un des faubourgs, le Couvent francis-
cain s'adosse aux remparts et s'ouvre sur une place où
viennent aboutir plusieurs ruelles qu'encombre déjà la
foule, au moment où Roux pénètre dans l'enceinte. Vivats !
cris ! Mais Roux ne se laisse pas griser par cet enthousiasme vocal. La salle se remplit, la séance s'ouvre et l'ouvrier, dominant l'auditoire, commence :

« Citoyens, le salut de la ville exige que les Sections se
réunissent dès ce moment...

— Non ! non ! interrompent d'incorrigibles Girondins,
éparpillés dans la salle : A demain ! à demain ! »

Plus droite et plus saine que ces trembleurs, la foule,
déjà conquise par Roux, leur impose silence :

« J'ignore, reprend le bridier, d'un ton énergique,
« j'ignore quels sont ceux qui osent ainsi m'interrompre ;
« ce ne peuvent être que des Jacobins ou des hommes
« indignes de figurer dans nos rangs. Je continue. Apprenez
« donc, — si vous ne le savez déjà, — que, cette nuit, ce
« soir même, au moment où je vous parle, les maisons

« des suspects sont marquées à la croix rouge, et, demain
« peut-être, mes interrupteurs n'existeront plus. Tel est
« l'arrêt porté par le Club de Saint-Jean. Voyez et jugez,
« maintenant, si vous pouvez encore compter sur un len-
« demain ! »

La cause est gagnée. Ardent, lyrique, l'auditoire se donne
à l'audace qui ne calcule pas le péril. Maintenant, sûr de
la victoire, Roux n'hésite pas à mettre au clair l'épée qui
n'était encore sortie qu'à demi du fourreau :

« Aux armes ! aux armes ! Citoyens ! crie l'ouvrier. Il
« ne s'agit plus des comptes de la Garde nationale. La
« patrie est en danger, la ville est menacée. Réunissons-
« nous en Assemblée primaire, et, pour y parvenir, qu'une
« pétition, séance tenante, soit rédigée. Que cent cinquante
« de nous la signent et qu'on la porte à la Municipalité.
« La loi le veut ainsi [1] ! »

Les feuilles de papier circulent. Au bout de quelques
minutes, deux cents noms les noircissent. Roux sait qu'a-
vec les assemblées méridionales, il ne faut pas laisser à
l'enthousiasme le temps de se refroidir. On convient de
porter immédiatement l'Adresse à l'Hôtel de Ville. Qui
s'acquittera de cette mission? Un groupe de royalistes énergiques et de républicains indécis que Roux se charge lui-
même de conduire. Huit heures sonnent au moment où la
délégation parvient auprès des édiles. A peine a-t-elle eu le
temps de notifier aux Municipaux la volonté des Sections
que les Clubistes de Saint-Jean, avertis du complot qui se
trame, débouchent dans la Salle consulaire, armés de piques,
de sabres, de bâtons, et prêts à toutes les violences pour
maintenir la dictature que menacent les volontés qui se

[1] LAUVERGNE, pp. 187 à 173.

réveillent. Sommés de rétracter un mandat hostile à cette hégémonie, Roux et ses compagnons regimbent. La sanction de cette résistance ne se fait pas attendre. Les envahisseurs s'emparent de leurs contradicteurs et transforment les prisonniers en otages.

III

Cependant, les Sectionnaires, réunis au Couvent des Minimes, s'inquiètent. Que se passe-t-il à la Maison commune? Flairant quelque aventure tragique, la majorité se rend, en armes, au Consulat. Dès les premières marches de l'escalier, un groupe d'amis dévoués instruisent les nouveaux venus de l'échauffourée qui se dessine. Indignation des Noirs. En arrêtant les délégués des Minimes, les Clubistes ont violé le droit des gens. Il faut qu'à l'instant même les captifs soient rendus à leurs frères. Ce langage énergique, et surtout les armes qui se dressent, font réfléchir les coupables. L'intervention du Procureur de la Commune achève leur déroute. Ce magistrat demande et obtient que la députation, préalablement placée sous la sauvegarde d'une imposante escorte, soit reconduite par les édiles eux-mêmes, revêtus de leurs insignes, au Forum d'où elle est partie. Les Municipaux, réunis aux Noirs dans la Salle conventuelle, veulent temporiser : « A demain les débats! » Une tempête de huées accueille cette pantalonnade et provoque la fuite de la Municipalité, honnie et vaincue. Délivrés de ces poltrons, Roux et ses amis se déclarent constitués et lèvent hardiment l'étendard de la révolte contre le Pouvoir établi. Mais les nouveaux maîtres ne peuvent s'imposer à la Cité sans le concours de la Garde civique. Roux donne l'ordre de sonner le tocsin et de battre la générale. Aussitôt, les volées des cloches et les mugissements des tambours mettent en branle les bataillons de la milice urbaine qui, le fusil sur l'épaule, marchent vers l'Hôtel de Ville et vers le Palais de Justice pleins de tumulte et de curieux. Les Clubistes de Saint-Jean essaient vainement de défendre les pièces de canon destinées à la défense du poste. Après une lutte acharnée, les Gardes nationaux délogent leurs adversaires et s'installent dans les deux citadelles, tombées entre les mains du Pouvoir nouveau. Pas une goutte de sang n'a coulé : quelques bourrades, un peu vives, ont suffi pour nettoyer la place et en donner les clefs aux vengeurs de l'ordre.

IV

Ainsi sombre, dans le chef-lieu du Var, le 12 juillet 1793, le Gouvernement de la République, proclamé, dix mois auparavant, par une Assemblée qui n'avait reçu de la Nation, ni le mandat de changer le régime politique de la France, ni, surtout, la consigne d'assassiner le Chef de la Race royale. La générosité, l'énergie, la volonté d'un simple homme du peuple, ont tout fait. Un légiste, un avocat, avant de remettre en fonctions l'organisme détruit, aurait institué un régime transitoire. Roux rétablit d'emblée la Royauté capétienne et rend Toulon au Prisonnier du Temple. Dans cette journée radieuse, qui fut seul vaincu? Le parti de l'anarchie. Les égorgeurs de l'amiral de Flotte, du major-général de Rochemore, des administrateurs Guérin, Maure, Roubaud, du procureur général-syndic Gazan, du membre du Directoire Debaux, etc., comprennent, sur-le-champ, que Toulon ne leur appartient plus et qu'il leur faudra compter demain avec de rigides justiciers. Cette perspective affole les *bravi*. La veille encore, ils gouvernaient la ville à coups de poignards. Pourquoi ne tenteraient-ils pas un suprême assaut? Une horde de malandrins marche, le sabre nu, sur le Couvent des Minimes et, l'injure à la bouche, envahit la Salle capitulaire :

« Place au Pendeur de la ville ! s'écrie le massacreur Jas-
« saud. Je viens, au nom de la loi, chercher la tête de
« Roux ! »

Huit jours auparavant, les honnêtes gens auraient pris la fuite et, pour sauver leur tête, livré celle de Roux au bourreau. Mais, il semble qu'en changeant de régime, les Toulonnais aient changé de caractère. L'ère des hésitations est close. Au lieu de s'évader devant Jassaud, vingt membres se lèvent et mettent à la porte l'égorgeur et ses sicaires, effarés de cette soudaine hardiesse.

Même scène et même victoire au Club Saint-Jean, où les amis de Roux supplantent, depuis vingt-quatre heures, les Blancs évincés. Embusqués dans les tribunes, les *bravi* commencent par harceler l'auditoire de leurs menaces familières : *Lei Lanterno plourounl* Mais ces invectives et ces vociférations ne font plus peur. Quelques Canonniers du bataillon de Saint-Jean, introduits par le président Giraud, chassent, à coups de bottes, les mutins qui détalent, en proférant d'inutiles outrages. Inattentifs à ces vilenies superflues, les triomphateurs dédaignent d'en tirer vengeance.

V

Les deux Représentants en mission dans le Midi de la France, Pierre Baille et Beauvais, ne paraissent pas tout d'abord comprendre la portée du mouvement dont ils viennent de suivre les vicissitudes. Sans méconnaître les torts des Jacobins, les deux Conventionnels espèrent que

Toulon refusera de se brouiller avec une République qui vient de donner au pays une Constitution nouvelle.

Cette Charte est celle qu'a rédigée la Montagne, après avoir frappé d'ostracisme la Gironde. Pour se faire pardonner leur attentat contre la souveraineté nationale, les Jacobins ont, en huit jours, forgé une Constitution, non seulement destinée à voiler à la France leurs futurs desseins, mais surtout à laisser entrevoir une amnistie dont devra seul bénéficier le crime.

La veille, Baille et Beauvais ont reçu, par la voie d'Italie, plusieurs exemplaires de ce morceau de littérature. Une puérile infatuation leur persuade que l'œuvre, bâclée par la Montagne, va désormais ôter tout prétexte aux dissensions civiles et désarmer les ennemis de la République. Cette illusion se heurte au veto d'un simple artisan prémuni, par la discipline catholique, contre les pièges des sophistes. Infatigable athlète, Roux domine ses collègues de toute la hauteur d'une intelligence qu'animent l'esprit de la tradition et le culte passionné de l'ordre. Entre les « hommes de 1789 », battus, et les Royalistes triomphants, la nécessité s'impose d'un médiateur. Les deux Représentants s'imaginent que Roux se prêtera volontiers à ce rôle et à cet escamotage. Le champion de la Monarchie ne s'empressera-t-il pas de céder le magistère de Toulon au parti qu'il a vaincu? Les deux Conventionnels se rendent à la Section des Minimes. Dans toutes les tribunes bouillonnent des spectateurs haletants, les uns de colère, les autres de peur. Beauvais prend la parole :

« Citoyens, dit-il, nous venons de recevoir officielle-
« ment, par la voie d'Italie, la Constitution de la Répu-
« blique, cette Constitution tant désirée, qui promet
« l'oubli du passé, qui assure l'avenir. Nous nous em-
« pressons de venir vous en donner lecture pour tran-
« quilliser tous les bons citoyens. »

Cet oblique discours ne trompe pas la droiture du travailleur qui, dans l'églogue promise par Beauvais, voit se profiler la silhouette de la « sainte guillotine ». Interrompant l'orateur, le président Roux déclare qu'avant de passer outre, il est de son devoir de consulter l'Assemblée. Dès les premiers mots, le souffle de la victoire passe à travers la salle. Subjuguée par Roux, la Section entière se lève pour inviter le bridier à prendre lui-même toutes les mesures que comportent le salut de Toulon et l'échec de la République :

« Puisqu'il en est ainsi, dit alors le Président, vous devez
« m'entendre. Vous avez décrété la souveraineté du peuple
« en France, après avoir illégalement déposé et assas-
« siné lâchement le plus juste et le plus vénéré des Rois.
« La Constitution nouvelle n'est l'ouvrage que d'une poi-
« gnée de factieux régicides ; je défends, en conséquence,
« que lecture en soit donnée dans cette enceinte. J'ordonne
« qu'un exemplaire en soit déposé sur le bureau et, plus
« tard, je proposerai qu'une délibération soit prise pour
« que cette Constitution soit lacérée par l'exécuteur des
« hautes œuvres et les débris livrés aux flammes ! »

Cette clairvoyance et cette décision déjouent les stratagèmes des conspirateurs. Puis, s'adressant aux Conventionnels :

« Allez ! leur dit Roux, faites aux autres Sections la pro-
« position que vous venez de nous faire, et nous jurons, foi
« de citoyens français, de nous soumettre au vœu de la
« majorité ! »

Ainsi, forcés dans leurs retranchements, Beauvais et Roux abandonnent la partie :

« Puisque les autres Assemblées ne prennent aucune
« résolution, sans l'avoir, au préalable, soumise à la Sec-
« tion des Minimes, à quoi bon les consulter? » s'écrie Beauvais, en veine de logique.

De l'aveu même des Conventionnels, le parti de la
Montagne a donc perdu les suffrages et les sympathies
des patriotes toulonnais. Devant cette défaite de la cabale
jacobine, il ne reste plus aux royalistes résolus et aux
républicains repentis qu'à constituer un Gouvernement
qui, devant la France, assume, dans notre grand port de
guerre méditerranéen, l'ordre public et la responsabilité.

Si la bourgeoisie et le peuple se rangent instinctivement
derrière Roux et ses alliés, une masse inquiétante, les ouvriers de l'Arsenal et les Marins de la Flotte, — les Ponantais, surtout, — les uns et les autres corrompus par
la rhétorique des Clubs et les faveurs des autorités républicaines, ne vont-ils pas opposer un obstacle redoutable
à l'affermissement du nouveau Pouvoir? Avec le bon sens
et les vues supérieures d'un homme d'État, Roux comprend que le Gouvernement dont il est le chef ne se ralliera
les frondeurs et n'imposera silence aux ennemis que
s'il se présente à la foule, non comme une puissance chao-
tique, mais comme un Régime muni de tous ses organes.

Les huit Sections délèguent le Pouvoir exécutif à un
Comité Général où se coudoient les hommes les plus distingués de tous les groupes sociaux : anciens fonctionnaires,
membres de l'aristocratie, représentants des classes
moyennes, officiers, artisans, etc., rapprochés par une commune aversion de l'anarchie et un égal amour de la sécurité
sociale. Nommons d'abord Burgues de Missiessy, capitaine de vaisseau; La Poype de Vertieux, capitaine de vaisseau en retraite; de Coriolis, ancien chef d'escadre; les deux
frères de Simony [1], officiers de marine; Pasquier, capi-

1 Appendice IX, p. 349.

taine de pavillon de l'amiral Trogoff; Enouf, sous-ingénieur de la Marine; Dejean, commissaire-auditeur.

L'amiral Trogoff, le commandant d'armes Chaussegros; le commandant de l'artillerie de terre Barras [1], parent du Conventionnel; le directeur de l'artillerie de la Marine Molinier, le directeur des vivres Branzon, simplement qualifiés de « Membres-Adjoints », prennent part, quand même, à toutes les décisions et donnent leur concours à toutes les mesures.

Pour communiquer aux divers Services une impulsion uniforme, il faut que ceux qui les dirigent soient dans la main de la Junte suprême. Le Comité Général associe à ses délibérations le Commandant de l'armée navale; — Puissant de Molimont, l'Ordonnateur civil; — Chaussegros, le Commandant d'armes. — Couloumé, l'Ordonnateur de la Marine, Droulenvaux, le Commissaire des guerres, de Villiers, le Directeur du génie, de Grasset, le Colonel de la Garde nationale, bref, toutes les sommités militaires, administratives et maritimes dont Toulon et son port utilisent les talents et l'expérience.

La milice urbaine avait favorisé Roux d'un vigoureux concours. Sans les Compagnies de Grenadiers et les Chasseurs, où affluaient l'élite de la jeunesse, le Mazaniello toulonnais n'aurait pu défier le Club Saint-Jean, inspirer confiance à la bourgeoisie et tenir en échec la populace. Mais d'autres Compagnies, dominées par les éléments les plus sordides du port, exigent un sévère nettoyage. On les crible. Aux officiers suspects ou pusillanimes, le Comité

---

[1] BARRAS (Nicolas de Rhode, seigneur de) avait été Lieutenant-Colonel d'artillerie avant la Révolution et avait eu sous ses ordres le lieutenant Bonaparte. « Mon arrière-grand-père — nous écrit à ce propos M. le marquis de Villeneuve — avait conservé quelques lettres du futur Empereur, avec lequel il entretenait une correspondance relative au pointage des canons et aux fusils à réverbère. Le colonel de Barras s'embarqua, après la prise de Toulon, sur un vaisseau espagnol, et fut nommé Maréchal de Camp en Espagne, où il résida jusqu'à l'époque où les émigrés furent autorisés à rentrer en France. »

général substitue des chefs estimés et résolus. Un ancien garde du corps de Louis XVI, retiré à la campagne, le comte de Grasset[1] reçoit la visite des Présidents de Section qui lui offrent le commandement de la Garde nationale.

« Mais, objecte le loyal gentilhomme, vous savez que je ne puis servir la Convention? »

« Ce n'est pas non plus notre dessein, répondent les Délégués. Vos principes sont les nôtres ! »

Un ancien membre de la Constituante, que son dévouement aux idées libérales a rendu célèbre dans le Var, le maire Meifrun, se distingue par l'ardeur de ses instances. Touché de ce témoignage, M. de Grasset ne veut pas se montrer moins chevaleresque :

« Soit, dit-il; j'accepte vos offres, mais à une double condition : ni appointements ni comptabilité ! »

VI

La Justice est le premier des biens que les Gouvernements doivent aux Peuples. Depuis 1791, vingt sacripants disposaient à Toulon de la fortune et de la vie, décrétaient la

---

[1] GRASSET (Paul-Emmanuel, comte de), né à Toulon, le 9 juillet 1753; fils d'Antoine Gaspard de Grasset, maire et lieutenant du roi au Gouvernement de Toulon en 1752 et en 1765. Sous-lieutenant au régiment de Languedoc-Infanterie, le comte de Grasset fait la campagne de Corse (1769-1770) ; se trouve au combat du Port de Golo; entre aux Gardes du Corps du Roi (compagnie du Luxembourg) (1773); assiste aux journées des 5 et 6 octobre 1789 à Versailles, reçoit de Louis XVI la croix de Saint-Louis le 6 mai 1792; prend part à la défense des Tuileries, le 10 août 1792, est élu chef de la Légion de la garde nationale du Var (juillet 1793), fait arborer la cocarde blanche et proclamer Louis XVII.

Après la prise de la ville, le comte de Grasset, inscrit le premier sur la liste de proscription, émigre à Naples avec sa famille, et suit la Cour de Naples à Palerme. Charles X lui accorde, en 1825, la croix de la Légion d'Honneur. Mort à Naples, le 16 février 1837.

confiscation et la mort, sous les yeux d'un Corps municipal complice et d'une Administration départementale tremblante. Marseille s'était purgée de ses « ventres rouges », avait « annulé » ses égorgeurs. Le peuple de Toulon réclame les mêmes exemples. Mais, si les sentiments du Comité Général concordent avec les désirs de la foule, les Chefs entendent que l'esprit de secte ne pollue point leur justice. Le jour où le Tribunal siège pour la première fois, le président du Comité Général prononce les plus nobles paroles :

« Vous ne permettrez pas, dit-il aux juges, que le res-
« sentiment s'égare dans sa poursuite, et se porte aux
« excès que nous reprochions à nos nouveaux 'yrans. Ils
« furent cruels; nous serons justes. Une politique atroce
« mit dans leurs mains le fer des bourreaux, nous ne
« placerons sur leur tête que le glaive des lois; ils con-
« damnaient sur des soupçons; nous ne prononcerons que
« sur des preuves. »

Ce discours fait comprendre aux *bravi* que leur dernière heure est venue. Décrétés de prise de corps, les Balthazard Jassaud, les Sylvestre, les Barry, les Lambert et les Lemaille dit Beau-Soleil, reçoivent, dans la geôle de Palais de Justice, une hospitalité qu'ils n'accordèrent jamais à leurs victimes. Les Royalistes ne veulent pas livrer les bourreaux à de nouveaux « pendeurs », mais à des juges. Les débats se déroulent suivant les formes consacrées par la législation de tous les peuples civilisés, et, le lendemain, quand les coupables portent leurs têtes sur l'échafaud, pas un républicain loyal ne proteste contre ces exécutions salutaires, mais malheureusement trop tardives [1].

---

1 Les anarchistes essayèrent de provoquer des troubles, mais cette agitation fut promptement réprimée par le Commandant d'armes, l'amiral Chaussegros et le colonel de Grasset. V. Pons, pp. 50 à 59.

A ces cinq bandits vulgaires, la justice royaliste joint trois autres malfaiteurs, sortis de la classe moyenne : l'ex-maire Paul; Jean-Baptiste-Gueit, l'instigateur des massacres de la rue, le commandant du détachement de la Garde nationale toulonnaise qui prit part, le 10 août, au sac des Tuileries et à l'égorgement des Suisses, et, enfin, le président Barthélemy, le juge prévaricateur qui voulut la mort du capitaine de la *Melpomène*. Avant de mourir, Gueit fit appel à l' « équitable postérité ». La postérité a ratifié l'arrêt décerné par le Tribunal royaliste contre Gueit et contre ses compagnons. Les républicains n'ont jamais osé inscrire les noms de Gueit, de Barthélemy, de Paul, de Sylvestre, sur leurs diptyques sacrés [1].

Dès le premier jour, le Comité général avait fait arrêter les représentants Baille et Beauvais [2]. Mais il ne fut jamais

---

[1] Aux huit terroristes que nous venons de citer, il faut en ajouter dix-huit autres, Pavin, directeur de la poste aux lettres, Armand, marchand de tabac, Chérel, cordonnier, etc., etc. La dernière exécution eut lieu fin octobre. Tous furent convaincus d'avoir pris part aux assassinats de la rue. (MONGIN : *Toulon ancien et ses rues*, t. II, pp. 96-98.)

[2] Voici ce qu'on lit au sujet de Baille et de Beauvais, dans le Rapport lu à la Convention, le lundi 9 septembre 1793, par Jeanbon Saint-André. « On alla prendre chez eux Pierre Baille et Beauvais; on les « conduisit processionnellement, et un cierge à la main, dans la princi- « pale église pour assister à une grand'messe et à un *Te Deum*, en signe « de réjouissance. Ensuite, on les promena de section en section. » Ce n'est là qu'une de ces fables grossières dont Jeanbon est coutumier. PONS, dans ses *Mémoires pour servir à l'Histoire de la ville de Toulon*, raconte qu'une procession solennelle eut lieu le 28 juillet 1793, et que, le soir, on entonna un *Te Deum* (p. 39-40). Mais, dans le défilé ne figurèrent, en fait de prisonniers, que les Toulonnais royalistes qui avaient été enfermés au fort La Malgue par les Jacobins. Autre mensonge jacobin : Le 22 septembre, à la séance de la Convention, une dépêche fut lue annonçant « l'assassinat » de Baille. Or, Baille se pendit, à l'aide de son mouchoir, dans la prison où il était détenu avec Beauvais. Ce suicide eut lieu vers les premiers jours de septembre (PONS, p. 136). Le 26 septembre, Jeanbon revient à la charge et dit : « Pierre Baille a été trouvé étranglé dans sa prison. On ne sait s'il s'est tué ou si les monstres l'ont sacrifié. » Nouveau mensonge. Jean-

question de les poursuivre. On avait pourtant trouvé dans les papiers de Baille un billet atroce : « *Tout va bien ici : le pain manque!* » Si, à cette époque, les tribunaux révolutionnaires punissent de la peine capitale toute parole désobligeante, les Royalistes repoussent avec indignation ce code barbare. Sans doute, les nouveaux maîtres de Toulon tiennent au secret Baille et Beauvais ; mais c'est moins pour se venger de leurs trames que pour se préserver de leurs indiscrétions... Baille eut-il peur? Au bout de quelques jours, notre Conventionnel se pendait aux barreaux de sa prison.

VII

Le sort de Beauvais fut beaucoup moins tragique. La victoire de l'armée républicaine lui rendit la liberté. Les mêmes tortionnaires qui, dans la plupart de nos

---

bon sait très bien, à cette date, que Baille a profité du sommeil de son compagnon de cellule Beauvais pour se suicider. Enfin, le 1er janvier 1794, Robespierre jeune, de retour de Toulon, apprend à la Convention que les royalistes délibérèrent sur le genre de mort qu'ils devaient faire subir aux deux Représentants : « Les uns proposaient de leur arracher la langue, d'autres de leur faire couler du plomb fondu dans les veines... Ces conversations furent entendues par notre collègue Baille, il voulut se soustraire, en se donnant la mort, au sort qui l'attendait et profita, pour se *poignarder*, du moment où Beauvais prenait quelque repos. Cet événement affreux doit être attribué aux monstres qui ont livré Toulon. Car ce sont eux qui ont véritablement *assassiné* Baille. » Est-il besoin d'insister sur les indignes faussetés que Robespierre jeune mêle à son récit? Il n'y a pas un mot de vrai dans cette histoire : tout est inventé. Mais les Conventionnels sont d'inlassables menteurs. Le 7 avril 1794, le député Granet demande que les honneurs du Panthéon soient accordés à Pierre Baille, *assassiné* à Toulon ! (*Réimpression du Moniteur*, t. XVII, pp. 728 et 757; — t. XVIII, p. 500; — t. XIX, p. 114; — t. XX, p. 157.

Louvet, dans ses *Mémoires,* éd. Didot (p. 176), dit que Baille était « un homme violent et grossier ». C'est Barbaroux qui, dans sa brochure sur le Dix Août, attribue à Baille le mot que nous rapportons plus haut.

grandes villes, à la même heure, égorgent des centaines de Français sur le seul reproche que la Révolution « ne leur paraît pas sympathique », traitent de « monstres » les geôliers de Beauvais, si cléments à ses violences. Le Jacobin a le droit de tuer un citoyen innocent, mais défense au Royaliste d'emprisonner un sans-culotte homicide ou factieux. Cinq mois avant le décès du héros, le 8 octobre 1793, Barère célèbre ses funérailles. Dans une furibonde carmagnole, l' « Anacréon de la guillotine » enchâsse cette vertueuse tirade d'un « patriote » marseillais : « Vous frémirez quand « vous saurez que les Anglais ont fait *périr par le supplice* « *de la corde* Beauvais-Préau : il a eu pour compagnon de « son malheureux sort l'ancien maire de Toulon. Un Re- « présentant du peuple conduit au gibet comme un vil « scélérat! Grand Dieu! » Rappelons que, douze jours avant cette oraison funèbre, le 26 septembre, Jeanbon, dans un Rapport sur la prise de Toulon, nous a montré Beauvais survivant à Baille. Le mensonge de Barère n'a donc aucune excuse. Mais, à la Convention, on ment pour mentir. Les collègues de Barère rectifient-ils ses allégations effrontées? Pas un ne proteste, et Jeanbon, qui sait mieux que personne à quoi s'en tenir, se tait.

Cependant, délivré le 20 décembre 1793, Beauvais se rend à Montpellier et meurt dans cette ville, le 28 mars 1794. Aussitôt, tous les tropes de la rhétorique la plus larmoyante font rage. Le 16 germinal (5 avril), trois Messages, lus à la Convention, annoncent la mort du « vertueux patriote », pleurent le « martyr de la liberté », et déifient le « grand homme ».

Comment fut accueilli cet événement? Quelle solennité macabre interpréta le désespoir du Languedoc en deuil? Pour éterniser le souvenir du héros, les Jacobins de Montpellier brûlent le corps, recueillent les cendres dans une urne, portent le vase au temple de la Raison, d'abord, puis le transfèrent « au sein de la Convention nationale, sous la conduite de deux sans-culottes ». Profondément émue par la grandeur épique de ces obsèques, l'Assemblée révolutionnaire, sur la proposition de Laplanche, alloue à chacun des enfants de Beauvais une pension de quinze cents francs, et, le 5 prairial (24 mai 1794), accepte le buste en cire que lui offre le citoyen Apret, artiste de Montpellier. » Cette œuvre doit décorer la salle des Séances. Pendant combien de temps le culte du dieu Beauvais obtint-il un autel?... Hélas! les saints de la République ne conjurent ni l'inclémence des choses, ni l'hostilité des hommes. Quel Français connaît aujourd'hui Beauvais? Quel philosophe gémit sur la fin prématurée de ce « Socrate » sans ciguë? Quel républicain commémore ce « martyr » sans bourreau [1]?

[1] *Réimpression du Moniteur*, t. XVIII, p. 87; — t. XIX, p. 50. — t XX, pp. 147, 157, 158, 183 et 556.

CHAPITRE VII

TRAHISON DE L'ANGLETERRE

I. — Soulèvement de soixante-quinze départements contre la Convention. — Attitude énergique de Marseille. — Le général de Villeneuve-Tourette lutte contre le général Carteaux.

II. — La Convention veut affamer Marseille. — La flotte anglaise, commandée par l'amiral Hood, apparaît sur le littoral. — Négociations entre l'Amiral et la Municipalité.

III. — Légitimité de ces pourparlers. — L'opinion européenne glorifie Washington, sujet du roi d'Angleterre, sollicitant le concours de la France contre son prince. — Les Royalistes toulonnais et marseillais ont droit aux mêmes éloges. — Ils ne conspirent pas contre l'intégrité de la patrie, mais contre le despotisme et les violences d'une Assemblée mutilée et illégale.

IV. — Manifeste de l'amiral Hood. — L'Angleterre promet de sauvegarder Toulon avec les vaisseaux de la flotte, pour le Roi de France. — Entrée des marins anglais, le 29 août 1793, à Toulon. — Nouvelles déclarations rassurantes affichées sur les murs de la ville.

V. — Les carmagnoles de Barère et le Rapport de Jeanbon Saint-André trompent la France. — Où était alors le Gouvernement ?

VI. — Félonie de l'Angleterre. — Georges III infirme les engagements du lord Hood. — Il n'est plus question du rétablissement de la Monarchie capétienne.

VII. — Un haut fonctionnaire accuse Pitt de patronner la candidature du duc d'Yock au trône de France. — La connivence de la Gironde. — *Our friends* : « nos amis ».

VIII. — Les Royalistes toulonnais s'aperçoivent qu'ils ont été trahis par l'Angleterre. — Ils veulent envoyer une

Adresse au Comte de Provence et l'inviter à venir à Toulon. — L'amiral Hood s'y oppose.
IX. — Timidité regrettable des Princes français. — Ils sont victimes de la duplicité de l'Angleterre. — Clairvoyance tardive de Louis XVIII.

I

La France tout entière salua de ses acclamations la délivrance de Toulon et transmit aux libérateurs des Adresses où débordait la joie de l'honneur reconquis et de la liberté retrouvée [1]. Toulon avait fait triompher la cause de la France contre la tyrannie de la Convention. Depuis le 31 mai 1793, depuis la proscription de la Gironde, le Gouvernement, dominé par la Commune de Paris, avait perdu le droit de se donner comme l'interprète exact et comme le mandataire constitutionnel du pays. Soixante-quinze départements félicitèrent Toulon d'avoir secoué le joug d'une Assemblée usurpatrice et criminelle. L'attentat commis par la Convention contre la Représentation nationale avait rendu aux Français leurs droits, leur honneur, leur liberté. La ville de Lyon s'était déclarée contre le Parlement illégal qui siégeait dans la salle du Manège; la Vendée tenait en échec le Gouvernement de Paris; le notaire Charrier [2], et l'abbé Claude Allier, prieur de Chambonas [3], dans les Cévennes, soulevaient les paysans contre les

---

[1] Voir l'ouvrage de H. WALLON : *La Révolution et le Fédéralisme en 1793*. Deux volumes in-8°.

[2] CHARRIER (Marc-Antoine), notaire à Nasbinals (Lozère), membre de la Constituante. C'est le Cathelineau des Cévennes. Avec trois cents hommes, bientôt portés à deux mille, Charrier s'empare de Marvejols, de Mende, et du château de Banne. Mais un renégat de l'aristocratie, le comte de Châteauneuf-Randon, rallie des forces considérables et marche contre Charrier qui licencie ses troupes. Arrêté à Nasbinals, Charrier est exécuté à Rodez, le 17 juillet 1793.

[3] ALLIER (Claude) provoque la troisième réunion du Camp de

assassins de leurs prêtres; la Normandie et la Bretagne mobilisaient leurs forces; Marseille chassait ses proconsuls. Bref, une effervescence patriotique agitait, du Nord au Sud, et de l'Est à l'Ouest, le territoire que la Commune de Paris voulait s'asservir. Sous l'influence de cette indignation, les provinces retrouvent, sans peine, leurs affinités de la veille. Foyers de protestation, Caen, Bordeaux, Toulouse, Nîmes, Marseille, Lyon, Dijon, rassemblent, autour de leur Hôtel de Ville, les fauteurs et les États-Majors de l'insurrection naissante. Un vif sentiment national anime les adversaires des « tyrans ». A peine un groupe de résistance se forme-t-il, qu'il envoie une délégation dans les cités avoisinantes pour constituer, avec elles, un lien fédéral et se concerter sur la direction de l'offensive commune. C'est ainsi que Marseille et Toulon, affranchies de la dictature parisienne, essaient de coordonner leur action contre l'Assemblée proscriptrice. A Marseille, le 20 juin 1793, les

Jalès. Le maréchal de camp Thomas de Conway, ancien gouverneur de l'Ile de France, fut chargé de la direction des opérations militaires avec le comte du Saillant d'Herbigny, pour lieutenant. L'imprudence de Claude Allier fit échouer l'entreprise. Sur ses conseils, le comte du Saillant attaqua le 7 juillet, avec quelques hommes, le château de Banne et s'en empara. Mais il était parti trop vite. De même que Charrier, Claude Allier se trouva en face d'un gentilhomme passé au service du parti jacobin, le général comte de Montesquiou, qui, avec une troupe de trois mille hommes, força le comte du Saillant à fuir. Quelques jours plus tard, du Saillant était arrêté et massacré. Quant à Claude Allier, également arrêté, il fut guillotiné le 5 septembre 1793. (Voir *les Camps de Jalès*, par Firmin Boissin.)
Une lettre adressée de Toulouse, le 8 octobre an II, à la Convention par les Représentants Baudot et Chaudron-Rousseau, après avoir annoncé l'exécution de Claude Allier, dit qu'il « a déclaré, en mourant, qu'il y avait un *contre-révolutionnaire intérieur* (?) plus dangereux que Pitt, et qu'il était sur le point de faire éclater une seconde Vendée. » La même lettre relate l'exécution du ci-devant marquis de Binos, sur lequel on aurait « trouvé plusieurs écrits prouvant qu'une conspiration tramée dans l'Ariège devait livrer ce département aux Espagnols, en même temps que Toulon et Marseille devaient être remis aux Anglais. » (Réimpression du *Moniteur* t. XVIII, p. 124.) Nul document ne justifie cette dernière assertion.

autorités nouvelles, après avoir juré de ne plus recevoir les décrets rendus par la Convention, décident de lever des troupes pour mettre à la raison la capitale factieuse.

« Marchez à Paris, — écrit le 18 juin, de Caen, le Giron-
« din Barbaroux [1] à ses compatriotes, marchez à Paris,
« non pour dissoudre la Convention nationale, mais pour
« la réunir...

« Marchez à Paris, — non pour soustraire les députés
« proscrits au glaive de la loi, mais pour exiger, au con-
« traire, qu'ils soient jugés par un tribunal national, mais
« pour faire juger aussi tous les représentants du peuple,
« tous les ministres, tous les administrateurs de Paris... On
« m'accusera de vouloir vous soulever. Oui, je vous sou-
« lève, je soulèverai la France entière contre les brigands... »

En même temps, toutes les villes reçoivent de Normandie une vibrante adresse de « l'Assemblée centrale de résistance à l'oppression des Députés de Communes et Assemblées primaires des Départements réunis séant à Caen. »
« Six mille hommes, dit ce Manifeste, sont en mouvement et marchent au secours de Paris, contre l'anarchie. Félix Wimpffen [2], le héros de Thionville, les commande.

« Frères et amis, ne perdez pas un instant. Le temps

---

[1] BARBAROUX, né en 1767, député des Bouches-du-Rhône à la Convention, décrété d'arrestation le 2 juin 1793, mais fugitif, déclaré traître à la patrie le 28 juillet 1793, et guillotiné à Bordeaux le 25 juin 1794.
Dauban a publié les *Mémoires de Barbaroux*. Mme ROLAND, dans ses *Mémoires* (édition PERROUD, t. I, 157-161), trace de Barbaroux un portrait enthousiaste.

[2] WIMPFFEN (Félix, baron de), d'origine alsacienne, né en 1744, mort en 1814. Combattit Paoli en Corse (1769), concourut à l'attaque de Gibraltar (1782), député de Normandie aux États Généraux, défendit Thionville contre les Prussiens en 1792, commanda l'Armée des Côtes, rassemblée à Cherbourg, prit part au mouvement Girondin et s'enfuit en Angleterre. Napoléon le rappela et le nomma général de division, puis directeur des Haras.

presse, les scélérats ne dorment pas. Déjà, l'avant-garde de nos fédérés est à Évreux, à vingt-cinq lieues de Paris. Les bataillons du Calvados et d'Ille-et-Vilaine y seront le 8 de ce mois; celui du Morbihan, le 10; celui du Finistère, le 14; la Mayenne et plusieurs autres sont en marche, et du 20 au 25, tous seront sous les murs de Paris. Aucun obstacle, aucun événement ne peut entraver ni ralentir leur marche.

« Nos frères de Paris attendent leurs frères du Midi pour partager et leurs travaux et leurs succès. Hâtez-vous ! Ils nous donnent rendez-vous sur la place du Carrousel. Hâtez-vous ! Nos frères de Paris nous implorent et nous tendent les bras. Trois ou quatre mille scélérats tout au plus les oppriment et les vainqueurs des Tuileries n'ont qu'à se montrer pour faire fuir les lâches anarchistes dont toute la force est dans la corruption [1]. »

Trois villes — Bourges, Lyon, Caen — doivent servir de centres de rassemblement aux forces insurgées contre le Gouvernement révolutionnaire. Émus de cet appel, les Marseillais confient à un officier de mérite, le comte de Villeneuve-Tourette [2], le commandement supérieur des troupes. Quelques jours plus tard, l'armée de Villeneuve,

---

1 BITTARD DES PORTES : *Contre la Terreur. L'Insurrection de Lyon*, pp. 150-152.

2 VILLENEUVE-TOURETTE (Scipion-Joseph-Alexandre, comte de), né le 21 octobre 1743, au château de Tourette-Vence (Provence), de Scipion-Joseph de Villeneuve, marquis de Tourette, seigneur de Saint-Jamet-le-Caire, etc., et de Marie de Raimond-d'Eoulx, dont il fut le huitième enfant. Enseigne au régiment de Béarn en 1758, lieutenant en 1759; capitaine en 1773, major en 1777, chevalier de Saint-Louis en 1781, lieutenant-colonel en 1783; colonel du régiment d'Artois en 1791, Villeneuve-Tourette fut retraité comme maréchal de camp en 1792. Le général gagna Toulon et prit part à la défense de cette ville. Lors de la capitulation, il se réfugia sur les vaisseaux espagnols et trouva un abri à Carthagène. Nommé colonel au service du roi d'Espagne, « il reçut l'ordre d'enrôler les émigrés de Toulon qui désiraient combattre encore la Révolution, dans les rangs de l'armée espagnole ». Déjà, deux compagnies de cent hommes chacune, l'une commandée par le marquis de Castellane-la-Valette, ancien officier de marine, et

forte de six mille soldats, remonte le Rhône et s'avance vers Avignon, pendant que les fédérés du Gard occupent le Pont-Saint-Esprit, où doivent se rallier les forces de la résistance. Déjà les Marseillais, maîtres de l'ancienne capitale du Comtat-Venaissin, viennent de gagner Orange et se dirigent vers le point de concentration, lorsque les troupes du Gard capitulant devant le général Carteaux [1], détaché de l'Armée des Alpes par Dubois-Crancé pour « écraser » le Fédéralisme. Cette défection oblige les Marseillais à rétrograder. Occupé de nouveau par les troupes de Villeneuve-Tourette, Avignon ne les garde pas longtemps. Avec le concours du lieutenant d'artillerie Bonaparte, Carteaux

l'autre par le chevalier d'Éguille, étaient organisées, lorsque l'ex-général de l'armée des Bouches-du-Rhône mourut. On ignore la date exacte de son décès. On 'appelait tantôt « le comte de Villeneuve-Tourette », et tantôt « le chevalier du Caire ». Il n'était pas marié.

1 CARTEAUX (Jean-François), né à Gouhenans (Haute-Saône), le 31 janvier 1751, enfant de troupe au régiment de Thianges-Dragons en 1759, le quitta en 1765. Volontaire au régiment de Bourbonnais-Infanterie le 28 septembre 1767, congédié le 5 avril 1770, volontaire au régiment de Saintonge-Infanterie le 6 février 1772, employé aux recrues en 1774, il démissionna en 1779. Successivement peintre du roi, élève de Doyen (cf. BELLIER DE LA CHAVIGNERIE), aide de camp du général de La Salle, le 14 juillet 1789 et de La Fayette, le 16 du même mois, lieutenant de gendarmerie le 6 novembre 1789, général de division le 19 août 1793, général en chef de l'armée d'Italie le 13 septembre 1793, et de celle des Alpes le 3 novembre 1793, il fut destitué le 16 décembre 1793. Les Jacobins l'accusèrent d'avoir amorcé le siège de Toulon avec des ressources insuffisantes. Rappelé par la Convention, il fut transféré à la Conciergerie le 24 du même mois, et mis en liberté le 9 thermidor. Réintégré et employé à l'armée des Côtes de Cherbourg le 26 novembre 1794, Carteaux fut appelé à commander la 18ᵉ division militaire, à Dijon (12 octobre 1795), et la place de Lyon (9 janvier 1796), puis passa à l'armée des Alpes, le 21 février 1796. Après diverses vicissitudes, il fut mis à la retraite par Napoléon, qui le déclarait un de ses généraux les plus médiocres. Lors des journées de Vendémiaire, il avait été battu par les Royalistes parisiens. D'abord administrateur de la Loterie, en 1802, Carteaux fut nommé administrateur civil et commandant de la Principauté de Piombino, le 9 septembre 1803, remis au traitement de réforme le 31 mai 1805, et définitivement retraité le 8 août 1810. Il mourut obscurément à Paris le 12 avril 1813.

force, le 27 juillet 1793, les portes de l'ancienne ville des Papes et y rétablit les autorités déchues.

Avignon perdu, les Marseillais, en proie à la panique, se dispersent. Villeneuve court à Aix, où il rejoint les fuyards. Six cents combattants, ramenés par le tenace général, deviennent le noyau d'un nouveau Corps de six mille hommes. Malheureusement, la bourgeoisie provençale, aussi peu guerrière que la démocratie athénienne, au lieu de marcher elle-même contre l'ennemi, se fait remplacer sur le champ de bataille par des mercenaires qui s'évadent au premier choc. A Salon et à Lambesc (19 août), Carteaux bat les troupes de Villeneuve-Tourette et menace Marseille.

II

Mais, comme les adversaires de la Convention ne semblent pas d'humeur à livrer leur ville à Carteaux, le Comité de Salut public, pour réduire Marseille, imagine de l'affamer. Un arrêté, en date du 8 juillet, parvenu le 19 à la connaissance du Comité Général, trace les mesures que commande ce dessein fratricide. Les commandants des vaisseaux de guerre, chargés de convoyer les navires de commerce qui portent des grains et des denrées à Marseille, reçoivent l'ordre d'immobiliser les bateaux dans la rade de Toulon. A peine nanti de la dépêche ministérielle, le Commandant de la marine, l'amiral Trogoff [1], s'em-

[1] TROGOFF DE KERLESSY (Jean-Honoré, comte de), né le 5 mai 1751 à Lanmeur (Finistère), garde-marine en 1767, et enseigne en 1773. C'est en cette qualité que, sur le *Roland*, capitaine Kerguelen, il prend part au second voyage de l'éminent navigateur, aux Terres Australes. Commandant, ensuite, à Saint-Domingue, le brigantin le *Victor*, dans la guerre de l'Indépendance, il enlève, à l'abordage, un corsaire anglais et, à cette occasion, est promu lieutenant de vaisseau (1779). Trogoff combattit vaillamment à la Dominique le 12 avril 1782.

presse de faire connaître au Comité Général le décret du Comité de Salut public et les instructions du ministre Dalbarade [1]. Un cri d'horreur accueille cette lecture. On délibère : après avoir invité Trogoff à prendre immédiatement les dispositions pour empêcher le blocus, le Comité Général transmet aux « frères de Marseille » une copie des édits fulminés par une assemblée illégale.

Quelque temps auparavant, le représentant de la France

Élargi à la paix et promu chevalier de Saint-Louis, il prend, en 1791, le commandement du vaisseau le *Duguay-Trouin*, et porte à notre colonie le décret qui confère les droits civils aux hommes de couleur. Dépourvu de fortune, Trogoff n'émigre pas. L'amiral Linois se plaisait à raconter qu'au temps où Trogoff était garde-marine, il se nourrissait de pain sec et se logeait dans un grenier. Il avait trois frères qu'il soutenait avec ses appointements. Malgré cette détresse, Trogoff n'en restait pas moins aussi correct dans sa tenue que ses collègues les plus riches.

Dès le début du siège de Toulon, Trogoff pactise avec les royalistes. Les instructions, tracées par les Princes, enjoignaient à Trogoff de faciliter, par tous les moyens, les opérations des Puissances alliées. M. Paul Cottin nous montre Trogoff non seulement déterminant, le 29 août, la partie hésitante de la flotte à faire place aux vaisseaux anglais, mais encore conservant, pendant toute la durée du siège, le commandement de la division française, composée de trois vaisseaux de ligne et de trois frégates. Les Anglais laissèrent ces bâtiments armés dans le port. Après la défaite, Trogoff, d'accord avec les Anglais, conduisit la division à Porto-Ferrajo. C'est là qu'il mourut le 30 mars 1794, d'une fièvre épidémique qui régnait dans l'île. Ses obsèques provoquèrent un imposant déploiement de troupes. Porté au rivage, dans une chaloupe du *Commerce de Marseille*, le corps de Trogoff fut salué, au passage, par tous les vaisseaux anglais et français.

1 DALBARADE (Jean), né à Biarritz, en 1741. Commande la frégate l'*Aigle*, pendant la guerre d'Amérique, capitaine de vaisseau, inspecteur des côtes de l'Océan en 1779, ministre de la Marine le 10 avril 1793, commissaire de la Marine du 12 germinal an II au 14 messidor an III, commandant d'armes à Lorient, révoqué le 24 floréal an VI. Condamné par une Cour martiale, à la suite de l'incendie du *Quatorze Juillet*, à la privation de tout commandement. Le jugement ayant été revisé, Dalbarade fut rendu à la liberté le 10 novembre 1799, se prononça contre le Consulat à vie, adhéra à la Restauration, de même que Bouchotte, son ex-collègue à la guerre. Mort à Saint-Jean-de-Luz, le 10 novembre 1819.

à Gênes, Tilly [1] dans une lettre adressée à Trogoff (15 juin 1793), le prévenait qu'une escadre espagnole croisait au large devant le port et que si les forces navales françaises n'intervenaient pas, à courte échéance, la flotte commandée par lord Hood opérerait sa jonction avec cette escadre, placée sous les ordres de l'amiral don Borja de Gamachos [2].

Trogoff ne se soucie pas d'obéir aux suggestions de Tilly. De quelles ressources dispose la flotte française? Non seulement de nombreux matelots viennent d'être licenciés, mais les prisons retiennent, comme suspects, quantité d'officiers qu'il est plus facile de bannir que de remplacer. En vain les démagogues de Toulon protestent-ils contre cette inaction; en vain les meneurs du Club Saint-Jean, mêlés aux matelots, poussent-ils les équipages à réclamer un combat que l'insuffisance de nos forces rendrait désastreux. Irrité de ces cabales, Trogoff déclare que les conseillers de l'offensive n'ont d'autre but que de livrer nos vaisseaux à l'ennemi. Cette accusation, qui paraît d'abord étrange, — sera confirmée, plus tard par la découverte d'une lettre anonyme saisie sur le vaisseau l'*Apollon*. L'auteur mettra précisément en cause les Clubistes favorables à la sortie [3]. Harcelé par les mêmes individus, le ministre de la Marine Dalbarade veut que Trogoff appareille pour donner satisfaction à la clique qui gouverne Toulon. Nouveau refus de Trogoff. S'il sort, ne risque-t-il

---

[1] TILLY (Jean), né vers 1735; attaché au département des Affaires Étrangères par le ministre de Lessart, fin 1791, ou commencement de 1792, — sans emploi déterminé. Nommé deuxième secrétaire à l'ambassade de Constantinople, 14 juin 1792, sans avoir été installé dans ce poste; chargé d'affaires à Gênes (8 mars 1793), il fut révoqué pour sa conduite politique (18 fructidor an III), et même arrêté à l'arrivée de son successeur; mais bientôt remis en liberté sur sa justification, par un arrêté du 6 frimaire an III. On n'a pas de renseignements sur la fin de son existence. (*Archives du Ministère des Affaires étrangères.*)

[2] *Archives nationales*, DXLII, nº 4.

[3] Paul COTTIN : *Toulon et les Anglais en 1793*, p. 50

pas d'être pris entre les Anglais et les Espagnols? L'apparition soudaine des Anglais sur le littoral (15 juillet), avec une flotte de seize vaisseaux, semble donner raison aux tergiversations de l'amiral français. Dans son *Précis historique sur les événements de Toulon* [1], un ancien officier du Grand Corps, Lebret d'Imbert, dit que Trogoff ne fit que suivre les instructions des Princes. C'est possible. Entre une Convention qui s'est amputée elle-même, — entre une Assemblée contre laquelle soixante-quinze départements s'insurgent, — et le représentant authentique d'une Monarchie quinze fois séculaire, Trogoff n'avait-il pas le droit de choisir.

Depuis le début de la Révolution, les rivaux de la France surveillaient, avec une inquiétante jalousie, les événements qui se développaient dans nos ports. En 1790 et en 1791, pour empêcher l'escadre française de se porter au secours de Saint-Domingue, la flotte britannique de la Manche, croisant devant Brest, non seulement y suscitait une grève de vingt mille marins, mais provoquait une sédition où le commandant du *Duguay-Trouin*, chargé de pacifier Saint-Domingue, le marquis de la Jaille, faillit perdre la vie. Mais, à cette époque, les Provençaux ne sont pas renseignés, comme nous le sommes aujourd'hui, sur les machinations clandestines d'un ennemi qui dispose de toutes les forces maçonniques en faveur de ses plans et contre la France.

Le 22 août 1793, la *Némésis* se détache de la flotte de l'amiral Hood, et se présente au port de Marseille avec le pavillon parlementaire. Quel est le prétexte de cette visite? L'amiral rend à la France cinquante-neuf prisonniers de guerre. Cette affaire liquidée, de délicates négociations s'engagent entre le représentant de Georges III et le Comité général qui gouverne Marseille.

---

[1] Paris, 1814. Voir aussi *Colloque obligé*.

III

Ces négociations étaient-elles illicites? Les lois de l'honneur les autorisaient-elles? Le parti révolutionnaire qui, de tout temps, n'a pas craint de conniver avec les groupes anarchistes des deux mondes, applique aux adversaires de la Convention des qualificatifs aussi outrageants qu'immérités.

Quand les habitants de la Nouvelle-Angleterre, s'insurgeant contre la mère-patrie et contre leur Souverain légitime, firent appel au concours de l'armée française pour s'affranchir de l'hégémonie britannique et constituer une République autonome, quel litige détermina cette révolte? Les Anglais de Boston, de New-York, etc., déclarent excessifs les droits dont le Parlement métropolitain frappe les mélasses et les sucres. Voilà le crime de nos voisins. De même que tous les Gouvernements modernes, à court d'argent, l'Angleterre veut boucler son budget en majorant les impôts. Quoi de plus normal et de moins contraire aux aspirations constitutionnelles de tous les États réguliers?

Bien autrement graves sont les griefs de Marseille et de Toulon contre l'Assemblée proconsulaire qui s'arroge la dictature de la France. En 1793, la Convention veut livrer aux horreurs de la famine une population de cent cinquante mille âmes. En face d'un gouvernement qui se rend coupable d'un tel attentat, les citoyens menacés n'ont-ils pas le droit de se défendre? Mais Marseille n'a même pas besoin d'invoquer cet « acte de guerre » pour justifier son attitude. On oublie trop qu'à cette époque la Convention, même au point de vue du droit nouveau, a cessé d'incarner la France. Le 2 juin 1793, n'a-t-elle pas ordonné la mise en état d'arrestation de vingt-neuf de ses membres? Et, de décrets en décrets, les Jacobins ne s'apprêtent-ils pas à porter à cent vingt-neuf le chiffre des législateurs proscrits? Une Assemblée ainsi tronçonnée devient caduque. A partir du jour où elle se mutile elle-même à coups de poignard, elle annihile sa puissance et détruit son mandat. En frustrant plusieurs départements de leurs représentants légaux, l'échafaud frappe de nullité l'Assemblée qu'il décapite.

Mais, allons plus loin et voyons les choses de plus haut. Est-ce que Toulon, Marseille, le camp de Jalès, Lyon, la Vendée, les Cévennes, etc., n'avaient pas le droit de se mutiner contre une Assemblée qui, cyniquement infidèle au mandat que dix millions de Français, réunis dans leurs Bailliages, imposèrent aux États Généraux, — avait, contrairement aux Cahiers, aboli la Monarchie et supprimé le Roi?

Voilà pour la question de « révolte ». Reste maintenant « l'entente avec l'étranger ». Ceux qui s'indignent ne semblent point se souvenir qu'au xvie siècle, ni les Catholiques, ni les Huguenots n'hésitèrent à chercher des alliés, les premiers en Espagne et les autres en Angleterre. Or, si les descendants des Ligueurs n'ont pas élevé de monument au duc de Mayenne, faut-il rappeler que, sur l'initiative des calvinistes de notre temps, secondés par la presse libérale, la statue de Coligny décore une des rues de Paris? Et pourtant, — comme le fait remarquer avec infiniment de raison le duc d'Aumale, dans son *Histoire des Princes de Condé* — et pourtant, alors que Coligny et les Huguenots, pour indemniser l'Angleterre de son aide, lui vendent, en vertu du traité d'Hamptoncourt, la ville du Havre, — nulle compensation territoriale n'est consentie par nos pères aux Espagnols catholiques.

Tel est précisément le cas des Royalistes de Toulon et de Marseille qui, sous la Terreur, acceptent le concours que leur offre spontanément la Grande-Bretagne. Comment les Royalistes auraient-ils pu tergiverser? Toutes les nations européennes n'avaient-elles pas honoré de leurs éloges l'illustre Washington, coupable du même « crime »? Et nous-mêmes, aujourd'hui encore, n'égalons-nous pas aux plus purs héros de l'antiquité ce sujet de Georges III, cet Anglais qui ne craignit pas de solliciter contre son Prince et contre son pays l'assistance des troupes françaises?

Supérieurs à Washington et à ses complices, les Toulonnais, en combattant la République, ne conspirent pas contre l'intégrité de leur patrie. Une Assemblée illégale opprime nos ancêtres. C'est contre cette puissance usurpatrice et factieuse que les Toulonnais se lèvent. Loin de répudier une origine et une solidarité dont nul Français n'est plus fier qu'eux, si les Provençaux prennent les armes, ce n'est pas pour démembrer la terre natale, comme le voulaient les Huguenots de France et les Anglais d'Amérique, mais pour l'affranchir.

IV

Au moment où Marseille va traiter avec l'amiral Hood, le général de Villeneuve-Tourette livre à l'armée de Carteaux (25 août 1793) le combat de Fabregoules, ou de Septême, et se croit assuré de la victoire, quand son artillerie, en plein champ de bataille, passe à l'ennemi. Cette trahison ouvre les portes de Marseille à la Convention et à la barbarie. Saignée aux quatre veines, rançonnée, pillée, décimée, mise à feu et à sang par les Représentants en mission et par leurs sicaires, la malheureuse ville déplora plus d'une fois une victoire qui lui coûta tant de vies et qui déchaîna tant de crimes.

Témoin de ces sévices, le Comité Général de Toulon crut de son devoir de dérober ses compatriotes aux cruautés révolutionnaires en accueillant les ouvertures de l'amiral anglais. Washington avait réclamé le concours des troupes françaises contre l'Angleterre pour exonérer les boutiquiers américains d'une taxe jugée trop lourde. Osera-t-on prétendre que le Comité Général trahit la France en plaçant l'honneur, la vie et la fortune des Toulonnais sous l'égide d'une Puissance qui prenait, devant l'Europe, l'engagement sacré de respecter les droits, les biens et l'indépendance de la cité? Voici le texte du Manifeste qui délivra le Comité Général de ses scrupules et qu'il sanctionna de ses suffrages :

DÉCLARATION PRÉLIMINAIRE DE L'AMIRAL HOOD D'APRÈS SON CONSEIL DE GUERRE :

« Si on se déclare franchement et clairement en faveur de la Monarchie à Toulon et à Marseille; si on se décide à arborer l'étendard royaliste, à désarmer les vaisseaux de guerre qui sont à Toulon, à mettre provisoirement les forteresses à ma disposition, pour nous laisser entrer et sortir en sûreté, le peuple de Provence aura tous les secours que l'... ..dre de Sa Majesté Britannique, placée sous mes ordres, ...rra fournir. Je déclare qu'il ne sera touché en aucune manière aux propriétés qui, bien au contraire, seront toutes scrupuleusement protégées, n'ayant d'autre vue que de rétablir la paix chez une grande nation sur un pied juste et honorable. Ces conditions doivent être la base du traité. Lorsque la paix sera faite, — ce que j'espère bientôt, — le Port de Toulon, avec les vaisseaux qui s'y trouvent, ainsi que toutes les forteresses et toutes les forces qui y sont réunies, seront rendus à la France d'après l'inventaire qui en sera fait. »

« Donné à bord du vaisseau de S. M. B., *la Victoire*, à Toulon, le 23 août 1793. HOOD [1]. »

---

[1] E. PONS : *Mémoires pour servir à l'Histoire de Toulon* (p. 266), donne le texte anglais original, avec une traduction légèrement différente, mais qui ne modifie pas le sens.

Le 29 août 1793, les vaisseaux anglais avancent dans l'ombre et, à minuit, quinze cents hommes débarquent au port des Ilettes. Un membre du Comité Général, escorté d'un détachement de la Garde nationale, vient éclairer leur marche jusqu'au Fort La Malgue dont le pont-levis se baisse et la porte s'ouvre dès que le Représentant de Georges III révèle sa mission et décline ses pouvoirs. Mais cette prise de possession n'est accordée qu'après l'accomplissement d'une formalité qui doit en préciser, une fois de plus, le caractère. En recevant le commandement du fort, Lord Elphinstone, sur l'injonction du Comité Général, jure, entre les mains de son mandataire, que « l'Angleterre défendra la place et la conservera pour Louis XVII ». Ému jusqu'aux larmes, le capitaine Elphinstone proteste de son dévouement au Roi de France. Midi sonne alors à l'horloge de l'Hôtel de Ville. A trois heures, l'amiral Hood, laissant derrière lui, sous les ordres de l'amiral Jean de Langara, la flotte espagnole, devenue son arrière-garde — double, en ligne de bataille, la pointe du cap Sepet.

Une députation du Comité Général, envoyée à bord des deux amiraux, leur exprime de nouveau la confiance de la ville de Toulon dans les promesses solennellement formulées par les Représentants officiels de l'Angleterre et de l'Espagne. Hood et Langara renouvellent leurs protestations et leurs serments. A la suite de cette entrevue, le Comité Général rédige une « Déclaration » où il prend acte des engagements contractés au nom de l'Angleterre et de l'Espagne, par les Représentants officiels de ces deux Puissances [1]. Le lendemain, une affiche, placardée sur tous les édifices de la ville, ratifie les paroles échangées et le traité conclu :

« Je répète, dit l'amiral Hood, ce que j'ai déjà déclaré au Peuple du Midi de la France, que je prends possession

[1] Voir l'Appendice X, page 351.

de Toulon et le garderai en dépôt pour Louis XVII jusqu'au rétablissement de la paix en France; et j'ai la ferme espérance que ce moment n'est pas éloigné.

« Ce 28 août 1793.

« *Signé :* Hood. »

Les Provençaux reçurent donc les Anglais à titre d'auxiliaires et d'alliés, — comme, au xixe siècle, les Espagnols, les Belges et les Piémontais recevront l'armée française, — comme la Grèce recevra les escadres d'Angleterre et de France, — la Bulgarie l'armée russe, et Cuba la flotte américaine. Pour avoir obtenu le concours de la France, — les Bourbons d'Espagne, contre la Révolution, — la Maison de Savoie contre l'Autriche et contre les Princes italiens ; — les Cobourg de Belgique contre la Hollande, ces trois Races royales ont-elles encouru l'opprobre de l'histoire [1] ? Délivrée, par la France et par l'Angleterre, du joug turc, la Grèce est-elle déshonorée ? Redevables du même service aux armées russes, les Bulgares sont-ils flétris ? Enfin, la presse libérale a-t-elle stigmatisé les colons espagnols de la Havane qui se jetèrent dans les bras des Yankees ?

V

Victimes des hâbleries révolutionnaires, les historiens qui parlent aujourd'hui encore de la « félonie » des Tou-

---

[1] Il est bon de faire observer que, pour payer à Napoléon III le prix de son intervention, les Piémontais lui cédèrent deux Provinces, le Comté de Nice et la Savoie. On objectera peut-être que le Royaume Lombardo-Vénitien était gouverné par un Prince étranger. Qu'on nous permette de répondre que l'Angleterre, la Russie, l'Autriche, la Hongrie, la Bulgarie, la Roumanie, la Belgique, la Grèce, l'Espagne, la Norvège, la Suède, etc., ont à leur tête des dynasties qui ne sont pas nationales. La Maison de Savoie, elle-même, n'est pas plus nationale à Rome, à Naples, à Florence, à Gênes, à Palerme, etc., que ne l'était la Maison de Habsbourg à Milan et à Venise.

lonnais, propagent, sans le vouloir, les outrages et les mensonges que, dans sa carmagnole du 6 septembre 1793, Barère [1], le futur agent secret de la police impériale, et Jeanbon Saint-André [2], le futur baron-préfet de l'Empire, dans son *Rapport sur la trahison de Toulon*, — firent tirer à cent mille exemplaires pour reconquérir les populations que commençaient à soulever, contre la Convention, les désastres de la République. Non seulement attaquée, alors, sur toutes ses frontières, mais combattue dans l'Ouest par la Vendée, le Poitou, l'Anjou et la Bretagne, — dans le Sud-Est, par Lyon; — au Centre par le Vivarais, et, dans le Midi, par la Provence, il fallait que la République conjurât le discrédit et la honte dont tant de révoltes heureuses frappaient la séditieuse Assemblée, en proie à elle-même, à Paris, aux agressions presque quotidiennes d'une foule qui, sans pain et sans espoir, faillit culbuter, le 6 septembre 1793, le Comité de Salut public et le régime. L'heure pressait. Anxieux de sauver leur fortune et leur tête, les Conventionnels appliquèrent aux événements et aux patriotes de Toulon leur audacieux système d'im-

1 BARÈRE DE VIEUZAC (Bertrand), né à Tarbes en 1755, mort le 15 janvier 1841, surnommé l'*Anacréon de la guillotine*. Conseiller à la Sénéchaussée du Bigorre, Barère fut nommé député aux États Généraux et siégea sur les bancs de la Gauche à l'Assemblée Constituante. L'Assemblée dissoute, il fut nommé juge au Tribunal de cassation, puis, en 1792, élu membre de la Convention Nationale par les Hautes-Pyrénées. Barère fit décréter que la Vendée serait incendiée, la ville de Lyon détruite. Vilatte, juré du Tribunal révolutionnaire de Paris, dans son livre sur les *Causes secrètes de la Révolution du 9 au 10 Thermidor*, rapporte les mots suivants de Barère : « Nous brûlerons toutes les bibliothèques. Oui, il ne sera besoin que de l'histoire de la Révolution et les lois. » Ce fut Barère qui fit voter l'égorgement des prisonniers anglais. Au 9 thermidor, Barère défendit et attaqua successivement Robespierre. Sous l'Empire, Barère devint un agent de Fouché.

2 JEANBON, dit JEANBON SAINT-ANDRÉ (André), né le 25 février 1749, à Montauban, d'une famille calviniste, et mort préfet de l'Empire, Baron de Saint-André et Officier de la Légion d'Honneur, le 10 décembre 1813.

postures. Mensonges et légendes, dont nous sommes encore aujourd'hui les propagateurs et les dupes !

Si, dans son *Histoire de la Marine française sous la première République*, le capitaine de vaisseau Chevalier, influencé, malgré lui, par la carmagnole du 6 septembre, prononce, à son tour, le mot de « trahison », tout son récit n'est qu'un chaleureux plaidoyer en faveur des prétendus traîtres. « Où était le Gouvernement? demande le loyal officier. « Était-ce celui des soixante-quinze départements « qui avaient pris les armes en apprenant le coup d'État « de la Convention? Ou bien était-ce toujours dans cette « Assemblée, *violatrice de la loi*, que résidait la Souverai- « neté? » A Toulon, — où ne parvenait aucune nouvelle de ce qui se passait dans la capitale ou en Province, il n'était pas facile de le savoir. Le commandant Chevalier ajoute :

« Au moment où se déroulaient ces événements, Tou-
« lon gémissait sous le poids d'une ignominieuse tyrannie.
« Les chefs de service de la Marine étaient sans autorité.
« Leurs décisions étaient inexécutées, toutes les fois qu'elles
« ne recevaient pas l'approbation des Clubs. Les Sociétés
« populaires s'étaient constituées les arbitres de toutes
« choses. La vie et la liberté de tous les citoyens étaient à
« leur merci. Elles faisaient emprisonner les officiers qu'il
« leur plaisait de considérer comme suspects, et elles nom-
« maient — pour remplir les emplois rendus ainsi vacants
« — des individus n'ayant aucun titre aux grades qu'on
« leur conférait. Les hommes de désordre entretenaient
« des relations étroites avec les bâtiments de l'escadre, afin
« de maintenir les équipages à la disposition de l'élément
« révolutionnaire. »

Si Toulon subissait cette dictature du vice et du crime, les honnêtes gens eurent-ils donc tort de vouloir se soustraire à une aussi avilissante tyrannie? Et ne devons-nous pas plutôt féliciter le Tiers État toulonnais d'une énergie dont les classes moyennes furent, ailleurs, si avares?

VI

Peu s'en fallut que les Espagnols ne jouassent à Toulon le rôle prépondérant que s'adjugea l'Angleterre. Partie de Carthagène vers le milieu de mai, la flotte de Don Borja de Gamachos, obéissant aux instructions de son souverain qui lui faisait un devoir de se porter au secours du roi de Sardaigne, croisait entre Oneille et La Spezzia, toute prête à seconder les opérations de l'armée piémontaise, aux prises avec les forces républicaines. Toulon avait vu, le 19 juin, les vaisseaux espagnols à l'ancre devant le port. Mais la peste, qui décimait les équipages, força Borja de Gamachos à rentrer en Espagne [1]. A ce moment, l'amiral castillan venait de recevoir de lord Hood une lettre, où l'amiral anglais, éprouvant le besoin « d'aller rafraîchir » sa flotte dans un port, avait invité Gamachos à bloquer Toulon. Si ce projet s'était réalisé, quelle tournure différente auraient prise le siège de Toulon et la fortune de la France !

Ni la Convention ni la République n'auraient eu lieu de se féliciter de l'hégémonie espagnole. Quelques jours plus tard, Don Juan de Langara [2] vint remplacer l'amiral Don Borja

---

1 COTTIN, pp. 67 et 68.

2 LANGARA Y HUARTE (Don Juan de), né en 1730, originaire de l'Andalousie. Entré de bonne heure dans la Marine, il en parcourut rapidement les grades inférieurs, et devint, en octobre 1779, chef d'escadre. Langara se trouvait, le 15 janvier 1780, à la hauteur du cap Saint-Vincent, quand il rencontra la flotte anglaise, commandée par l'amiral Rodney, et composée de vingt et un vaisseaux de ligne et de plusieurs frégates. L'escadre espagnole ne comprenait que huit vaisseaux.

Malgré l'infériorité du nombre, Langara disputa la victoire pendant douze heures; mais trois blessures qu'il reçut, la perte d'un de

de Gamachos, mais son concours n'eut point le même caractère. Au lieu d'occuper la première place à Toulon, Langara dut se résigner à la seconde. Il n'en faut pas moins rendre justice à l'amiral espagnol. Relégué au deuxième plan, Langara fit tout son devoir, et ce ne fut pas la faute des Espagnols si les Toulonnais furent aussi durement meurtris dans leurs intérêts que dans leurs espérances. Une « Proclamation » adressée « au Peuple français » par Don Juan de Langara nous montre quels sentiments magnanimes animaient le représentant de Charles III.

Après avoir insisté sur « le mandat illégal » au nom duquel les Conventionnels, depuis la proscription de la Gironde, prétendent gouverner la France, le lieutenant du Roi d'Espagne s'écrie :

« Touchées de ces maux, les Escadres alliées n'ont pu refuser leur secours à Toulon, dans une circonstance où, abandonnée par le Ministère, cette ville importante, que deux armées de factieux bloquent dans tous les sens, allait être

---

ses vaisseaux, qui sauta en l'air, et la prise de quatre autres, au nombre desquels se trouvait celui qu'il montait, l'empêchèrent de s'opposer à l'entrée de la flotte victorieuse dans le détroit, où, après avoir ravitaillé Gibraltar, elle mit à la voile pour les Antilles. Langara, quoique prisonnier de guerre, fut nommé lieutenant-général des armées navales. C'est ainsi que Charles III, son souverain, récompensait le courage malheureux. « Je ne sais, — mandait à ce propos l'ambassadeur français, le comte de Montmorin, — je ne sais ce que Sa Majesté Catholique fera pour ceux qui lui gagneront des batailles, si elle traite ainsi ceux qui les perdent. » Fr. ROUSSEAU : *La Participation de l'Espagne à la guerre d'Amérique* (Revue des Questions historiques, 1ᵉʳ octobre 1902, p. 461). Au printemps de 1795, Langara joignit son escadre à celle de Gravina, près de Collioure, pour tenter de reprendre Rosas. Après la paix de Bâle, Langara fut chargé du commandement d'une flotte de vingt-six vaisseaux de ligne, treize frégates, etc., qu'il conduisit à Toulon, en octobre 1796. Ayant contraint à la retraite les Anglais, qui bloquaient l'armée navale française dans ce port, il fut nommé ministre de la Marine en 1797, puis, en 1798, « capitaine général ». Il mourut en 1800.

réduite à la plus terrible famine. Elle a vu dans les Puissances que nous représentons, deux Nations généreuses et compatissantes, qui venaient, non pour la conquérir, — comme on a eu l'insolence de le supposer, — mais pour briser les poignards levés sur les bons et paisibles habitants de cette malheureuse cité; — pour lui donner assistance, pour rétablir le bon ordre, pour poser les premières bases d'un système régénérateur, pour substituer un Gouvernement bien ordonné à la désolante anarchie qui déchire la France; pour porter, enfin, Louis XVII sur le trône des Français!

« Les Toulonnais *n'ont point livré leur ville,* — qui ne peut être tout à la fois le partage de l'Espagne et de l'Angleterre et des autres Puissances réunies à nos forces et animées des mêmes mobiles. Mais elles l'ont placée sous notre protection immédiate et ont porté jusqu'au scrupule les conditions qui tendent au rétablissement de leur Roi légitime.

« C'est dans la ville de Toulon que sont aujourd'hui les véritables amis de l'ordre et de la paix.

« Français! on vous dissimule avec perfidie que le Pavillon de la France flotte sur vos forteresses et vos vaisseaux, qu'une escadre française mouille dans la rade, parmi celle des Puissances coalisées, — que l'administration s'exerce suivant les Principes de l'Assemblée Constituante; — que tous les pouvoirs sont subordonnés à l'autorité du nouveau Roi, sous les auspices des Puissances coalisées, et que notre unique objet est de venger nos alliés, dont on osa violer le territoire, de vous secourir, et d'arrêter le cours des attentats multipliés qui vous ont conduits pas à pas jusqu'au bord de l'abîme.

« Français! si le souvenir de vos brillantes destinées n'est pas encore effacé dans vos esprits, si vous êtes jaloux de reprendre le rang honorable que vous occupiez parmi les nations, secouez le joug de vos tyrans; réunissez-vous aux fidèles Toulonnais et partagez avec eux la gloire d'avoir procuré le bonheur à la France, la paix et le repos à l'Europe !

« Donné à Toulon, à bord du *Mexicain*, le 27 septembre 1793, l'an 1er du règne de Louis XVII. — LANGARA [1]. »

Toute la grandeur d'âme du Cid Campeador, toute la chevalerie des « hidalgos » et des « ricos hombres » respirent dans ce noble langage. En présence de nos malheurs, le petit-fils de Louis XIV, docile aux recommandations de son illustre aïeul, se souvenait de son origine française. Notre pays ne connut pas la Proclamation de Don Juan de Langara. Aucun exemplaire ne franchit la frontière ; la douane républicaine fit bonne garde. Fondant son pouvoir sur l'imposture, la Convention ne voulut pas que nos pères connussent la vérité sur Toulon. La précaution était adroite. Instruits que les adversaires masqués de la France siégeaient, non à la Maison commune de la cité provençale, mais sur les bancs de l'Assemblée révolutionnaire, nos ancêtres n'auraient-ils pas tourné leurs colères contre les fauteurs de la félonie — et non contre ses victimes ?

VII

Il faut, en effet, le confesser : il y eut des traîtres dans notre grand port méditerranéen. N'hésitons pas à les nommer : les Anglais et les Jacobins, voilà les vrais coupables !

---

1 Nous avons trouvé cette belle Proclamation dans le *Fonds français* des Archives du Ministère des Affaires étrangères, t. CCCXXXI, p. 51. Elle est extraite des *Nouvelles extraordinaires de divers endroits*, du mardi 12 novembre 1793. Ce journal était imprimé à Leyde. Voici le préambule : « *Livourne*, 20 octobre. — Le 16 de ce mois, il est arrivé de Toulon, après un trajet de dix jours, trois vaisseaux anglais, deux frégates anglaises et une frégate française commandée par Van Kem-

Mille faits mettent en relief, avec une saisissante netteté, l'égoïsme et la perfidie de la politique britannique soutenant la cause royale, tant que le triomphe de la Monarchie semble incertain, — mais lui refusant, — avec une âpre cruauté, le coup de main décisif qui peut forcer la victoire. Dès le premier jour où l'amiral Hood pose le pied sur le sol de Toulon, les alliés de l'Angleterre s'aperçoivent que son représentant redoute non moins le succès des Bourbons que le triomphe de la République. L'objectif visible du Cabinet de Saint-James est d'empêcher notre patrie de fixer ses destinées et d'abriter, dans un édifice inébranlable, son présent et son avenir. L'intérêt britannique exige que la France oscille entre l'anarchie et la guerre civile.

Un haut fonctionnaire, que ses attributions introduisirent dans l'intimité des généraux anglais, — l'ordonnateur de la Marine Puissant de Molimont, — affirme l'accord secret de la Grande-Bretagne avec un groupe de Conventionnels qui ne claironne, sur tous les toits, son « sans-culottisme » que pour masquer sa forfaiture. Convoitant, alors, en faveur du duc d'Yorck, la couronne de France, Pitt, raconte l'Ordonnateur, au lieu de traiter avec la République, trouve plus habile de mettre en mouvement un lot de Français affiliés à sa police et gagnés à ses trames. De l'autre côté de la Manche, la diplomatie et la morale n'autorisèrent-elles pas, sous tous les règnes, les mêmes embauchages et les mêmes intrigues? A ces Français mercenaires, que commandite, en 1793, le Foreign-Office, les Anglais, s'il faut en croire l'Ordonnateur, appliquent, couramment, les qualifications qu'échangent, entre eux, les membres des Loges britanniques. *Our friends*, « nos amis », ces deux mots désignent, dans le vocabulaire usuel

---

pen. Ces vaisseaux ont apporté nombre d'exemplaires d'une Proclamation adressée, le 27 du mois dernier, au Peuple français par le vice-amiral don Juan de Langara. »

de nos voisins, les membres du Comité de Salut public qui font prévaloir, à la Convention, les consignes hostiles à notre pays et favorables à l'Angleterre. Jeanbon Saint-André, Albitte, Barère, etc., appartiennent, d'après Puissant, à cette catégorie d'agents provocateurs, chargés de pousser, à coups de couteau, la France épuisée et saignante, dans les bras du maître choisi par Pitt [1].

Quel est ce maître? Puissant nomme le duc d'Yorck, le deuxième fils de Georges III, et l'un des principaux chefs de la Maçonnerie anglaise, — soudard formé à l'école automatique de Postdam, et philosophe bouffi des négations dont s'engouent alors l'ignorance et la vanité des gens de Cour [2]. Curieux accord de l'Ordonnateur de la Marine avec toutes les dépêches et tous les journaux de l'époque!

---

1 Voir la rarissime brochure de PUISSANT : *Toute la France a été trompée sur l'Événement de Toulon en 1793. Voi'à la vérité!* A Coutances, de l'imprimerie de L.-N. Agnès, an V de la République, 57 pages. Voir surtout pp. 27 à 33. « Il entrait dans les vues de Pitt qui, disait-on alors, tentait d'obtenir la Couronne de France pour le duc d'Yorck, que l'Angleterre se conciliât l'estime des Français, et n'entrât pour rien dans l'exécution de ses plans. Des Français s'en chargèrent. Ce furent ceux que les Anglais appelaient *our friends*, nos amis... »

C'est à Gibraltar, où il fut retenu en captivité pendant deux ans, que Puissant de Molimont recueillit cette expression si caractéristique, *our friends,* donnée par les Anglais aux membres du Comité de Salut public et de la Convention. Puissant ajoute que plusieurs journaux anglais se servaient de la même formule, lorsqu'ils parlaient du Gouvernement révolutionnaire.

2 YORCK (Frédéric, duc d'), deuxième fils de Georges III, né à Windsor en 1763. D'abord évêque luthérien d'Osnabruck, abandonne bientôt la carrière ecclésiastique pour le métier militaire et se met à l'école du roi de Prusse, Frédéric II. En 1793, le duc reçut le commandement des troupes anglaises qui furent envoyées en Belgique pour coopérer à l'invasion de nos frontières du Nord. Défait à Hondschoote, à Bostel et à Tourcoing, le prince dut se replier précipitamment à Cuxhaven avec les débris de son armée. En 1797, le duc d'Yorck fut mis à la tête de l'armée destinée à expulser les Français de Hollande. Le général Brune le battit à Berghen (17 septembre), à Kastricum, et le força à capituler dans Alkmaar (18 octobre). Revenu à Londres, il s'adonna aux plaisirs, spécula sur les brevets d'officiers pour subvenir à ses dé-

Devant la débâcle des institutions et des hommes, en présence des foyers détruits et des églises abattues, les Anglais se demandent si nos aïeux, sans gouvernement et sans princes, ne préféreront pas à cet immense vide une Monarchie, même étrangère, où puisse s'abriter leur avenir. Au mois d'avril 1793, il n'est question du duc d'Yorck que pour le Brabant [1]. Mais, trois mois plus tard, cette candidature, d'abord exclusivement belge, s'insinue sur notre territoire et y conquiert une clientèle. Le 19 août 1793, une lettre des Représentants en mission Collot d'Herbois et Isoré sollicite l'attention du Comité de Salut public sur les troupes qui viennent de défendre vainement Valenciennes contre le duc d'Yorck et le prince de Cobourg, et que les vainqueurs ont laissé sortir de la ville, avec leurs chefs et les honneurs de la guerre : « Nos soldats, écrivent les deux Représentants, sont épris d'une sorte d'idolâtrie pour le duc d'Yorck. Cobourg et lui ont joué une sorte de comédie, avec des rôles contraires. Cobourg menaçait de passer au fil de l'épée, — et d'Yorck donnait du vin en abondance. Il y a eu aussi de l'argent distribué, du numéraire métallique, et plusieurs volontaires en font sonner beaucoup. Ceux-là tiennent les propos les plus anticiviques; ils se battraient volontiers pour d'Yorck [2]. »

A la même époque (28 août 1793), un de ces diplomates marrons qu'entretiennent, aux époques de crise, les Gouvernements réguliers auprès des Puissances révolutionnaires, autant pour dérouter leurs desseins que pour

---

pensés et fut traduit, pour ce fait, devant la Chambre des Communes. A la Chambre des Lords, il combattit avec ardeur le bill d'émancipation des catholiques. Mort en 1827.

1 « Je crois que l'Angleterre, la Hollande et la Prusse seraient satisfaites si elles pouvaient mettre le duc d'Yorck sur le siège ducal de Brabant. » Lettre du général Dampierre (*Archives du Ministère de la Guerre, armée du Nord*, 1793).

2 *Archives nationales*, A. F. II, 149.

exploiter leurs défaillances, l'agent Mathews, révèle au ministre Deforgues le plan de partage que médite l'Europe : l'Alsace et la Lorraine à l'Allemagne; le Dauphiné et la Provence à la Savoie; Dunkerque à l'Angleterre; les Pays-Bas et la Flandre française au duc d'Yorck [1]. A quel groupe politique la lassitude du désordre, le désir du changement, la peur du lendemain et le besoin d'un chef conseillent-ils le magistère de ce Prince, cher à nos ennemis et aux Loges? A la Gironde. Traduit, avec ses complices, devant le Tribunal révolutionnaire qui l'accuse d'avoir voulu substituer à Louis Capet le fils de Georges III, Brissot se défend sans énergie, contre une inculpation dont son passé, ses affections et ses tares plaident, malheureusement, la vraisemblance [2]. Le supplice de la Gironde ne la lave même pas de son crime et ne fait pas taire ses accusateurs. Le 17 novembre 1793, devant les bancs vides où siégeaient, la veille, Brissot, Vergniaud, Bazire, etc., Robespierre cite au tribunal de la postérité leurs fantômes sanglants. Réquisitoire terrible que ne justifient que trop, hélas ! l'égoïsme, l'esprit sectaire, l'orgueil de la Gironde, ensorcelant la France de mots enchantés pour la précipiter dans le crime; — saccageant les autels pour détruire la Loi morale qui sert de frein aux passions populaires, lançant nos aïeux dans les hasards de la guerre pour fonder, sur notre défaite, le triomphe de ses ambitions, et négociant, enfin, avec l'étranger, l'avènement d'un prince allemand pour se venger d'une dynastie nationale, plus dévouée à l'intérêt de la France qu'à la fortune des sectes [3].

---

[1] Albert SOREL : *L'Europe et la Révolution française*, t. III, pp. 435 436.

[2] BUCHEZ et ROUX : *Histoire parlementaire de la Révolution française*, déposition de Chabot, t. XXX, p. 51. Réponse de Brissot, p. 61.

[3] « Il est connu, aujourd'hui, dit Robespierre, que a politique du Cabinet de Londres contribua beaucoup à donner le premier branle à

VIII

Dans une lettre adressée par le ministre des Affaires étrangères, lord Grenville, à l'ambassadeur d'Angleterre à Vienne, sir Morton Eden, le Manifeste de l'amiral Hood, aux Toulonnais, reçoit une explication qui l'annule : « Lord Hood — écrit le comte Grenville, le 14 septembre 1793 — a été amené, par les circonstances et par le grand avantage qu'il avait en vue, à aller plus loin, à l'égard de l'état intérieur de la France et du futur Gouvernement à y établir, qu'il n'entrait dans nos projets, conformément aux idées que je vous ai exprimées dans ma dernière dépêche. Vous expliquerez cette circonstance aux ministres autrichiens, et vous ajouterez qu'à cause de cela, aussi bien

notre Révolution. Ses projets étaient vastes; il voulait, au milieu des orages politiques, conduire la France épuisée et démembrée à un changement de départie, et placer le duc d'Yorck sur le trône de Louis XVI. » (Buchez et Roux, t. XXX, pp. 226-227 et 237.) Les sympathies de la Gironde pour un prince étranger sont également dénoncées dans un Mémoire sur l'Angleterre, envoyé en 1807 à l'empereur Napoléon par Soulavie (*Archives nationales,* F⁷ 6.572). Soulavie ajoute que le baron de Staël, envoyé, en 1793, à Paris par le Régent de Suède, patronna la candidature d'un prince suédois « qui, disait-il, né protestant, ne donnerait pas lieu de craindre une indulgence dangereuse pour les prêtres réfractaires ». Le trône de France est alors aux enchères. La candidature du duc d'Yorck fut maintenue pendant plus de deux ans. Le 9 juin 1795, à la veille du départ des Régiments d'émigrés pour la fatale expédition de Quiberon, Brothier, le chef de l'Agence royaliste, adressait au comte d'Artois une dépêche dont voici le principal passage : « De tous les côtés, il nous revient que ce n'est
« pas pour le Roi votre neveu (Louis XVII) que travaillent les An-
« glais, mais pour le duc d'Yorck... Ce fait est avéré. Il y a même à
« Paris de vieux débris de la Constituante et quelques membres de la
« Convention qui, à défaut du jeune d'Orléans, s'empareraient de ce
« prince comme d'un en cas à opposer à la famille de nos Rois. »
(Crétineau-Joly : *Histoire de la Vendée militaire,* édition Drocron, t. III, p. 3 58.) Cette dépêche de Brothier donne peut-être la clé de l'affaire, encore aujourd'hui si obscure, de Quiberon.

qu'en raison du changement opéré dans notre situation par l'événement de Toulon, il conviendrait peut-être à la Cour de Vienne et à la nôtre de prendre ensemble quelques mesures officielles [1]. »

Deux mois plus tard, le 20 novembre, deux commissaires, envoyés par le Cabinet de Saint-James, sir Gilbert Elliot et le général O'Hara, convoquent à l'hôtel du Gouverneur les notables toulonnais, et leur donnent lecture d'une *Déclaration* où le Roi infirme les promesses de l'amiral Hood. La *Déclaration* annonce, en effet, que, « contrairement au Manifeste du 29 août, le port et les vaisseaux ne seront restitués aux Toulonnais qu'après le paiement d'une indemnité dont la nature ne sera déterminée qu'à l'époque de la paix ». Mais voici la modification la plus grave :

« Sa Majesté — stipule l'article 4 — n'hésite pas à
« déclarer que le rétablissement de la Monarchie dans la
« personne de Louis XVII et les héritiers légitimes de la
« Couronne, lui paraît le système le plus propre à remplir
« ses vues justes et salutaires. Cette forme de Gouverne
« ment, susceptible, comme elle l'est, de toutes les limita
« tions qui peuvent convenir aux circonstances respectives
« de chaque nation, a été reconnue par l'expérience —
« être celle qui, dans les grands États, réunit le mieux
« les avantages de l'ordre et de la sûreté à ceux de la
« véritable liberté. »

L'obscurité calculée de phrases laissait deviner les desseins les plus hostiles aux légitimes espérances des Royalistes, comme aux serments les plus solennels de l'amiral Hood. Mais, à cette ténébreuse et menaçante phraséo-

---

[1] COTTIN : *Toulon et les Anglais*, p. 239.

logie s'ajoutent des *Instructions secrètes* qui déchirent tous les voiles.

« Il faut — disent-elles — s'abstenir de se prononcer
« pour ou contre la Constitution de 1791, afin de ne
« mécontenter ni ses partisans, ni ses adversaires. Le Roi,
« il est vrai, regarde cette Constitution comme inappli-
« cable, dans son intégralité du moins, — mais telle
« ayant été la condition exigée par les Toulonnais, il a
« fallu y souscrire, car leur erreur n'était point une rai-
« son suffisante pour que Sa Majesté refusât sa protection
« à Toulon, dans les circonstances où cette ville la
« demandait. »

Que signifient ces paroles? Elles veulent dire que, l'intérêt de l'Angleterre étant en jeu, l'amiral Hood a bien
fait de promettre ce qu'il ne pouvait tenir. Un membre
du Parlement, le major Maitland, devait, quelques semaines plus tard, le 10 avril 1794, devant la Chambre des
Communes, donner la même interprétation à la Déclaration
royale : « La Proclamation de l'amiral Hood n'était, dit
l'orateur, qu'un piège pour attirer les Français dans nos
bras et les réduire ensuite à notre discrétion [1]. » On ne
pouvait mieux caractériser l'intrigue que démasquait tout
à coup la *Déclaration* de Georges III.

IX

Après avoir entendu la lecture du document royal, les
membres du Comité Général se rendirent compte de l'imprudence qu'ils avaient commise en se fiant à la parole
de l'Angleterre. Washington n'eut jamais à se repentir

---

[1] Réimpression du *Moniteur*, t. XX (20 mai 1794), p. 507.

d'avoir mis sa main dans la main loyale de Louis XVI. Satisfaite d'avoir concouru à l'affranchissement de la Nouvelle-Angleterre, la France ne s'autorisa point de ses services pour revendiquer une compensation territoriale. Mais ce désintéressement ne concorde pas avec les traditions et le caractère d'un peuple plus sensible aux calculs de l'intérêt qu'aux lois de l'honneur. Ulcérés de l'oblique attitude de leurs alliés, les Toulonnais, avant de les accuser de trahison, veulent tenter une dernière épreuve. Le Comte de Provence habite alors le château de Hamm, en Westphalie. Les Sections décident d'envoyer au Prince une Adresse pour l'inviter à venir à Toulon diriger l'offensive contre la République. Mais, avant de joindre le Régent, l'épître, — communiquée, le 23 novembre, à l'amiral Langara et aux Commissaires du Roi Georges, — sir Gilbert Elliot, le général O'Hara et l'amiral Hood, — par une députation que préside M. Brun de Boissière, reçoit des maîtres de Toulon un accueil inégal.

Si Langara, fidèle interprète des volontés de son Roi [1], déclare que « la présence du Régent accélérera le rétablissement de la Monarchie », les Commissaires anglais, redoutant l'ascendant que l'amiral espagnol préconise, se prononcent contre le déplacement du Prince.

« Une affaire aussi importante et qui embrasse des relations politiques aussi étendues ne peut être terminée avec avantage, — répondent les Commissaires, — par une seule ville, respectable, à la vérité, à toutes sorte de titres, mais qui est pour le moment non seulement isolée du reste de la France, mais ayant contracté, pour l'intérêt du Royaume

---

[1] Le marquis del Campo, ambassadeur d'Espagne à Londres, ne cessait alors de rappeler au Cabinet de Saint-James, qu'à Toulon, les Puissances n'agissaient « qu'en qualité de dépositaires et de protectrices » (Le marquis del Campo à lord Grenville, 22 novembre 1793. V. COTTIN, pp. 223 et seq.)

comme pour son propre salut, des relations récentes et sacrées avec une autre puissance ! »

Quel pitoyable sophisme ! Dans cette réponse, où s'accuse le froid égoïsme du vainqueur qui spécule sur la détresse du vaincu, les Toulonnais flairent la trahison de demain. Mais l'amiral Hood et ses deux compatriotes ne se contentèrent pas d'opposer au vœu qui leur est soumis de banales considérations diplomatiques. Un *non licet* énergique jaillit de leurs lèvres :

« Ne nous trouvant point autorisé à compromettre
« Sa Majesté Britannique sur la question de la Régence, —
« disent les Commissaires, — nous pouvons encore moins
« consentir à la proposition d'appeler MONSIEUR, Comte de
« Provence, à Toulon, pour y exercer les fonctions de
« Régent, parce que ce serait destituer Sa Majesté Britan-
« nique — avant l'époque stipulée — de l'autorité qui
« lui a été dernièrement confiée à Toulon [1]. »

On ne pouvait dire plus clairement que les Anglais considéraient notre port, non comme une citadelle de la Royauté française, mais comme une place tombée au pouvoir de la Grande-Bretagne. Maître de Toulon, le Roi d'Angleterre refuse de permettre au Régent d'y dresser le drapeau de saint Louis en face de l'oriflamme de saint Georges !

Après avoir ainsi notifié les volontés de Georges III, les Commissaires Royaux autorisent les Toulonnais à « porter leurs hommages aux pieds de MONSIEUR et à lui exprimer tous les vœux que peuvent inspirer ses vertus personnelles, ou réclamer les droits de sa naissance ». Il était difficile de se montrer moins bienveillant et plus ironique. Mais cette permission n'est pas une condescendance irréfléchie : elle cache un traquenard. Au cours d'une dépêche

---

[1] *Réimpression du Moniteur*, 1er février 1794, t. XIX, p. 336, vol. 1. Le *Moniteur* publie également la réponse de Don Juan de Langara.

à lord Grenville (27 novembre), sir Gilbert Elliot explique que les Commissaires ont voulu « compromettre davantage les Toulonnais aux yeux de la Convention ». Et pourquoi les lieutenants de Georges III machinent-ils contre leurs protégés cette odieuse intrigue? La Grande-Bretagne veut-elle acheter la bienveillance de l'Assemblée révolutionnaire? Et médite-t-elle à Toulon le même mauvais coup que la Prusse exécuta, l'année précédente, à Valmy?

Cependant, les délégués des Sections toulonnaises se rendent à Hamm, où le Régent les accueille avec une joie ouverte à toutes les espérances. Les vœux des Royalistes provençaux ne sont pas pour le Prince une stérile politesse. Sans hésiter, le Comte de Provence se met en route, traverse l'Allemagne, la Suisse et l'Italie. Malheureusement, l'incorrigible négociateur contrecarre, une fois de plus, l'homme d'action. Il aurait fallu tomber à Toulon comme la foudre. Au lieu de courir vers la Provence à marches forcées, le Régent commet la faute de s'arrêter à Turin. Malencontreuse coïncidence : après avoir promis aux insurgés de Lyon le concours de ses troupes contre l'armée de la République, le beau-père du Prince, le roi Victor-Amédée, cédant aux sollicitations de l'Angleterre, oppose un refus aux envoyés du général de Précy. Quelle machination nouvelle déjoue donc, une fois de plus, une entreprise libératrice? L'Angleterre et l'Autriche viennent, dit-on, de signer à Bruxelles, avec la République française, une Convention qui, momentanément, la désarme, et c'est au nom de ce Contrat que l'Angleterre oblige le roi de Sardaigne à violer ses promesses [1]. D'autre part, l'Autriche, après avoir

---

1 Nous trouvons cette assertion dans la *Biographie* de Michaud, V° *Trogoff*, assertion confirmée d'ailleurs par cette lettre de Lebrun au Comité de Salut public : « J'ai déjà parlé au Comité des ouvertures indirectes qui m'ont été faites de la part de l'Autriche. On vient encore de les renouveler. J'ai une personne et des moyens certains de donner

pris l'engagement de fournir un secours de cinq mille hommes aux Toulonnais, lanterne, et, finalement, se dérobe [1].

Mais, ce n'est pas seulement sur le siège de Lyon que les accords de Bruxelles exercent une influence néfaste. A peine le Comte de Provence avait-il quitté Hamm, que l'amiral de Trogoff s'était empressé de faire armer un bâtiment de cinquante-quatre canons, la *Ville de Marseille*, pour aller recevoir le frère de Louis XVI à Gênes. C'est dans cette ville que doit, en même temps, se réunir le Conseil de Régence, appelé à seconder le Prince de ses lumières [2]. Mais les Anglais ne permettent pas que Louis XVIII se mette en travers de leurs manèges. Lord Grenville mande, le 9 novembre, aux Commissaires royaux que, si Monsieur trompe leur surveillance et parvient,

---

suite à ces ouvertures. Je ne demande qu'à être autorisé à envoyer cette personne à *Bruxelles*, et, avant quinze jours, on saura à quoi s'en tenir. Les conditions de l'Autriche ne sont pas défavorables ; il suffirait qu'on la laissât faire en Bavière, et elle consentirait à ce que les provinces belges devinssent un État libre et indépendant. » (Albert Sorel : *L'Europe et la Révolution française*, t. III, p. 422.) D'autre part, le *Moniteur* du 13 pluviôse an II publie, sous la rubrique de Londres, à la date du 15 janvier 1794, une dépêche qui commence ainsi : « La vigueur qu'a acquise le nouveau Gouvernement français fait faire à nos ministres des réflexions sérieuses. *Le bruit de la défection de l'Angleterre de la coalition continentale* n'a, sans doute, été répandu que parce que le Gouvernement commence, non seulement à sentir, mais à avouer l'impossibilité de détruire la liberté française. » Réimpression du *Moniteur*, t. XIX, p. 345.

1 Le ministre Thugut promit tout ce qu'on voulut et ne fit rien. Cottin cite les dépêches de lord Grenville à sir Morton Eden, ambassadeur d'Angleterre à Vienne, et de Morton Eden à Grenville. (P. 165.)

2 Baron de Guilhermy : *Papiers d'un Émigré*, p. 45. La lettre où « Louis-Stanislas-Xavier » fait appel au dévouement de M. de Guilhermy est datée du 16 novembre 1793. Outre M. de Guilhermy, le Conseil devait comprendre MM. de Vezet, président à mortier au Parlement de Besançon, Le Camus de Neuville, Maître des Requêtes de l'Hôtel, intendant à Bordeaux, le comte de Ferrand, d'Outremont, conseiller au Parlement de Paris. M. de Courvoisier était adjoint au Conseil comme secrétaire.

quand même, à franchir les mers, « leur devoir sera, dans ce cas, de lui signifier la décision de Sa Majesté sur ce point ». En d'autres termes, sir Gilbert Elliot et le général O'Hara doivent fermer Toulon au Comte de Provence et à la Royauté capétienne [1]. Mais les événements qui se précipitent dispensent le Commissaire anglais de procéder à une expulsion brutale. Quand le prince arrive à Turin, les troupes de la Convention occupent le port méditerranéen depuis quatre jours. Pour empêcher le Régent de prendre possession de Toulon, les Anglais abandonnent à la République la ville qu'ils avaient juré de livrer au Roi de France.

X

Mais un Prince français, un Prince dans les veines duquel coulait le sang de Louis XIV, aurait pu et aurait dû braver le mauvais vouloir du Gouvernement britannique. Malheureusement, nos Princes semblent alors se complaire dans de stériles négociations qui les dérobent aux aléas de la lutte. Combien ne nous est-il pas pénible de lire les dépêches où le frère du Roi de France sollicite l'autorisation de venir dans son pays donner la main aux défenseurs de ses droits et de sa Race ! Soyons francs.

Au lieu de présenter de semblables placets le Prince aurait du quitter l'Angleterre et se dérober à la tendresse de Mme de Balbi.

Mais si le Prince n'essaya pas plus de fouler les plaines brûlées de la Provence, que de battre les halliers du Bocage et les landes de l'Armorique, de nombreux émigrés, comme les des Cars [1], les d'Agoult, les Choiseul, les Saint-

---

1 Dès le 22 octobre, lord Grenville expédiait à Francis Drake, ministre d'Angleterre à Gênes, l'ordre de « représenter à MONSIEUR les embarras qu'il susciterait aux chefs militaires de Toulon, s'il y venait exercer un pouvoir non reconnu par les coalisés. »

Mesmin, les Chalabre, etc., plus résolus que leur Prince, quittèrent les bords du Rhin, impatients de s'introduire dans la ville insurgée pour y faire le coup de feu contre l'armée républicaine. Mais, au moment où ces Royalistes allaient se joindre aux Toulonnais, le ministre Trévor les fit avertir que l'amiral Hood ne recevrait pas de nouveaux hôtes.

A l'Ouest, comme au Midi, les mêmes manœuvres font échouer les entreprises les mieux combinées et les plus sûres. Mais personne n'ose flétrir les fauteurs de ces embûches. En prenant à sa solde les Royalistes émigrés, l'Angleterre les endort. Les gentilshommes les plus défiants peuvent-ils soupçonner la sincérité d'une connivence qui se traduit par les plus généreuses libéralités? Et, pourtant, ce n'est pas sans une sourde colère qu'à la même époque les chefs de l'Armée Catholique et Royale, arrivés devant Granville, constatent l'absence des forces auxiliaires qui devaient s'unir aux Vendéens pour forcer la place. Le Cabinet de Saint-James avait pris l'engagement d'expédier, de Portsmouth, sous la garde d'une cinquantaine de navires, un corps de sept mille hommes, — tant Anglais qu'Émigrés, — sur les ordres de lord Moïra. Pourquoi cet engagement ne fut-il pas tenu? Pendant trois jours, du 14 novembre au 17, La Rochejacquelein, Stofflet, le Che-

---

1 CARS (comte François PÉRUSSE DES) né en 1759, député de la noblesse aux États généraux, il suit à Turin le comte d'Artois. Nommé capitaine des gardes du prince, il fut chargé de plusieurs missions confidentielles. C'est ainsi qu'en 1793, il put pénétrer dans le cachot de la Reine à la Conciergerie. En 1814, lorsque les alliés furent à Troyes, le comte des Cars alla plaider auprès d'eux la cause des Bourbons. A la Restauration il fut nommé successivement lieutenant-général, capitaine des Gardes de MONSIEUR, pair de France, etc. En 1820, il se trouvait auprès du duc de Berry, lorsque ce prince fut assassiné. Le Comte des Cars mourut le 31 décembre 1822. (*Mémoires du duc des Cars* publiés par son neveu, le duc des Cars, avec une introduction et des notes par le comte Henri de l'Épinois, t. II, pp. 398-407.)

valier des Essarts, Piron, de Hargues, le Chevalier de Beauvolliers, le Chevalier de Villeneuve, d'Autichamp et leurs troupes attendirent en vain les secours promis par Pitt aux délégués de la Vendée, MM. de Freslon et Bertin. La flotte de lord Moïra n'appareilla que le 1er décembre. Pendant que les Bleus et les Blancs se battaient, sept à huit mille Français, réfugiés à Jersey, entendant le canon, suppliaient le Gouverneur de les laisser s'embarquer pour Granville. Mais, le représentant de Georges III, sans donner ses raisons, menaça de la peine de mort tout Français qui prendrait la mer pour gagner le port normand [1].

Il ne serait que trop facile de multiplier les traits de cette duplicité. Si l'égoïsme britannique obéit à des visées que Pitt trouve naturellement légitimes, les Royalistes, en revanche, ont le droit de les flétrir. Quand il faut amorcer une expédition, l'Angleterre ne recule devant aucun encouragement et se montre prodigue de tous les sacrifices. Mais l'heure vient-elle de livrer la bataille suprême?

---

1 CRÉTINEAU-JOLY : *Histoire de la Vendée militaire*, t. I, p. 363, écrit ce qui suit : « L'expédition dont Freslon et Bertin étaient chargés d'annoncer le départ ne fut décidée, dans le Cabinet de Londres, que le 17 novembre, c'est-à-dire deux jours après la levée du siège... L'Angleterre disposait à Jersey de sept mille émigrés qui demandaient avec instance des armes et des barques... On lut à leurs chefs un ordre du Cabinet Anglais qui enjoignait de punir de mort tous les Français qui tenteraient de sortir de l'île. »

La marquise DE LA ROCHEJAQUELEIN, dans ses *Mémoires* (p. 314), déclare que l'apparence seule d'un secours eût fait triompher les Vendéens. « Ils entendaient, dit-elle, le canon de Jersey. » Le célèbre abbé BERNIER, qui faisait partie du Conseil suprême de l'Armée catholique, dit dans ses *Notes* : « Le siège de Granville n'échoua que parce que les Anglais nous manquèrent de parole. On avait attaqué au jour convenu; le vent était favorable; le commodore refusa d'appareiller en prétextant un ordre secret de ne le pas faire, ordre signé « Henry Dundas » (ministre de la Guerre). (V. *Anjou historique*, livraison de janvier 1903.)

Alphonse DE BEAUCHAMPS : *Histoire de la Vendée*, t. II, pp. 179-180, s'exprime de même. Voir aussi DENIAU : *Histoire de la Guerre de la Vendée*, t. III, p. 208-213.

Aussitôt, les mesures les plus louches font avorter la campagne. Curieux phénomène: Granville, Toulon, Quiberon[1], Noirmoutier, Ile d'Yeu [2], toutes les aventures où nos alliés interviennent aboutissent à la défaite de la cause royale et au triomphe de la République. Cet invariable dénouement des expéditions que patronne et que commandite le Cabinet de Saint-James finit par frapper l'esprit observateur de Louis XVIII. Aussi, lorsque Brothier et Duverne de Presle fondent, à Paris, le Bureau royaliste qu'attend un si fâcheux destin, Louis XVIII invite-t-il les chefs de cette officine à redoubler de précautions et de défiances dans leurs rapports avec la Grande-Bretagne :

« Au cours de vos Correspondances, leur dit le Roi, bor-
« nez-vous à des demandes de secours et abstenez-vous de
« tous renseignements dont le résultat pourrait être de
« leur faciliter la prise de quelques-unes de nos places
« maritimes et, en général, de celles qui n'auraient d'utilité
« que pour eux. Le Roi et son Conseil n'ont jamais cessé
« de penser que les services des Anglais sont des services
« perfides qui n'ont pour but que l'entière ruine de la
« France [3]. »

En tenant ce langage, Louis XVIII, si réservé d'ordinaire, parle en Prince qui sait que nos troubles civils, nos mutineries militaires et nos séditions maritimes sont l'œuvre, non des partis, mais d'un Gouvernement étranger, jaloux de notre puissance et résolu, coûte que coûte, à l'anéantir.

---

1 V. Charles ROBERT : *L'Expédition des Émigrés à Quiberon*, pp. 204 à 213, et P. COTTIN : *L'Angleterre devant ses alliés*, pp. 35-45.

2 Ch. ROBERT, *ibid.*, pp. 204 à 256 ; l'abbé LEMONNIER : *L'Expédition du comte d'Artois à l'île d'Yeu*, et le Vicomte DU BREIL DE PONTBRIAND : *Le Comte d'Artois et l'Expédition de l'île d'Yeu* (Paris, 1910).

3 *Moniteur*, 1797, n° 353 (Affaire Duverne de Presle).

CHAPITRE VIII

SIÈGE DE TOULON

I. — Les forces des assiégés et celles des assiégeants. — Lord Hood refuse d'utiliser la Garde nationale. — Combat d'Ollioules.
II. — Puériles manœuvres. — Plan de combat. — La pointe de l'Aiguillette. — Le rôle de Bonaparte. — Le combat du 30 septembre. — Échec des troupes républicaines. — Inertie des généraux anglais après la victoire.
III. — Royauté acclamée. — Combat du 14 octobre. — Carteaux remplacé par Doppet et Doppet par Dugommier. — Combat du 9 novembre. — Les Conventionnels, découragés, proposent à la Convention d'abandonner le terrain qui s'étend de la Durance à la mer. — Dugommier reçoit des renforts. — Bonaparte installe la batterie de la Convention. — Le général anglais O'Hara se laisse faire prisonnier. — Pourparlers suspects entre les Conventionnels et les commissaires anglais. — Les Anglais désarment la Garde nationale.
IV. — Spoliation de l'arsenal et des magasins, vidés, pendant la nuit, par les Anglais. — On prévoit l'inévitable reddition de la place. — Les dernières opérations du siège s'effectuent le 18 décembre. — Dugommier croit d'abord tout perdu. — Il est faux que les Représentants marchèrent à la tête des colonnes. — Conseil de guerre du 18 décembre. — Anglais résolus à s'évader. — Toulonnais, éperdus, envahissent les églises. — L'amiral Hood fait encore croire qu'il tiendra jusqu'au bout. — Proclamation nocturne. — Les Toulonnais se pressent sur les rades du port pour embarquer. — Refus des Anglais de recevoir les fugitifs. — Humanité des Espagnols et des Napolitains.

I

L'entrée des Anglais, des Espagnols, des Piémontais et des Napolitains dans Toulon transforme la ville en une citadelle où l'autorité militaire, concentrant dans ses mains tous les pouvoirs, régente tous les actes de la vie civile. Sous les tentes dressées dans les rues et sur les places s'entassent non seulement les soldats étrangers qui n'ont pu trouver un abri dans les casernes, mais les Provençaux que la peur a chassés de Marseille et des villes environnantes. Le pacte conclu, le mois d'avril précédent, entre les Cours de Londres et de Madrid, stipule que les amiraux des deux Puissances agiront de concert et ne négligeront aucune voie de salut pour arracher la France à l'anarchie. Invoquant cette Convention, l'amiral don Juan de Langara prétend que le premier poste lui appartient, puisque — lieutenant du Roi d'Espagne — il représente la Race royale au nom de laquelle les alliés gouvernent le port et la ville [1]. Mais, rétif à un partage qui mettrait obstacle à ses secrets desseins, l'amiral Hood revendique et garde l'hégémonie que ses négociations avec les Toulonnais lui adjugent. « Nous sommes, d'ailleurs, les plus forts », conclut le délégué de S. M. Georges III. Langara n'insiste plus. Hood confère à lord Goodall les fonctions de Gouverneur et Langara nomme son compatriote, l'amiral Gravina [2],

---

[1] LAUVERGNE, p. 308.

[2] GRAVINA (Charles-Frédéric, duc de), né à Palerme, en 1756, mort à Cadix, en 1806. Fils naturel, dit-on, de Charles III, il accompagna ce souverain lorsque celui-ci quitta Naples pour Madrid. Gravina débuta dans la carrière maritime pendant la guerre contre les pirates algériens. Avec deux frégates, il affranchit les côtes d'Espagne des ravages des Barbaresques, puis, associé aux expéditions des amiraux Cordova et Massaredo, il s'y distingua par sa bravoure.

Après le siège de Toulon, où il fut blessé, Gravina fut chargé de

Commandant supérieur de la garnison. Les troupes françaises de Toulon comprennent une force de dix-sept à dix-huit mille hommes, dont les principaux éléments sont fournis par le 1er bataillon de ligne de l'Armée départementale, par les Gardes nationales des Bouches-du-Rhône et du Var, par le Régiment de la Marine, par les Canonniers-marins employés à l'arsenal et par la Garde nationale de Toulon. Des quatre Puissances coalisées contre la République, l'Angleterre est celle qui risque le moins de soldats dans la mêlée [1]. Le Commandant supérieur des troupes britanniques, lord Mulgrave, n'aura jamais sous ses ordres plus de 1.500 Anglais. Le Cabinet de Saint-James refuse obstinément d'envoyer les secours que sollicitent, à plusieurs reprises, les Commissaires de la Grande-Bretagne. Le général Grey mande en vain à Londres qu'il faut 50.000 hommes pour défendre Toulon. Pitt refuse de le croire. Quatre mille Espagnols, six mille Napolitains [2] et deux mille Sardes formeront, plus tard, avec

---

secourir Collioure; mais il ne put sauver ce poste important. Lorsque l'armée républicaine attaque le château de Roses, Gravina fit échouer l'entreprise. Nommé contre-amiral, Gravina, en 1802, commande une escadre destinée à protéger l'expédition française contre Saint-Domingue. En mai 1804, ambassadeur auprès du Gouvernement français, il assiste au sacre de Napoléon, en qualité de représentant de la reine d'Etrurie. Capitaine-général des armées navales en 1805, il fut mis à la tête de la flotte qui se réunit à l'escadre française de l'amiral Villeneuve dans le port de Cadix, pour agir, concurremment avec elle, contre les Anglais. Le 21 octobre de la même année, Gravina déploie une bravoure chevaleresque à Trafalgar, où il commande l'escadre d'observation. Trois heures durant, Gravina soutint contre trois vaisseaux anglais un combat acharné. En voyant le vaisseau qu'il montait, le *Prince-des-Asturies*, de cent trente canons, démâté de ses trois mâts, il dit : « J'étais tout à l'heure sur un vaisseau, me voilà maintenant dans un fort ; je ne l'abandonnerai que quand il s'enfoncera sous mes pieds. » Quelques instants après, il tombait mortellement blessé. Il mourut à Cadix, au bout de trois mois de souffrances.

1 Paul Cottin, p. 191.

2 Paul Cottin, p. 192. — *Mémoires de M. de Grasset*. — Correspondance d'Elliot. Mémoire justificatif de Puissant. Les chiffres don-

le contingent français et les troupes britanniques, un effectif total de trente à trente-deux mille hommes. Mais lord Hood, plein de méfiance contre les Gardes nationales et contre les émigrés, refusera d'utiliser leurs services. C'est ainsi que près de dix-huit mille des nôtres ne concourent ni à la défense de la ville, ni aux opérations du siège. Quinze à seize cents Français à peine obtiennent l'autorisation de défendre leur cause et de disputer Toulon à la barbarie révolutionnaire. Incorporés dans un régiment de formation nouvelle, le Royal-Louis, ces privilégiés doivent accepter la suprématie d'un chef, le colonel Hustings, que leur impose lord Mulgrave.

Si les sept mille cinq cents hommes dont lord Hood disposait au début du siège — avant l'arrivée des renforts de Naples et de la Sardaigne — avaient constitué une force compacte, la discipline et l'accord des chefs auraient peut-être pu suppléer à l'incohérence du commandement et à la pénurie des troupes. Malheureusement, une déplorable mésintelligence sévit dans les rangs des Puissances alliées. Anglais et Castillans, surtout, se détestent. Les haillons des Espagnols inspirent un indicible mépris aux sujets de S. M. Georges III, peu tendres aux héros en guenilles. « On n'a jamais vu de pareils misérables », écrit sir Gilbert Elliot [1] à lord Saint-Hellens, l'ambassadeur de Londres à Madrid. « Les Espagnols portent leurs fusils sur l'épaule gauche ou

---

nés par la *Gazette de Madrid*, d'après les nouvelles de Londres du 1ᵉʳ octobre, concordent avec les chiffres de M. de Grasset et de l'ingénieur Sardou.

1 ELLIOT (sir Gilbert), né le 23 avril 1751, remplaça lord Mulgrave, fut vice-roi de Corse en 1794, puis ambassadeur à Vienne, enfin gouverneur général des Indes. En 1813, il devint pair d'Angleterre avec le titre de comte de Minto. Il mourut le 21 juin 1814, dans son château de Minto, en Écosse, et fut enterré à Westminster. Il eut trois fils et trois filles. Les frères Elliot passèrent en France leur enfance et furent les condisciples de Mirabeau à la pension de l'abbé Choquard.

droite, au hasard, et se sauvent toujours, officiers et soldats, pêle-mêle. » Mensonge ! Très bons soldats, les Espagnols rendent, d'ailleurs, aux Anglais dédain pour dédain. Un officier madrilène, fait prisonnier le 30 novembre, en même temps que le général anglais O'Hara, et dirigé, comme lui, sur Paris, refuse d'échanger une parole avec son compagnon d'infortune. Luxueusement vêtus, les Napolitains encourent, néanmoins, les mêmes flétrissures. Ne sont-ils pas des Latins? Lord Elliot les accuse de lâcheté. Seuls, les Piémontais obtiennent des Commissaires britanniques quelques égards. Les Représentants du roi d'Angleterre favorisent également nos compatriotes d'une certaine estime. Mais le mot d'ordre est de ne pas donner d'emploi à leur patriotisme et à leur ardeur. Les émissaires de Pitt craignent visiblement que les Toulonnais ne fassent prédominer dans la défense de la ville une influence préjudiciable aux projets de l'Angleterre.

Les Princes français entretiennent alors à Gênes un chargé de pouvoirs, M. de Marignane [1]. Les émigrés, réfugiés en Suisse et en Italie, vont trouver ce diplomate et le supplient de négocier leur admission parmi les troupes alliées. Transmise aux amiraux Hood et Langara, cette requête se heurte à l'inflexible *veto* des Anglais.

Aux 7.900 hommes qui défendent Toulon à la fin d'août 1793, la Convention en oppose 12.000, dont 3.000 obéissent au général de La Poype [2], détaché de l'armée d'Italie, et

---

[1] MARIGNANE (Marquis de) (Louis-Anne-Emmanuel de Covet de), né le 21 mai 1731, fut consul d'Aix, siégea aux États de Provence, maria sa fille au comte de Mirabeau, mourut à Aix le 22 octobre 1802. Voir *La Comtesse de Mirabeau*, par M. Dauphin MEUNIER, pp. 381 et seq.

[2] LA POYPE (Jean-François, marquis de), né à Lyon le 31 mai 1758. D'abord, simple garde française, La Poype avait déjà le grade de lieutenant-colonel quand éclata la Révolution. Enrégimenté dans la Garde nationale, il est appelé, en octobre 1791, au commandement du bataillon de Seine-et-Oise, devient, l'année suivante, colo-

8.000 au général Carteaux qui vient de Marseille. C'est le 29 août que Carteaux quitte le chef-lieu des Bouches-du-Rhône. « J'espère, écrit le général à l'un de ses amis, — j'espère avoir le plaisir, sous deux ou trois jours, au plus tard, de corriger la ville de Toulon comme celle de Lyon et de battre à plate couture les coquins d'Anglais et les Espagnols [1]. » Instruits de la mise en mouvement du Corps de Carteaux, les généraux alliés veulent d'abord marcher sur Marseille, mais la majorité des officiers invoque l'insuffisance des troupes et fait prévaloir le parti de la défensive expectante.

Le 2 septembre, 600 hommes de troupes anglaises, réunis à la hâte, sous le commandement du colonel Elphinstone, se dirigent vers le village d'Ollioules, où, la veille, Carteaux établit ses avant-postes. Le major anglais Douglas et quelques autres officiers supérieurs briguent et

nel du 104ᵉ d'infanterie, et, le 10 septembre, est nommé général de brigade. Envoyé, en 1793, à l'armée des Alpes-Maritimes, et promu général de division, il alla prendre la défense de Toulon. Comme sa femme était prisonnière des royalistes, il devint suspect, fut remplacé par le général Dugommier, et renvoyé à l'Armée des Alpes. En 1796, il se voyait destitué sur le plus frivole prétexte. Réemployé quelque temps après, il est chargé de défendre le territoire de Gênes et se distingue à Novi. Envoyé à Saint-Domingue, il déploie contre les nègres un courage égal à son savoir. Le navire qui le ramenait en France fut capturé par les Anglais. Prisonnier à la Jamaïque, il fut expédié en Angleterre, où il resta captif jusqu'en 1812. A son retour, Napoléon l'emmène en Allemagne et le charge de débloquer Lutzen. La Poype ne consentit qu'à la dernière extrémité à une capitulation qui fut violée. Retenu par l'ennemi, il ne recouvre sa liberté qu'en 1814. Au retour de l'île d'Elbe, Napoléon l'envoie commander à Lille. Mis à la retraite par la Restauration, La Poype fut élu député de Villefranche, en 1822, et prit rang sur les bancs de l'extrême-gauche. La publication d'une brochure politique, en 1824, faillit le faire condamner. En 1830, Louis-Philippe le rétablit sur la liste des lieutenants-généraux du cadre de réserve. Il mourut aux Brosses, près de Vaux, le 27 janvier 1851.

1 Lettre de Carteaux à Mouret. Cette lettre fut interceptée par l'ennemi.

obtiennent l'honneur de faire partie de l'expédition. Avant d'avoir reçu les renforts de la Garde nationale, Elphinstone attaque l'ennemi.

Cette première affaire tourne à l'avantage des agresseurs. En vain, deux pièces de canon protègent Ollioules. Vers quatre heures du soir, après une vive résistance, les Anglais enlèvent les gorges. Délogés du village, les Républicains battent en retraite et abandonnent aux alliés une position stratégique appelée à jouer, pendant le siège, un rôle de premier ordre. Le jour même, à neuf heures du soir, Elphinstone, justement glorieux de cette entrée en scène, se montre à Toulon qui lui fait fête. Des deux côtés, les pertes sont insignifiantes. Les alliés ramènent trente prisonniers, deux drapeaux et deux canons. Les Conventionnels n'ont qu'un homme tué et trois blessés, parmi lesquels le capitaine Dommartin. La mise hors de combat de cet officier exercera sur le siège de Toulon et sur notre histoire une influence dont personne alors n'entrevoit la portée. Quelques jours après l'engagement d'Ollioules, le capitaine Bonaparte traversait le Var pour se rendre à l'armée d'Italie. Les Représentants l'arrêtent au passage et lui confient le détachement que la mise hors de combat de Dommartin laisse sans chef. Nos proconsuls se doutent-ils, qu'ils viennent d'ouvrir la carrière à leur futur maître? Dans une lettre en date du 26 septembre, le Représentant Salicetti [1] parle du « citoyen Bonaparte » comme d'un

[1] SALICETTI (Christophe), né à Bastia en 1757, mort à Naples en 1809. Après avoir étudié le droit à Pise, Salicetti, devenu avocat au Conseil supérieur de la Corse, fut nommé député du Tiers État aux États Généraux. C'est lui qui fit décréter la réunion de la Corse à la France. Nommé ensuite membre de la Convention, il vota la mort de Louis XVI. En 1794, après avoir assisté au siège de Toulon, il est envoyé à l'armée d'Italie. Puis, appelé à Paris, décrété d'accusation le 9 thermidor pour avoir participé à un mouvement populaire dirigé contre la Constituante, Salicetti vient lui-même se défendre et emporte son acquittement. En novembre 1796, élu membre du Conseil des Cinq Cents, il entre dans la Société du Manège et, quand le

officier qui se trouve juste à point pour combler une lacune et faire un intérim[1]. Quatre jours plus tard, le 30 septembre, on juge même qu'il serait nécessaire de donner au capitaine un aide [2]!...

Furieuse de l'insuccès de Carteaux, la Convention invite le général à réparer l'échec du 2 septembre. Le 7, les troupes républicaines se jettent à nouveau sur les gorges d'Ollioules, défendues par quatre cents hommes de la Garde nationale soldée des Bouches-du-Rhône, et s'en emparent. Nul fait d'armes n'aura de plus graves conséquences.

---

18 Brumaire le surprend, Sieyès l'inscrit sur la liste de proscription, mais Bonaparte biffe son nom.

D'abord ambassadeur à Gênes, il est ensuite attaché au roi de Naples, comme ministre de la Police générale, puis comme ministre de la Guerre. C'est lui aussi qui maintient la couronne sur la tête du roi Joseph, en l'empêchant de se retirer, lors de la révolte de la Calabre. Lorsque Joseph laisse Naples pour monter sur le trône d'Espagne, Salicetti ne quitte pas son poste. Seul, il gouverne le royaume jusqu'à l'arrivée de Murat qui le destitue et le remplace par le général Reynier. Napoléon renvoie Salicetti auprès de Joachim pour le surveiller et surtout pour soutenir, avec la reine, le parti français. Nommé membre de la Consulta, chargée de prendre possession de Rome, il quitte la ville, dès qu'il apprend que l'armée anglo-sicilienne, débarquée en Calabre, marche sur Naples. Il arrive dans cette ville, quand Murat allait se retirer derrière le Volturne. Dans cette crise, Salicetti déploya une énergie qui, dit-on, porta ombrage à la Cour. Le préfet de police Maghella craignit-il de se voir remplacer par Salicetti? On l'ignore; toujours est-il que, le 11 décembre 1809, en sortant d'un dîner donné par Maghella, Salicetti fut pris d'un subit malaise, auquel il succomba aussitôt.

1 Lettre de Salicetti au Comité de Salut public : *Au quartier général d'Ollioule, ce 26 septembre de l'an II...* Dommartin, blessé, nous avait laissé sans chef d'artillerie. Le hasard nous servit à merveille; nous arrêtâmes le citoyen Bonaparte, capitaine instruit, qui allait à l'Armée d'Italie, et nous lui ordonnâmes de remplacer Dommartin (Archives du Ministère de la Guerre, Armée de Toulon, aux dates).

2 Lettre de Salicetti, 30 novembre : « Bonaparte, le seul capitaine d'artillerie qui soit en état de concevoir ces opérations, a déjà trop d'ouvrage de la conduite de toutes les parties de l'artillerie. Occupez-vous de nous envoyer incessamment un ingénieur... » (*Ibid.*)

Si les alliés s'étaient entendus pour la garde des gorges d'Ollioules, les Toulonnais — comme l'écrit avec raison, dans ses *Mémoires*, le chevalier de Fontvielle — « eussent défié les forces de la Convention ». L'attitude de lord Hood, dans cette affaire, parut justement suspecte. Carteaux n'avait que six mille hommes ; les alliés auraient pu lui en opposer dix mille. La plaine du Beausset — où Carteaux reçut le concours d'une population ardemment jacobine — vient mourir aux pieds de hautes collines qui, dans leur orientation parallèle, encaissent une gorge profonde, — véritables Thermopyles de la Provence. De chaque côté, se dressent deux bastions naturels, Evenos et Sainte-Barbe, d'où mille soldats auraient pu facilement arrêter une armée. Pourquoi lord Hood négligea-t-il d'occuper ces deux forteresses [1] ? Si les Français avaient dirigé les opérations du siège et si l'Angleterre, au lieu d'imposer son avis, avait écouté les suggestions de nos compatriotes, les assiégés n'auraient jamais laissé tomber entre les mains de Carteaux ces deux clefs de Toulon, le mont Evenos et le mont Sainte-Barbe, — et la République, succombant une fois de plus à Ollioules, aurait définitivement abandonné l'entreprise. L'attitude des Anglais confond d'autant plus l'observateur qu'avant le combat, les officiers du génie français avaient appelé l'attention des généraux alliés sur la position que l'incurie britannique devait si perfidement livrer à Carteaux.

II

Au lieu de prendre les mesures que commande une vigoureuse défensive, le lieutenant de Georges III recourt à de puériles manœuvres. Les corps de La Poype et de

---

[1] LAUVERGNE, p. 331.

Carteaux sont aux portes de Toulon : sommation est faite aux soldats républicains de se rallier à la cause de Louis XVII. Le citoyen La Londe commande la station de Villefranche. L'amiral Hood l'invite à mettre aux ordres des alliés les vaisseaux de la République. Démarche théâtrale ! Les Républicains interceptent cette correspondance et la raillent. Dans une proclamation non moins ostentatoire, Barras [1], Robespierre jeune [2], Ricord [3] et Fréron [4]

1 BARRAS (Paul-François-Jean-Nicolas, vicomte de), né à Fort-Amphoux, le 30 juin 1755), ancien officier de Marine, élu député du Var, régicide. Missions dans les Hautes et Basses-Alpes, les Alpes-Maritimes, le Var, les Bouches-du-Rhône et l'armée d'Italie, etc. Joue un rôle prépondérant au Neuf Thermidor et au Treize Vendémiaire, élu membre du Directoire, rentre à Paris après la Restauration et meurt à Chaillot en 1823. M. Georges Duruy a édité ses *Mémoires* (4 vol. in-8°).

2 ROBESPIERRE (Augustin-Bon-Joseph de), dit Robespierre jeune, né à Arras en 1764, député du Pas-de-Calais, en mission à l'armée d'Italie. Se sentant soutenu par son frère, Robespierre jeune affectait une arrogance rare. Il ne se gênait pas pour écrire au Ministre de la Guerre, Bouchotte, le 6 novembre : « Je reçois aujourd'hui une lettre signée Bouchotte, j'estime trop le ministre de la Guerre pour croire qu'il en soit le rédacteur, et je suis convaincu qu'il n'y a de lui que la signature. Il se la fera représenter et en fera disparaître le style et le ton. » Robespierre jeune périt avec son frère, le 10 Thermidor.

3 RICORD (Jean-François), né en Provence vers 1760, avocat dans le Var, fut envoyé à la Convention où il siégea parmi les montagnards. Ricord vota la mort du roi, prit part à la lutte contre les Girondins, se lia intimement avec les Robespierre et surtout avec le jeune. Tous deux furent nommés Commissaires près de l'armée d'Italie, après la révolution du 31 mai, Ricord emmena sa jeune femme et Robespierre sa sœur Charlotte. Après avoir essuyé de cruelles avanies à Manosque et à Forcalquier, les deux Représentants arrivent à Nice où commandait du Morbion. Après la soumission de Toulon, Ricord rentre, le 9 Thermidor, à Paris. Le 24 août, Cambon le dénonça comme ayant accaparé des huiles et de la soie pour les vendre à Gênes. N'ayant pas été réélu, Ricord fit partie de la « queue de Robespierre », et continua d'habiter Paris.

Impliqué en 1796 dans la conspiration de Babeuf, il fut acquitté. En 1815, Napoléon le nomma commissaire de police à Bayonne. Ricord mourut en 1820.

4 FRÉRON (Stanislas), fils de l'homme de lettres, filleul du roi de

déclarent que « la République ne peut rien avoir de commun avec les despotes et les esclaves ». Ce dialogue inutile fait perdre un temps précieux à la défense. Le mois de septembre se passe, dans les deux camps, en préparatifs de guerre. Inconscients de leur impéritie, Fréron et Barras implorent du Comité du Salut public le commandement en chef de l'armée conventionnelle. Quel est leur plan? Il s'agit de faire un siège en règle et d'enlever « les forts à l'arme blanche ». Après avoir renversé des trônes, nos novateurs n'osent pas toucher à l'arche sainte de la stratégie classique [1].

Au surplus, Barras et Fréron n'obéissent pas à leurs inspirations personnelles. Le général d'Arçon [2], le principal collaborateur de Carnot et l'auteur de presque tous les plans de campagne auxquels la République dut ses victoires, a lui-même dressé le schéma de l'attaque que nos quatre Conventionnels transmettent, le 10 septembre, au ministre de la Guerre. Mais, quelques jours sont à peine écoulés qu'une nouvelle combinaison triomphe. Dès le 4 septembre, — douze jours avant l'arrivée de Bonaparte, — le

Pologne, né à Paris en 1754, membre de la Commune du 10 août, député de Paris, régicide, en mission dans les Hautes et Basses-Alpes, Alpes-Maritimes, Var; un des artisans du coup d'État de Thermidor. Après le 18 Brumaire, accompagne le général Leclerc dans l'expédition de Saint-Domingue pour prendre possession de ses fonctions de sous-préfet des Cayes. Meurt au bout de quelques semaines, le 15 juillet 1802. Voir le livre de M. Raoul ARNAUD : *Le Fils de Fréron*.

1 Archives du Ministère de la Guerre. Lettres de Carteaux et de La Poype au ministre Bouchotte (10 et 11 septembre 1793) citées par Georges Duruy. Introduction aux *Mémoires de Barras*.

2 ARÇON (Jean-Claude-Éléonore Le MICHAUD, dit d'), général du Génie : il siégeait au Comité de la guerre, avec d'autres officiers de la Monarchie, tels que Montalembert, Marescot, d'Obenheim, de Laffitte, etc., et préparait les plans de campagne des armées républicaines. Mallet du Pan écrit au sujet de d'Arçon : « Personne ne le surpasse en pénétration, en connaissances pratiques, en promptitude de coup d'œil, et en imagination. C'est une âme de fer et une tête pétrie de ressources. Je parle de lui par une liaison de dix années; il n'est pas plus révolutionnaire que moi. » *Mémoires*, t. II, p. 44.

représentant Gasparin [1], écrivant à son collègue, Granet, laisse entrevoir un expédient nouveau. Un administrateur du département de l'Hérault, le citoyen Brunet, annonce d'autre part que, pour prendre Toulon, il faut occuper la presqu'île et mettre la main sur les forts de Balaguier et de l'Aiguillette. Enfin, s'il faut en croire ce que nous raconte le général Dugommier dans son *Mémoire sur la reprise de Toulon*, les hommes, même les plus étrangers au métier, recommandent la tactique dont l'histoire fait exclusivement honneur à Bonaparte [2].

---

1 GASPARIN (Thomas-Augustin d), né à Orange en 1750, mort dans cette ville en 1793. Il appartenait à la branche cadette de la famille Gaspari, originaire de Corse. Capitaine au régiment de Picardie, il embrasse la cause de la Révolution, contribue à la réunion à la France du Comtat-Venaissin, et engage sa fortune personnelle pour payer aux soldats de son régiment révoltés l'arriéré de solde qu'ils exigeaient. Nommé, en 1791, par le département des Bouches-du-Rhône, qui comprenait alors l'arrondissement d'Orange, député à l'Assemblée Législative. Gasparin obtient l'assimilation des officiers de volontaires aux officiers de l'armée régulière. Vers la même époque, il fut envoyé en mission au camp de Châlons, pour y apaiser une révolte, puis fit, en qualité de commissaire, un voyage dans le Midi. En 1792, les électeurs des Bouches-du-Rhône l'envoient à la Convention, où il siégea avec les montagnards. Au mois de septembre de la même année, il est chargé, avec Dubois-Crancé et Lacombe-Saint-Michel, de porter au général Montesquiou le décret qui le destitue. Dans la séance de janvier 1793, il dénonce violemment les Girondins. Lors du procès du roi, il vota pour la mort. Envoyé auprès de l'armée du Nord, il y provoque un décret d'accusation contre Dumouriez.

De retour à Paris, Gasparin, nommé membre du Comité de Salut public, se rend successivement en Vendée, à l'armée des Alpes avec Escudier, puis à Toulon, pour surveiller le siège de cette ville avec Albitte, Barras, Fréron, Ricord, Robespierre jeune et Saliceti. Gasparin, entré en rapport avec Bonaparte, approuve son plan d'attaque, et le défend. Napoléon, à Sainte-Hélène, s'en souvient, et l'article 3 du quatrième codicille de l'empereur, daté de Longwood, le 24 avril 1821, lègue 100.000 francs aux fils ou petits-fils de Gasparin. Une maladie, occasionnée par les fatigues, força Gasparin à quitter Toulon. Il se retira à Orange, où il mourut. Les honneurs du Panthéon lui furent accordés.

2 « Il n'est personne, dit Dugommier, qui, connaissant Toulon et ses défenses, ne vît que son côté faible était celui dont on pouvait

Le futur rôle de l'Aiguillette n'échappe pas, d'ailleurs, aux Anglais. Dès les premiers jours de septembre, lord Mulgrave, pour couvrir la célèbre pointe, revêt Balaguier d'ouvrages fortifiés qui, sous le nom de « Fort Caire », de « Fort Mulgrave », et de « Petit Gibraltar », fixent, pendant trois mois, l'attention de l'Europe, et s'imposeront, plus tard, à la mémoire de la postérité. N'est-ce point, en effet, sur ces hauteurs, que se fonda la fortune du futur César? Le vrai mérite de Bonaparte fut moins de signaler l'opération libératrice que de pourvoir l'armée républicaine d'une artillerie puissante et de se servir de son équipage de siège [1] pour réduire Toulon.

Mais, avant d'obtenir cette victoire, un certain nombre d'engagements entre les troupes conventionnelles et les troupes alliées laissent les esprits indécis et ne permettent pas de prévoir le résultat final. Dans la nuit du 30 septembre au 1er octobre, le général La Poype, à la tête de dix-sept cents hommes, donne l'ordre de prendre d'assaut le mont Faron qui domine le port. Une imposante ligne de défense s'étend depuis la cime, élevée de cinq cents mètres au-dessus du niveau de la mer, jusqu'au fort La Malgue, point culminant d'un site qui découvre à la fois la ville, la Petite et la Grande Rade. Au moment où la première attaque se dessine, les Autorités civiles de Toulon, le Clergé, les Chefs de l'Armée étrangère et française, réunis sur le Champ-de-Bataille, célèbrent l'avènement de Louis XVII au trône ancestral. Soudain, au sommet du mât érigé au milieu de la place, flotte un drapeau blanc que saluent les vivats de la foule, le fracas des cloches, les canons des forts et les rumeurs des fanfares [2]. Au même instant,

---

approcher les escadres combinées et diriger sur elles des bombes et des boulets rouges ». DUGOMMIER : *Mémoire sur la Reprise de Toulon*. COTTIN, p. 208.

[1] Cent pièces de gros calibre et des mortiers à longue portée.
[2] LAUVERGNE, pp. 363-364.

les édifices publics arborent les couleurs des Bourbons, pendant que tonne l'artillerie des vaisseaux de guerre et les pièces des remparts. Délire de la foule. Transporté d'enthousiasme, le peuple chante, pleure, court aux églises, exhale un tumultuaire *Te Deum*.

Étranger à cette joie, le chef de bataillon Victor, le futur duc de Bellune et le futur serviteur de la Restauration, s'empare du col des Monges et en chasse les alliés, qui se replient sur la redoute du Faron. A la nouvelle de cet échec, un Conseil de guerre, rassemblé en toute hâte à Toulon, décide de secourir le détachement en péril. Les troupes se mettent en marche sur deux colonnes : l'une commandée par lord Mulgrave, l'autre par l'amiral Gravina. Rangées en bataille sur un plateau, les troupes républicaines attendent l'ennemi, dont un ravin les sépare. Sans se laisser émouvoir par les avantages de cette position, les alliés escaladent la montagne avec une intrépidité que le feu des républicains ne réussit pas à ralentir. Gravina, blessé au pied, cède le commandement à lord Mulgrave. Après une heure de combat, les Conventionnels, décontenancés par l'attitude des grenadiers napolitains et surtout par la précision de leur tir, s'esquivent aux cris de : « *Sauve qui peut!* » L'artillerie du Faron leur coupe la retraite. Pendant que la plupart des républicains regagnent leurs cantonnements, les autres roulent à travers les rocs et se précipitent dans le gouffre. Plus de deux cents fantassins hors de combat et quarante prisonniers, voilà le trophée des assiégés.

Toute la gloire de la journée appartient à l'amiral Gravina. Malheureusement, sa blessure le dérobe aux Conseils et l'éloigne du théâtre de la guerre. Si les événements avaient conféré au loyal Espagnol la direction de la défense, la République aurait probablement perdu la partie.

Après la victoire du Faron, les généraux anglais, au lieu de poursuivre leur victoire, rentrent dans Toulon, étonné de cette prompte lassitude. Une aussi coupable inertie assombrit une journée radieuse et compromet un succès qui, sous d'autres chefs militaires, aurait rendu Toulon intangible. Le soir, un des héros de l'assaut, le colonel du génie Boullement de la Chesnaye, montrant, du doigt, sur le vaisseau-amiral le *Victory*, le pavillon de lord Hood déployé, ne peut s'empêcher de dire tout haut : « Ulysse et le cheval de bois sont dans nos murs ! » Un autre témoin oculaire, H. Lauvergne, raconte que, le matin, pendant la cérémonie du drapeau blanc, tous les regards se dirigèrent vers le mont Faron, dont l'ossature, aride et grisâtre, contrastait avec la blancheur du fort qui surmontait sa cime. Armée de lunettes d'approche, la foule ne considérait pas, sans de profondes transes les vicissitudes d'un engagement où se jouait son destin. Vers trois heures, la mousqueterie se tait et les groupes de combattants cessent de tourbillonner à travers les escarpements du Faron. Tout à coup, au milieu de l'émoi universel, se déploie, au-dessus du parapet du fort, une flamme blanche. A cette vue de l'étendard vainqueur, un choc électrique secoue l'ardente race provençale qui peuple les rues; la foule tressaille de joie et, de toutes les poitrines, jaillit le cri unanime de : « *Vive le Roi !* »

III

Quelques jours après, l'amiral Trogoff transporte son pavillon, de la frégate *la Perle*, sur le *Commerce de Marseille*, et reçoit le serment de fidélité des équipages et de leurs chefs. Le même jour, les officiers municipaux prennent le titre de « Commissaires municipaux » et ceignent l'écharpe blanche [1]. Toulon tout entier acclame la Royauté

---

[1] Paul COTTIN, p. 222. — Journal de Vernes. — *Mémoires de Fonlvielle*. — Lettres des Représentants, 7 septembre. — Lettres d'agents

trahie. Mais, trop court délire ! Le 14 octobre, les acclamations du camp républicain, qui célèbre la prise de Lyon, troublent et irritent les Alliés. Pourquoi ne profiteraient-ils pas du tumulte pour tenter une sortie? On se met en mouvement. Hélas ! les troupes de la coalition, harcelées par Carteaux, rentrent sans gloire à Toulon qu'édifie médiocrement cette médiocre aventure. Le désaccord du général anglais et de l'amiral espagnol n'est pas étranger, paraît-il, à l'insuccès de la journée. Le lendemain, à l'aube, nouvelle escarmouche plus sanglante, mais non moins stérile : les Alliés perdent quatre-vingts hommes. Encore un échec ! Mais Carteaux a beau se glorifier de ces exploits, le Comité de Salut public ne croit pas devoir maintenir notre stratège à la tête d'un corps dont la Convention attend mieux que des escarmouches. Un décret place l'armée jacobine sous les ordres de Doppet [1]. Tour à tour

---

secrets. — *Livre de bord* de l'amiral Hood. — Ordre signé Simony, 30 septembre. Jusqu'au 1ᵉʳ octobre, le vaisseau-amiral et la « patache » avaient arboré un pavillon bleu semé de fleurs de lys jaunes. (VERNES.)

1 DOPPET (François-Amédée), né à Chambéry en 1753, mort à Aix (Savoie) en 1800, servit d'abord dans les Gardes-Françaises, se fit recevoir docteur en médecine à Turin, combattit la théorie de Mesmer, publia quelques romans médiocres, se fixa à Grenoble au commencement de la Révolution, vint à Paris, où il prit part à la rédaction des *Annales patriotiques* de Carra, se distingua aux Jacobins par ses motions républicaines et fut l'un des héros du 10 août 1792. Organisateur et lieutenant-colonel de la région des Allobroges, fondateur du premier club de Chambéry, Doppet travaille à la réunion de sa patrie à la France. Général de brigade sous Carteaux, il remplace Kellermann dans le commandement en chef de l'armée des Alpes, alors employée au siège de Lyon (septembre 1793), est envoyé à Toulon, puis mis à la tête de l'armée des Pyrénées-Orientales. Après le 9 Thermidor, il occupe, en 1795, le poste de commandant de Metz, et rentre dans la vie privée. Doppet, comme la plupart des généraux improvisés par la Révolution, n'avait aucune science militaire. Parmi les ouvrages, fort médiocres d'ailleurs, qu'il a laissés, on cite la *Mesmériade*, poème burlesque (1784, in-8°); *Traité théorique et pratique du magnétisme animal* (1784, in-8°), livre apocryphe; le *Médecin philosophe* (1786, in-8°); le *Commissionnaire de la ligue d'Outre-Rhin* (1792, in-8°), ouvrage dirigé contre les émigrés, et les *Mémoires politiques et militaires*.

dentiste et basochien, puis général, Doppet revient de Lyon, où sa conduite fut aussi suspecte que peu brillante. La nullité de cet épaulettier, soutenu par deux Conventionnels ignares, ne tarde pas à rivaliser avec l'insuffisance de Carteaux. Le 9 novembre, vers 7 heures du soir, le général Dugommier se porte, sur l'ordre de Doppet, avec trois mille soldats, vers le fort Balaguier, où quinze cents royalistes attendent l'ennemi. Le chef républicain donne le signal de l'attaque. Soudain, du camp toulonnais, jaillissent une grêle de balles et une décharge de mitraille qui jettent la mort et l'épouvante parmi les républicains, impatients de battre en retraite.

Cette succession de défaites ébranle le moral de Barras et de Fréron. Dans une lettre, datée du 11 frimaire an II (1er décembre 1793), les deux Représentants proposent à la Convention d' « abandonner le terrain qui s'étend de la Durance à la mer ». Mais cette désertion ne sera, bien entendu, que temporaire. Au retour de la « belle saison, les républicains repousseront la horde esclave et la rendront à la mer qui l'a vomie [1] ».

[1] Cette lettre fut publiée dans le *Moniteur* du 20 frimaire an II. Ainsi que le fait observer H. Lauvergne dans son *Histoire de la Révolution dans le département du Var*, la Convention garantit elle-même l'authenticité de ce document en le faisant lire à la tribune. D'ailleurs, des témoins irrécusables entendirent Barras et Fréron exprimer les mêmes doutes sur la prompte reddition de Toulon. Sous le coup de la terreur, les deux Représentants se demandèrent s'il ne valait pas mieux que l'armée levât le siège et repassât la Durance, comme l'avait fait François Ier, lors de l'invasion de Charles-Quint. Peu de jours après que la lettre de Fréron et de Barras fut parvenue à la Convention, Toulon était pris. C'est alors que la Convention, dans sa séance du 7 nivôse, annonça que l'épître des deux Conventionnels était une manœuvre des aristocrates. Napoléon, à Sainte-Hélène, a reconnu l'authenticité de cette lettre. Lorsque le document fut lu à la tribune, Barère protesta bruyamment contre les allégations de son collègue. Il nia la disette, l'inclémence du ciel, et, s'élevant par degrés jusqu'à l'inspiration prophétique, il osa dire que « le Parlement anglais apprendrait la reprise de Toulon, dès son ouverture ». Barère, dans cette parole, laissait deviner le pacte qui se négociait entre les émissaires de Pitt et le Comité de Salut

L'échec du 9 novembre porte malheur à Doppet. Humiliés de tant d'impéritie, les troupiers exigent un nouveau Chef. La Convention substitue à l'ex-dentiste le brave Dugommier [1], un vrai soldat de l'ancienne armée. Plein d'admiration pour le commandant de l'artillerie, Dugommier écrit au ministre de la Guerre Bouchotte : « Il n'est de plan d'attaque que celui de Bonaparte [2]. » Grâce aux renforts qu'envoie le Comité de Salut public, l'effectif de forces républicaines s'élève bientôt à plus de 35.000 hommes. En même temps, un parc considérable, arrivé de Lyon et de Besançon, remplace avec avantage, un matériel valétudinaire. Ainsi fortifiées, les troupes républicaines poussent activement les travaux d'approche. L'objectif de Bonaparte est tout d'abord d'éteindre le fort Malbousquet. Pour le détruire, il installe, derrière un rideau d'oliviers, une batterie de six pièces qui reçoit le nom de « Batterie de la Convention ».

Le plan de Bonaparte est de n'ouvrir le feu que dans quelques jours. Mais, bouffis de suffisance, les bravaches

---

public. La prophétie de Barère n'était que l'aveu d'un secret dont il avait la mission de déguiser la haute importance. L'orateur s'y prit d'ailleurs fort mal, et le mot de « Parlement anglais » jeté dans sa protestation contre la lettre des deux Représentants donna aux moins clairvoyants et surtout aux Toulonnais, dit très bien Lauvergne, la signification de l'énigme ».

[1] DUGOMMIER (Jacques COQUILLE, dit), fils d'un conseiller du Roi au Conseil supérieur de la Guadeloupe, était né en 1738. Il avait donc cinquante-cinq ans. Après avoir conquis ses premiers grades à la Guadeloupe et à la Martinique, il fut envoyé, comme Député des Iles du Vent, à l'Assemblée Législative, en 1791, n'en sollicita pas moins l'honneur de reprendre du service et fut nommé maréchal de camp le 10 octobre 1792. De brillants succès à l'armée d'Italie l'avaient fait choisir pour commander devant Toulon. Paul COTTIN, p. 268. Voir le *Général Dugommier*, par VAUCHELET. « On a choisi ce général, dit Barère à la Convention, « parce qu'il fallait, à la tête du siège de Toulon, un homme de grand caractère et qui eût une réputation militaire. »

[2] Raoul ARNAUD : *Le Fils de Fréron*, p. 234.

qui représentent le Comité de Salut public, Fréron et Barras, au lieu d'obéir à la consigne du savant capitaine, démasquent hâtivement la batterie. Dans la nuit du 27 au 28 novembre, les six pièces de 24 dont elle se compose jettent un paquet de mitraille sur le fort Malbousquet. Ainsi mis en éveil, les chefs royalistes conseillent aussitôt une sortie. Le 30 novembre, le général Dundas et le général O'Hara, qui remplacent lord Mulgrave et lord Goodall, adoptant l'avis des Toulonnais, tombent à l'improviste sur la Batterie de la Convention, et l'éteignent. Ravi de ce succès, Dundas ne veut pas aller plus loin sans de nouveaux ordres. Mais son compagnon, avec un millier d'hommes, entend poursuivre les fuyards. Courte chevauchée ! Bientôt, les généraux républicains rallient les bataillons qui se sont débandés et les reconduisent au feu. Pendant qu'un nouveau combat s'engage, O'Hara, légèrement blessé au bras droit, s'éloigne du champ de bataille et s'abrite dans une masure où il attend l'ennemi qui voudra le prendre. L'armée républicaine se précipite avec fureur sur la colonne, abandonnée de son chef, et la met en déroute. Deux royalistes supplient en vain le général O'Hara de ressaisir le commandement pour regagner le fort Malbousquet. Incapable de se départir d'une résolution longuement mûrie, notre Anglais reste blotti dans sa chaumière, où, quelques minutes plus tard, un détachement de l'armée conventionnelle viendra le cueillir.

Aussitôt connu à Toulon, ce louche incident provoque les plus douloureux commentaires. Le peuple accuse O'Hara de s'être volontairement donné à l'ennemi pour favoriser une intrigue qui doit non moins porter malheur à la cité qu'à la Monarchie. Naturellement, les Anglais essaient de disculper leur compatriote. Si le général a mis en ligne si peu de monde, c'est qu'il n'a pas cru devoir affaiblir une garnison déjà fort entamée par les combats engagés depuis le début du siège. Assertion inexacte. La ville renferme alors plus de vingt mille combattants qui ne demandent qu'à marcher contre l'armée républicaine et qu'on laisse dans une inaction perfide.

Cependant, O'Hara réclame l'assistance d'un chirurgien anglais. Le soir même de cette fatale journée, un parlementaire républicain vient transmettre à l'amiral Hood la demande du général. Cette démarche donne immédiatement ouverture à de mystérieuses négociations dont s'inquiètent les Royalistes.

Une correspondance s'inaugure, pendant la nuit, entre Hood et le parlementaire. Les Toulonnais qui entourent l'amiral remarquent que l'émissaire de l'armée républicaine n'est pas un négociateur vulgaire. C'est avec l'assurance d'un diplomate consommé qu'il dicte à son secrétaire les explications que sollicite le lieutenant de Georges III. Muni de ces réponses, le parlementaire retourne à son camp, mais pour le quitter, le lendemain, et faire le même voyage, pendant les trois premiers jours de décembre.

Ces allées et venues intriguent nos compatriotes, qui flairent dans le négociateur un affilié des Loges anglaises [1] et disent, non sans raison, que l'envoi d'un médecin ne saurait motiver un si laborieux échange d'écritures.

Pour calmer les justes inquiétudes des Sections, l'amiral Hood allègue qu'il sollicite un troc de prisonniers. Cette pasquinade ne dupe personne. Les anxiétés redoublent quand, le 3 décembre, le conducteur en chef des transports militaires reçoit des Commissaires anglais l'ordre d'aller, avec un cabriolet, sur le pont d'Ollioules, prendre livraison de deux voyageurs. Quels sont ces inconnus? Les Toulonnais, informés, nomment les Conven-

[1] Voir l'Appendice XI, page 353.

tionnels Albitte [1] et Robespierre jeune. Au moment où le véhicule va franchir la Porte de France, un message enjoint au conducteur de déposer les Conventionnels à l'Hôtel du Gouvernement, où réside le général Dundas. Le représentant de Georges III accueille immédiatement les deux plénipotentiaires et les garde plusieurs heures. Un repas diplomatique clôt la conférence. De tels manèges ne peuvent laisser indifférente une foule méridionale : tout Toulon fait cercle autour de l'Hôtel, dont les fenêtres restent ouvertes, et regarde avec émotion — posés sur les impostes — les chapeaux empanachés des Représentants de la Terreur. Aussitôt, circulent, parmi cette multitude inflammable, les propos les plus propres à révolter son patriotisme. « A
« l'heure présente, dit un membre du Comité général,
« Toulon est vendu aux républicains; ses habitants sont
« livrés à leurs ennemis, pieds et poings liés, et les Anglais
« sortiront, invaincus, du port, en emportant, sur leurs
« vaisseaux, tous les trésors de notre Marine [2]. »

Quelques historiens traitent ces négociations de « légende ». Est-il nécessaire de faire observer que les pourparlers analogues, dont la scénique canonnade du 20 septembre 1792 fut la conclusion vénale, indignent non moins « le patriotisme » des mêmes esprits, systématiquement crédules aux

---

1 ALBITTE (Antoine-Louis), homme de loi, né à Dieppe, en 1761, député de la Seine-Inférieure à la Convention, régicide, maire de Dieppe en 1796, sous-inspecteur aux revues sous l'Empire, mort pendant la retraite de Russie, le 25 décembre 1812. Envoyé en mission dans les départements de l'Ain et du Mont-Blanc, Albitte se distingua parmi les plus fougueux terroristes. Il signa le décret qui ordonna la destruction de tous les édifices de Pierre-Encize, des fortifications, et, pour activer ce travail, prescrivit d'employer la poudre. Mais, comme malgré ces sauvages violences, l'esprit de la population ne changeait pas, Albitte réclama un remède radical : « Il faut ici, écrivit-il, une colonie de patriotes, — ou l'on ne viendra à bout de rien. » Toujours le même projet de déraciner les populations autochtones ! (*Archives nationales* A. F. II, carton 82.)

2 LAUVERGNE, p. 440.

vertus du personnel politique qui battit monnaie avec l'échafaud? En ce qui nous concerne, les protestations des écrivains de notre temps ne sauraient annuler les dépositions des témoins et des acteurs [1].

Non seulement tous les historiens contemporains se portent garants de ces négociations, mais l'espion du Comité de Salut public les certifie [2]. Au surplus, l'Europe entière partage les convictions des Toulonnais. Au mois de mai 1794, la police de Londres n'arrête-t-elle pas un riche particulier, dont tout le crime consiste à reprocher au duc d'York d'être non moins capable que le général O'Hara de se vendre à la Convention [3]? Entre les plénipotentiaires anglais et les délégués de la Convention, des arrangements pécuniaires favorisèrent-ils le succès des pourparlers?... Il nous paraît probable que l'attitude de lord Hood fut dictée par ces considérations d'ordre politique dont parle une lettre anglaise où l'éventualité d'une rupture de la Grande-Bretagne avec la coalition t... e parmi les futurs contingents. Un mot du même major Maitland — que nous citons plus haut — nous laisse toutefois entendre que l'évacuation de notre grand port de guerre méditerranéen fut la rançon d'un marché clandestin qui devait aboutir à la conclusion de la paix. Après avoir parlé du double échec que les troupes anglaises subirent, tant devant Maubeuge qu'à Dunkerque,

---

[1] Les historiens toulonnais, Lauvergne, Pons, Fontvielle, etc., qui assistèrent au siège, méritent, pour le moins, autant de confiance que les écrivains qui, un siècle après la capitulation de Toulon, ont, à leur tour, raconté les péripéties de ce drame. Eh bien ! version pour version, nous avons le droit de préférer celle des contemporains et des spectateurs. En vertu du même principe, dans le domaine de la critique biblique, les esprits droits préféreront toujours les témoignages de saint Mathieu, de saint Luc, de saint Marc et de saint Jean aux récits des Renan, des Harnack et des Loisy.

[2] *The Manuscripts of T.-B. Fortescue*, t. II.

[3] *Papiers de Barthélemy*, lettre de Rivalz à Bacher, Bâle, 23 mai 1794.

Maitland prononce les paroles suivantes, empreintes d'une gravité qui frappera nos lecteurs : « De là, — dit le major devant la Chambre des Communes, — de là l'évacuation de Toulon, *ce centre des espérances, cette espèce d'arrhes d'une paix honorable, acquise par des moyens indignes de cette qualification* [1]. » Après un aveu, si peu voilé, qui, maintenant, oserait nier que les Toulonnais furent vendus à la République par la Grande-Bretagne?

Rappelons, d'autre part, que, d'après des témoignages qui semblent exclure tout doute, les représentants de la République, de l'Autriche et de l'Angleterre, réunis à Bruxelles, venaient de revêtir de leurs signatures une convention secrète. Enfin, il ne faut pas oublier que Pitt n'avait pas encore jugulé l'opposition, et que l'illustre Premier se trouvait à la veille d'une session qui le menaçait du plus redoutable assaut. Ne peut-on pas supposer qu'à la veille de la lutte parlementaire où allait se jouer la fortune de son parti et le sort de son pays, Pitt voulut jeter du lest, en brusquant le dénouement d'une campagne qui venait de coûter trente-cinq millions aux finances britanniques [2]?

A partir de l'heure où Dundas traite avec les deux

---

[1] Discours du 3 février 1794. Réimpression du *Moniteur*, t. XIX, p. 541.

[2] Réimpression du *Moniteur*, t. XIX, 12 janvier 1794, p. 181. *Correspondance d'Angleterre*. Voici le principal extrait : « Il est probable que le ministre (Pitt), pour se rendre agréable à la nation, reconnaîtra l'erreur qui l'a abusé en entreprenant une guerre aussi impolitique et qu'il *conviendra de la nécessité de faire promptement la paix*, attendu que 12 millions de livres sterling (300 millions de francs) de plus, ajoutés à la dette publique et enlevés au peuple ne suffiraient pas pour détruire le nouveau gouvernement français. » Voici ce que dit Albert SOREL au sujet de ces tra tations : « L'idée de composer avec la République, dès que la République en offrirait l'occasion, pénétrait peu à peu dans les esprits. Les politiques qui y songeaient naturellement cherchèrent les voies qui y pouvaient conduire : c'est l'origine des insinuations pacifiques qui se produisent çà et là dans l'hiver

Conventionnels, les Espagnols, les Napolitains, les Piémontais, marchent seuls à l'ennemi, tandis que les Anglais se confinent dans l'arsenal ou sur leurs navires. Chaque jour qui s'écoule marque une nouvelle violation des promesses que l'amiral Hood a écrites et jurées. Un sévère ostracisme atteint le Comité général et annule les Sections où les Royalistes entretiennent l'esprit de résistance contre l'influence britannique. La Garde nationale n'échappe pas à cette proscription. Paralysée et passive, la milice urbaine a vainement postulé, depuis quatre mois, l'honneur de faire le coup de feu contre l'ennemi. Après l'avoir jalousement tenue à l'écart de toutes les luttes, les Anglais la désarment. Un beau jour, les miliciens reçoivent l'ordre d'aller déposer, dans la Chapelle de la Miséricorde, les fusils qu'inutilise le machiavélisme de lord Hood.

Autre mesure. Depuis le 28 avril, le Tribunal martial populaire, installé le 28 août, fait comparaître à sa barre les bandes de coupe-jarrets sous les coups desquels, pendant le règne de la Gironde, avaient succombé tant d'honnêtes gens. Une lettre du représentant Escudier met le général Dundas en demeure d'arrêter le cours de la justice. Docile à cette sommation, le général anglais licencie les vengeurs juridiques des Toulonnais assassinés. A la veille de la reddition, l'étendard de saint Georges flotte seul sur la cité définitivement assujettie à l'Angleterre.

de 1793-1794. » (*L'Europe et la Révolution française*, t. IV, p. 30.) On s'étonne qu'Albert Sorel n'accorde qu'une mention insignifiante à un événement aussi grave que la capitulation de Toulon.

IV

Cependant, chaque jour, l'armée républicaine resserre le cercle de l'investissement, sans que les Anglais paraissent se douter de ses progrès et daignent sortir de leur torpeur. L'assiégeant n'est plus le point de mire de l'amiral Hood et du général Dundas. C'est vers l'arsenal et vers la rade que se tournent leurs regards et leurs sollicitudes. Nul Français ne peut visiter les chantiers de la Marine. On ne veut pas que les Toulonnais assistent à la spoliation des magasins que vide, chaque nuit, la rapacité britannique. La victoire des républicains s'annonce, d'heure en heure, comme une éventualité fatale. Paris et Marseille connaissent le jour et l'heure de l'inévitable et sanglant triomphe. Les meilleures familles de Toulon reçoivent des lettres particulières où de mystérieux correspondants leur désignent le jour où les Républicains forceront la place, et précisent le chiffre des victimes que la population vaincue devra livrer au Teutatès révolutionnaire vainqueur. On invite les Toulonnais à fuir ; on leur signifie que le jour de Noël sera fêté par des hécatombes [1]. Ces supplications et ces pronostics ne restent pas stériles ; de nombreuses maisons se dépeuplent ; les départs s'accélèrent et les fugitifs déterminent une panique. L'alerte envahit la rue, les échoppes et les mansardes. Agenouillé au pied de ses autels, le peuple tâche de puiser dans la prière l'espérance que lui refuse l'homicide apathie des Alliés.

Il faut rassurer à tout prix une multitude qui pourrait peut-être se porter demain aux excès qu'engendre la folie obsidionale. Les émissaires de lord Hood vont, de groupe

---

[1] LAUVERGNE, pp. 451-452.

en groupe, transmettre aux assiégés les fallacieuses promesses du lieutenant de Sa Majesté. « Que les Toulon-
« nais soient tranquilles ! fait dire l'amiral à la foule
« effarée. A supposer que les Républicains remportent la
« victoire, les Anglais ne quitteront pas le port sans sau-
« ver tous ceux qui voudront échapper aux vainqueurs.
« Nous ne laisserons dans la ville que les habitants qui
« refuseront notre tutelle. »

C'est le 26 frimaire (18 décembre 1793) que s'amorcent les opérations qui doivent aboutir à la défaite des alliés. Sept à huit mille bombes, lancées sur les postes royalistes, mal défendus, y jettent le désarroi. A quatre heures du soir, les colonnes d'attaque se mettent en marche, par une pluie battante, et, à une heure du matin, la redoute anglaise, le fort Mulgrave, subit le premier assaut. Insuccès complet. Le second assaut est si peu heureux que Dugommier s'écrie : « Je suis perdu ! » Mais le commandant de l'artillerie, Bonaparte, aborde la redoute par l'Est et l'enlève. Ce fait d'armes décide de la victoire. Maîtres du fort, les Républicains braquent leurs pièces contre les Alliés qui détalent, en se repliant sur les hauteurs de l'Aiguillette et de Balaguier. Est-il vrai que Fréron, Salicetti, Robespierre jeune, Ricord et Barras marchent à la tête des colonnes? Mensonge ! Depuis trois heures, Dugommier occupait la redoute, lorsque les Représentants, le sabre à la main, le chapeau Henri IV sur la tête, — tels des trafiquants de vulnéraire suisse — viennent féliciter les braves troupiers qui se sont battus sans eux. Sacrifiant à l'infatuation jacobine, le modeste Dugommier se dépouille de sa gloire pour en couvrir l'orgueilleuse couardise des Proconsuls [1]. Après avoir tenu jusqu'au lever du soleil, les Anglais évacuent les deux

---

[1] LAUVERGNE, p. 159. Témoin oculaire, Lauvergne s'inscrit avec énergie contre le général. Le Rapport de Dugommier, daté du 6 nivôse an II, est conservé aux Archives de la Guerre. Voir aussi la Réimpression du *Moniteur*.

forts à la pointe du jour et les abandonnent sans défense à l'agresseur, moins étonné que ravi de cette bonne fortune. Pendant que le fort Gibraltar tombe entre les mains de l'Armée de l'Ouest, le général La Poype, avec la colonne de l'Est, enlève et couronne les hauteurs du Faron.

C'est fini. Le 27 frimaire, au matin (le 18 décembre 1793), après une nuit troublée par le fracas lointain de l'artillerie, la foule, avide de nouvelles, encombre les places et les quais, pendant que les Anglais, redoutant une résolution désespérée, essaient de la conjurer avec d'optimistes légendes. Soudain, le pavillon tricolore claque au sommet du Faron et révèle aux Toulonnais le secret de la canonnade nocturne. Le même jour, les chefs des troupes alliées tiennent un suprême Conseil de guerre. « La ville ne peut plus être défendue », disent les Anglais. L'amiral Gravina soutient l'opinion contraire. « Si les Républicains ont conquis la Redoute, il faut la reprendre », dit l'Espagnol. Devant l'énergique déclaration du Castillan, les Anglais se demandent si Gravina n'est pas homme à s'adjuger la maîtrise des opérations militaires. Quelle grave perturbation jetterait cette initiative dans la résolution arrêtée entre l'Angleterre et les Représentants de la République !

Pour parer au péril, Hood fait semblant de se rallier au parti de la résistance, et laisse croire que « l'évacuation est ajournée ». D'accord avec les vieux Toulonnais, un loup de mer, du sang de France, le capitaine Féraud, vrai Provençal, préconise une vigoureuse offensive. Pour éteindre le feu du fort Balaguier et faire taire l'artillerie républicaine, il suffirait d'embosser quelques vaisseaux le long du cap Sepet. Une double attaque par terre et par mer décontenancerait les troupes républicaines. Mais, au lieu de prendre les mesures que comporte l'expédition préparée par le Jean-Bart toulonnais, le lieutenant de Georges III embarque les malades et les blessés de sa nation sur les bâtiments de la flotte qu'il commande. Les préparatifs de départ ouvrent enfin les yeux de Gravina, jusqu'alors rebelle aux insinuations pessimistes des Toulonnais mieux avertis. L'amiral espagnol reproche, en termes amers, aux Anglais leurs feintes. Mais n'aurait-il pas mieux fait de surveiller un allié dont il connaissait les habitudes et les calculs ?

La population comprend, enfin, qu'elle n'a d'autre chance de salut que l'évasion vers la mer. En moins de trois heures, tous les quais se parsèment de malles, de porte-manteaux et de valises. A l'exemple des cités gallo-romaines fuyant, au ve siècle, devant les Goths, la ville tout entière s'apprête à quitter ses foyers et ses autels pour échapper à la barbarie révolutionnaire, armée de piques et de haches. Mais tous les citoyens pourront-ils trouver un abri sur les vaisseaux de guerre ? Avant de tomber sous le fer des républicains, les Toulonnais, incrédules à la loyauté de l'Angleterre, envahissent les églises et, prosternés sur le pavé de la nef, chantent, avec la voix des martyrs dans les catacombes, le motet expiatoire des peuples opprimés et vaincus : *Parce Domine ! Parce populo tuo !*

En cette heure tragique, l'amiral Hood, interrogé pour la dernière fois, n'ouvre encore la bouche que pour abreuver de déloyales assurances les assiégés qui se fient à sa parole :

« Messieurs, dit le lieutenant de S. M. Georges III, « vous avez mal compris nos intentions. Demain, mieux « instruits, vous cesserez de nous accuser. Retournez « vers vos concitoyens, et recommandez-leur la patience ! »

Ainsi, l'amiral Hood ment comme les Conventionnels dont il sert les intérêts et les vengeances en servant sa cause. A Toulon, de même qu'à la Convention, la félonie engendre les mêmes impostures. Les proclamations de l'officier anglais sont aussi sincères que les carmagnoles de Barère.

Pendant que les Toulonnais communiquent le Message à leurs compatriotes, éperdus d'angoisse, l'aide de camp de l'amiral transmet aux troupes l'ordre d'évacuer les forts de Toulon et de s'embarquer sur la rive du fort La Malgue. Il faut, jusqu'au bout, dissimuler les desseins de l'Angleterre. A minuit, une fanfare de trompes éclate dans tous les quartiers, réveille les Toulonnais et les fait descendre dans la rue. Entouré de porteurs de torches, le héraut de la ville promulgue le dernier édit britannique :

« Toulonnais, de par lord Dundas, Gouverneur de la
« ville, il vous est enjoint de rester tranquilles dans vos
« maisons. Mal à propos, vous avez peur. Je vous jure,
« comme par le passé, secours et protection. Si les cir-
« constances nous obligent à quitter la ville, nous ne la
« quitterons pas sans emmener les citoyens qui voudront
« partir ! »

Coïncidence lugubre ! Une explosion ponctue chaque phrase. Pour assurer le départ de la flotte, les Anglais font, en effet, sauter le fort des Pomets et la redoute Saint-Antoine. Une heure à peine s'écoule. Une pluie de projectiles fait brèche dans le quartier d'Italie. Se ruant de nouveau hors de leurs demeures, les habitants, épouvantés, se dirigent vers la ville neuve et s'entassent sur les quais, envahis depuis longtemps par une foule affolée. Point de doute : l'heure est venue de fuir. Les impostures de l'amiral Hood et de Dundas ne trompent plus personne. Il s'agit d'atteindre les bâtiments de la flotte. Au milieu d'une nuit sinistre, éclairée par les lueurs de l'incendie, les malheureux, pressés sur les dalles du port, comme les épis dans un champ, attendent avec anxiété que leur tour arrive. Chargés à couler bas, chaloupes, canots et tartanes gagnent péniblement la Chaîne-Vieille [1]. Les Toulonnais les plus robustes se jettent à la mer et gagnent à la nage le Môle de la Mâture. La terreur sépare le mari de la femme, la mère de l'enfant. Les familles, disloquées, se perdent au milieu d'une immense foule qui, comme une énorme vague, déferle sur le rivage que bat le flot. Les maisons de Toulon ont vidé toutes leurs richesses parmi les quais; on dirait le butin de l'armée d'Attila !

Nombre de barques font naufrage et s'enfoncent, comme des plombs, dans l'eau jaunâtre de la Darse. L'aube trouve plus de vingt mille Toulonnais hâves, exténués, sollicitant, pêle-mêle, un refuge sur les bâtiments de guerre mouillés au large. Au milieu des appels que jette aux canots cette multitude, en proie au délire de la peur, tout à coup un nuage de sang empourpre l'horizon. Nos Provençaux y voient le présage des hécatombes qui se préparent. Mais les nuées se déchirent, et voici que le soleil, éclairant la rade, dépourvue de l'escadre britannique, et faisant étinceler les couleurs républicaines au-dessus de toutes les hauteurs, proclame, à la face du ciel, la catastrophe de Toulon, la ruine des plus nobles espérances et la félonie de l'Angleterre. Ni les promesses jurées, ni les cris des vaincus, n'ont arrêté le représentant de Georges III et conjuré l'arrêt de mort. Au milieu de cette débâcle, les soldats du roi des Deux-Siciles donnent, les premiers, un noble exemple de dévouement au malheur; les embarcations napolitaines recueillent tous ceux qui veulent accepter leur abri. Non moins hospitaliers, les Espagnols et les Sardes mettent leurs canots à la disposition de nos compatriotes. Le même élan anime les capitaines du commerce. Cette flottille aborde les bâtiments du roi Georges et veut lui confier ses passagers. Brutal refus des

[1] La Chaîne-Vieille est le chenal qui fait communiquer la Vieille-Darse avec la petite rade. On l'appelait aussi « le Chenal », parce qu'il était autrefois d'usage de le fermer la nuit à l'aide d'une chaîne étendue à travers.

Anglais. Nul vaisseau du roi Georges ne veut prendre à son bord les fugitifs. En vain, les navires des autres Puissances accueillent-ils les Toulonnais, les capitaines de l'amiral Hood résistent longtemps à la contagion de cette générosité chrétienne. Le livre de bord de l'amiral Hood mentionne, il est vrai, l'arrivée de plusieurs familles françaises sur le *Victory*. Mais, s'il faut en croire le témoignage de Lauvergne, Hood n'accepte les Toulonnais qu'après les avoir d'abord repoussés. La bienveillance des Napolitains et des Espagnols lui fait honte de sa consigne barbare. L'interdiction à peine levée, les barques se succèdent. La ville tout entière campe sur le port. Pour prendre place dans le canot du salut, les Toulonnais s'accumulent sur des radeaux et se précipitent sur des planches. Dans les chaloupes, à l'exemple des victimes qui marchent au supplice, les hommes et les femmes murmurent, à voix basse, l'hymne des morts, le *De profundis*.

Rivalisant de courage, Espagnols, Napolitains, Piémontais, se disputent la sauvegarde de nos compatriotes. Pour empêcher le désarroi des émigrants et retarder l'entrée des Jacobins, les détachements des troupes alliées gardent les remparts et observent les mouvements de l'ennemi. Insensible à la facile gloire d'un triomphe sur une cohue, sans armes, et sur un peuple en proie à la panique des multitudes vaincues, le général Dugommier attend, avec patience, le départ du dernier navire et l'exode de l'ultime émigrant. Faut-il attribuer cette expectative à la prudence ou à l'humanité des vainqueurs? Les historiens locaux prétendent que le pacte clandestin qui soudait le Comité de Salut public à l'Angleterre immobilisa seul les Conventionnels et l'armée, obligés de se conformer aux accords secrets conclus avec O'Hara et Dundas par les représentants Albitte, Beauvais et Robespierre jeune [1].

Parmi les contemporains les plus convaincus de cette

---

1 Voir APPENDICE XII. page 355.

entente, pourquoi ne citerions-nous pas le chevalier de Fabry, le prédécesseur d'Albert de Rions, de l'amiral de Flotte et de Chaussegros? Au lieu de fuir, ce vénérable octogénaire, vétéran de nos luttes contre la Grande-Bretagne, avait voulu rester à Toulon pour donner à l'État-Major l'appui de son savoir et aux habitants l'exemple de la confiance. Ses conseils et ses lumières ne manquèrent ni à l'amiral Hood ni à lord Goodall. Si les lieutenants de Georges III avaient eu la ferme volonté de combattre et de vaincre, ils eussent écouté l'ancien compagnon d'armes des La Galissonnière, des La Clue et des Broves, depuis longtemps familiarisé, par une étude approfondie de la place, avec les nécessités de la défense. Le premier de tous, M. de Fabry avait signalé, dans les bastions du fort Caire, un nouveau Gibraltar : « La position du Caire, commande toute la rade, — écrivait le lieutenant-général à l'amiral Hood; il faut
« s'attacher à la rendre forte et inexpugnable. Les travaux
« qu'on y exécute sont faibles. L'ennemi n'entreprendra
« rien contre la ville, tant que, sur ses derrières, il verra le
« promontoire Caire en notre pouvoir. » Faisons donc en
« sorte que cette position puisse tenir contre toute une
« armée [1]. » Une réponse arrogante accueillit ces considérations si judicieuses, dictées par une science stratégique dont Dugommier aurait eu, certes, à se plaindre, mais que l'État-Major anglais avait, sans doute, intérêt à mépriser [2].

1 LAUVERGNE, pp. 401-402.
2 FABRY DE FABRÈGUES (Louis, chevalier de), né à Aups (Var), le 25 août 1715, fils de messire Gaspard de Fabry, gouverneur de la ville d'Aups, et de dame Anne de Clapier de Colonque. Garde Marine en 1734; enseigne en 1742; capitaine de vaisseau en 1757; brigadier en 1771; chef d'escadre en 1776; commandant de la Marine en 1781; lieutenant-général en 1782; admis à la retraite le 18 janvier 1792; Grand Croix de Saint-Louis le même jour. M. de Fabry prit part aux combats de l'*Aquilon* (5 août 1741) et du *Trident* (22 février 1744) contre la flotte anglaise, commanda une felouque en 1747 et reprit

les Îles Sainte-Marguerite, s'empara, à l'abordage, d'un bâtiment chargé de vivres, pour l'ennemi, à Bordighera, prit part à l'expédition de Mahon, etc. Obligé de quitter Toulon, le 26 décembre 1793, il arriva malade à Carthagène, entra au service de l'Espagne, avec la solde de son grade (lieutenant-général des Armées du Roi), le 14 janvier 1794, et mourut le 3 mai suivant. Il est l'auteur d'un ouvrage sur les *Signaux généraux de la Marine* (1756). (*Communication de M. le Marquis de Fabry-Fabrègues.*)

CHAPITRE IX

LA TERREUR A TOULON

I. — Fuite des derniers soldats et des derniers Toulonnais royalistes. — La poterne du fort La Malgue. — Incendie de l'arsenal par Sidney Smith. — Timidité des assiégeants qui n'entrent à Toulon que le 19 décembre au matin. — Les Représentants arrivent à midi. — Fréron donne l'ordre de tuer sur-le-champ deux cents artilleurs désarmés qui viennent au-devant de lui. — Curée de chair humaine. — Cadavres livrés aux chiens.

II. — Barras et Fréron à l'Hôtel de Ville. — « Patriotes opprimés » investis du droit de vie et de mort. — Toulonnais convoqués au Champ de Mars. — Trois cents fusillés. — Nuit d'horreur. — Les fusillades durent plusieurs jours. — Religieux et prêtres marchent avec deux cents condamnés à la guillotine en chantant le *Miserere*. — Statistique approximative des tueries.

III. — Sophistes jacobins. — La Provence hostile à la Révolution. — Rapports confidentiels des Agents du ministère des Affaires étrangères. — État des esprits. — Marseille, Aix, Arles, Salon, Tarascon, etc. — La prise de Toulon n'enthousiasme pas les populations. — Curieux aveu des observateurs secrets.

IV. — On veut détruire Toulon. — Douze mille maçons mobilisés pour raser la ville. — Pillages. — Les Toulonnais dénoncent les brigandages des Représentants.

V. — Fréron et Barras sont rappelés à Paris. — Accueil glacial de Robespierre. — Lâcheté de Fréron. — Traîtres et fripons menacés.

I

Il ne reste alors dans Toulon qu'un corps de grenadiers espagnols qui, sous les ordres du major-général Matuzana, doivent quitter, les derniers, la malheureuse cité. Ces braves gens s'acquittent de leur tâche avec une exemplaire énergie et contiennent jusqu'à leur départ les sans-culottes, aux aguets du butin épars sur les quais.

Onze heures du soir retentissent dans la ville déserte. C'est l'heure fixée pour l'exode; il faut gagner les rives du fort La Malgue : cinq cents Toulonnais retardataires se joignent aux Espagnols. Fatale découverte : les Anglais, en s'en allant, ont fermé la poterne. Déjà, d'immenses langues de feu serpentent dans les airs et paraissent surgir de l'arsenal. Il n'est que temps de disparaître. Après avoir fait ranger sa troupe en bataille sur la place Saint-Bernard, le major Matuzana donne l'ordre d'abattre les barricades. L'amiral anglais a mal calculé ses mesures : en quelques minutes, la hache du soldat espagnol délivre de leurs transes les captifs de l'égoïsme britannique. Éclairés par les lueurs de l'incendie, les derniers fugitifs s'acheminent silencieusement vers le rivage où de nombreuses barques, nolisées à prix d'or, ramassent les émigrants pour les transborder sur les navires de Langara. Ce sauvetage exige trois heures de dévouement et de patience. Encore une fois, comment se fait-il que les Conventionnels, témoins de ce départ, ne lui suscitent pas d'obstacles? Un ou deux coups de canon auraient suffi pour faire chavirer les barques et précipiter les Espagnols et les Toulonnais dans les flots. Plus on réfléchit à cette étrange inertie, plus on se trouve obligé de croire qu'une secrète convention l'imposa. La Révolution aimait trop à répandre le sang pour épargner, sans motif, les ennemis qu'une volée de mitraille aurait indubitablement voués à la mort.

Mais nous voici au matin du 19 décembre 1793. Le généralissime des flottes combinées, l'amiral Hood, donne le signal de l'appareillage. Les capitaines français des huit vaisseaux que l'Angleterre capture sont invités, les premiers, à lever l'ancre. Sur cette escadre prisonnière, l'amiral Trogoff fait flotter un pavillon blanc, semé de fleurs de lys d'or, qui la couvre d'un symbole menteur. *Le Commerce de Marseille, le Pompée, le Puissant, la Perle, la Topaze, l'Aréthuse, la Poulette* et *le Tarleton* n'appartiennent plus, en effet, à la France, mais au roi d'Angleterre, qui nous spolie des vaisseaux que son lieutenant avait juré de rendre aux Bourbons. Pitt triomphe. La Marine rivale est captive. Ces superbes vaisseaux, que le soleil de France éclaire, dans leur fuite, et dont la blanche bannière se déroule au souffle de notre mistral, sont aujourd'hui la proie de la Grande-Bretagne, après en avoir été l'effroi. Sur les tillacs de ces mêmes navires, les Suffren, les Lamothe-Piquet, les Socquet des Touches, les d'Estaing, les de Grasse humilièrent vingt fois nos ennemis. Aujourd'hui, l'astuce et la trahison extorquent le butin que n'a pu conquérir le sort des batailles.

Pendant que la flotte, éclairée par les étoiles de la plus radieuse des nuits, navigue en silence vers le mouillage des îles d'Hyères, l'agent de l'amiral Hood, le commodore sir Sydney Smith, met le feu à l'arsenal et fait flamber les vaisseaux laissés dans la rade. Vers minuit, deux frégates françaises, servant de poudrière et chargées chacune de deux mille quintaux de poudre, l'*Iris* et le *Montréal*, sautent et, de leurs débris, fracassent et détruisent une des canonnières anglaises. De Toulon à La Ciotat, le sol se convulse. Bientôt s'allument le *Thémistocle*, le *Héros*, la *Triomphante*, la *Centaure*, la *Liberté*, le *Duguay-Trouin*, le *Suffisant*, le *Tricolore*, le *d'Estaing*, le *Content*, bref, neuf bâtiments de guerre, trophées de l'ancienne France. Grandiose et terrifiant, ce spectacle fait frissonner d'angoisse les témoins les plus intrépides. « Le tourbillon de flammes et de fumée qui sortait de « l'arsenal, écrivit plus tard Napoléon, ressemblait à

« l'éruption d'un volcan, et les treize vaisseaux qui brû-
« laient dans la rade, à treize magnifiques feux d'artifice.
« Le feu dessinait les mâts et la forme des vaisseaux; il
« dura plusieurs heures et présentait un spectacle unique [1]. »

« Les hommes sans peur [2] » eurent peur devant Toulon en flammes. Un quartier miné ne pouvait-il se fendre sous leurs pas et les engloutir? Avant de franchir les portes, les troupes de Dugommier attendent le lever du soleil. A quatre heures du matin, le 19 décembre, le général Cervoni [3] entre dans la cité par la Porte de France. Dugommier l'a

---

[1] Voir dans LAUVERGNE, p. 500, le Rapport général de Sidney Smith. L'incendiaire fut regardé à Londres comme l'auteur « du plus glorieux trait de cette campagne si mal conduite ». On proclama que, sans lui, « rien n'eût été fait », et sir Gilbert Elliot écrivit la phrase suivante : « Sir Sidney Smith a joué un grand rôle dans la catastrophe de ce drame; nous n'aurions pu trouver un meilleur incendiaire. »

[2] Une des batteries de l'armée républicaine portait le nom de « Batterie des Hommes sans peur ».

[3] CERVONI (Jean-Baptiste), né à Soeria (Corse), en 1768. Son père, Thomas Cervoni, un des compagnons de Paoli, s'exila à Pise, en emmenant son fils, qu'il destinait au barreau. Mais, à dix-sept ans, Cervoni s'enfuit de la maison paternelle, passe en France et s'engage dans le Royal-Corse. En 1792, il est sous-lieutenant de cavalerie, et devient successivement adjudant général au siège de Toulon en 1793, général de brigade en 1794. Il fait partie, à ce titre, de l'armée d'Italie, et décide la victoire au combat de Cairo (21 septembre). Sous Masséna en 1795, il combat à Loano. Général de division, le 15 février 1798, il fait la campagne de Rome, et le général Berthier le charge d'annoncer au Pape que le peuple vient d'abolir l'ancien régime, et de le remplacer par un gouvernement républicain. Cervoni s'acquitte de sa mission avec les égards que comporte le protocole. Les Romains veulent se soulever. Le jeune général se rend à la *loggia* de Monte-Citorio, et harangue la foule qui s'apaise. En 1800, il prend part, avec Salicetti, à l'expédition contre la Sardaigne, puis, après avoir commandé la huitième division militaire, assiste, en 1809, à la campagne d'Allemagne, comme chef d'état-major du maréchal Lannes. Un boulet l'emporte au combat d'Eckmühl, le 23 avril 1809, Cervoni n'avait alors que quarante et un ans. L'empereur donna l'ordre d'élever au général une statue qui devait décorer le pont de la Concorde.

mis à la tête d'un détachement de quinze cents hommes, où domine une horde de coupe-jarrets — « les Allobroges », — bandits ramassés dans les bouges piémontais pour servir d'escorte aux Représentants du Peuple en mission à travers la France et donner le signal des tueries que n'osent pas inaugurer les jacobinières provinciales. Un soldat n'égorge pas du premier coup : il faut qu'un massacreur de profession amorce le carnage. Les bouchers du 10 août et du 2 septembre n'auraient pas ensanglanté la capitale sans le concours des *nervis* de Marseille, des ruffians de Gênes et de Livourne, et des Allobroges (Savoyards) qui sabrèrent les premières victimes. De même que les pachas turcs ne sortent pas sans un cortège de pendeurs, de même « les régénérateurs de la France » ne se déplacent pas sans une suite de bandits professionnels. Telle est la fatalité d'une suprématie insatiable de crimes.

Une foule de vieilles femmes, d'enfants de dix à quinze ans, mêlés à quelques « patriotes » obscurs, accourent au-devant des « libérateurs ». Cervoni a reçu de Stanislas Fréron l'ordre de passer au fil de l'épée tous les habitants qui se trouveront sur son passage. Mais, indocile à ces instructions verbales, le général ne se souille d'aucun assassinat. « Toulonnais, rentrez chez vous ! » crie Cervoni. Femmes et enfants se dispersent, pendant que les Allobroges quittent les rangs et vont, sur les quais, piller les richesses abandonnées par les fugitifs.

L'audace révolutionnaire n'exclut pas une sage prudence. Nos Représentants ne franchissent les portes qu'à midi. Aucune embûche de mauvais goût ne paraît alors à craindre. Les officiers garantissent la sécurité de la ville. A l'exemple des chacals, les deux Conventionnels, Barras et Fréron, n'abordent le champ de mort qu'après l'extinction de la mousqueterie et le départ des combattants. Depuis vingt-quatre heures, le canon se tait ; c'est l'heure que choisissent Stanislas Fréron et le vicomte de Barras pour évacuer leurs repaires et procéder aux massacres. D'où viennent nos deux Conventionnels? Agé de trente-huit ans à peine, fils d'une race apparentée aux Blacas, aux Pontevès et aux Castellane, et qui se déclare « aussi ancienne que les rochers de Provence », le vicomte Paul de Barras, après avoir servi aux Indes, s'empressa de quitter l'armée, las d'une vie où les devoirs l'emportaient sur les plaisirs. La détresse financière le jette sur le pavé de la capitale et le lie avec tous les aventuriers et toutes les aventurières qui peuvent aider à sa fortune et l'initier aux joies de ce monde. Tant que la Monarchie distribue des pensions et des places, Barras reste fidèle au roi. Mais dès qu'une autre main tient la feuille des bénéfices, notre gentilhomme s'enrôle parmi les courtisans du nouveau pouvoir. La soumission aux Jacobins assure à Barras les roses et les vins, les musiques et les parfums, les festins et les spectacles, les coulisses et les femmes. Nul Français ne sera plus jacobin que cet aristocrate taillé en athlète, et qui, deux ans plus tard, « drapé dans son habit bleu, tout chamarré d'or, le chapeau à la Henri IV sur la tête, le sabre de vermeil au flanc, la main gauche chiquenaudant le jabot de dentelles, roulera vers son fastueux château de Grosbois, dans un carrosse gris de lin, aux traits d'argent, attelé de chevaux soupe au lait [1]. » Que les fanfares de chasse vibrent sous les arceaux des chênes; — que cinquante piqueurs, devant le perron, encombré de femmes et de laquais, sonnent la curée et que, le cerf ou le chevreuil « servi », une brillante compagnie tarisse, dans de larges verres, le vin de Constance, Barras déclare la France heureuse et, satisfait de l'heure cueillie, ne demande rien de plus à la République propice.

---

1 Edmond et Jules DE GONCOURT : *Histoire de la Société française pendant le Directoire*, p. 300.

A peu près du même âge que Barras, si Stanislas Fréron n'a pas la même ascendance, il a la même âme, le même idéal, les mêmes ambitions, les mêmes vices. « Une jolie tête de petit-maître, une physionomie vivante et cependant muette, des yeux moqueurs, une bouche sinueuse, aussi proche du sourire que du sarcasme, un visage, ou plutôt une sorte de masque d'acteur ancien et fané, comme les portraits au pastel de Perronneau[1] », voilà le fils du journaliste royaliste et catholique qui fut l'adversaire de Voltaire ; — voici le gracieux, le mignon, le spirituel filleul du roi Stanislas ; — voilà le protégé de Mesdames de France, voilà le bateleur qui, comme le *Neveu de Rameau*, de Diderot, « saute d'aise et tressaille d'admiration, dix fois la journée, fléchit le genou en avant devant les hommes et devant les femmes qui peuvent acheter son journal, résolu d'avance à tout laisser dire, à tout laisser faire, à être vil tant qu'on voudra ». « Sans talent comme journaliste, sans éclat comme orateur, sans valeur comme politique, sans courage comme soldat[2] », mais propre à tous les rôles, Stanislas fut de la Commune insurrectionnelle, prit part — ses démentis nous le certifient — aux massacres de Septembre, vota la mort de Louis XVI, proscrivit la Gironde, sans cesser, pour cela, de soigner sa tenue, de poudrer ses cheveux, de vendre sa copie, de courtiser les filles de théâtre, et de boire, attaché de cœur et d'âme à la République qu'il défendra, non comme le cadre même de la Démocratie, mais comme une Abbaye de Thélème et comme une Capoue. »

Certes, l'histoire cite de nombreux sièges que signalèrent d'épouvantables carnages. Mais si le connétable de Bourbon à Rome, Tilly à Magdebourg, Clam Gallas à Mantoue, Bo-

---

1 Raoul ARNAUD : *Le fils de Fréron*, p. 77.
2 Frédéric MASSON : *Napoléon et sa famille*, t. 1, p. 153. — Lire dans ce même chapitre les amours de Fréron avec Pauline, la sœur du général Bonaparte.

naparte à Jaffa, président à d'affreux massacres, ces hécatombes suivent immédiatement la victoire et s'exercent contre des adversaires encore munis de leurs armes. Les généraux qui les autorisent et les soldats qui les accomplissent ont payé de leur personne; ils palpitent encore de la fièvre guerrière. Couverts de sang, maculés de boue, noirs de poudre, ils n'ont quitté ni leurs sabres ni la mêlée. Le délire du combat les exalte encore, et le jeûne, les privations, les coups donnés et reçus portent au paroxysme une fureur que nul intermède n'a eu le temps d'amortir.

Mais, quelle excuse les apologistes des Conventionnels peuvent-ils invoquer en faveur de ce Barras et de ce Fréron, égorgeant froidement des ennemis qu'ils ont eu soin de désarmer et contre lesquels ne saurait les échauffer l'ardeur d'une lutte où ne s'est pas déployée leur frénésie belliqueuse? Et quand, frais et alertes, ils arrivent, avec leurs bourreaux, sur le champ de bataille, que ni les uns ni les autres n'ont affronté, le péril n'est-il pas depuis longtemps conjuré?... C'est seulement au cours de la période révolutionnaire de notre histoire que de telles lâchetés désolent les regards de l'observateur. Pendant la Réforme, au moment où sévissent les guerres de religion, les Calvinistes les plus cruels, le baron des Adrets, Montgommery, la Colombière, etc., avant de massacrer les catholiques, se battent corps à corps avec leurs futures victimes. Tueurs de bas étage, les proconsuls de la Terreur — la bataille terminée — arquebusent les blessés couchés sur le sol par une troupe dont ils ne partagèrent ni la gloire ni les risques.

Conformément aux rites qu'inaugurèrent nos bourreaux, Fréron foule, donc, le sol de Toulon au moment où la lutte cesse d'obscurcir l'atmosphère de ses sanglantes nuées. A peine apparaît-il, que deux cents officiers et soldats du Régiment d'Artillerie de Marine — drapeau tricolore au vent et musique en tête — se dirigent vers le groupe des Proconsuls et les saluent. Aussitôt, les buissons de panaches, sous lesquels s'embusquent nos saltimbanques, s'agitent, et de l'un de ces oripeaux de corbillard sort un rauque mugissement : « La République, clame Stanislas, — n'a rien à faire avec les traîtres qui ont vendu Toulon ! » Sur un signe du boucher, les artilleurs du cortège officiel s'emparent de leurs frères d'armes, les adossent au mur de la Corderie et font feu sur les deux cents patriotes.

Pendant le siège, le commandant d'armes de Toulon, Chaussegros, avait vainement voulu embaucher les deux cents artilleurs parmi les troupes royalistes. Cette animosité contre la Monarchie et ce dévouement à la République reçoivent, comme on le voit, de nos jacobins, une généreuse récompense. Les artilleurs viennent à peine d'expirer que la cavalerie républicaine, débouchant au galop, les broie sous les pieds de ses chevaux et qu'une horde d'énormes limiers, en serre-file derrière la colonne, assouvit sa faim sur cette curée de chair humaine. Pourquoi cet assassinat de deux cents soldats sans-culottes? Ici, nous nous trouvons en présence du même crime dont Jeanbon, à la même époque, se pollue à Brest et du même troublant mystère qui émut la France. Quand la fureur de nos Conventionnels se déploie contre des adversaires politiques, contre « d'infâmes réacteurs », on comprend cette sauvagerie et ce carnage. Mais, encore une fois, pourquoi les « frères et amis » tombent-ils sous le même poignard qui fend la gorge des royalistes? Étranges attentats où s'accuse, une fois de plus, la trahison que les contemporains reprochent avec tant d'énergie et de vraisemblance aux artisans de ces massacres, aux sicaires qui juxtaposent, dans le même cloaque de sang, le cadavre du sans-culotte et la dépouille du « Vendéen ».

II

Cependant, Barras et Fréron s'installent à l'Hôtel de Ville pour y tracer le programme des massacres de la journée. La besogne n'est pas encore finie qu'un huissier introduit auprès des vainqueurs les anciens égorgeurs, soustraits par lord Hood, en vertu d'un pacte secret avec les Conventionnels, à la justice royaliste et gardés à bord du *Thémistocle*, transformé en geôle navale. Le bonnet rouge sur la tête, les égorgeurs tiennent à la main une baguette que surmonte cette pancarte : « *Patriotes opprimés* ». Fréron reçoit ces brigands dans la salle consulaire et les investit du droit de vie et de mort sur les vaincus. Après le départ de la bande, les Représentants délibèrent : au bout d'une heure, les trompettes de la ville jettent à la foule l'édit suivant : « Les Représentants ordonnent, *sous* « *peine de mort*, à tous les citoyens, — excepté les femmes « et les enfants, — de se rendre au Champ de Mars. » Au moment fixé, — vers une heure de l'après-midi, — le Champ de Mars commence à s'encombrer peu à peu des Toulonnais que les délégués de la Convention ont convoqués à la « solennité républicaine » qui se prépare. Plusieurs compagnies d'artillerie, avec leurs canons, occupent et défendent l'esplanade. Le massacre « patriotique », décrété par les maîtres de Toulon, s'annonce comme une fête militaire.

Une proclamation, fabriquée à la hâte et lue au Champ de Mars, a donné l'ordre d'aller saisir à leur domicile les citoyens rebelles à l'ukase de la Représentation nationale. Personne n'a donc pu se dérober au rendez-vous que Fréron assigne aux Toulonnais sur leur futur champ mortuaire. Mais, voici que l'instant fatal sonne : un roulement de tambours signale l'arrivée du redoutable tribunal. Suivis des « Patriotes opprimés » et d'une clique de « traîneurs de sabres », Barras et Fréron pénètrent dans la foule et passent la revue des martyrs. Un geste suffit pour désigner la proie des bourreaux. Les « Bonnets Rouges » acheminent les condamnés vers le centre de l'esplanade, où les isole une double haie de sabreurs. La mascarade judiciaire touche à son terme. Sortis de la foule et remontés sur leurs sièges, Barras et Fréron viennent rendre leur sentence. On commence par épurer les « coupables ». Les Toulonnais que la justice révolutionnaire ajourne sont sommés de regagner la ville. « Infâmes Toulonnais, leur crie Fréron, rentrez « chez vous ! »

Glacés d'épouvante, les pauvres gens redoutent qu'une pluie de mitraille ne les abatte dans l'entonnoir où le Représentant leur ordonne de s'engager pour atteindre la Porte d'Italie. Mais, pendant qu'ils franchissent cet étroit défilé, les bouchers font signe d'en finir. Les victimes sont prêtes : les traîneurs de sabres s'écartent; Barras et Fréron commandent : « Feu ! » Aussitôt, les soldats tirent, et trois cents Toulonnais jonchent le sol. Mais tous ne sont pas morts. Au milieu du silence, la voix de Fréron rugit : « Que « ceux qui ne sont point frappés se relèvent ! La Répu- « blique leur fait grâce ! » Infâme dérision ! Les mourants obéissent; une grêle de balles les achève.

C'est l'heure de l'*Ave Maria*. La nuit tombe sur cette scène d'horreur, et la lune, alors au-dessus de l'horizon, éclaire seule, de ses lueurs funéraires, les victimes encore palpitantes qui rougissent de leur sang le sable de l'esplanade. Les Conventionnels sont encore présents : personne n'ose jeter un regard vers le charnier. La foule, épouvantée, s'écoule vers la ville, dans un recueillement farouche qu'interrompent, au loin, les dernières plaintes des mourants. Nuit de deuil et d'effroi ! Les Représentants partis, les parents des Toulonnais immolés vont, dans les ténèbres, une lanterne à la main, interroger les corps que font tressaillir les derniers soubresauts de l'agonie. Parmi les victimes, quelques-unes respirent encore, d'autres ne sont qu'évanouies.

Un de ces blessés, un jeune homme, Roux, s'était rendu, le 20 décembre, au Champ de Mars, avec son père. « Quelle profession? » lui demanda l'un des Conventionnels : — « Commis de Marine. » Sur cette réponse, le Représentant saisit le coupable, et des soldats, à coups de crosse, poussent le père et le fils contre le mur du *campo santo* qui attend sa proie. « Les baïonnettes, raconta plus tard le jeune homme, nous touchaient presque. » Quatre fusillades successives laissent Roux sans blessures. A la cinquième, toujours intact, le « condamné » se précipite lui-même vers le sol. De nouvelles décharges dirigées, cette fois, sur la terre, le contusionnent, et deux coups de sabre lui font perdre connaissance. Quand il se réveille, un orage gronde au-dessus de sa tête, et des éclairs illuminent de flammes cette arène de sang et de boue. Le jeune blessé voit des ombres qui s'agitent. Sont-ce des sauveurs? Sinistre découverte : c'est une bande de détrousseurs de cadavres. Les misérables dépouillent les morts et, le couteau à la main, achèvent les mourants. Une patrouille approche : les bandits détalent. N'entendant plus rien, Roux se lève, explore l'horrible obituaire, quand, soudain, une voix lui demande son nom. « Tout entier au soin qui m'occupe, je ne réponds pas. La même voix se fait entendre de nouveau; je me tourne : qu'aperçois-je? Un homme nu et couvert de sang, qui, appuyé sur une main, cherche à se soulever. C'était mon père ! » Les deux victimes se portent secours, franchissent les murs et gagnent la campagne, où ils trouvent un asile qui les sauve. D'autres évadés n'échappent aux assassins que pour retomber, une seconde fois, sous leurs balles. Affreux temps où le malheur, au lieu d'exciter la pitié, n'allume que la convoitise ! Tel ce jeune Fossenqui que les paysans recueillent, le soir, et livrent, le lendemain matin, aux bourreaux, pour toucher le salaire que la République alloue à la félonie et à l'assassinat [1].

Les fusillades durent plusieurs jours. Tous les âges et toutes les professions fournissent leur contingent à la République et au cimetière. Il faut porter le nonagénaire Beaussier sur un brancard pour le tuer. D'autres sont égorgés chez eux dans leurs fauteuils ou dans leurs lits. Les prêtres marchent au champ mortuaire comme au suprême triomphe. Deux Oratoriens, le P. Garnier et le P. Eustache; un curé, l abbé Robert; deux capucins, le P. Honorati, et le P. Daumas, font la veillée des condamnés, dans les cachots, pour préparer l'ultime exode des Toulonnais qui, se croyant purs de toute faute, ne voulurent pas chercher sur les flottes alliées un inutile refuge. Le jour marqué pour le supplice, prêtres et religieux ouvrent la marche. Pendant que grondent les roulements funèbres du tambour, deux cents chrétiens entonnent le *Miserere* et ne le terminent que sur la plate-forme de l'échafaud [2].

Peu fier de ces massacres, accomplis sous les regards d'une autorité militaire criminellement passive, Napoléon, dans ses *Mémoires*, porte à une centaine le chiffre des Toulonnais que l'armée n'eut pas le courage d'arracher à la mort. Contre les allégations de l'ancien commandant de l'artillerie, s'inscrivent les protestations des documents officiels qui mettent au passif des tueurs : 200 officiers et soldats de l'artillerie de marine exécutés le 20 décembre; 200 habitants le 22; 400 le 24; et le 5 janvier 800. Bien entendu, ces évaluations n'englobent pas toutes les victimes qui succombèrent sous le poignard ou sous les balles des sicaires. On ne connaîtra jamais les chiffres exacts des

---

[1] Pons, pp. 172-177.
[2] Tous ces faits sont attestés par Henry, Lauvergne, Pons, Isnard, Lacretelle, etc. (*Précis historique de la Révolution française*, t. II, p. 184.)

hécatombes. Voici d'abord une lettre de Fréron à Lacroix [1].

« *Ville-Plate, ci-devant Toulon, le 3 nivôse l'an II de la République française et une et indivisible* (23 décembre 1793). »

« Nous n'avons pas eu, cher citoyen, un instant de repos depuis notre entrée dans la ville infâme, et nos travaux ont été si multipliés, le jour et la nuit, qu'il m'a été impossible de t'écrire. Thune (secrétaire des représentants) se charge de te donner des détails. Je compte retourner à Marseille, après-demain. Déjà *300 conspirateurs ont été fusillés.* Plus de six mille familles toulonnaises se sont embarquées sur les deux escadres, et ce sont les plus coupables. Il ne reste ici que le fretin. Nous allons raser la ville [2]. »

Néron aurait voulu que Rome n'eût qu'une seule tête pour pouvoir la trancher d'un seul geste. Non moins altéré de sang, Barras regrette de ne pas avoir anéanti du premier coup tous les Toulonnais et fait de la ville un désert. Inconsolables de l'échec infligé à un si beau rêve, les deux Conventionnels s'indemnisèrent de leur déconvenue en donnant à Toulon le nom que lui aurait valu le carnage intégral. Pour eux, Toulon n'est plus Toulon, mais « Ville-Plate [3] » :

« Tu dois avoir reçu, mon cher Bayle, — mande le 25 décembre 1793, le futur Directeur à son collègue, — tu dois

---

1 Lacroix (Sébastien), homme de loi, de Châtillon-sur-Marne, âgé alors de trente ans, Commissaire du Conseil exécutif. Le tribunal révolutionnaire l'envoya à l'échafaud, comme complice d'Hébert. (*Réimpression du Moniteur*, XX, pp. 193, 203.)

2 Edmond Poupé : *Lettres de Fréron et de Barras en mission dans le Midi* (Draguignan, 1910), pp. 90-91. Ces lettres sont reproduites d'après les originaux communiqués à M. Poupé par M. le marquis de Clapiers.

3 *Ville-Plate, ci-devant Toulon, le 3 nivôse l'an II* (Lettre de Fréron à Lacroix. F. Poupé, *ibid.*, p. 90).

avoir reçu plusieurs de mes lettres dans lesquelles je te donnais des détails sur tout ce qui s'est passé depuis l'attaque de Toulon. *Nous fusillons chaque jour les conspirateurs. J'aurais préféré la mesure de faire retirer de Toulon le très petit nombre de patriotes et de faire passer ensuite le reste par les armes. Nous aurions fini dans un jour*, car il faut que l'on sache que, dans Toulon, il n'est pas cinquante personnes qui n'aient porté la cocarde blanche [1]. »

Le même jour, Fréron, dans une nouvelle épître à Lacroix, se désole, comme Barras, de n'avoir pas converti, dès le premier jour, Toulon en un immense charnier.

« Si nous avions pu faire sortir de la ville, écrit ce boucher, toutes les femmes et les enfants, ainsi que les patriotes du *Thémistocle*, tout le *reste eût été passé au fil de l'épée*. » Fréron ajoute : « Nous avons déjà fait fusiller 400 scélé-
« rats. Les prisons sont pleines, nous avons établi une Com-
« mission militaire qui les expédiera par centaines [2]. »

A la même date (le 25 décembre) il y avait deux ans, à peine, Toulon et la Provence, sortant des tristesses de l'Avent, fêtaient la naissance de « l'Attendu des Peuples », et s'agenouillaient, les mains jointes, devant Celui qui délivra l'humanité, captive de la Servitude et de la Mort. Dans les églises, les jeunes filles, vêtues en bergères, offraient un agneau blanc, couché dans une manne entrelacée de rubans roses, pendant que les bergers, drapés dans leurs manteaux amadou, chantaient, en s'accompagnant du galoubet et du tambourin, les Noëls ancestraux devant la crèche où dormait le Rédempteur :

<pre>
Sant Jause eme Mario,
Tous dous s'en van vouyagear,
Sant Jause eme Mario.
</pre>

---

[1] Edmond Poupé, *ibid.*, pp. 92-93.
[2] Edmond Poupé, *ibid.*, p. 99.

> Et vivo lou Rèi ! (1)
> Tous dous s'en van vouyagear,
> Vivo lou Rèi ! *Alleluia !* (2).

Dans ces effusions et dans ces cantilènes, dont s'ensoleillait la nuit sacrée, le peuple acquittait sa dette envers la Justice et la Clémence qui l'avaient arraché au joug de la barbarie et du crime.

En fermant nos églises, la Convention détrôna le Rédempteur et proscrivit la divine Bonté. Le 25 décembre 1793, quand le Soleil de Noël perce les ombres de la nuit, sur quelle arène se lève-t-il ? Sur un champ de carnage, où gisent huit cents Toulonnais égorgés. Voilà l'autel du culte nouveau ! Au Libérateur des Nations qui abolit les sacrifices humains, succède Teoyaomiqui, la déesse de la Mort, l'idole de l'ancien Mexique, formidable hydre dont la gueule exhale des serpents et des tigres, des mains coupées et des têtes saignantes !

Écoutons ce qu'écrit, le lendemain de Noël, Fréron, dans une lettre échappée aux enchères. Quelles sinistres clartés elle nous ouvre sur les boucheries de Toulon :

« Les fusillades sont ici à l'ordre du jour. En voilà plus de six cents qui ne portent plus les armes contre la République : la mortalité est parmi les sujets de Louis XVII. Aujourd'hui, tous les sergents, adjudants et soldats de la Marine y ont passé, avec la municipalité, qui s'était affublée de l'écharpe blanche pendant le règne du *marmot*

---

1 « *Noël ! Noël !* était jadis l'acclamation dont le peuple saluait les Rois. Plus tard, on lui substitua celle de *Vive le Roi ! Vive le Roi !* était le cri populaire de l'ancienne France.

2 Damase ARBAUD : *Chants de la Provence*, t. I, p. 23.

3 Lettre adressée à Nouet et Lambert, tous les deux Commissaires du Conseil exécutif.

(Louis XVII). Trois prêtres scélérats ont fermé le bal... Demain et les jours suivants, fusillades de deux cents, jusqu'à ce qu'il n'y ait plus de traîtres [1]. »

Sans le secourable hasard d'une vente d'autographes, les historiens jacobins auraient, comme Napoléon, nié la cruauté des Représentants et glorifié la clémence de Fréron et de Barras. Une lettre nous montre les deux Conventionnels se vautrant dans le sang de leurs victimes. La voici :

Fréron à Moïse Bayle :

Toulon, le 6 nivôse, deuxième année républicaine (26 décembre 1793).

« Cela va bien ici... Tous les jours, depuis notre entrée, nous faisons tomber deux cents têtes [2]. »

Barras à Moïse Bayle :

10 nivôse (30 décembre 1793).

« Nous avons fait fusiller cinq à six cents personnes. Une Commission est établie pour faire périr les traîtres [3]. »

---

1 Lettre adressée, le 6 nivôse an II (26 décembre 1793), par Fréron à Lambert et Nouet, ses secrétaires. (*L'Amateur d'Autographes.*)
Dans la Notice sur la vie de Fréron, placée en tête de l'édition de ses *Mémoires* (chez BAUDOUIN frères, 1824, pp. v-vii), se trouve le fragment d'une lettre à peu près semblable, mais avec quelques nouveaux détails en plus :
« Les fusillades sont ici à l'ordre du jour. La mortalité est parmi les amis de Louis XVII, et, sans la crainte de faire périr d'innocentes victimes, telles que les patriotes détenus, tout était passé au fil de l'épée, comme, sans la crainte d'incendier l'arsenal et les magasins, la ville eût été livrée aux flammes; *mais elle n'en disparaîtra pas moins du sol de la liberté.* Demain et jours suivants, nous allons procéder au rasement... Fusillades jusqu'à ce qu'il n'y ait plus de traîtres. »
2 Ed. POUPÉ, *ibid.*, p. 105.
3 Ed. POUPÉ, *ibid.*, p. 119.

Fréron à Moïse Bayle :

Toulon, 16 nivôse (5 janvier 1794).

« Il y a déjà huit cents Toulonnais de fusillés [1]. »

Barras à Moïse Bayle :

19 nivôse (8 janvier 1794).

« La Commission révolutionnaire fait tous les jours fusiller les traîtres et, en vérité, tout l'est, car tous ont porté la cocarde blanche et prêté serment à l'odieux et prétendu Louis XVII [2]. »

Fréron à Moïse Bayle :

19 nivôse (8 janvier 1794).

« Marseille à elle seule nous donne plus d'inquiétude et de besogne que Toulon, quand celle-ci était au pouvoir des Anglais... Nul châtiment n'a été infligé à cette ville, coupable de tous les crimes du Midi, coupable de la révolte de Lyon, coupable de la trahison de Toulon. *Si on eût seulement fait fusiller, comme ici, 800 conspirateurs, dès l'entrée des troupes, et qu'on eût créé une Commission militaire pour condamner le reste des scélérats, nous n'en serions pas où nous en sommes* [3]. »

1 Ed. Poupé, *ibid.*, p. 120.
2 Ed. Poupé, p. 130.
3 E. Poupé, pp. 132-133. L. Monoin : *Toulon ancien et ses rues* (pp. 98 à 116), publie une liste de 308 individus fusillés sans jugement et de 298 condamnés par la Commission révolutionnaire, soit un total de 606 personnes. Ce chiffre est évidemment erroné. D'après les aveux de Fréron et de Barras, eux-mêmes, le contingent des Toulonnais égorgés sans jugement n'aurait pas été inférieur à 1.000. Il faudrait

Le 3 janvier 1794, un arrêté substitue aux « Patriotes opprimés » une Commission militaire où s'encadrent les « sans-culottes » parisiens, — sicaires professionnels, ramassés, par les Représentants, dans les tripots de la capitale. Tueurs étrangers au pays, ces égorgeurs masqués peuvent impunément porter le deuil dans les foyers, sans craindre les vengeances des voisins et des proches [1]. Huit à dix sentences de mort déciment, chaque jour, les meilleures familles. Une brochure du Conventionnel Moïse Bayle contre

donc compter au moins 1.300 à 1.400 victimes. Sur la première liste nous relevons les noms suivants : Bertier de Lagarde, médecin, Caré, capitaine d'infanterie de marine; les frères Gabriel et Victor du Chieusse-Combaud, officiers de marine; Cœur, capitaine d'artillerie de marine; Nicolas; Courtès, ancien chirurgien de la marine; quatre frères Decugis; Honoraty et Daumas, capucins; Donadieu, sous-lieutenant d'infanterie; Durand, ancien major de la place de Toulon; Eustache, Garnier, Nicolas Cotte, prêtres de l'Oratoire; Fréron, Bonfils et Garcin, lieutenants; Gravier, Legrand et Groignard, capitaines de vaisseau; Jourdan, capitaine; Lay, officier de marine; Lepage d'Arbigny, professeur de musique; Mollinier, colonel d'artillerie de marine; Pièche et Letrain, commissaires de la marine; Poulain, directeur de la poste aux lettres; Rey, officier d'artillerie de marine; Louis Robert, curé de la paroisse Sainte-Marie; Vidal, prêtre, etc., etc.

Victimes inscrites sur la deuxième liste : Deydier de Pierrefeu; de Beaussier de Montauban; Vidal de Léry et de Beaussier, capitaines de vaisseau; Garnier, lieutenant de vaisseau; Bernard, notaire; Bernard, ingénieur; Bertrand, chirurgien; Brun-Sainte-Catherine et Freinó, commissaires de la marine; Caussemille, vicaire de la paroisse Sainte-Marie; David, capitaine; de Choin-Dupré, sous-chef d'administration de la marine; Gaigues, lieutenant; Gernet, père de l'Oratoire; Gubert, Hérault, officier de marine; Icard, Roumieux, enseignes non entretenus; Lambert, lieutenant de marine; Laugier, capitaine d'infanterie; Maille, capitaine; Menesdrieu, capitaine du génie, etc., etc.

1 Un tribunal analogue fut formé à Marseille avec les mêmes agents secrets du ministre Deforgues, — tourbe également recrutée dans les bouges parisiens. « Les Représentants du Peuple, Fréron et Barras, — écrit l'agent Brutus, à la date du 26 nivôse,... viennent d'arrêter la formation d'une Commission militaire révolutionnaire et m'ont choisi, ainsi que le citoyen Lefebvre pour en être membre. Ils rappellent du Port de la Montagne (Toulon) deux confrères, Thiberge et Lespine, pour nous les associer. » A. M. A. E. *Fonds français*, t. CCCXXXIII, p. 125.

Fréron nous édifie sur la procédure : « Composée de six
« membres, la Commission, dit Bayle, juge à trois, *sans
« accusateur public ni jurés*. Elle fait monter de la prison
« ceux qu'elle veut envoyer à la mort. Après leur avoir de-
« mandé leur nom, leur profession, et *quelle est leur fortune*,
« on les fait descendre pour les placer dans une charrette
« qui se trouve devant la porte du Palais de Justice. Les
« juges paraissent ensuite sur le balcon, d'où ils pronon-
« cent la sentence de mort. »

Dès le lendemain de l'entrée des troupes dans Toulon, le 20 décembre 1793, Barras, Ricord, Salicetti et Robespierre jeune s'étaient fait un devoir de signer, avec Fréron, l'épître initiale où les délégués de la Convention prévenaient l'Assemblée révolutionnaire que ses fils voulaient se montrer dignes d'elle : « La vengeance nationale se déploie, — lisait-on dans ce Rapport, — l'on fusille à force; déjà tous les officiers de Marine sont exterminés; la République sera vengée; les *mânes des patriotes* seront apaisés [1]. » Douze jours plus tard, le 13 nivôse (2 janvier), Barras et Ricord, dans une missive séparée, disputant à Fréron leur part de gloire, revendiquent l'honneur et la responsabilité du carnage. « La justice nationale — mandent nos deux héros — s'exerce journellement et exemplairement sur le Champ de Bataille. Tout ce qui se trouvait dans Toulon et avait été employé à la Marine, dans l'Armée des rebelles et dans l'Administration navale et militaire, a été fusillé aux cris mille fois répétés par l'armée de « *Vive la République* [2]. »

Aux Commissions militaires, succède le Tribunal révolutionnaire, qui frappe de la peine capitale les Toulonnais, — coupables, non d'avoir livré leur ville à l'ennemi, mais de

1 Réimpression du *Moniteur*, t. XIX, p. 64.
2 Réimpression du *Moniteur*, t. XIX, p. 122.

l'avoir habitée pendant le siège. Comme la guillotine n'est pas prête, la fusillade fait prendre patience aux bourreaux, et empêche la Mort d'attendre. Au bout d'un mois d'expectative, le couperet jacobin inaugure son empire en détachant, le même jour, dix-neuf têtes [1]. Vingt minutes suffisent au déroulement du drame révolutionnaire. C'est un nouveau sport qu'imaginent les délégués de la Convention, heureux de mettre ainsi le comble à la félicité publique. Chaque jour, vingt à trente condamnés gravissent les degrés du tragique autel où le bourreau de Fréron offre au Baal républicain sa grappe d'holocaustes. Le sang des femmes teint à son tour les mains de l'exécuteur. Onze malheureuses expient ensemble le plus révoltant des crimes. « Par leurs démarches comme par leurs propos incendiaires », n'ont-elles pas « contribué aux projets de la tyrannie [2] »? Quelques jours plus tard, quatre autres Toulonnaises subissent le même sort. Il arrive une fois, pourtant, où le bourreau frustré de l'une de ses victimes l'implacable idole. Mais si une grossesse commande de différer l'immolation, le Représentant veut que la future mère, pour dédommager les sans-culottes, sanctionne de sa présence le supplice de ses compagnes [3].

---

[1] Henry : *Histoire de Toulon depuis 1789 jusqu'au Consulat*, t. I, pp. 136 et suiv. L'historien de Toulon ajoute : « On dut mettre les corps des suppliciés dans la chaux vive. »

[2] Berriat-Saint-Prix (*Justice révolutionnaire*) n'a pas retrouvé les actes de ce tribunal. Les diverses pièces qu'il a recueillies ne mentionnent que soixante-huit exécutions, mais une lettre du représentant Moltedo (11 avril 1794) prouve que le Tribunal fournissait une ample besogne au bourreau : « Le Tribunal révolutionnaire, dit-il, continue ses jugements, et il ne se passe pas de décade durant laquelle le glaive de la loi ne purge cette cité régénérée d'un grand nombre de scélérats. » (A. N. AF. II, carton 144.)

[3] Pons, qui raconte ces faits (*Mémoires*, etc., p. 180), ajoute : « Ces femmes, exaltées par les sentiments les plus généreux, n'avaient rien de leur faiblesse et de leur timidité naturelles. Avides de la mort, elles appelaient le moment qui devait les réunir à un père, à un frère, à un époux adorés, dont la hache révolutionnaire avait déjà tranché les jours. »

III

Quelques sophistes prétendent encore que « l'intérêt national » exigeait ces hécatombes. Au Nord, à l'Est, au Sud, l'ennemi souillait notre territoire. Il fallait, dit-on, tuer à tort et à travers, pour obliger chaque Français à défendre sa vie en défendant sa frontière !... Misérables arguties de scribes étrangers à notre histoire et à notre sang ! Pendant la Guerre de Cent ans, lorsque l'Angleterre conquiert les deux tiers de notre sol, est-ce que les Rois de France éprouvent le besoin d'exalter, à coups de hache, le patriotisme de nos pères ? Vont-ils, de province en province, rançonner et pendre les Angevins, les Normands, les Gascons, pour contraindre ceux qui survivent à se dérober aux supplices en se précipitant dans la fumée des batailles ? Jeanne d'Arc, par exemple, se fait-elle suivre d'un cortège de crocheteurs et de bouchers ? Hélas ! même au cours d'une mêlée, à la seule vue du sang français qui coule, le cœur de la bonne Lorraine se fend. Non ! Picards, Bretons, Champenois, Bourguignons, Provençaux, etc., nous ne sommes pas des pandours qu'on mène au combat, le bâton ou le chanvre à la main. Dans nos plus grandes crises, en présence de la guerre civile ou de la guerre étrangère, la Monarchie, grâce à Dieu, ne nous infligea point cet outrage.

L'heure vient d'arracher au Représentant en mission le masque de patriotisme que lui laissent des historiens indulgents à tous les crimes. L'oligarchie qui, sous la Révolution, gouverne notre pays, n'a qu'un objectif, c'est, non de libérer le genre humain, mais de domestiquer la France. Tout tyran veut s'éterniser sur son trône. Comment assurer la perpétuité d'un joug contre lequel se soulèvent tous les adversaires de la servitude ? L'intérêt national fournit aux vainqueurs un rite commode pour supprimer leurs antagonistes. Et, dans cette guerre intentée à l'ennemi du dedans, le Représentant en mission déploie d'autant plus de fureur qu'il sent que chaque massacre lui crée de nouveaux adversaires. Plus il égorge, plus il faut qu'il tue. Sa sauvegarde l'exige : ne finit-il point par être seul contre tous? C'est ainsi que la cause de nos Proconsuls toulonnais se confond peu à peu avec la cause britannique elle-même, et que l'Angleterre et la Convention s'entendent pour égorger ou laisser égorger un peuple contre lequel les animent les mêmes ressentiments et la même peur.

Le ministre des Affaires étrangères entretient alors autour de Toulon un cordon d'agents secrets, qui, dans leurs Rapports confidentiels, ne se lassent pas de nous montrer cette peur s'aggravant, de minute en minute, et faisant en quelque sorte, de la Convention, un îlot séparé de la France par une marée montante de haines. Voici, par exemple, ce qu'écrit l'agent Leroy, dit Brutus, à la date du 30 septembre 1793 :

« ... A Aix comme à Marseille, les sans-culottes purs et
« les républicains y sont rares; ils sont indifférents, mous et
« lâches, lorsqu'on leur parle de marcher sur Toulon.

« La jeunesse est pourtant belle, nombreuse, bien vêtue
« et bien aimée. Des discours patriotes ont été prononcés;
« des chants civiques ont attiré les acclamations du peuple,
« mais je crains que cela ne se termine là [1]. »

Brutus voit juste. Marseille — comme toute la Provence d'ailleurs — accorde ses sympathies, non à la Convention qui opprime, mais aux Toulonnais qui résistent. Chaque acte et chaque loi de la République éloigne, chaque jour, du nouveau régime une cité qui dut à nos Rois sa culture et sa grandeur, et qui ne voit dans la Révolution qu'une

[1] *Archives des Affaires étrangères*. Fonds français, t. CCCXXVI, folio 106.

force délibérément hostile au commerce, à la civilisation et à l'ordre. En vain, Brutus explore les campagnes et les villes pour y trouver des coreligionnaires ou des complices. Hôtels, mas, bastides, cafés, n'abritent qu'une race intraitablement rebelle au décalogue républicain et à l'anarchie :

« Nous allons à Arles, à Salon, à Tarascon, villes aristo-
« crates et contre-révolutionnaires.
« Quel malheur que, sous un ciel aussi beau, dans un pays
« aussi riche, l'homme ne sente pas tout le prix d'être
« libre.
« La mollesse, si naturelle aux peuples méridionaux, est
« un vice qui ôte ici de l'énergie mâle et vigoureuse qui consti-
« tue le bon et sévère républicain.
« En voyant le peu d'empressement que mettent les habi-
« tants à aller secourir Toulon, cette lâcheté nous irrite [1]. »

Six semaines se passent. Le ministre reçoit d'un autre agent une note identique. Le 6 novembre 1793, voici ce que Topino-Lebrun [2] écrit confidentiellement, de Marseille, à son maître, le citoyen Deforgues [3] : « Si nous avions quelque « échec dans Toulon, il pourrait avoir les plus *dangereuses* « *suites. Toutes les communes du Var et la plupart des* « *Bouches-du-Rhône sont contre nous* [4]. »

---

[1] *Archives des Affaires étrangères.* Fonds français, t. CCCXXVI, folio 110. Lettre de Brutus à Deforgues, 30 septembre 1793.

[2] Élève de David. Devint un des jurés du tribunal révolutionnaire.

[3] DEFORGUES (François-Louis CHEMIN), né à Vire, en 1759, fut un des clercs de Danton. Il prit une part active aux massacres des prisons, et signa, avec Marat, la circulaire invitant les patriotes de province à imiter les septembriseurs. Au cours de la séance du 21 juin 1793, Hérault-Séchelles, au nom du Comité du Salut public, annonça que le Comité avait désigné le citoyen Deforgues, adjoint au ministre de la Guerre, pour le département des Affaires étrangères. « Deforgues, dit-il, a une tête bien organisée, il aime l'ouvrage et en fait beaucoup. » Le 9 ventôse an II (27 février 1794), au Club des Cordeliers, Deforgues fut dénoncé par Hébert, et le 8 avril 1794, sur le rapport de Couthon, remplacé par le citoyen Hermann.

[4] *Archives du Ministère des Affaires étrangères.* Fonds français, t. CCCXXVI, folio 180.

La prise de Toulon rallie-t-elle, du moins, les Provençaux vaincus aux Conventionnels vainqueurs? Avant la défaite des Royalistes, les Républicains s'imaginaient que la foule attendait le dénouement de la lutte pour orienter son choix et fixer ses préférences. Mais non! Consolante fidélité au malheur! Au lieu de refroidir les sympathies, le sort si tragique des Toulonnais attache invinciblement Marseille aux victimes. Écoutons l'involontaire témoignage que l'émissaire de Deforgues rend à la fermeté politique, à la noblesse d'âme, au bon sens d'une population qui, de nos jours, viciée par la République, se pavane dans une versatilité, et un arrivisme où se traduit l'influence du métèque.

« Nous soupçonnions que la nouvelle de la prise de Toulon — mande Brutus, le 26 décembre — causerait dans Marseille une vive sensation, surtout parmi la Société populaire.

« *Nous nous sommes grossièrement trompés*. La joie publique n'a point éclaté comme cela devait être; bien des figures étaient atterrées; il n'y a eu ni fête patriotique, ni illumination, et pas un cri pour la République.

« La conduite de la « Société populaire » ne contribue pas peu à gangrener l'opinion publique. Il sera bien difficile de *patriotiser* le peuple; il y a trop longtemps qu'on lui corrompt l'esprit. Celui, du reste, du département n'est pas meilleur. Les lois les plus sagement révolutionnaires n'y font point d'effet.

« Depuis le maximum, tout manque à Marseille. Les pêcheurs mêmes ne sortent plus, et le secours du poisson manque pour la subsistance.

« Il règne un mécontentement général parmi le peuple.

« Cela vient du défaut de travail, du manque de commerce et des impressions défavorables que l'on a communiquées aux habitants sur notre Révolution.

« L'égoïsme, d'ailleurs, le patron des riches, s'est répandu dans tous les cœurs avec la rapidité de l'éclair. On a accoutumé l'habitant de ces contrées à ne voir que ses intérêts et ses rapports commerciaux ; ils sont impraticables par l'effet de la guerre. L'intérêt est lésé, c'est assez, cela seul suffirait pour détourner le peuple de la Révolution.

« Les intrigants sont nombreux, ils sont tous masqués d'un faux patriotisme ; ils égarent les hommes simples, entraînent et corrompent la crédulité et attirent dans leurs parts tous ceux qui sont éloignés de l'amour de notre gouvernement.

« Le Négociant a remplacé le Noble et le Prêtre.

« C'est *une Race à détruire*, c'est *un pays à coloniser de nouveau*, si l'on veut qu'il soit comme tous les autres départements de la République.

« Les patriotes de bonne foi, quoique du pays, en conviennent et le trouvent, comme nous, incorrigible [1]. »

Ainsi, nos jacobins se sentent si haïs et si seuls que, pour triompher de cette hostilité universelle, ils ne voient d'autre moyen que de convertir la Provence en une vaste steppe, totalement vide d'hommes. Assez de tueries partielles. Après chaque holocauste, tout n'est-il pas à recommencer ? A peine le couperet national a-t-il raturé une aristocratie qu'un nouveau patriciat pousse sur la tombe du clan égorgé. Le « Noble » succède au « Prêtre » et le « Négociant » au « Noble ». Pour en finir, il faut que, sur le sol purifié par la flamme de l'incendie, passe, implacable, la Charrue de la Mort.

---

[1] *Archives des Affaires étrangères*, t. CCCXXVI, folio 231.

IV

Fréron et Barras ne pensent pas autrement que l'envoyé de Deforgues. Assassins et exacteurs, nos deux Conventionnels ne se contentent pas de cette double auréole. Voici que Fréron veut compléter l'œuvre de lord Hood et de Sydney Smith. Le commodore anglais n'a mis le feu qu'à l'arsenal et à la flotte. Expiation insuffisante : il faut brûler le port. Sous l'Ancien Régime, Toulon comptait vingt-neuf mille âmes. L'exode et les massacres n'ont laissé autour de la rade que le quart à peine de ce contingent, soit six à sept mille Toulonnais. C'est encore trop. L'Angleterre murmure. Une consigne occulte enjoint d'anéantir la citadelle maritime que les Capétiens érigèrent contre la Grande-Bretagne pour assurer la sécurité de nos relations politiques et de nos transactions commerciales avec l'Extrême-Orient [1]. Le 4 nivôse (24 décembre), l'Assemblée révolutionnaire, sur la demande du Comité de Salut public, vote un décret qui découronne le port méditerranéen fortifié par Vauban, — et rase ses édifices [2]. Déjà, lors du voyage des représentants à Marseille, au mois de septem-

---

1 « Je parcours la ligne des crimes de Pitt. Semblable à une divinité malfaisante invisible pour nous, Pitt est partout, dans nos administrations, dans nos tribunaux, dans nos sociétés particulières, il a des agents dans les cafés, dans les groupes, jusque dans nos cabinets, etc. » (Paroles de Dubois-Crancé au Club des Jacobins). On sait que l'Angleterre possédait un agent occulte parmi les secrétaires du Comité de Salut public. Les communications de cet agent ont été publiées dans les *Fortescue Papers*.

2 Article V du décret : « Le nom de Toulon est supprimé. Cette Commune portera désormais le nom de *Port ·· la Montagne*. — Article VI : *Les maisons de l'intérieur de cette ville seront rasées*. Il n'y sera conservé que les établissements nécessaires au service de la guerre et de la marine, des subsistances et approvisionnements. » Réimpression du *Moniteur*, t. XIX, p. 38.

bre 1793, Fréron et Barras avaient conçu le projet d'abolir la ville et de combler le port. On avait même décidé le transfert de la population marseillaise dans l'une de nos provinces septentrionales [1]. Gênés, à Marseille, dans leur noble dessein, les nouveaux Goths veulent se dédommager à Toulon. Point de demi-mesure. Les agents de Pitt se prononcent en faveur du vandalisme intégral. La guerre de Cent ans n'abattit point la rivale de l'Angleterre. En quittant Domremy pour faire couronner Charles VII à Reims, la Pucelle annula le sacre du Monarque anglais à Notre-Dame. Il faut, maintenant, que la Révolution, effaçant l'œuvre de Jeanne, rende à la Grande-Bretagne la suprématie dont la déposséda la Libératrice. Nulle ville, s'appelât-elle Toulon, Marseille, ou Bordeaux, n'a le droit de défendre ses intérêts, sa culture, son honneur, contre la dictature d'une oligarchie qui n'a pas besoin de justifier ses crimes. Opulents emporiums d'un commerce non moins dommageable à l'industrie anglaise, Lyon, Nantes, Rouen, Louviers, Sedan, ne doivent leur vie qu'à l'indulgence momentanée du Comité de Salut public, unique arbitre de toutes les existences et de toutes les fortunes. Si l'anéantissement de ces cités avait pu suivre, sur-le-champ, l'ostracisme déclaré contre elles, — comme la foudre suit l'éclair, — le patriote les chercherait vainement aujourd'hui sur la carte. Le 6 nivôse an II (26 décembre 1793), Fréron écrit de Toulon : « Cela va bien ici, nous avons requis *douze mille maçons* des départements environnants pour démolir et raser la ville [2]. »

Au XVIe siècle, dans quelques-unes de nos provinces, les laboureurs, restés fidèles aux sortilèges de la magie antique, allaient, la nuit, à travers champs, jeter l'excom-

---

1 Lettre citée par LAUVERGNE, p. 572.
2 La veille, le 25 décembre 1793, le jour de Noël, Fréron avait écrit de même : « Avec une armée de *douze mille maçons*, la besogne ira grand train et Toulon doit être rasé en quinze jours. »

munication aux animaux qui dévoraient leurs récoltes. A la fin du xviiie siècle, les disciples de Rousseau, les régénérateurs de la France empruntent, aux paysans cette liturgie et l'étendent aux pierres. Ce n'est plus contre des rongeurs hostiles aux moissons qu'ils fulminent l'anathème, mais contre les murs entre lesquels délibéra « l'infâme Réaction ».

Les maçons, que la Monarchie mobilisait pour créer Rochefort, Le Havre, Cherbourg, Toulon, etc., la République les rassemble pour saccager les ports qui, défendant notre frontière maritime, portent ombrage à la Grande-Bretagne. Sur l'ordre de Fréron et de Barras, les terrassiers abattent les maisons des membres du Comité Général et des officiers de Marine que marquent les délateurs[1]. Le commandant du *Tarleton*, le chevalier d'Amblard, et MM. Barralier, Dejean, Jouve et Chauvet, apprennent, en Angleterre, que la Révolution, ne pouvant les assassiner, fait expier son impuissance aux dalles de leurs foyers domestiques. La même barbarie se déploie dans la capitale des Bouches-du-Rhône, tombée sous le joug des mêmes vandales. « Marseille, écrivent, le 23 janvier 1794, Barras et Fréron, — Marseille est la cause originelle, primordiale, de presque tous les maux intérieurs qui l'ont affligée. N'est-ce pas elle qui a envoyé de nombreux émissaires dans les départements? N'est-ce pas elle qui, la première, a levé l'étendard de la rébellion? N'est-ce pas elle qui a poussé Lyon, Bordeaux, Toulon, à la révolte et à la trahison? Cent mille morts, victimes de son ambition, crient vengeance contre cette commune impie, toute dégouttante de sang, et provoquent le jour de la justice nationale. Il est arrivé ce jour...

« Communes du Midi, trop longtemps opprimées par une

---

[1] Moïse Bayle, Isnard à Fréron. — Cf. ABEILLE : *Notes et pièces*. — On allait démolir la maison de l'amiral Trogoff, quand on apprit qu'il n'en était que locataire. COTTIN, p. 361, et PONS, p. 182.

cité insolente et dominatrice, respirez enfin du joug qu'elle vous imposait... Marseille courbera sa tête orgueilleuse sous le niveau de la loi, où *elle disparaîtra du sol* de la République et s'engloutira dans l'abîme prêt à dévorer Toulon [1]. »

Après avoir égorgé plus de mille Français, les Tamerlan de Toulon constatent, avec colère, que ces hécatombes, loin de désarmer les ennemis de la République, n'ont fait qu'exaspérer les hostilités et les haines. Plus la Révolution tue, moins elle triomphe. Au lieu de flétrir les victimes, Marseille les pleure. Du fond des tombes, les morts, qu'on se flattait d'avoir condamnés au silence éternel, élèvent contre les bourreaux une plainte terrible qui grandit d'heure en heure, et qui menace de soulever contre la République le Midi tout entier. Intolérables gémissements ! Ni Barras ni Fréron n'avaient prévu que les charniers pouvaient parler. Eh bien ! s'il est impossible d'étouffer leurs rumeurs, les Conventionnels empêcheront du moins que ces discours séditieux ne trouvent un écho. Après avoir exterminé les Toulonnais, la République anéantira ceux qui les plaignent. En deuil des Royalistes vaincus, Marseille expiera, sous le couteau, ses colères, ses affections, ses larmes. Tout-puissants contre les corps, pourquoi Barras et Fréron exerceraient-ils avec moins de succès leur dictature contre les âmes ? Malheur aux cités qui refusent de s'incliner devant la suprématie du bourreau ! On éteindra leur indignation dans le sang. La France n'aura la paix que le jour où la République aura le silence. Marseille déplore la victoire du crime : « Il faut raser Marseille [2]. »

---

1 « A Sans-Nom, ci-devant Marseille, le 3 pluviôse, l'an II de la République une et indivisible. — Paul BARRAS, FRÉRON (*Archives nationales*, A. F. II, 99, dossier 9).

2 E. POUPÉ : *Lettre de Barras et de Fréron en mission dans le Midi*. Lettre du 2 février 1794, p. 160. Voir l'APPENDICE XIII, p. 358.

L'exécution suit de près la menace [1]. Dans vingt-trois édifices, — les plus beaux de Marseille, — la Contre-Révolution convoqua ses « séides » et ourdit ses « trames ». La République rase les maisons factieuses. Même sort à la Salle des Concerts, à la Basilique des Accoules, rue Saint-Ferréol, et à une autre église non moins odieuse, monuments d'une superstition qui fut indulgente aux rebelles. Pollué des mêmes méfaits, il faut que l'Hôtel de Ville disparaisse. Déjà les Archives municipales sont transportées dans la nouvelle « maison commune » où s'établissent les édiles, — et la République, armée du formidable marteau que la mythologie scandinave met dans la main du dieu Thor, a commencé sa besogne. Le balcon de la façade et ses cariatides, œuvre du Puget, couvrent le sol de leurs débris, quand un vieux Marseillais, qui n'a probablement endossé la carmagnole et coiffé le bonnet rouge que pour protéger l'art et sauver le passé, maugrée contre la pioche, et moleste les Conventionnels d'une si ronflante semonce, que la République consent à faire mettre au râtelier l'outil sans-culotte [3]. Mais cet armistice ne calme pas Fréron. « Nous persistons à croire, vocifère l'inflexible terroriste, que toute ville rebelle doit disparaître de dessus le globe [2]. » C'est le même hiérarque qui, le 17 Thermidor, s'écriera devant la Convention : « Si j'eusse vécu au temps de Charles IX, j'aurais demandé la démolition du Louvre, d'où ce tyran tirait sur le peuple. Aujourd'hui, je demande le rasement de l'Hôtel de Ville, du Louvre et du tyran Robespierre [4]. » Étrange passion des ruines ! Est-ce une survivance de

---

[1] Décret du 17 nivôse (6 janvier 1794) : « Art. 1. Le nom de Marseille sera changé. Provisoirement, elle restera sans nom. — Art. II. Les repaires où se tenaient les Assemblées des Sections seront rasés. »

[2] Raoul ARNAUD : *Le Fils de Fréron*, p. 262.

[3] *Histoire des Prisons*, t. IV p. 132.

[4] *Ibid.*, p. 330.

l'antique polythéisme ? Cette religion de la Destruction et de la Mort constitue, encore aujourd'hui, le seul culte d'un parti sans culte. Pendant la Commune de 1871, n'avons-nous pas vu cette même secte, fidèle à la pensée de Fréron, brûlant l'Hôtel de Ville, les Tuileries, la Bibliothèque du Louvre, etc., arrêtée, enfin, dans ses dévastations, non par la satiété de l'incendie, mais par la victoire de l'ordre? En ce moment même, sous nos yeux, la même coterie politique, après avoir jeté par terre l'Abbaye au Bois et le Couvent des Oiseaux, après avoir dynamité une vingtaine d'églises que recommandait le souvenir des ancêtres, ne machine-t-elle pas contre nos cathédrales un complot que M. Maurice Barrès, dans d'inoubliables discours, s'est fait un devoir de dénoncer à la France [1]?

Point de tueries et point de vandalisme sans pillages. Au cours d'une lettre adressée à l'un de ses amis, Fréron avoue lui-même que la victoire de la République à Toulon fut aussi celle du vol [2]. Une épître de Barras et de Ricord à

---

[1] L'abbé AUVRAY, curé de Grisy-Suisnes : *Nos Églises sont en danger* (Paris, bureaux de l'*Univers*, 1910). Dans une première lettre, datée du 6 janvier 1910, M. Maurice Barrès invitait le Président du Conseil, M. Briand, à ne pas laisser s'ouvrir une « nouvelle ère de vandalisme », et le 21 février, dans l'*Echo de Paris*, flétrissant les Barbares qui détruisent les églises, « ces sources de vie spirituelle », il appelait tous les intellectuels à la défense « de l'Esprit contre la Bête ». Le 24 février 1910, M. Briand opposait à l'éloquent appel de M. Barrès les sophismes des bureaux. Mais M. Barrès, insensible à cette casuistique, nous montrait, dans sa réponse, les nouveaux Barbares « traînant au ruisseau les draps des morts ». Intervenant dans ce débat, M. Henry Cochin citait, dans le seul département de l'Yonne, cinq églises en voie de démolition, entre autres celles de Taingy, de Noé, de Saint-Maurice-Chizouailles, d'Artonnay, de Melisey. Mgr l'évêque de Beauvais signalait, à la même époque, l'église de Cinqueux, dans son diocèse, également détruite, etc., etc. Voir l'*Echo de Paris* du 28 octobre 1910 (article de M. Maurice Barrès) et le discours si éloquent prononcé à la Chambre par M. Barrès le 16 janvier 1911.

[2] « L'on pilla un peu. » Lettre du 15 nivôse an II (4 janvier 1794). L'*Amateur d'Autographes*, collection CHARAVAY.

la Convention, en date du 3 nivôse an II (23 décembre 1793), nous fait le même aveu [1] :

« Beaucoup de coquins s'é[ta]ient glissés dans l'armée, écrivent les deux Conventionnels, et le pillage devenait dangereux. Nous l'avons arrêté par quelques mesures simples, mais vigoureuses, qui ont prouvé à l'armée que les Représentants du peuple savaient distinguer les vrais défenseurs de la patrie des pillards et des voleurs.

« Nous nous sommes présentés dans les endroits où nous étions instruits que des magasins s'enfonçaient, et nous avons eu la satisfaction de voir l'armée applaudir à nos observations, et nous promettre d'aller tout entière en patrouille pour arrêter les pillards.

« Un arrêté pris par nous, et dans lequel nous prononçons la peine de mort contre tout citoyen et soldat qui sera surpris à piller ou nanti d'effets pillés, a produit le plus grand effet. L'armée y a applaudi avec enthousiasme, et quelques pillards, parmi lesquels il y a même quelques officiers, sont mis en prison et seront bientôt jugés. »

Honteux sans doute de leurs crimes, Barras et Ricord amputent les faits, comme ils tronquent les têtes. Qui mit un terme au pillage? L'honnête général Dugommier. Pour arrêter les déprédations, le général propose la peine de mort contre les déprédateurs. Indignation immédiate des Conventionnels. « Une goutte de sang républicain, répondent fièrement les dictateurs, nous est plus précieuse que tous les trésors des traîtres [2]. » Cependant, comme le butin fond entre les mains des voleurs et que la rapacité des Allobroges ne respecte même point la part que s'adjugent les Proconsuls, Barras et Fréron, pour sauver « leur bien », font tuer les larrons indélicats. Dès que l'intérêt privé de nos Conventionnels se trouve en

[1] *Moniteur* du 15 nivôse an II (4 janvier 1794).
[2] LAUVERGNE, p. 570.

jeu, les antiques principes reparaissent et protestent contre la nouvelle morale.

Pour fermer la bouche aux républicains rétrogrades, Barras et Fréron promettent de distribuer à tous les soldats, « depuis les généraux jusqu'aux simples tambours », une sportule de cent francs, prise sur les dépouilles des rebelles assassinés ou proscrits. Si l'armée attendit vainement cette manne, les Représentants n'en furent pas privés. La caisse d'un riche négociant, Montaud, fusillé par nos Conventionnels, procure à ces honnêtes gens une aubaine de six cent mille livres en bijoux et en or [1] Plusieurs convois d'encombrantes malles viennent, à différentes reprises, s'engouffrer dans les hôtels où Barras et Fréron se pavanent. Un autre jour, le citoyen Joseph Martel reçoit l'ordre d'envoyer à Mme Barras plusieurs coffres qu'alourdissent les cadeaux destinés à cette princesse de la nouvelle Cour [2]. Bien entendu, les églises de Toulon payent aux représentants le tribut que la Convention tire, à la même époque, de tous nos sanctuaires dévastés. La Révolution s'alloue les métaux précieux qu'elle déclare inutiles à l'Église. Statues de saints, calices, reliquaires, patènes, chapes, dalmatiques, ciboires, etc., chargés sur des chariots, que couvre une bâche tutélaire, s'acheminent, dit-on, vers la demeure du vicomte de Barras, particulièrement soucieux de ces œuvres d'art. Si les Toulonnais voient partir les pesants véhicules, les Représentants connaissent seuls les entrepôts où se vident les caisses.

Entre quelles mains tombe l'argenterie? Autre mystère [3].

---

[1] Accusation de Fontaine, citoyen des Alpes-Maritimes. *Arch. Nat.* DIII, 13, 290. Voir Raoul ARNAUD : *Le Fils de Fréron,* p. 256.

[2] Cfr. Séance du 13 vendémiaire an III, à la Convention Nationale. *Moniteur* du 24 vendémiaire an III, 15 octobre 1794 (N° 14).

[3] Lettre de Moiran, capitaine au 5ᵉ bat. des Alpes, au club des Jacobins de Paris. *Arch. Nat.*, DIII, 256.

La langue déliée par le Neuf Thermidor, les Toulonnais ne se lassent point de dénoncer à la Convention les brigandages des Représentants. Le 27 septembre 1794, Ruamps [1] exige la lecture des lettres accusatrices [2]. Mais quelles rigueurs le vol peut-il craindre d'une assemblée qui lui ouvrit une si belle carrière? Pour châtier les corsaires, n'aurait-il pas fallu engager des poursuites contre les gouvernants?

Sans doute, comme Danton, Fréron mourut pauvre. Mais nombreux sont alors les bohèmes qui livrent, le soir, au vice, tous les gains que leur donne, le matin, le crime. Tel Fréron : l'assassin des Toulonnais laisse couler entre ses doigts la pluie d'or qu'y versa la rapine. En revanche, Barras, plus avisé, s'assure, avec ses brigandages, de riches revenus qui lui permettront de recevoir, sous Louis XVIII, dans son fastueux hôtel de la rue de Chaillot, les épaves de la Révolution et l'élite des lettres [3].

V

Mais Dieu fixe des bornes à la Puissance du mal et à l'amputation de la France. Dans les conseils de la souveraine Sagesse, la fin de l'orgie et de notre expiation est résolue. De quels instruments se sert la Providence pour fermer ce chapitre sanglant de notre histoire? Elle

---

[1] RUAMPS (Pierre-Charles de), né à la Motte-Aubert (Charente-Inférieure), le 29 décembre 1750, décédé à Saint-Jean-d'Angely, le 15 avril 1808. Député suppléant du Tiers aux États Généraux, administrateur de la Charente-Inférieure en 1790, député à la Législative, à la Convention, régicide, en mission à Rochefort, en Bretagne, à l'armée du Rhin, frappé en germinal, amnistié, conseiller général sous le Consulat et sous l'Empire jusqu'à sa mort.

[2] *Moniteur* du 6 vendémiaire an III (27 septembre 1794). Les *Mémoires* de Barère (t. IV, p. 14) certifient les exactions de Barras.

[3] Lire, dans les *Mémoires* d'Alexandre DUMAS, le *Récit d'un dîner chez Barras*, t. V, pp. 297-301.

utilise Fréron et Barras. Le 13 janvier 1794, Lucile Desmoulins — la gracieuse femme du pamphlétaire — écrit au Proconsul : « Revenez, Fréron, revenez bien vite... « Robespierre, votre *boussole*, a dénoncé Camille aux .co-« bins [1]. » Que se passe-t-il donc? L'exterminateur de Toulon serait-il englobé dans la disgrâce qui frappe Camille? Sa vie est-elle en péril? Mais non ! Comme il ne s'agit que de soustraire Camille au bourreau, Fréron reste sourd aux obsécrations de la pauvre femme. Qu'importent les larmes de Lucile et les cris de Camille? Stanislas Fréron ne rentre que quelques semaines plus tard à Paris, — non pour sauver un ami, — mais pour obéir à ses maîtres.

Vers les premiers jours de mars, en effet, le Comité de Salut public mande, à sa barre, Fréron et Barras. A peine les deux Représentants ont-ils mis le pied sur le pavé de la capitale qu'ils se rendent au Pavillon de Flore, où siègent les dictateurs de la France. Réception polaire. Robespierre, Carnot, Barère, Robert Lindet, Billaud-Varennes et Prieur (de la Côte-d'Or), assis autour d'une table ronde, sont en train de préparer de nouvelles ruines. Pas un des dictateurs ne se lève pour recevoir les « Sauveurs du Midi ». Accueillis comme des laquais, Fréron et Barras racontent, debout, le chapeau à la main, les péripéties d'une mission qui remplit le Midi d'épouvante. Les Proconsuls laissent parler leurs serviteurs et gardent le silence. Nul compliment et nulle question n'interrompent les discours des prévenus. Quand ils ont fini : « Cela suffit, citoyens Représentants, leur dit sèchement Billaud; le Comité vous a entendus. Il vous fera appeler lorsqu'il aura quelque chose à vous demander. Vous pouvez vous retirer [2]. »

---

1 Lettre de Lucile à Fréron le 24 nivôse an II. Copiée sur l'original, par J. CLARETIE : *Camille Desmoulins*. Voir aussi Raoul ARNAUD : *Le Fils de Fréron*, pp. 267-268.

2 Cf. *Mémoires de Barras*, t. I, pp. 148-151.

Une visite à Robespierre n'obtient pas plus de succès Robespierre ne desserre pas les dents. En sortant de la maison Duplay, où les reçoit l'Incorruptible, Barras et Fréron, glacés de terreur, croient entendre au-dessus d'eux l'épervier de la mort qui bat des ailes. Point de doute, Robespierre les marque pour l'échafaud.

Plusieurs semaines se passent. Le 10 germinal (30 mars 1794), Saint-Just, dépêché par Robespierre à la tribune, réclame l'envoi de Danton et de Camille Desmoulins devant le Tribunal révolutionnaire. C'est décréter leur assassinat. Le tribun et le journaliste n'ont pas de plus intime ami que Fréron. Lâche comme un flibustier et servile comme un bourreau, Fréron vote le décret et livre ses deux amis à Sanson [1]. Mais ce vote flagorneur n'apaise pas Robespierre. Résolu à frapper « les hommes dont les mains sont remplies de rapines et de sang [2] », le dictateur, la veille du 8 Thermidor, dit à l'un de ses amis : « Je ne puis supporter « cet état de choses; mon cœur se brise, en pensant qu'au « milieu de nos victoires, la République n'a jamais couru « autant de dangers. *Il faut que je périsse, ou que je la* « *délivre des fripons et des traîtres qui veulent la perdre* [3]. » Ainsi avertis, ainsi menacés, « les fripons et les traîtres » comprennent aussitôt que, s'ils ne devancent pas Robespierre, le dictateur, lui, ne leur fera pas grâce. La crainte de la mort inspire aux âmes les moins chevaleresques et les plus dégradées une résolution dont ni la vertu ni le patriotisme ne se sentirent capables.

---

[1] *Moniteur* du 12 germinal (1er avril 1794). « Le décret fut adopté à l'unanimité, et au milieu des plus vifs applaudissements. »

[2] Le 6 thermidor, l'ami de Robespierre, Couthon, prenant la parole devant le Club des Jacobins, stigmatisa, lui aussi, ces hommes « dont les mains sont pleines des richesses de la République et dégouttantes du sang des innocents qu'ils ont immolés ». Voir Georges Duruy : *Mémoires* de Barras, Introduction, t. Ier, p. xliv.

[3] Voir Hamel : *Histoire de Robespierre*, t. III, p. 720.

Mais Fréron, Barras, Tallien, Fouché, ne peuvent abattre Robespierre sans le concours du groupe que le Proconsul protégea plus d'une fois contre leurs fureurs. Pour affranchir la France, la Plaine oubliera-t-elle les services du « tyran » et les vilenies de ses adversaires? Gallicans et jansénistes, si Durand de Maillane et ses collègues flétrirent souvent les casuistes qui tâchaient de concilier les injonctions de la conscience avec les problèmes si complexes de la vie, nos austères républicains n'hésitent pas, le 7 Thermidor, à se prononcer en faveur d'une solution que les Vasquez et les Emmanuel Sâ n'auraient sans doute point condamnée. Faut-il abandonner Tallien, Fréron, Fouché, Barras, à Robespierre, c'est-à-dire au bourreau, — ou livrer l'Incorruptible aux pourris, c'est-à-dire à la Mort? Voilà comment se posait le dilemme. En optant pour les corrompus, les Durand de Maillane, les Boissy d'Anglas, les Thibaudeau, les Pelet, les Sieyès, estimèrent, non sans raison, que la condamnation des Tallien et des Barras satisferait la justice, — sans délivrer la France. Frapper Robespierre, c'était, en revanche, frapper un système, frapper la Terreur. Le calcul était juste. La brèche faite, l'intangible acropole s'écroula. Pour échapper aux redoutables sanctions que Robespierre suspendait sur leurs têtes, Barras, Fréron, Tallien, Fouché, décapitèrent la République et firent le lit de César. Voilà comment le Neuf Thermidor indemnisa la France du sang versé par la Révolution dans les halliers de l'Anjou, aux Brotteaux, sur les bords de la Méditerranée et place du Trône. En tuant Robespierre, les exterminateurs de Toulon, de Lyon et de la Vendée vengèrent leurs victimes et nos martyrs

CHAPITRE X

AU LENDEMAIN DE THERMIDOR

I. — Le Neuf Thermidor ne met pas fin, à Toulon, aux proscriptions et aux tueries. — Les Métèques, installés dans les maisons et dans les domaines des Toulonnais, veulent éterniser la proscription pour garder les biens confisqués. — L'insurrection de Prairial n'a d'autre but que de maintenir les conspirateurs dans la jouissance de leurs rapines.
II. — Magnifique élan du Midi. — De Lyon à Marseille, toutes les populations soulevées contre la République. — Isnard à Aix. — Victoire des milices royalistes au Beausset (5 prairial). — Les Compagnies du Soleil et de Jéhu. — Un Conventionnel donne lui-même le signal du lynchage.
III. — Courte trêve. — Toulon de nouveau mis hors la loi. — Décret du 20 messidor an III. — Amnistie révoquée. — Pour la deuxième fois, les Royalistes toulonnais sont proscrits. — On les expulse pour s'emparer de leurs propriétés.
IV. — Deuxième mission de Fréron. — Le plan du Proconsul. — Projet de rupture avec la France. — Le Midi Jacobin et autonome. — Fréron rappelé. — Le général Willot fait rentrer les exilés. — Le coup d'Etat de Fructidor. — Royalistes proscrits pour la troisième fois. — Commissions militaires. — La République avilit l'armée. — Assassinats. — Intervention du général Bonaparte.
V. — Odieuses calomnies contre les Toulonnais. — On les accuse d'avoir voulu vendre leur ville à l'Angleterre. — La vérité sur le soi-disant contrat. — L'Empire refuse de liquider la pension de retraite de l'amiral Missiessy. — Étrange aberration du baron Malouet, ministre de la Marine de Louis XVIII. — Justice est enfin octroyée aux Toulonnais.

VI. — Une députation des anciens proscrits se rend à Paris. — Louis XVIII rend hommage à la fidélité des Toulonnais et donne de nouvelles armoiries à leur ville. — Un pamphlétaire insulte les Royalistes toulonnais. — Procès devant le jury de la Seine. — Dupin aîné et l'avocat de l'Ermite. — Le substitut du procureur du roi, M. de Vatimesnil, rétablit la vérité et détruit la légende.

I

Si le Neuf Thermidor frappa la Révolution d'un coup mortel, l'agonie fut longue et ses convulsions meurtrières. A Toulon, l'exode et l'assassinat des Royalistes laissent la place libre aux Jacobins et à leurs convoitises. Favorisé par cette carence des meilleurs, le sans-culottisme conservera, pendant de longs mois, l'hégémonie et le butin que lui conférèrent ses crimes. Plus d'un an après la victoire de l'armée républicaine, vers les premiers jours de février 1795, quelques laboureurs, suivis d'un groupe d'ouvriers, s'imaginent que la mort de Robespierre a libéré la France. Au Nord, à l'Est, à l'Ouest, les frontières s'ouvrent : pourquoi le Midi resterait-il fermé? Débouchant à Toulon par la Porte d'Italie, ces pauvres Français, les uns, une bêche sur l'épaule, les autres, un marteau à la main, viennent demander aux nouveaux maîtres du port, soit une place dans une ferme, soit un emploi à l'Arsenal. La faim et la nostalgie talonnent les exilés : ouvriers et paysans arrivent, ceux-ci du littoral, et ceux-là des forêts, où les poussa le couteau de la Terreur.

Depuis un mois, la loi du 22 nivôse appelle les fugitifs et leur accorde l'amnistie. A peine connu, ce « fatal » édit fait trembler les bandes cosmopolites auxquelles la République a livré Toulon vaincu. La proscription et la guillotine ont nanti cette horde des hôtels et des domaines

« aliénés » par la « Nation » triomphante. Veut-on annuler cette révolution sociale? En rouvrant les portes de la Patrie aux Français qu'épargna le couperet national, l'Assemblée parisienne a-t-elle songé au sort des sans-culottes qui s'installèrent, sous ses auspices, dans les demeures des Toulonnais bannis? Niçards, Allobroges, C... ois, Sardes, Lucquois, se disent aussitôt qu'il faut frapper d'épouvante les riches proscrits qu'obséderait la tentation d'un malencontreux retour [1]. Un exemple s'impose. Peu importe la détresse des cultivateurs et des artisans qui viennent de passer la frontière. En immolant ces humbles fugitifs, les Métèques terrifieront les exilés puissants qui, pour sonder le terrain, se sont fait précéder de cette besoigneuse avant-garde. Le crime engendre le crime. On traîne les ouvriers et les paysans chez le commandant de la place. Stylés par les meneurs, les scribes réclament de ces pauvres gens les *schibboleth* qu'a multipliés la Révolution pour estampiller ses serviteurs et proscrire ses adversaires. Certificats de

[1] Pendant que les chefs du parti s'adjugeaient les immeubles, le menu fretin puisait sa subsistance dans les spacieux magasins où la République avait accumulé le produit de ses exactions. « C'est, — dit un Rapport de gendarmerie, — c'est l'habitude depuis plusieurs années de s'alimenter aux dépens des Magasins de la République : comestibles, toiles, cordages, les denrées, et les marchandises provenant de prises faites sur l'ennemi et de confiscations, tout est en pillage réglé. » La Révolution était une École nationale de cambriolage... Nous empruntons cette citation à la très curieuse et très intéressante étude que M. Frédéric Masson a fait paraître, en 1874, chez Jouaust, sous ce titre : *La Révolte de Toulon en Prairial an III*. Je ne saurais trop remercier M. Frédéric Masson d'avoir bien voulu me communiquer cet opuscule. — J'ai aussi consulté, pour écrire ce chapitre, une Correspondance émanant de l'un des Toulonnais exilés, Joseph Venissat, — correspondance datée du 10 mai 1825. Joseph Venissat fit partie de la Commission nommée par Dufeugray, sous-préfet de Toulon, sous la Restauration, — dans le but de réunir et de classer toutes les pièces relatives au siège et aux événements qui en furent la suite. Cette Commission reçut de M. Robert d'importants documents sur la Marine et l'émigration, et, de M. Boullement, des papiers non moins précieux sur les opérations du siège. (Voir Pons.)

civisme, passeports, pièces d'état-civil, etc., tout manque aux nouveaux venus. Pénurie documentaire digne de mort ! Au moment où les infortunés sortent de l'hôtel, les *bravi* de la bande les poignardent [1].

Un accord clandestin enrégimente, sous le même drapeau, toutes les tribus qu'a décapitées la mort de Robespierre. Menacés dans la jouissance de leurs larcins, les Métèques toulonnais accourent, avec les sans-culottes de la capitale et des grandes villes, à la défense de la proie conquise dans le sang des bourgeois, des nobles et des prêtres. Sous prétexte de « fédéralisme », les Montagnards avaient envoyé les Girondins à la guillotine. Curieuse volte-face ! Les Jacobins de 1795 s'approprient cette étiquette sacrilège et l'appliquent au syndicat d'appétits et de violences que dirigent les futurs émeutiers de Prairial.

Pendant la Terreur, les « vertueux patriotes », pour assurer leur repos et hâter leur fortune, ne s'étaient pas contentés de spolier les Français que la délation et la guerre civile avaient jetés hors des frontières et dans l'armée des Princes. A la liste des émigrés réels s'ajouta la nomenclature, beaucoup plus copieuse, des émigrés fictifs. « La Révolution — avait dit Saint-Just, le 26 février 1794 — nous a conduits à reconnaître ce principe que celui qui s'est montré l'ennemi de son pays ne peut y être propriétaire. Les propriétés des patriotes sont sacrées, mais les biens des conspirateurs sont là pour tous les malheureux [2]. » Voilà le principe en vertu duquel la liste des émigrés se noircit de plus de deux cent mille noms. De même qu'Octave et que Sylla, les chefs de la Révolution veulent se créer une clientèle en lui distribuant des terres. Les six à sept mille cadets de famille que les trois Condés menaient au feu

---

[1] LAUVERGNE, p. 644, et PONS, pp. 364-365.

[2] *Moniteur* du 27 février 1794. — *Mémoires* de BARÈRE, t. II p. 412.

n'auraient offert aux Jacobins qu'une maigre dépouille. Plus de soixante décrets firent de cette phalange une immense armée où la fraude enrégimenta tous les Français bons à dépouiller. Dès les premiers mois de 1789, les Révolutionnaires — rendons-leur cette justice — n'avaient pas dissimulé leurs visées : « Jamais, — écrivait Camille Desmoulins, — jamais plus riche proie n'aura été offerte aux vainqueurs. Quarante mille palais, hôtels, châteaux, les deux cinquièmes des biens de la France à distribuer, seront le prix de la valeur [1]. »

La cupidité, la jalousie, la vengeance, la haine, toutes les passions, fourniront leur chapitre à ces catalogues de la rapine : « Chaque commune — dit l'illustre Portalis — grossissait la liste des émigrés de tous les propriétaires qui n'avaient jamais habité son territoire et qui avaient élu domicile ailleurs... Certains départements avaient, par des arrêtés, déclaré émigrés tous ceux de leurs habitants qui prouvaient leur résidence ailleurs que dans le département même. Des pères de famille, qui ne sont jamais sortis de leur maison, des vieillards qui n'ont jamais quitté leur lit, des Représentants du peuple qui n'ont jamais abandonné leur poste, figurent parmi les prévenus d'émigration [2]. »

Un député de l'Aveyron, Dubreuil, révèle, le 24 août, au Conseil des Cinq Cents, que sur les mille cinq émigrés de son département, quatre seulement justifient l'anathème légal [3]. Proscrits pour leurs domaines, comme Aurelius le fut, sous la tyrannie de Sylla, pour sa maison d'Albe, les

---

[1] Camille DESMOULINS : *La France libre*, p. 8.

[2] PORTALIS : *Rapport au Conseil des Anciens*, du 17 février 1796. — *Moniteur* du 23.

[3] *Moniteur* du 29 août 1796. — *Le Rédacteur*, n° 256. Si l'on veut connaître à fond cette curieuse question, il faut lire LALLY-TOLLENDAL : *Défense des Émigrés*, t. I, pp. 222, 226, t. II, p. 63. Ministre de la République, le citoyen Monge fut inscrit sur le funeste catalogue par la jacobinière de son village, désireuse de toucher le revenu d'une riche métairie.

Français aisés maudissent la fortune qui les prive d'une patrie. Les sans-culottes de 1794 battent monnaie avec l'émigration, comme leurs prédécesseurs de 1793 avec la guillotine. A mesure que la Révolution mûrit, les sollicitudes financières l'emportent sur les préoccupations politiques. Il ne s'agit plus d'affranchir la France, mais de la partager. On veut renouveler l'opération à laquelle se livrèrent les Normands, au lendemain d'Hastings. Un *Domesday-book* républicain s'élabore sur les ruines de l'antique cadastre raturé.

Au moment où cette opération marche à souhait, qu'on se figure la colère, le désespoir, qui s'emparent des Allobroges, des Lucquois, des Sardes, des Génois, etc., tout à coup troublés dans la jouissance de leurs prébendes et la quiétude de leurs crimes, par la soudaine apparition des Toulonnais revendiquant, la loi de Nivôse à la main, la pierre de leurs foyers et la terre de leurs morts ! Il fallait faire rentrer dans la nuit ces importuns fantômes ; — il fallait éterniser la proscription des Français dépossédés et l'usurpation des Jacobins lotis. C'est alors que les « Derniers Montagnards » livrent, à la Convention, le 1er prairial (20 mars 1795), cet impétueux assaut où le Gouvernement aurait succombé, si les Gardes nationales royalistes, si les Bataillons de Fontaine-Grenelle, de la Butte-des-Moulins et de la Chaussée-d'Antin, n'étaient venus écraser la populace des faubourgs, mobilisée par nos vertueux sans-culottes, pour défendre les « conquêtes républicaines », c'est-à-dire la dictature de la rue et la victoire du vol.

II

Le Midi royaliste ne se montre ni moins patriote, ni moins résolu que la capitale. De Lyon à Marseille, les populations frémissantes se lèvent. L'élan est sublime. « A bas la Terreur ! » Ce cri rallie, en un clin d'œil, tous les Français, las de la République, las des rapines, las de la boue, las du sang. Isnard [1], le proscrit du 31 mai, accourt à Aix et paraît au balcon d'une auberge. La foule exige des armes : « Citoyens, s'écrie l'orateur, vous manquez d'armes ! Eh bien ! fouillez dans cette terre qui ensevelit les victimes de la Terreur, armez-vous des ossements de vos pères, et marchez contre les bourreaux ! » Cette éloquence, d'une envolée si latine, enflamme l'auditoire. Aussitôt, deux bataillons se lèvent, obéissent à la fanfare des trompettes, et se mettent en marche [2].

Quatre jours après la bataille parisienne, le 5 prairial (24 mai 1795), le général Pactod [3] — à la tête des hussards de Bercheny, presque tous recrutés parmi les Toulonnais

---

[1] ISNARD (Maximin), né le 16 février 1758, à Grasse, représente le Var à la Législative et à la Convention. Est envoyé en mission à Bayonne, proscrit avec les Girondins, rentre après Thermidor, fait partie du Conseil des Cinq Cents jusqu'en 1797, et meurt à Grasse le 12 mars 1823. Voir Eugène WELVERT : *Les lendemains révolutionnaires*.

[2] C'est PONS qui donne cette version. Isnard, dans l'écrit intitulé : *Proscription d'Isnard* (Paris, chez l'Auteur, l'an III de la République, in-8°), fournit un texte un peu différent. « Vous n'avez pas d'armes ! Eh bien ! fouillez la terre, armez-vous des ossements de vos pères, victimes de la Terreur, et marchons contre leurs bourreaux. » Rappelons qu'Isnard devint un catholique des plus fervents et un royaliste non moins zélé. (WELVERT, pp. 135-142.)

[3] PACTOD (Marcel-Marie), né en 1764, près de Genève, commande, en 1793, au siège de Toulon, le deuxième bataillon du Mont-Blanc. En 1795, à la suite de sa victoire du Beausset, les habitants de Marseille lui firent don d'un sabre d'honneur sur lequel était buriné cet hommage : « *Les habitants de Marseille au général Pactod, pour les avoir sauvés le 5 prairial an III.* » Le projet des Jacobins toulonnais était, en effet, de marcher sur le chef-lieu du Rhône, de s'emparer de Marseille et d'y renouveler les dévastations et les crimes de Fréron. Successivement envoyé en Hollande, en Allemagne, en Espagne, le général Pactod prit une part glorieuse à la campagne de Saxe, aux batailles de Bautzen, etc. Créé lieutenant-général et comte, il mourut à Paris le 24 mai 1830.

royalistes, et soutenus par les milices d'Aix et de Marseille, où les mêmes éléments dominent — bat, au Beausset, les séides méridionaux des Montagnards de la capitale, — et, grâce à ce succès, ouvre à coups de canon, dans la citadelle où les Métèques se croyaient inexpugnables, une brèche par laquelle passent les émigrés vainqueurs [1].

Cette victoire — la première que remporte, dans le Sud de la France, depuis l'ouverture des États Généraux, le parti de la tradition et de l'ordre — délivre Marseille et le Midi des plus cruelles angoisses. Les terroristes toulonnais voulaient s'emparer de l'arsenal et livrer le port à l'Angleterre — non plus considérée, cette fois, comme une auxiliaire bienveillante, mais comme une Puissance souveraine [2]. L'arsenal enrôle alors, non des travailleurs provençaux, — presque tous sont proscrits, — mais une cohue d'étrangers, de bohèmes et de parasites. Avec les armes que doit leur fournir cette tourbe, les terroristes se proposent de marcher sur Marseille et d'égorger les survivants de la Terreur. Soustrait à cette menace, et débarrassé de la servitude que fait peser, depuis cinq ans, sur la Provence, une faction homicide, le Midi, dans l'ivresse de la victoire, ne résiste pas à la tentation de contempler, sans regret, les châtiments qu'appliquent, sans scrupule, des bandes de jeunes gens, aux malandrins contre lesquels refuse de procéder une Justice pusillanime ou pourrie.

La Révolution avait enseigné le mépris des lois, de la justice, de l'ordre, de la vie. A la Civilisation chrétienne avait succédé le Régime barbare, à l'armée de la vie, l'armée de la mort. Sous les yeux des autorités complices, le Jacobin avait assassiné dans les prisons, dans les rues, sur le forum,

---

[1] Les Jacobins laissèrent quarante à cinquante morts, trois cents prisonniers, toute leur artillerie et un drapeau. Un seul hussard fut tué du côté des Royalistes.

[2] LAUVERGNE, p. 650. Voir aussi M. WALLON : *Les Représentants en mission*, t. V, p. 309.

et la République avait comblé d'or et de galons les massacreurs impunis. Le nouveau Décalogue a fini par dépraver les classes que la suppression du catéchisme restitue à la culture païenne. La République se crée des adversaires à son image. Certes, les Royalistes ne participent pas aux représailles qu'exercent, à Tarascon et à Marseille, les « Compagnies du Soleil » ou « de Jésus » contre les anciens mameluks de Barras et de Fréron, — malfaiteurs toujours prêts à crocheter un coffre-fort ou à couper une tête. Un témoin impartial, Charles Nodier, ne voit, comme nous, dans cette soudaine explosion de colères, que « la frénésie d'une génération nourrie, comme Achille, de la moelle des bêtes féroces » et qu' « un besoin d'égorgement éclos sous les ailes des harpies révolutionnaires [1] ». Frénésie condamnable, sans doute, mais quand le Conventionnel Cadroy [2] conduit lui-même au fort Saint-Jean les exécuteurs, pourquoi voudrait-on que le parti royaliste se voilât la face devant le lynchage, un peu brusque, d'une clique de tueurs et de truands, dérobés aux faveurs d'une inévitable amnistie [3] ?

III

Toulon ne bénéficie pas longtemps de la victoire du Beausset. La Convention expirante renferme trop d'éléments malpropres, trop de terroristes, trop de spoliateurs, pour

---

[1] Charles NODIER : *Souvenirs de la Révolution*, t. Ier, p. 128.

[2] CADROY (Paul), né en 1754, député des Landes à la Convention, est envoyé en mission dans le Midi, membre du Conseil des Cinq Cents, dénoncé par les Jacobins de Marseille, réfute leurs accusations, est arrêté le 18 fructidor et déporté, maire de Saint-Sever (Landes), meurt en 1813.

[3] Sur la soi-disant « Terreur blanche », lire le *Rapport d'Anguis et Serre sur leur mission*, ventôse an III (*Archives nationales*. Le 39, 213); — les *Pièces jointes au Rapport fait à la Convention par Espert* (*ibid.*, 228); — les *Arrêtés et Correspondances avec les Comités de Salut public du Représentant du Peuple Cadroy* (*ibid.*, 295); — le *Rapport de Chambon* (*ibid.*, 325); — *Cadroy à ses collègues* (*ibid.*, 345); — *Rapport de*

accepter le programme et la discipline du parti qui l'a sauvée. Nulle sollicitude morale, ou même française, ne hante ce groupement de légistes sans idéal, d'hommes d'État sans courage, et de politiciens sans honneur. Du premier jusqu'au dernier jour de son existence, un seul sentiment anime la Convention : la peur ! Elle tremble successivement devant la Royauté, devant la Gironde, devant les Montagnards, devant les Muscadins et devant la France ! Elle a voulu inaugurer l'empire de la Raison, et son règne n'est que la dictature de la violence. Après avoir proclamé les Droits de l'homme, elle gouverne à coups de couteau et à coups de canon. Montre-t-elle, du moins, quelque courage? Mme Roland la définit : « Une Assemblée de lâches que dominent des brigands [1]. »

Tous les Rapports, toutes les Correspondances, tous les Ordres du jour, tous les Manifestes des Représentants aux armées débordent de fureur guerrière. Or, consultez le nécrologe des Conventionnels qui, soit en Belgique, en Vendée, en Allemagne, en Italie, en Bretagne, à Toulon, à Lyon, escortèrent les armées de la République, combien, parmi ces héros, partagèrent le sort des milliers d'officiers et de soldats que le feu de l'ennemi coucha sur le

---

Cadroy sur ses différentes missions (ibid., 365) ; — *Dernier état du Midi, ou Rapport de Durand-Maillane* (ibid., 363) ; — WALLON, t. V, 312.

[1] C'est dans sa courte Notice sur Buzot que Mme Roland s'exprime de la sorte. Le Conventionnel Grégoire dit, de son côté : « Et de qui donc se composait la majorité de la Convention? D'hommes féroces, et surtout d'hommes lâches. » (*Mémoires*, t. II, pp. 425-426.) Mot du Conventionnel Baudot : « On croit que nous avions un système : c'est une illusion : Nous obéissions fatalement à cette nécessité : tuer pour ne pas être tués. » Nous pourrions invoquer les témoignages analogues de plusieurs autres Conventionnels, tels que Thibaudeau, Levasseur de la Sarthe, Cochon de Lapparent, Barère, etc. Voici le mot le plus significatif : il émane de « l'héroïque Merlin de Thionville » et il a été prononcé, le 9 mars 1795, à la tribune même de la Convention : « Si, après que nos travaux seront terminés, on osait me dire que j'ai manqué de courage, je m'écrierais : « Quel est celui qui ose m'accuser? « QUEL EST CELUI QUI N'A PAS ÉTÉ AUSSI LÂCHE QUE MOI? » (*Moniteur* du 22 ventôse an III, — 12 mars 1795.)

sol? Pas un ! Non seulement la France ne perdit aucun Conventionnel dans la mêlée des batailles, mais nul de ces verbeux bravaches ne put se décorer d'une égratignure. Dans toutes les cérémonies civiles ou militaires, soudain se dresse un histrion empanaché qui tire du fourreau un luxueux cimeterre et jure, sur cette lame vierge, de « mourir pour la liberté ! » Cherchez donc, dans l'histoire, le nom d'un seul Conventionnel qui tint ce serment, soit devant l'ennemi, soit dans la salle des séances, le 31 mai 1793 ou le 1er Prairial an III, quand y gronda l'émeute ! Une mort violente dénoue la vie de plusieurs Représentants; mais si ces désespérés se tuent, c'est la peur de l'échafaud qui les affole. Ceux que la Terreur et Thermidor ne suppriment pas meurent de vieillesse, pensionnaires de l'État, préfets du Tyran, suppôts de Police ou barons de l'Empire !

Qu'est-ce que la Convention redoute surtout dans le Royalisme? L'avènement d'un groupe politique inclément aux rapines. Si les champions de la Monarchie ressaisissaient les rênes du pouvoir, toutes les « translations de propriété », que provoqua la République, ne subiront-elles pas le contrôle d'une incorruptible Justice? En présence de ce danger, la Convention, docile aux Métèques, décrète, pour la deuxième fois, le 20 Fructidor an III (6 septembre 1795), la mise hors la loi de Toulon. La loi du 22 Nivôse radiait des listes de bannissement les Français que la violence, l'émeute et la Terreur avaient chassés de la terre natale. Après avoir obtenu, pendant neuf mois, le bénéfice de cette amnistie, les Toulonnais le perdent. La loi de Fructidor rejette les libérés d'hier dans la géhenne de la proscription et de ses détresses. La peine de mort et la confiscation frappent de droit tous les Français qui franchissent la frontière. Pour dépouiller et tuer les Royalistes trop riches, l'Assemblée révolutionnaire leur enjoint de commettre le crime qui comporte ce double châtiment. Une dernière clause met le comble aux vœux des Métèques. Les Toulonnais rentrés avaient délogé de leurs maisons les étrangers qui s'en étaient saisis. Après avoir expulsé les propriétaires, « les autorités constituées » reçoivent l'ordre de réintégrer les voleurs.

IV

Comment assurer l'exécution de cet ukase? La Convention désigne, pour cette nouvelle entreprise d'exactions et de meurtres, le principal héros de la première campagne. Investi de tous les pouvoirs et muni de toutes les forces, Fréron n'a-t-il pas tout ce qu'il faut pour remporter une nouvelle victoire sur un ennemi sans armes et sans ressources? Sous les pas du Proconsul républicain, comme derrière les chevaux des conquérants turcs, la Provence se convertit en désert. Pendant que la Toscane et la Ligurie abritent les premiers fugitifs, les autres cherchent un asile dans les forêts et dans les cavernes où ne peuvent pénétrer les limiers des délateurs. Inutile résistance à l'expatriement obligatoire ! Fréron traque les condamnés de Messidor comme des bêtes fauves et n'est content que le jour où, sous la menace de l'assassinat, les familles aisées quittent enfin une terre où la République leur interdit également de vivre et de mourir. Ce départ ne fait-il pas tomber de nouveaux domaines dans les mains des « patriotes »? Le plan du Proconsul et de ses sicaires est de dépeupler la Provence et de remplacer les clans autochtones par l'écume des villes et la lie des ports. On veut que « la gueuse parfumée », que les collines battues des vents, que les plaines rôties du soleil et vibrantes de cigales, ne soient plus le fief de la Couronne de France. Les Jacobins subodorent la fin du régime. S'il est impossible de sauver la République, on veut, du moins, comme le dit, à la même heure, Sieyès, sauver les Républicains. Fréron prépare à la secte, dans un Midi autonome, une inexpugnable citadelle. La rupture avec la France subjuguée par « la Réaction », voilà le rêve qui, vers 1798, hallucine toutes les jacobinières !

Instruits de ces trames séparatistes, Jourdan et Isnard dénoncent au Conseil des Cinq Cents le complot de Fréron [1], et, non sans mal, obtiennent le rappel du dévastateur et du traître [2]. A cette époque, les deux Conseils viennent de recevoir un contingent royaliste qui mate, enfin, la faction révolutionnaire. Mais cette trêve est courte. Nommé au commandement supérieur de la huitième division militaire, le général Willot [3] vient à peine d'inviter les proscrits à reprendre pied sur le sol ancestral, que le coup d'État du 18 fructidor (4 septembre 1797) contraint, pour la deuxième fois, sous peine de mort, les Français rentrés à sortir, dans

---

1 Réimpression du *Moniteur*, t. XXVIII, pp. 47 et 48.

2 Voir HAMEL : *Histoire de Robespierre*, t. III, p. 720. Dans la préface du tome Ier des *Mémoires de Barras*, M. Georges Duruy reproduit cet extrait d'un très important fragment autographe que supprima Barras, mais que rétablit l'éditeur : « Robespierre se prononça contre les pillards, contre les fournisseurs, contre les échafauds. Ce fut l'époque que saisirent les membres du Comité pour le dépopulariser. »

3 WILLOT (Amédée, comte de), né à Saint-Germain-en-Laye, en 1757, mort en 1823. Après avoir fait ses premières armes en Corse en 1769, Willot adopta les principes de la Révolution et fut promu général de brigade en 1792; suspendu de ses fonctions et emprisonné, pendant la Terreur, il fut élargi au lendemain du 9 thermidor et envoyé en Espagne, où il prit part au combat devant Pampelune. Promu général de division, il fut placé sous les ordres de Hoche, qui opérait alors en Vendée, et le chargea de surveiller les mouvements de Stofflet. Le Directoire soupçonna Willot de royalisme et lui donna l'ordre de quitter la Vendée. Quelques semaines plus tard (août 1796), Willot recevait le commandement de la division militaire de Marseille. Ce fut dans ces fonctions que le général écrasa l'émeute jacobine suscitée par Fréron. Les électeurs de Marseille l'envoyèrent au Conseil des Cinq Cents, où il devint l'un des chefs du parti royaliste. Déporté à la Guyane lors du coup d'État du 18 fructidor, Willot se réfugia en Angleterre puis en Amérique, d'où il ne revint que lors du rétablissement de la Monarchie. Louis XVIII lui conféra le titre de comte et l'appela au commandement de l'île de Corse.

les vingt-quatre heures, du territoire, si péniblement reconquis.

« De toutes parts, écrit, dès le lendemain du coup d'État, le ministre de la Police au Directoire, — les émigrés des deux sexes se précipitent sur le territoire de la République, comme, en 90 et 91, ils couraient à Coblentz, les uns, avec des passeports de la République, les autres, enfin, sans aucun papier, et seulement avec l'assurance que leur donne la certitude de trouver partout des partisans et des amis [1]. » Scandaleuse quiétude ! Il ne faut pas que la République cesse d'être le gouvernement de l'Épouvante et de la Mort. Contre les émigrés pris les armes à la main, ou sans armes, — contre les émigrés rentrés en France et y vivant en paix, la Convention avait fulminé la peine capitale. Au lieu de désavouer ces lois de sang, le Directoire les aggrave. Distinguant entre les émigrés pris les armes à la main et les Français simplement convaincus d'émigration, la Convention déférait les premiers aux « Commissions militaires », et les seconds aux « Tribunaux criminels ». Le Directoire supprime ce dualisme. Désormais, plus de « Tribunaux criminels ! » Les Commissions militaires suffisent. Mais les soldats, investis des fonctions judiciaires, pourraient se dérober à leur « devoir ». La République prend des mesures pour prévenir ce malheur. Les Tribunaux criminels avaient le tort d'examiner avec soin les délits soumis à leur contrôle, et les « Commissions militaires » ne se croyaient pas tenues d'envoyer tous les accusés à l'échafaud. On décide de mettre un terme à cette équité et de couper court à ce désordre. Dans le but de ravir aux officiers qu'il érige en juges toute velléité d'indépendance et toute liberté d'appréciation, le Directoire ne laisse aux Commissions

---

[1] Rapport de Sotin, ministre de la police générale, au Directoire, après le coup d'État. *Archives nationales,* AF III, 44, 159.

d'autre rôle et d'autre droit que d'appliquer aux prévenus l'article 2 du titre IV de la loi du 25 brumaire an III, — c'est-à-dire la mort. Les Commissions militaires convoquent à leur barre les émigrés qui n'ont pas eu le temps de regagner la terre étrangère, ou qui l'abandonnèrent, sur la foi de l'ancienne amnistie. Pour ces « ennemis de la liberté », point d'instruction, point de réquisitoire, point de plaidoierie et point de renvoi ! Le nouveau Code n'exige du juge d'autre mimique que le geste auquel il oblige le bourreau : la constatation de l'identité. Si cette formalité tourne au détriment du prévenu, la condamnation à mort fond sur lui comme le faucon sur sa proie.

Étrange amnistie de l'histoire ! Ni Thiers, ni Mignet, ni Barante, ni Louis Blanc, ni Michelet, ne parlent de ces arrêts de mort qui, pendant dix-huit mois, tombèrent mécaniquement des lèvres d'une magistrature esclave. Avant eux, les artisans de l'assassinat, comme La Revellière-Lépaux, pour terroriser, sans doute, les témoins, avaient invectivé Mme de Staël qui s'était permis de glisser, dans les replis d'une phrase tortueuse, le nom de deux victimes. Un autre vainqueur du 18 fructidor, Boulay de la Meurthe, avait, dès le premier jour, pris la précaution de fournir aux coupables le refuge d'une tirade oratoire qui, pendant près d'un siècle, protégea de ses tutélaires fictions le Directoire et ses sbires. « Il faut, dit Boulay, proclamer cette grande
« vérité, capable de rassurer tous les esprits : c'est que le
« triomphe des Républicains ne sera souillé par aucune
« goutte de sang. Malheur à celui qui, dans cette circon-
« stance, songerait à rétablir les échafauds ! Les propriétés,
« les personnes, tout sera respecté. Il n'est pas question
« ici de vengeance, mais de Salut public. » Audacieux sophisme ! Si les bourreaux de la Terreur chôment, les soldats du Directoire travaillent. Après les couperets qui fauchent, voici les rafales de balles qui trouent ! Enfin, Taine arrive et démasque le mensonge. « De toutes parts, — écrit l'illustre

historien, — les Commissions militaires fusillent à force [1]. »
Hélas! c'est tout. Un trait aussi émoussé pouvait-il percer l'épaisse nuée derrière laquelle fumaient tant de cloaques de sang? Pourquoi Taine, pourquoi ses disciples n'essayèrent-ils pas de disputer à la nuit les assassins qui s'étaient confiés à son silence pour échapper à nos anathèmes? C'est de nos jours, seulement, que l'intrépide labeur d'un érudit sut découvrir, dans les hypogées de nos archives, les poteaux d'exécution qui, sur le forum de trente villes, jonchèrent le sol de plus de deux cents cadavres [2].

De toutes les Commissions militaires, la plus vile et la plus barbare, la Commission de Toulon, rapproche dans la même hécatombe des officiers et des prêtres, des soldats et des matelots, des paysans et des pêcheurs, des ouvriers et des nobles, affreux criminels doublement coupables d'avoir fui devant le couteau des égorgeurs et d'être ensuite venus braver leurs cimeterres, comme si la Révolution pouvait se lasser d'immoler l'innocent et le juste! N'entendant plus, depuis quatre ans, le fracas des fusillades, les malheureux sortirent des cavernes et franchirent la frontière. Néfaste confiance : au moment où un nouveau tocsin de mort chasse une fois de plus les royalistes de leurs foyers dévastés, les proconsuls toulonnais, rebelles à la loi qui donne vingt-quatre heures aux proscrits pour quitter la

---

[1] TAINE : *La Révolution*, t. III, p. 597.

[2] Nous voulons parler d'un écrivain mort trop tôt, M. Victor PIERRE, auteur de deux livres des plus remarquables, la *Terreur sous le Directoire* (in-8°, 1887), et *Le 18 fructidor* (in-8°, 1893). Seul, V. PIERRE a fait la lumière sur les Commissions militaires et sur leurs crimes. Dans l'introduct... du *18 Fructidor*, l'auteur évalue à 160 seulement les condamnations à mort qui furent prononcées par les Commissions militaires du Directoire. Depuis la publication de l'ouvrage de Victor PIERRE, M. L. MONGIN, archiviste de Toulon, a fait paraître dans son livre, *Toulon ancien et ses rues* (1903), t. II, p. 117, une liste où figurent 99 victimes, au lieu des 56 énumérées par Victor PIERRE. Le chiffre total doit donc être porté à 203. D'autres découvertes élèveront certainement cet effectif.

France, les saisissent chez eux, les arrêtent aux portes de la ville, les ramassent sur les routes, puis, après les avoir jetés pêle-mêle dans les cachots du fort La Malgue, les livrent aux pelotons d'exécution « pour n'avoir pas obéi à la loi du 19 fructidor, qui leur enjoignait de sortir ! »

Le grand âge et la maladie n'exemptent un accusé ni des poursuites, ni de la peine capitale. On l'interroge mourant, on le tue presque mort. Un père de famille, malade, jeté sur un matelas, roule aux pieds des exécuteurs et reçoit, dans sa couverture, le coup de grâce. Si, dans la geôle, un prisonnier succombe, les portefaix charrient le cadavre au milieu du champ de carnage, l'étayent avec des pieux et livrent cette loque au peloton d'exécution qui la fusille aux acclamations d'une foule ivre de vin et de sang [1]. Plus la République se décompose et s'achemine vers le gouffre qui dévorera ses restes, plus les Jacobins essaient de s'étourdir sur la fin de leur règne en redoublant de fureur.

Et quels barbares président à ces scènes néroniennes? Il est triste de le dire : les instruments de ces homicides appartiennent à l'armée. De toutes les catégories sociales, la classe militaire est peut-être celle que la Révolution a le plus polluée. Aux autres, elle se contente d'enlever la fortune et la vie. A l'armée, elle entreprend de ravir l'honneur. Débarquant à Toulon, Lannes [2] s'écrie : « Royalistes

---

[1] H. LAUVERGNE, pp. 682-683.

[2] LANNES (Jean, duc de Montebello), né en 1769 à Lectoure (Gers). Volontaire en 1792, est nommé chef de brigade en 1795; se distingue à Millesimo, au pont de Lodi, à la bataille de Rivoli (1797), marche sur Rome, traite de la paix avec le Pape, prend part à l'expédition d'Égypte; est nommé général de division en 1799 et contribue au coup d'État du 18 brumaire, est nommé maréchal de France (1804); commande l'aile gauche à la bataille d'Austerlitz; part ensuite pour l'Espagne et s'empare de Saragosse. Lors de la campagne de 1809, il marche sur Vienne; culbute l'ennemi à Essling lorsque la rupture des ponts jetés sur le Danube vient couper l'armée en deux. Attaqué par l'archiduc Frédéric-Charles, Lannes, n'ayant plus de munitions, se place sur le fond de sa ligne, est atteint tout à coup par un boulet qui lui

de Provence, j'arrive aujourd'hui ; demain, vous êtes morts ! »
Après cette rodomontade, le futur duc de Montebello,
honteux de la tâche que veulent lui imposer les Clubs, s'y
dérobe et détale. Bernadotte [1] ne veut pas davantage briser
son épée et en aiguiser les tronçons en poignards. En revanche, le Directoire ne fait pas vainement appel au servilisme de deux autres généraux, Pille [2] et Chabert [3], qui
trouvent la besogne à la hauteur de leurs talents et de leur
courage. Mais, scrupule étrange ! Ces bouchers galonnés
ont tout à coup peur de leur conscience et de la postérité.
La corvée finie, le salaire réglé, les mains encore teintes de
sang, Chabert et Pille livrent aux flammes les dossiers qui
constatent leurs services et leur turpitude. Il faut engloutir
dans l'éternelle nuit les crimes des Commissions militaires.
Une seule pièce officielle déjoue les manèges des assassins :
c'est une lettre où les fossoyeurs réclament le payement des
trous qu'ils creusèrent pour ensevelir cinquante-quatre Toulonnais, fusillés entre le 4 brumaire an VI et le 20 vendé-

---

brise les deux jambes et meurt à Vienne le 31 mai 1809. « Lannes, dit Napoléon à Sainte-Hélène, était un homme d'une bravoure extraordinaire ; calme au milieu du feu, il possédait un coup d'œil sûr et pénétrant. Comme général, il était infiniment supérieur à Soult et à Moreau. » Louis XVIII créa son fils pair de France à l'âge de quatorze ans.

1 BERNADOTTE (Jules), né à Pau le 26 janvier 1764 ; s'engage à dix-sept ans dans le Royal Marine ; sergent en 1789 ; colonel en 1792, contribue à la victoire de Fleurus, passe à l'armée d'Italie, reçoit l'ambassade de Vienne ; est placé à la tête de l'armée du Bas-Rhin et revient à Paris, où le Directoire lui donne le portefeuille de la guerre. Donne sa démission quelques jours avant le 18 brumaire ; est nommé maréchal de France (1804), et prend une part brillante à la campagne d'Allemagne. En 1810, les États de Suède le nomment Prince Royal. Trois ans plus tard, Bernadotte porte les armes contre l'armée française, mais s'abstient de se montrer, en 1814, parmi les envahisseurs de la France. La mort du roi Charles XIII (1818) l'investit de la couronne. Il meurt à Stockholm en 1844.

2 Voir l'APPENDICE N° XIV, p. 301.

3 Voir l'APPENDICE N° XV, p. 368.

miaire an VII (25 octobre 1797 — 11 octobre 1798) [1].

Mais, depuis cette trouvaille, les registres municipaux de Toulon, explorés par un laborieux chercheur, ont ajouté quarante-cinq victimes au passif, déjà si lourd, des égorgeurs. Il ne faut donc pas évaluer à moins d'une centaine l'effectif des Toulonnais qui tombèrent sous les balles de Chabert et de Pille. Si, au xvie siècle, lors de la Saint-Barthélemy, la plupart des lieutenants du Roi, comme le vicomte d'Orthez, le comte de Matignon, etc., éludèrent, dans nos provinces, les meurtrières consignes de la Cour, le Directoire n'eut pas le regret de déplorer, et l'histoire n'a pas, aujourd'hui, la satisfaction de glorifier les mêmes fiertés et les mêmes résistances. De même que la barbarie des législateurs fut sans frein, la docilité des officiers fut sans bornes ! Plus tard, sous la Restauration, les mêmes généraux, non moins avides de salaires, mériteront les éloges et recevront les bienfaits d'un Gouvernement fidèle aux lois de l'honneur. Faudra-t-il donc accuser de tartuferie ou de versatilité les coupables? Non ! Mais les généraux Pille et Chabert appartiennent à cette race d'hommes que les régimes politiques gratifient de leurs vertus ou affligent de leurs vices, — âmes fragiles, caractères plastiques, auxquels manquent le rempart d'une tradition, la force d'un principe et la sauvegarde d'une ascendance.

Le 26 octobre 1797, encouragés par le coup d'État du 28 fructidor, les clubistes de Toulon, qui, comme tous les sectaires, se croient opprimés dès qu'ils ne peuvent plus proscrire, appellent l'attention du Gouvernement sur « les « officiers mariniers de tous les états, matelots, novices et « mousses, et tous ouvriers de l'arsenal, émigrés de Toulon, « lâches qui livrèrent Toulon aux Anglais, qui reconnurent « pour leur Roi l'enfant de Louis XVI, qui arborèrent le « pavillon blanc, qui incendièrent eux-mêmes nos vais-

---

[1] I. Henry : *Histoire de Toulon pendant la Révolution*, t. II, p. 250.

« seaux » — et qu'un récent décret vient d'autoriser à fouler le sol de la République. Il faut que ce scandale cesse et que les forêts et les antres, d'où sortent ces pauvres gens, reconquièrent leurs hôtes et leurs victimes. A l'hôtel du Ministère de la Marine, rue Royale, siège alors un ancien Officier Bleu du Grand Corps, le Granvillais Pléville-Lepelley, dit Jambe de Bois, « comblé de faveurs par l'ancien régime, mais devenu, dès 1789, — écrit Mallet du Pan, — — un révolutionnaire fanatique, « pilier des Clubs de Marseille, tête provençale, quelque talent dans son métier, ennemi furieux des Anglais, et d'une violence brutale, quoique âgé de plus de soixante ans [1] ». Malgré son intempérance d'opinions et de langage, Pléville se distingue de ses pareils par une probité qui résiste à toutes les tentations comme à tous les sophismes. Mais, si la République ne

---

1 MALLET DU PAN : *Correspondance inédite avec la Cour de Vienne*, t. II, p. 307. — PLÉVILLE-LEPELLEY (Georges-René), né à Granville en 1726. Le jeune Pléville s'enfuit du collège de Coutances à douze ans, et s'embarqua au Havre, comme mousse. Lieutenant à bord d'un corsaire qui engagea un combat avec les Anglais, Pléville eut la jambe droite emportée par un boulet et fut fait prisonnier (1746). Rendu à la liberté, il devint successivement lieutenant de frégate, capitaine de brûlot, et s'empara, en 1759, de quatre bâtiments. Obligé par sa santé de renoncer au service actif, il était nommé lieutenant de port à Marseille (1770), lorsque la frégate anglaise l'*Alarme*, commandée par le capitaine Jervis, fut jetée sur la côte. N'écoutant que son humanité et son courage, Pléville se rendit au fort Saint-Jean, se passa autour du corps un cordage et se fit descendre jusqu'à la mer. Là, il réussit à aborder la frégate et, par ses manœuvres habiles, la fit entrer saine et sauve dans le port. Nommé, en 1778, lieutenant du vaisseau le *Languedoc*, Pléville prit part à la guerre d'Amérique et, à son retour, reçut le grade de capitaine de vaisseau. Pendant la Révolution, il devint successivement membre du Comité de la Marine et du Commerce, chef de division au Ministère de la Marine, alla, en 1795, organiser le Service maritime à Ancône et à Corfou, se rendit, en 1797, au Congrès de Lille, en qualité de ministre plénipotentiaire et fut nommé, pendant cette mission, Ministre de la Marine. Démissionnaire en 1798, il fut créé, la même année, vice-amiral. Bonaparte le nomma sénateur en 1799, et grand officier de la Légion d'honneur en 1804. Pléville mourut l'année suivante. *Notice sur l'amiral Pléville-Lepelley*, par M. R. DU COUDREY.

détruit pas le désintéressement chez notre jacobin, elle le dépouille, en revanche, de ce courage qui dit : Non ! aux rancunes et aux cupidités des hommes de proie. Sommé de sévir contre les épaves de la Terreur, Pléville Le Pelley, dans une lettre indigne, invite les clubistes toulonnais à dresser eux-mêmes les tables de la future proscription. « Il résulte, dit-il, de votre lettre que grand nombre d'individus, mis sous votre surveillance, sont coupables de trahison. Eh bien ! laissant de côté toute déclamation inutile, empressez-vous de faire connaître ces hommes, fournissez sur leur conduite des renseignements exacts et positifs, qui puissent me mettre à même de les faire poursuivre selon la rigueur des lois, je vous y invite fortement [1]. » Voilà un douloureux exemple des complaisances que la Révolution exige de ses ministres. Qui se déshonore défend sa cause.

Il arrive parfois, cependant, que la même République, si néfaste aux âmes violentes, laisse indemnes les autres. Une lettre, adressée le 16 avril 1798, par le « Commissaire du Directoire près l'Administration du Var » à l'adjudant général (colonel) Huard [2] nous révèle, chez cet officier supérieur, des scrupules étrangers au régime et une commisération qui manque, d'ordinaire, à ses chefs. Il s'agit de statuer sur le sort de l'ex-ordonnateur de la Marine, M. de Possel-Deydier, que le colonel Huard aurait voulu soustraire aux boucheries automatiques de la Commission militaire. Vain stratagème et vaine pitié ! Après avoir échappé à la corde des Bonnets Rouges, le malheureux Possel-Deydier succombera sous les projectiles des bourreaux en épaulettes.

Le 9 mai 1798, Bonaparte arrive à Toulon, où le Gouvernement l'envoie surveiller les derniers apprêts de cette

---

[1] HENRY : *Histoire de Toulon*, t. II, pp. 248-249 et 405-406.
[2] Voir APPENDICE XVI, p. 375.

expédition sur le Nil que lui imposent les Directeurs pour se délivrer de son ascendant, et qu'il accepte pour le grandir. Les autorités civiles viennent saluer le futur César. Le ton que le général prend avec ses interlocuteurs dénonce déjà la ruine des façades républicaines. Ce n'est pas un serviteur, c'est un maître qui parle à des fonctionnaires, déjà familiarisés avec le sentiment de sa puissance et de leur faiblesse. Le 16 mai, au moment de lever l'ancre, voici l'Ordre du jour que le général adresse aux Commissions militaires :

« J'ai appris, citoyens, avec la plus grande douleur, que des vieillards, âgés de soixante-dix ou quatre-vingts ans, de misérables femmes enceintes, ou environnées d'enfants en bas âge, avaient été fusillés, comme prévenus d'émigration. Les soldats de la liberté sont-ils donc devenus des bourreaux? La pitié, qu'ils ont portée jusqu'au milieu des combats, serait-elle donc morte dans leurs cœurs? La loi du 19 fructidor a été une mesure de salut public; son intention a été d'atteindre les conspirateurs, et non de misérables femmes et des vieillards caducs. Je vous exhorte donc, citoyens, toutes les fois que la loi présentera à votre tribunal des vieillards de plus de soixante ans ou des femmes, à déclarer qu'au milieu des combats vous avez respecté les vieillards et les femmes de vos ennemis. Le militaire qui signe une sentence de mort contre une personne incapable de porter les armes est un lâche! »

Bonaparte ne se borne pas à notifier au monde l'avènement d'un nouveau régime par cet éclatant coup de cymbales. Un généreux acte de clémence annonce aux populations ce qu'elles doivent attendre de l'homme qui, dans quelques mois, reviendra de l'Orient, nimbé d'une gloire et d'une autorité funestes au Gouvernement proscripteur. Sur l'ordre de Bonaparte, quelques pauvres émigrés, que leur mauvaise chance n'a sauvés du naufrage que pour les abandonner à la justice des tribunaux militaires, quittent les geôles du fort La Malgue, les uns, pour aller à La Valette respirer un air plus pur ; et les autres, pour s'enrôler, comme marins ou comme soldats, parmi les futurs vainqueurs des Pyramides [1].

Dupés par le battement normal de la machine administrative, les fonctionnaires, trop souvent, soupçonnent, les derniers, le délabrement et la caducité de l'édifice qu'ils habitent. A peine la flotte où le futur maître de la France s'achemine vers son destin a-t-elle cessé d'être en vue de la côte, que Toulon retombe sous la tyrannie de ses anciens maîtres. Une loi du 5 juillet 1798 ordonne de nouvelles visites domiciliaires ; dix jours plus tard, une autre loi rouvre les ergastules aux proscrits rentrés. Pour se soustraire au supplice qui frappe les exilés en rupture de ban, les victimes, dociles aux lois, veulent sortir de France, et regagner les retraites où les renvoie le proscripteur. Mais cette obéissance va laisser les sans-culottes sans jouets et les fusilleurs sans ouvrage. Pour garder leurs cibles et leur proie, les autorités toulonnaises ordonnent de couper aux bannis les routes de terre et de mer. Pendant que, sur les remparts, circulent, jour et nuit, d'infatigables patrouilles, — les bateaux de la maréchaussée ne lâchent pas un ins-

---

[1] BOURRIENNE : *Mémoires*, II, 59. — BOURRIENNE (Louis-Antoine FAUVELET DE), né à Sens en 1769, fit ses études à l'école de Brienne avec Napoléon 1er, qui se l'adjoignit comme secrétaire intime. Bourrienne l'accompagne en Italie, en Égypte, et est nommé, en 1802, conseiller d'État. « Mais, raconte M. Arthur Chuquet (*La jeunesse de Napoléon*, t. I, p. 158) Bourrienne aimait trop l'argent ». Napoléon 1er lut bientôt dans son « œil de pie » d'indignes convoitises. Compromis dans une faillite, il fut envoyé à Hambourg, comme chargé d'affaires, et y demeura jusqu'en 1813. Préfet de police un moment, il fut ensuite élu député de l'Yonne. La Révolution de juillet fit chavirer sa cervelle : il mourut à Caen en 1834. Ses *Mémoires* (en 10 volumes) ont été attribués à un littérateur bien informé, Villemarest. Les inexactitudes y abondent. M. CHUQUET (I, 384) en relève de nombreuses. Le comte d'Aure a publié un volume intitulé : *Bourrienne et ses erreurs volontaires ou involontaires* (Paris, 1830).

tant la rade, l'œil au guet de toutes les évasions et de tous les suspects. Chasse triomphale ! Du 29 juin 1798 à la fin de décembre 1799, combien de fosses la Commission militaire a-t-elle la joie d'ouvrir dans la nécropole de Toulon ! Cinquante ! Trois prêtres, un officier de santé, un chirurgien, un commissaire de la Marine, M. de Courtives, deux maîtres d'équipage, un pilote, des cultivateurs, des marchands, des portefaix, des cordonniers, etc., sombrent, tour à tour, dans les tombes que creusent la haine, la concussion et la peur.

V

Sur les champs mortuaires où les Jacobins ne se lassent pas d'adosser au poteau d'exécution les Français dont ils convoitent la dépouille, — les balles siffleraient encore, si Brumaire n'était venu relever les officiers de leur faction criminelle et purger l'armée de ses *bravi* et de ses souillures. Mais bien précaire, hélas ! est la trêve qu'accordent à nos aïeux les violentes épousailles du général Bonaparte avec une France avilie et ravagée. De quels reflets sanglants l'exécution du duc d'Enghien, l'assassinat du général de Frotté, la mort de Cadoudal et de ses compagnons[1], offerts à la fusillade par un complot de police, n'empourprent-ils pas cette lune de miel ! Si Brumaire enlève à Toulon ses tyrans et restitue aux Toulonnais une patrie, il ne délivre pas la malheureuse cité du stigmate dont l'a sigillé le mensonge. Barère, en diffamant les Provençaux dans ses carmagnoles ; Jeanbon, en calomniant les patriotes dans un Rapport

---

1 HUON DE PENANSTER : *Le Complot de Cadoudal*. M. de Penanster prouve que cette conspiration fut l'œuvre de Fouché, qui pour assassiner Cadoudal et ses amis, alors réfugiés à Londres, dépêcha vers les royalistes plusieurs faux frères qui leur firent traverser la Manche et les livrèrent à la police.

où s'accuse, contre notre race, l'animosité du sectaire et du traître — avaient porté un coup funeste aux Royalistes. Comment les habitants de Toulon auraient-ils pu se défendre, en pleine Terreur, contre les mensonges des deux Conventionnels? L'exil ou la guillotine avaient étouffé les voix qui, devant la France, auraient pu venger la vérité outragée. Les survivants pouvaient-ils recourir à la presse? La Convention avait égorgé les journalistes indépendants et supprimé les journaux libres. Camille Desmoulins lui-même, malgré ses services, avait expié sous le couperet les timides blâmes dont il avait flétri la dictature du poignard. Mis dans l'impossibilité de plaider leur cause, les Toulonnais proscrits subirent en silence — pendant vingt ans — le stigmate que leur infligeait l'imposture. N'alla-t-on pas jusqu'à dire qu'ils avaient vendu leur ville à l'Angleterre et qu'avant de prendre le chemin de l'exil, les traîtres avaient touché le prix du contrat — soit deux millions de piastres fortes [1]?

Les « personnes bien informées » ajoutent que les Alliés ne sont entrés dans Toulon qu'au moyen d'un marché déshonorant : « Le parlementaire anglais — écrit un espion, « le citoyen Sardou [2] — proposa deux millions de piastres « fortes, — en demandant pour garantie, de la part des « Toulonnais, la remise au Commandant anglais de

---

[1] Une piastre forte valait alors à peu près 5 fr. 50. Deux millions de piastres équivalent donc à *onze millions*.

[2] SARDOU (Jacques-Joseph), ingénieur en chef des bâtiments civils de la Marine. Jacobin résolu, il garda pendant le siège son poste d'ingénieur de la Marine « dans le but de favoriser les opérations de l'armée républicaine. Il se mit, en effet, en rapports avec Barras et se tint au courant de la conduite des puissances coalisées. » (E. POUPÉ : *Les Dessous des Élections de l'an VII dans le Var*.) Sardou joua ainsi le rôle d'un espion. Agent du Directoire, il prit une part importante aux élections de l'an VII et reçut deux mille livres du Gouvernement pour manœuvrer en faveur des candidats officiels. (*Archives nationales*, F¹ c. III, Var 1.) M. E. Poupé a publié les lettres *ad hoc* de Sardou (Aix, chez NIRL, 1906).

« tous les établissements appartenant à la République. »

Indignes faussetés : rappelons que, le 24 septembre 1793, les huit Sections de Toulon, les Autorités civiles et les Autorités militaires comparurent devant le tabellion Lespéron et chargèrent MM. Jacques Pernety, ancien payeur général de la Marine, et Laurent Caire, banquier, d'aller, soit à Gênes, soit à Rome, soit à Livourne ou dans toute autre ville, négocier un emprunt hypothéqué sur les domaines nationaux, royaux et publics de Toulon, tant de terre que de mer, sur l'arsenal et sur les vaisseaux. Quatre cents Toulonnais cautionnèrent de leurs signatures la minute de cet acte dressé par « le notaire royal ».

Rien de plus légitime ni de plus probe qu'une telle entreprise. Pour faire face aux nécessités de la défense, toutes les villes assiégées recourent aux mêmes expédients de Trésorerie. Les Toulonnais demandent que le comte de Provence vienne, dans leur ville, légaliser de son seing l'opération financière confiée à MM. Caire et Pernety. L'amiral Hood s'y oppose. Mais les Royalistes tiennent, quand même, à contracter l'emprunt obsidional que postule leur rupture avec le Gouvernement de la Terreur. Une division anglo-espagnole, commandée par les amiraux Gell et Moreno, appareille le 1er octobre, de Toulon, et transporte les deux négociateurs à Gênes. Arrivés le 5 octobre, MM. Caire et Pernety assistent, le jour même, au combat que le navire français le *Modeste* commit la faute d'engager, en pleine rade, contre deux bâtiments anglais, le *Bedford* et le *Saint-Georges*. Ce drame indisposa-t-il, comme on l'a dit, la Sérénissime République contre les Toulonnais? Il est difficile de le croire. La mission des deux commissaires avorta. L'absence du seing royal suffit pour empêcher les banquiers génois de souscrire. Il était superflu de tenter d'autres démarches. Caire et Pernety proposèrent aux amiraux Hood et Langara de suppléer à l'emprunt par des lettres de change tirées sur Londres et sur Madrid. Cet arrangement n'eut pas un meilleur sort.

Dès lors, tout est fini. Ou plutôt nous nous trompons : la légende ne fait que commencer. Les Conventionnels et les gazettiers jacobins la propagent avec une telle audace que leurs mensonges ensorcèlent tour à tour le Gouvernement impérial et la Restauration elle-même. En 1802, quand Charles-Laurent-Burgues de Missiessy, ancien brigadier des armées navales, ancien membre du Comité royaliste de Toulon, réclame la liquidation de sa pension de retraite, le ministre, obéissant au chef d'État lui-même, répond à cette requête par un refus. L'Empire peut-il favoriser d'une récompense nationale « l'ex-membre de ce Comité général » qui conçut l'idée de *vendre* et de livrer Toulon aux Anglais [1] ?

Onze années s'écoulent : il semble que la Royauté devrait accueillir avec la plus chaleureuse sympathie les Français qui la défendirent. Erreur! La Restauration se cabre non moins énergiquement que l'Empire contre les fauteurs de « la vente de Toulon aux Anglais ». En 1814, le fils de Claude de Missiessy demande pourquoi les bureaux privent son père de la pension que lui adjuge la loi. Le ministre de la Marine, l'honnête Malouet, invoque, à son tour, contre l'impétrant « le contrat de vente ». Cet asservissement intellectuel d'un ministre de Louis XVIII à la légende créée par la Révolution nous montre la puissance du mensonge. Malouet avait vécu vingt ans hors de France. La vérité ne franchissait-elle donc pas la frontière, et seule l'imposture, pendant la Révolution, traversait-elle les mers? Légitimement indigné d'une ignorance qui lèse moins encore les intérêts du solliciteur que l'honneur du régime, Joseph de Missiessy réclame une enquête aussi utile à la

---

[1] COTTIN, pp. 158-159. *Journal* de Vernes, 1er et 13 octobre. — Lettre de Laurent Caire à la Municipalité de Toulon.

Restauration qu'aux Toulonnais. Malouet s'incline et soumet l'affaire à la Commission de la Marine, — mais non sans joindre à sa demande l'observation la plus malséante : « L'objet de l'examen et de l'avis à donner à la Commission est de savoir *si ce qui était un titre de démérite sous l'Ancien Régime sous l'Empire ne devient pas, sous le Gouvernement du Roi, un motif de réintégration.* Je n'ai pas encore d'opinion arrêtée sur ce point ; je demande celle de la Commission. » L'injurieuse ironie de cette note ne révèle-t-elle pas la plus étrange obstination dans l'erreur ? L'examen des papiers fournis par Joseph de Missiessy aboutit au dénouement qu'attendait le pétitionnaire. Cette fois, l'histoire a raison de la fable. Éclairés par le loyal Malouet, les bureaux accordent à l'ex-membre du Comité royaliste la pension de trois mille francs dont l'a dépossédé le Premier Consul. Ajoutons, à l'honneur de Malouet, que M. de Missiessy reçoit du ministre de la Marine une lettre dont voici le principal passage : « Sa Majesté a reconnu que votre conduite, dans les événements qui se sont passés à Toulon, fut celle d'un bon et zélé serviteur [1]. » La réparation est tardive, mais complète, et le mensonge enfin vaincu ! N'est-il pas permis de croire que l'affront, infligé tout d'abord à M. de Missiessy, provenait, non de l'honnête Malouet, mais d'un scribe légué à la Restauration par le Directoire et par l'Empire ?

VI

Il fallait mettre un terme à ces malentendus et à ces insolences. Nombreux sont les Royalistes toulonnais que les événements de 1793 plongèrent dans la misère. Une députation des anciens exilés se rend à Paris pour

---

[1] Lettre du 21 septembre 1814.

décrire au Roi la détresse de ses serviteurs et rafraîchir la mémoire d'une administration justement suspecte. Comme toujours, Louis XVIII se montre plein d'à-propos et répond comme il convient :

« Je sais, dit le Roi aux Toulonnais, je sais à travers combien de dangers vous avez attesté votre fidélité à mon neveu ; il n'a pas tenu à moi de les empêcher ou de les partager. Vous m'avez appelé dans vos murs ; je me suis mis en route pour me rendre à vos désirs ; mais, lorsque je suis entré en Italie, il n'était plus temps d'arriver jusqu'à vous. Vous pouvez compter sur ma protection particulière [1]. »

La monarchie décide d'immortaliser, par un acte public, le souvenir de l'héroïsme calomnié. La ville de Toulon obtient de Louis XVIII un blason d'azur à la croix d'or, au chef chargé de trois fleurs de lys d'or, l'écu accompagné de la devise : *Fidélité de 1793 !*

Le Prince pouvait-il accorder aux Toulonnais un hommage plus délicat et une attestation plus franche de la gratitude royale? Mais les récompenses que la Restauration décerne aux Français qui, sous la Terreur, pour combattre le crime, ont perdu leurs biens et bravé l'échafaud, exaspèrent tous ceux que la couardise ou la cupidité jetèrent aux genoux du Gouvernement révolutionnaire. Le courage, le désintéressement et la chevalerie des Toulonnais, des Vendéens, des Bretons, etc., ne mettent-ils pas en relief l'égoïsme des sybarites qui s'embusquaient, à la même époque, dans de confortables emplois?

Un vaudevilliste, Étienne, dit de Jouy, après avoir servi la Révolution et l'Empire, lance alors, toutes les semaines, contre la Monarchie restaurée, un stupide pamphlet,

---

[1] Baron D'IMBERT : *Précis historique sur les événements de Toulon, en 1793.* — ABEILLE : *Notes et pièces officielles*, etc. COTTIN, 387.

illisible aujourd'hui, l'*Ermite de la Chaussée d'Antin*, satire vieillotte, où les anciens flagorneurs de Robespierre et de César tâchent de se venger de leurs vilenies en diffamant les Français attachés aux principes et au devoir. La devise : *Fidélité de 1793!* importune ces sceptiques. Interprète de leurs ressentiments, le scribe décoche contre Toulon et contre les Toulonnais les plus sots brocards [1]. Malgré les justes répugnances qu'inspire toujours aux honnêtes gens un colloque avec des scapins, le Gouvernement ne peut se dispenser de prendre à partie cet insulteur d'estaminet. Traduit par le ministère public devant le jury de la Seine, « l'Ermite » choisit comme défenseur un avocat digne de la cause, — le fameux Dupin aîné, — le futur président de l'Assemblée Législative, l'homme qui, le 2 décembre 1851, la légalité outragée, grelottant de peur, s'évadera du poste où l'avaient placé la Constitution et ses collègues [2]. On devine à quelles pasquinades oratoires dut se livrer ce cauteleux bateleur, étranger aux sentiments chevaleresques qui poussèrent la Vendée, Lyon, Toulon, le Vivarais, le Languedoc, la Normandie, la Bretagne, à la révolte contre la Terreur. Les jongleries de Dupin entraînent l'acquittement de l'Ermite. Sentence inévitable! Les jurés parisiens pouvaient-ils mieux connaître que Malouet notre histoire? Les fictions de l'école révolutionnaire envoûtent alors à peu près tous les contem-

1 Jouy : *L'Ermite en Province*, t. III, p. 259. — *La Municipalité de Toulon et l'Ermite en Province*, Procès, Paris, 1820.

2 Dupin aîné, né le 1er février 1783 à Varzy, en Nivernais, mort à Paris le 10 novembre 1865. Avocat, député sous le gouvernement de Juillet, membre du Conseil privé du duc d'Orléans, devient républicain en 1848, adhère, en 1851, à l'Empire, est nommé Procureur général à la Cour de Cassation. Lors du 2 décembre 1851, ses collègues de l'Assemblée Législative, après l'avoir réveillé, lui passèrent une écharpe autour du corps, l'entraînèrent avec eux et l'installèrent sur le fauteuil présidentiel. Quand un piquet de chasseurs se présenta pour faire évacuer la salle, Dupin s'empressa de déguerpir, mais non sans jeter à ses collègues les honteuses paroles : « Messieurs,

porains. Mais si, grâce à Dupin et au jury, l'Ermite remporte la victoire, il n'en est pas de même de ses mensonges. Un jeune magistrat, M. de Vatimesnil [1], le futur collègue de M. de Martignac, annule d'avance le verdict en glorifiant les hommes que l'avocat nivernais s'est flatté de flétrir.

Entre les paroles de M. de Vatimesnil et celles de son contradicteur, quel Français judicieux pouvait hésiter? Si, déjà, les contemporains savaient à quoi s'en tenir sur Dupin aîné et sur M. de Vatimesnil, — aujourd'hui nous mesurons encore mieux que nos devanciers la distance qui sépare du bouffon le magistrat intègre.

Il fallait du courage pour s'attaquer aux fables que propageaient alors la poltronnerie et la haine. Le jeune substitut ne recula pas devant ce devoir.

« Le seul but des Toulonnais, en 1793, dit M. de Vatimesnil, « fut de défendre la cause de Louis XVII et de rétablir la « Constitution jurée par son père. Les Toulonnais firent « avec l'amiral Hood le traité le plus honorable; ils se « seraient ensevelis sous les ruines de leurs murailles plutôt « que de consentir à cesser de faire partie de la France... « Sans doute, le traité qu'ils conclurent fut violé, mais « peut-on leur en faire un crime [2]? »

Ce réquisitoire fit-il tomber les derniers préjugés? Si les

il est évident qu'on viole la Constitution. Le droit est de notre côté; mais, comme nous ne sommes pas les plus forts, je vous invite à vous retirer. » Voir aussi Comte DE FALLOUX : *Mémoires d'un Royaliste*, t. II, pp. 151-152.

[1] VATIMESNIL (Antoine-François-Henri LEFEBVRE DE), né à Rouen en 1783, mort dans l'Eure en 1860. Avocat, puis auditeur à la Cour d'appel de Paris, fut nommé, en 1815, substitut près le tribunal de la Seine. Avocat général à la Cour de Cassation en 1825, Ministre de l'Instruction publique dans le Cabinet Martignac, Député jusqu'en 1834, se fit inscrire au barreau de Paris. Élu en 1849 membre de l'Assemblée Législative, M. Henry Moreau lui a consacré une notice dans le *Correspondant* du 25 novembre 1860. COTTIN, p. 392.

[2] *La Municipalité de Toulon et l'Ermite en Province*, Procès, Paris, 1820,

honnêtes gens n'osèrent plus parler du contrat de vente; si les Toulonnais reconquirent, un moment, l'estime dont les mensonges de Barère, de Jeanbon, de Fréron et de Barras avaient voulu frustrer les meilleurs serviteurs de la patrie, le Mythe survécut, quand même, aux réfutations les plus lumineuses, et, maintenant encore, cet oiseau de nuit ne frôle-t-il pas de ses battements d'ailes la jeunesse de nos écoles?

APPENDICE I

(INTRODUCTION, PAGE XLVIII)

Voici l'anecdote à laquelle nous faisons allusion. Si nous la reproduisons, c'est pour faire connaître le caractère et les mœurs de l'ancien personnel de notre flotte. M. Alfred de Tesson raconte la part que prirent ses hommes, le 30 novembre 1870, à l'opération de Choisy-le-Roi.

« On voulait retenir sur la rive gauche de la Seine le plus près possible des troupes allemandes qui pouvaient se porter sur la Marne, là où se passait la grande bataille, celle où on eût voulu être. Lorsque, la nuit venue, il nous fallut retourner encore une fois à la tranchée, dit M. de Tesson, mes hommes, qui n'avaient point oublié les chevaux tués sous leurs yeux au début de l'action, s'abattirent comme une nuée de corbeaux sur les cadavres de fraîche date, et chacun se tailla, en passant, un large *horse-steak,* pour augmenter d'autant la maigre ration obsidionale. Je vis avec plaisir que mes « gouins » n'avaient pas perdu la carte et qu'ils pensaient que, pour se préparer à bien mourir, il faut commencer par bien vivre.

« Cette opération sur Choisy-le-Roi nous coûta, entre autres pertes sensibles, la mort de mon énergique commandant, l'intrépide capitaine de frégate Desprez, tué raide par une balle reçue dans le bas du ventre. C'était un véritable ami des mathurins. Son souvenir me rappelle un petit incident qui eut lieu la veille même de son glorieux trépas, et qui montrera l'excellent esprit dont furent animés nos matelots pendant toute la durée de ce long siège. Du haut du pont Mazagran, situé au-dessus de la ligne d'Orléans, et qui nous servait en quelque sorte de banc de quart pour surveiller les mouvements de l'ennemi, il aperçut quelques marins qui, enfreignant les ordres formels, s'étaient portés assez en avant de la tranchée, pour fourrager un champ de pommes de terre, au risque de se faire tuer bêtement, pour le roi de Prusse, c'est le cas de le dire. Les pauvres diables n'avaient pu résister à la tentation d'une cueillette qui permettrait un de ces succulents ratas, un de ces plantureux *chaloupiers* qui font époque dans la vie d'un soldat en campagne. N'écoutant que son amour de la consigne et son dévouement pour la vie de ses subordonnés, l'impétueux commandant descend quatre à quatre, se fait couper un long bâton, et, sautant sur son cheval, il fond à toute vitesse sur les délinquants qu'il ramène de même, à grands coups de gaule sur les épaules. Voyant cette maîtresse raclée, cette volée de bois vert généreusement administrée, les *sang-impur* [1] de Belleville qui étaient, ce jour-là, de service à la tranchée, s'approchent de nos braves cabillots, se mêlent à eux, et, croyant l'occasion bonne, pour fraterniser, s'apitoient sur leur malheureux sort et les plaignent d'être si rudement menés.

« Ah ! ah ! leur disent-ils, vous avez là un officier de l'ancien régime qui se permet encore de frapper ! Ça ne doit pas se passer ainsi. Il faut le dénoncer. On le démontera ou on verra, etc...

« Est-ce que vous le connaissez, notre commandant, pour vous permettre d'en parler de la sorte? répondirent les marins. Sachez donc, pour votre gouverne, que c'est le meilleur des hommes; il a bien agi, dans notre intérêt, comme partout et toujours.

« Tu dis, mais, mais...

« Tâchez de vous taire, et tout de suite, et plus vite que ça, ou nous allons vous armurer la g..... de la propre manière.

« Les frères amis ne se le firent pas répéter; ils s'éloignèrent rapidement, abasourdis de voir de tels originaux qui portaient si vivement dans leur cœur un chef sachant si bien manier la trique sur leur dos, au besoin. *Qui bene amat bene castigat.* Quant aux rossés, ils n'avaient point pour cela lâché prise; les délicieuses patates arrivèrent tout de même à bon port; c'était l'essentiel. Ils furent battus et enchantés; la ratatouille eut la saveur du fruit défendu. »

---

[1] On appela ainsi pendant le siège, à cause du refrain connu de leur chant favori, tous ces gardes nationaux braillards qui devaient à la fin former les bataillons de la Commune. Les *escargots de rempart* étaient les citoyens plus paisibles passionnés pour le jeu du bouchon.

APPENDICE II

(INTRODUCTION, PAGE CIV)

Dans un article publié par l'*Éclair*, le 13 juin 1905, sous ce titre : la *Leçon de la Mer, Fachoda et Tanger*, le colonel Marchand développait les considérations suivantes :

« Ce qui domine et dirige la pensée britannique dans le cycle d'opérations gigantesques qu'elle n'est pas éloignée d'avoir achevé, c'est : 1° assurer sa domination de la mer; 2° empêcher une coalition navale européenne autour d'un noyau qui était primitivement l'escadre française et qui devient, à partir de mars 1899, l'escadre allemande.

« Pour l'Angleterre, l'empereur d'Allemagne n'est pas un Allemand, c'est-à-dire un parent germain, extrêmement sympathique à l'Anglo-Saxon, mais l'homme qui veut lui prendre la mer, son domaine — l'homme qui a lancé, par le commerce et l'industrie, les énergies de son peuple sur l'eau, — le chef qui achève de forger une formidable escadre de puissants cuirassés montés par d'excellents équipages; — le président d'honneur et le créateur de la Ligue maritime allemande; — l'Imperator, en un mot, qui porte au front le rêve d'empire et de domination, et qui veut lui prendre l'instrument de cette domination : la Mer.

« Ce qu'elle veut détruire, c'est l'Allemagne impérialiste exclusivement, la partie de la force allemande répandue sur la mer, le rêve impérialiste de Guillaume II, en un mot, et ses instruments d'exécution : escadres, places commerciales, points d'expansion industrielle dans l'empire maritime.

« Quant au sol allemand lui-même, c'est la terre habitée par les parents germains — ceux dont elle a applaudi les victoires en 1870. A la terre allemande et à ceux qui l'habitent, la Grande-Bretagne ne veut que du bien.

« L'objection qui se présente tout de suite à l'idée, c'est la suivante :

« La marine britannique est trois fois plus forte qu'il n'est nécessaire pour détruire les escadres germaniques et purger les mers de tout élément d'impérialisme allemand. Elle n'a aucun besoin du concours des escadres françaises.

« Aussi, l'Angleterre n'a-t-elle fait l'entente avec la France que pour *empêcher* les escadres françaises — puisqu'elle ne les a pas détruites en 1898-1899 — de former la coalition redoutée avec les marines russe et allemande.

« Depuis, les escadres de la Russie sont allées s'abîmer dans les mers d'Extrême-Orient.

« Ce qu'a visé la Grande-Bretagne dans l'entente cordiale (plus solide qu'on ne peut le croire), ce n'est donc ni le concours des escadres françaises pour détruire les escadres allemandes, ni un appui amical à donner à la France pour recouvrer l'Alsace-Lorraine. Cet appui, elle ne le donnera jamais, car elle veut, au contraire, la suprématie allemande sur le continent. Elle a eu en vue uniquement d'empêcher la formation de la coalition navale qu'elle a toujours redoutée. Elle a voulu rendre impossible le rapprochement des escadres franco-russes et allemandes que souhaitait Guillaume II. Et voici comment :

« Lorsque l'heure de l'attaque aura sonné — et je répète qu'elle ne saurait beaucoup tarder — nul doute maintenant que la mer ne soit rapidement purgée par les escadres anglaises de tous les éléments quelconques d'impérialisme allemand.

« Les escadres de l'Entente cordiale seront naturellement côte à côte — quand bien même celles de la France n'auraient qu'à regarder faire celles d'Angleterre — ou alors le plan Delcassé manquerait de base et de logique. Mais il n'y aura pas d'équivalence à notre frontière allemande, c'est-à-dire que l'armée anglaise, d'ailleurs inexistante, ne viendra pas renforcer la nôtre.

« L'anéantissement de l'impérialisme allemand sera évidemment une perte immense pour l'Allemagne industrielle et commerçante. Pour Guillaume II, c'est un écroulement. Ce désastre de la puissance maritime et du prestige allemands exige une immédiate compensation, et c'est l'armée allemande, toujours en haleine, qui essaiera de la prendre, je n'ai pas besoin de dire où.

« Ce que je tiens à bien préciser ici, c'est que l'Entente anglaise n'était nullement destinée à nous faciliter la reprise des provinces perdues, mais à faciliter à l'Angleterre la destruction des escadres impérialistes allemandes. Eût-elle été orientée dans le sens d'un appui militaire sérieux promis à la France par la Grande-Bretagne, que cette dernière était dans l'impossibilité matérielle de nous le fournir, au moment du besoin. Bien mieux, elle ne veut que la grandeur du parent germain sur le continent.

« L'entente anglaise, qui ne pouvait pas nous servir contre l'Allemagne à recouvrer l'Alsace-Lorraine, facilitera la destruction de la flotte russe, notre alliée, et, par suite, au lieu de nous rendre les deux provinces perdues, nous expose, dans l'état de nos forces militaires, à en perdre une ou deux de plus. »

APPENDICE III

(Page 19.)

LES VIRROUES

Jouinesso venetz escoutar
Uno cansoun que n'avem fach,
Entre lou fus et la fleroue
Rendoun les fremos paressoues,
Ant souvent la mer' en fierant
N'en toumboun lon fus de la man.

Examinetz nouestre fanau
A lou gau que li vai pas mau,
La candelo que l'y a dedins
Escleirara nouestra camin,
Se s'amoussav' anarie mau
Tant voudrie gitar lou fanau.

Avem tous de belos fleroues,
Sount longos, van de poup' à proue,
Lous fus qua gis de mouscouroun
Empacho pas que siegue boun,
Empougnetz lou, es aboundous,
Car d'un soulet n'en fariatz dous.

Les fleroues et les cascaveous
Es tout ce qui avem de plus beou,
Les cascaveous n'en sount mignouns,
L'escan nous serve de blestoun,
Se lou blestoun n'en ven pas ben
Lon fenirem à l'an que ven.

Bravos fremos d'aquest quartier,
Adusetz-nous tous vouestre pie,
Proufitez d'aquest' ouccasien
Per faire vouestro prouvisien,
Lou flerem fin coumo lou lin
Les courdiers lon fan pas plus fin.

Tout' ar' avem tout repassat
Doou trissoun avem pas parlat,
Et n'y a fouesso que se l'avien
Eme plesir s'en sarvirien,
N'autres de poou de l'oublidar
L'avem toujours pendu' au coustat.

UN DANSAIRE

Vous vau dir' un mot en passant
De ma fleroue, de moun escan,
Qu voudra se sarvir de iou,
Tire drech que se pau pas miou,
Quand faou uno cavilho-couo
Roumpriou l'escan en millo troues.

LOU CHUER

Examinetz nonestr' Arlequin
Que n'es feneant et libartin,
S'a soun habit tout pedaçat
Doou remarciar la souciètat,

Chascun l'y a pausat soun mouceou,
Es ce que lou rende tant beou.

Vesem venir nouestre servant
Eme la boutelh' à la man
Et de l'autro lou goubelet,
Vous prendra toutes à darret,
Se n'en es un pau vigilent
De n'autres n'en sera countent.

Adiousiatz ! braves habitans,
Vous avem dit ce que sabiam ;
S'avem oublidat quauquarem
Siam pas pouetos va sabem,
Excusatz-nous per estou souar,
Vous souhaitem ben lou bouen souar [1].

[1] Damase ARBAUD : *Chants populaires de la Provence*, t. I, pp. 189-190-191-192.

APPENDICE IV

(Page 20.)

LA TARGO

Ju gam à la tar-go Bravis Mar te gaus, Se toumbam dins l'ai guo Si fa rem pas mau

Jugam à la Targo
Bravis Martegaus,
Se toumbam dins l'aiguo
Si farem pas mau.

Es sus la tintaino
Qu'un marin adrech,
Coumo la pouleuo
Deou se tenir drech.

Per plaire ei filhetos
Quand anatz targar,
Fau de pampalhetos
Ben estr' habillat.

Se l'y a d'amoulaire
Que vougoun mountar,
Lis aurem, pecarie,
Ben léou debaussats.

Quand es d'attaraires
Que toumboun soulets,
Li diam de targaires
Doou bon rei Rene;

Car poudem va dire
Quand lis vis toumbar
Manquo pas de rire
L vesent soutar.

Mai lis traus dins l'aiguo
Si counnouissoun pas;
Si bagnoun lis brayos,
Lis faran secar.

Quand la Targ' es lesto
Si faut desfrairar
Per gagnar la peço
Fau tout debarcar [1].

Lors du voyage du Comte d'Artois en Provence et à Toulon (1777), voici une des chansons qui furent improvisées à la Targo :

I

Qu'a gagnat la targo?
N'es patroun Cayoou;

[1] Damase ARBAUD : *Chants populaires de la Provence*, t. I, pp. 184-185-186.

De vin de la Margo
Beguem tous un coou.

II

A-n-aqueou targairé
Dur coum' un peirar
Qu'a mandat les fraires
Beure dins la mar.

APPENDICE V

(Page 20.)

LES BOUFFETS

Siam uno band' de bravo jouventuro,
Avem un grand fuec que nous brulo,
    Se siam imaginats
    Per se lou far passar
    De prendre de bouffets
    Au cuou se far bouffar (*ter*).

Vous cresetz pas que sieguem d'amouraires,
Noun, siam renoumats per bouffaires,
    Qu se voou far bouffar
    Aque de s'avançar,
    Lou canoun es plantat
    Lou juec vai coumençar.

Es un ooutis coumpousat de doues peços,
Que per lou menar fau d'adresso,
    Es surtout lou canoun
    Qu'a lou mai de renoum,
    Tastatz lou qu'uno fes
    Voudriatz tout lou bouffet.

Approchetz-vous, aimables dameiselos,
Venetz ranimar nouestre zelo,
    Venetz vous far bouffar,
    Seretz ben satisfa
    Quand auretz uno fes
    Tasbat nouestre bouffet.

Aqueou bouen air que souvent les filhetos
S'en van respirar sur l'herbeto,
    N'es pas, quoique charmant,
    De la premiero man,
    Et mai que d'uno fes
    Souerte d'un vielh bouffet.

Se, per hasard, lou bouffet poou vous plaire,
Poudetz approuchar de tout caire,
    Poudetz venir souvent
    Vous dounarem de vent
    Plus doux que lou mistrau
    Que fai serrar lou trauc.

> Se lou bouffet per un juec trop penible
> Perdie de soun souffle sensible,
>   N'auriam que tansipauc
>   Lou leissar en repau,
>   Afin que l'an que ven
>   De long' anesso ben (*ter*) [1].

[1] Damase Arbaud : *Chants populaires de la Provence*, t. II, p. 184.

APPENDICE VI

(Page 30.)

L'AMIRAL D'ALBERT DE RIONS

Albert de Rions (le comte), né à Avignon le 19 février 1728, servit, dès ses plus jeunes années, dans la Marine, et ne tarda pas à s'y distinguer ; il montait l'une des frégates qui composaient l'escadre envoyée par la France dans l'Amérique septentrionale, lorsque le Cabinet de Versailles se déclara en faveur des États-Unis, qui combattaient alors pour faire reconnaître leur indépendance de l'Angleterre, et sa bravoure mérita souvent l'éloge de ses chefs.

Il commandait, en 1779, le vaisseau *Le Sagittaire*, fort de cinquante canons, dans l'escadre avec laquelle le comte d'Estaing battit celle de l'amiral Byron, et, dès le 27 septembre de la même année, il attaqua le vaisseau anglais l'*Experiment*, de même force que le sien, chargé de 650.000 livres, et parvint à s'en emparer après un combat très opiniâtre.

Lorsque l'escadre du comte de Grasse se mit en mer, en 1781, le comte de Rions, à qui était confié le commandement du vaisseau *Le Pluton*, portant 74, se fit remarquer dans tous les combats livrés par elle, et remporta successivement des avantages signalés, le 25 avril de cette année, contre l'amiral Hood, sous les canons du Fort-Royal de la Martinique ; le 5 septembre, contre l'amiral Graves, devant la baie de Chesapeak, les 25 et 26 janvier 1782, près Saint-Christophe, contre le même amiral Hood, vaincu par lui l'année précédente ; enfin, dans les fatales affaires des 9 et 12 avril suivants, contre l'amiral Rodney, entre la Dominique et la Guadeloupe.

Un Conseil de guerre avait été convoqué par les ordres de la Cour, après les désastres de ces journées, sur la conduite des officiers supérieurs. On rendit au comte d'Albert de Rions la justice qui lui était due. Cet échec si funeste aux armes françaises devint utile à sa fortune et mit dans une telle évidence l'importance de ses services que le grade de chef d'escadre lui fut conféré peu après sans aucune réclamation.

Nommé ensuite Lieutenant-Général, il fut envoyé à Toulon en qualité de commandant maritime. La Révolution, qui éclata presque à la même époque, le mit à portée de donner de nouvelles preuves de dévouement au roi. L'auteur des *Vies et Campagnes des plus célèbres marins français* (1823) écrit que d'Albert de Rions, après avoir défendu, sous des peines sévères, aux ouvriers des arsenaux de la Marine, de faire partie de la Garde nationale, et même d'arborer la cocarde tricolore, eut encore l'imprudence d'ajouter : « On me « mettra en pièces, plutôt que de me faire porter cette infâme « cocarde; Albert de Rions ne veut avoir rien de commun « avec cette canaille de nation. » D'Albert, qui était l'honneur même, démentit cette légende.

L'amiral quitta Brest, en 1792, pour se rendre à l'Armée des Princes, à Coblentz, où il retrouva l'amiral d'Hector, âgé de cinquante-quatre ans. A la suite d'un court séjour en Allemagne, l'amiral se retira en Dalmatie, où il vécut dans la retraite.

De retour en France, après le 18 brumaire, il obtint une pension du premier Consul et mourut, peu de temps après, le 30 octobre 1802.

Voici les différents jugements que le bailli de Suffren a portés sur le comte d'Albert de Rions.

Dans la Lettre où il sollicitait le grade de chef d'escadre pour son compagnon d'armes, Suffren s'exprime ainsi :

« M. Albert de Rions réunit tous les talents militaires et maritimes, excellent et hardi manœuvrier, plein d'audace et de désir de faire. Le bien du service du roi exige de mettre en activité et au grand jour les qualités éminentes d'un officier aussi distingué. »

LETTRE DU BAILLY DE SUFFREN, DU 29 SEPTEMBRE 1772,

A M. DE CASTRIES :

« Il est affreux d'avoir pu quatre fois détruire l'escadre
« anglaise et qu'elle existe toujours ! Le choix des officiers
« pour l'Inde est des plus essentiels, parce qu'on n'est pas à

« même de les changer. Je ne crois pas avoir les talents qu'il
« faudrait. Je ne suis rassuré que par votre confiance en moi ;
« mais en vérité, si ma mort ou ma santé faisait vaquer le
« commandement, qui me remplacerait? M. d'Aymar, vous
« le connaissez; M. de Peynier est brave, zélé, excellent pour
« un jour de combat; mais je croirais la conduite d'une
« grande escadre fort au-dessus de ses forces, dans ce moment,
« n'ayant pas encore été éprouvé dans cette partie.

« Je ne connais qu'une personne, qui a toutes les qualités
« qu'on peut désirer, qui est très brave, très instruit, plein
« de zèle et d'ardeur, désintéressé, bon marin. C'est M. d'Al-
« bert de Rions, et fût-il en Amérique, envoyez-lui une fré-
« gate. J'en vaudrais mieux, l'ayant, car il m'aidera; et, si
« je meurs, vous serez assuré que le bien du service n'y per-
« dra rien. Si vous me l'aviez donné quand je vous l'ai de-
« mandé, nous serions maîtres de l'Inde... Je puis avoir fait
« des fautes à la guerre; qui n'en fait pas? Mais on ne m'en
« pourra imputer aucune de celles qui font perdre les affaires.

« Je suis, etc.

« Le bailli DE SUFFREN. »

M. G. Lacour-Gayet raconte, dans son *Histoire de la Marine
française sous Louis XVI,* que, dans les hôtels de ville de
deux cités provençales, où Suffren avait des attaches, à
Salon et à Saint-Tropez, le buste du héros de la campagne
des Indes décorait la principale pièce. D'Albert de Rions,
directeur général du port de Toulon, demanda au ministère
que le buste fût également érigé dans la Salle d'assemblée des
officiers de vaisseau de Toulon. « Que ce buste, placé dans
« notre assemblée, en soit le principal ornement; que sa vue
« échauffe et élève l'âme de nos jeunes gens, et qu'elle rap-
« pelle à nos derniers neveux la gloire du conservateur de
« l'Inde, votre justice envers lui et la bienfaisance du maître
« qui a su le récompenser si dignement ! »

Garde-marine le 26 décembre 1743, d'Albert de Rions fut
promu lieutenant le 15 mai 1756; capitaine le 18 février 1772,
chef d'escadre le 20 avril 1784; commandant de la Marine au
port de Toulon le 1er janvier 1785; contre-amiral le 1er janvier 1792.

APPENDICE VII

(Page 33.)

LE LIEUTENANT-GÉNÉRAL COMTE DE CARAMAN, GOUVERNEUR
DE PROVENCE

Le petit-fils du Gouverneur de la Provence nous a fait l'honneur de nous adresser, au sujet de son aïeul, la lettre que voici :

Fontainebleau, 27 février 1911.

« J'ai recherché, à votre intention, dans les *Mémoires* et le *Journal* de mon aïeul, ce qui pouvait vous intéresser : il y a très longtemps que je n'avais passé la revue de ces papiers, et cette inspection a renouvelé mes regrets et mon indignation.

« Le volume des *Mémoires* comprenant les années 1789 à 1800, et celui du *Journal* comprenant les mêmes années et l'année 1788, en plus, ont disparu entre les mains d'un dépositaire infidèle auquel on les avait imprudemment confiés !

« Mon aïeul était un homme d'une activité dévorante, soutenue par une santé de fer. Je crois bien qu'il aurait été insupportable dans le service, s'il n'eût été, avec cela, d'un caractère essentiellement aimable et obligeant. S'il paraît avoir, en plus d'une occasion, agacé ses supérieurs, on voit qu'en revanche, partout où il avait passé, il avait su mériter l'estime et l'affection de ses subordonnés.

« A l'inverse de certain monarque « bien connu dans l'histoire » se couchant tard, se levant tôt, il s'adonnait, avec la même passion, à ses devoirs militaires, à l'administration du canal du Midi qui reposait entièrement sur sa tête. Mon aïeul n'en perdait pas, pour cela, ni une fête ni un spectacle, ce qui ne l'empêcha pas de vivre, en parfaite santé, jusqu'à quatre-vingts ans.

« Bien certainement, dans ses écrits, il a dû consigner, avec toute la minutie dont il était coutumier, les événements et sa conduite pendant ces années si émotionnantes, d'autant plus qu'on voit très bien qu'il se rendait parfaitement compte de la gravité des événements. J'ai vu, dans quelques ouvrages, qu'on lui reprochait une certaine indécision et mollesse dans les troubles qui agitèrent la Provence pendant son commandement. Mais je vois aussi que c'était un homme qui avait fait treize campagnes de guerre en payant bravement de sa personne, et qui, en raison de cette autorité et de son caractère, naturellement bienveillant, recherchait, avant tout, les moyens de conciliation, avant d'avoir recours à la manière forte.

« D'ailleurs, on voit encore qu'il ne recevait pas d'ordres ou qu'il en recevait d'inopportuns ou contradictoires et que, comme tant d'autres, il espérait toujours qu'avec de la bonne volonté « les choses finiraient par s'arranger ».

« Tout ceci, Monsieur, ne vous avancera pas beaucoup. Cependant, je vous dirai encore que ce même aïeul, toujours actif et infatigable, avait encore trouvé le temps de relater les principaux événements de sa vie, classés en deux catégories : « heureux » et « malheureux », sous forme de petits dessins coloriés, d'une facture naïve, mais d'une exactitude incroyable. Pas un carreau ne manque aux fenêtres des maisons, ni un parement ou un bouton aux uniformes. Tous ces dessins sont accompagnés de légendes explicatives.

« Parmi ces dessins, un certain nombre se rapportent à son commandement de Provence, fêtes, cérémonies, émeutes, mais, comme ils ne représentent que les événements dont il a été acteur et témoin oculaire, au temps où il résidait à Aix et à Marseille, bien qu'évidemment il ait dû avoir à s'occuper aussi de Toulon, je ne trouve ici rien qui se rapporte à cette dernière ville...

« Recevez, Monsieur, etc...

« Duc de Caraman. »

APPENDICE VIII

(Page 127.)

L'AMIRAL DE FLOTTE

Voici l'acte de naissance de l'Amiral :

« L'an mil sept cent trente-quatre et le onzième jour du mois de mai, est né noble Joseph de Flotte, fils naturel et légitime de noble Claude de Flotte et de Dame Louise Champé. A été baptisé le 16 du dit mois; son parrain a été noble Joseph de Flotte, comte, seigneur de Saint-Martin et capitaine dans le régiment d'Allier. La marraine a été Mademoiselle Catherine Allier, femme du père Justin Champé, de la Ville de Die, Saint-Martin de Flotte, Jouillard Prevès. Le parrain et M. Jouillard ont signé avec moi en foi de quoi j'ai signé.

« Extrait collationné sur les registres de Saint-Pierre d'Argenson, ce huitième mois mil sept cent quatre vingt un : DAVIN, d'Argenson.

« Jean-Antoine Ancenis de Saint-Guette, avocat en la Cour, juge ordinaire de Saint-Pierre d'Argenson, servant de chef-lieu à la ville de Gap, lieu de la résidence du juge royal le plus voisin, certifions et attestons que M. Davin, qui a extrait et signé l'acte de baptême cy devant est tel qu'il s'est qualifié aux écritures. » (*Illisible.*)

L'amiral de Flotte avait épousé, le 7 octobre 1771, sa cousine, Mlle de Vitalis. Mme de Flotte mourut à Saint-Pierre-d'Argenson, après 1830. Deux garçons et deux filles naquirent de ce mariage. L'aîné des fils, Henri-Magloire-Joseph de Flotte, enseigne de vaisseau, en 1792, donna sa démission, l'année suivante, pour s'enrégimenter dans l'armée du général de Précy et défendre Lyon contre les troupes de la République. Blessé pendant le siège, il passe en Espagne et s'enrôle comme volontaire dans le Régiment de la Reine. En 1803, il reprend du service dans la Marine française, est fait prisonnier en 1806 et reste sur les pontons anglais jusqu'en 1811. Nommé lieutenant de vaisseau en 1816, mis à la retraite en 1829, le fils de l'amiral mourut le 30 mai 1847.

De son mariage avec Mlle de Castellane naquirent deux enfants. L'aîné, Théodore-Arnaud-Pierre-Désiré, dit « le Comte de Flotte », épousa Mlle Adélaïde de Castellane, et mourut en 1852. Des sept enfants issus de ce mariage, le septième, Jules-Théodore, s'établit à Toulon, où il épousa Mlle Justine de Cipiéris. De ce mariage il eut : 1° M. Fernand de Flotte, qui habite aujourd'hui l'Algérie et qui est le dernier descendant de l'amiral; 2° Mlle Léonie de Flotte, mariée au baron Émile de Cazol, et 3° Mlle Marie-Louise de Flotte, qui épousa, en 1883, le Comte de l'Estang-Parade, d'Aix-en-Provence. (Extrait du *Bulletin de la Société d'Études des Basses-Alpes*, quatrième trimestre 1904, n° 12.)

Nous devons les renseignements qui précèdent à M. Stéphane Moulin, petit-fils de l'amiral de Flotte d'Argenson.

Le baron Gaston de Flotte, qui, sous le second Empire, habita Marseille, où il comptait parmi les royalistes militants de cette ville, appartenait à la même famille. C'était un esprit des plus lettrés. Un de ses livres, *Les Bévues Parisiennes*, eut un certain retentissement.

Il avait épousé Mlle Pauline de Fulconnis. De ses trois filles, Mlle Berthe de Flotte épousa M. Paul de Tournade; la seconde, Religieuse trappistine, mourut dans le département de la Drôme; enfin, la troisième, Mlle Julia de Flotte, s'unit à M. de Joannis-Payan, mort, il y a quelques années, à Paris. (*Communication* de M. Félix Fournier, de Marseille.)

UN MÉMOIRE INÉDIT DU ROI LOUIS XVI

Nous avons trouvé, dans le dossier du Comte de Flotte, un *Mémoire* rédigé par le Roi en personne. On sait que Louis XVI était le premier géographe de son royaume et de son temps. Dans cette œuvre ne s'attestent pas seulement les connaissances scientifiques du Prince qui traça les instructions de La Pérouse. On y trouve aussi l'ampleur de vues et les précisions de l'homme d'État que préoccupent à la fois l'ascendant extérieur de la France et les intérêts commerciaux de son peuple :

Mémoire du Roi pour servir d'instruction particulière au Sieur Commandant Marquis de Flotte, Chef de la deuxième Division de la septième Escadre, commandant la frégate la Junon *et la Station de la Côte d'Afrique.*

I

Sa Majesté ayant fait choix du Sieur Comte de Flotte, Chef de la deuxième Division de la septième Escadre pour commander ses forces navales en station de la Côte d'Afrique, Elle va lui faire connaître ses intentions sur le service qu'il devra remplir.

Il réunira à son pavillon de la frégate la *Junon* qu'il commande les corvettes la *Cérès,* commandée par le Sieur d'Angély de Fayole, Major de vaisseau de la troisième division de la huitième escadre, et le *Malin,* commandé par le Sieur d'Orvilliers, lieutenant de vaisseau de la première Division et de la neuvième Escadre.

Destiné à commander les forces navales de Sa Majesté à la Côte d'Afrique, il est néanmoins nécessaire de faire observer au Sieur Chevalier Comte de Flotte que l'éloignement et l'impossibilité physique, dans certaines saisons, de remonter de la Côte d'Or au Sénégal, doit faire considérer la corvette la *Cérès* comme détachée de cette station, qui comprend depuis la rivière de Sierra-Leone jusqu'à celle d'Augose, inclusivement; et qu'ainsi la dite corvette doit rester entièrement aux ordres du Sieur Chevalier de Boufflers, qui l'emploiera aux objets utiles à son Gouvernement.

Pour prévenir l'inconvénient d'une séparation forcée en mer, il remettra d'avance au Sieur d'Angély de Fayolle le paquet ci-joint, adressé à cet officier, et contenant les instructions sur le service qu'il aura à remplir avec la *Cérès,* lorsqu'il lui aura prescrit de se séparer de la Division à ses ordres.

Aussitôt que les différents effets destinés à l'opération, dont il est particulièrement chargé, ainsi que ceux attendus de Nantes, pour le même office, seront embarqués sur la *Junon* et le *Malin,* et qu'il aura reçu les ordres et dépêches que Sa Majesté lui fait expédier, le Sieur Comte de Flotte appareillera au premier vent favorable de la rade de Brest avec la susdite division pour se rendre à sa destination jusqu'à la hauteur à laquelle il jugera devoir donner l'ordre à la *Cérès* de se séparer de la division.

Le Sieur Comte de Flotte tiendra aussi celle qui lui paraîtra la plus avantageuse pour se rendre avec la *Junon* et le *Matin* au cap de Palmers, dont il prendra connaissance et d'où il se portera successivement à la rivière de *Saint-André* et au cap de *Jaho* pour examiner ces positions et juger s'il serait possible d'établir dans l'une ou dans l'autre un comptoir fortifié. La France en a le droit, comme toutes les autres nations, sur toutes les côtes qui sont concurrentes entre elles, pourvu, toutefois, que les établissements soient hors de la portée du canon des forts des autres stations déjà établies. Ses observations devront porter sur tout ce qui pourra servir à faire connaître les avantages et les inconvénients de l'établissement, le prix que les naturels du pays pourraient exiger pour la concession, la dépense que l'établissement entraînerait, soit pour la construction première, soit pour l'entretien annuel, la garnison qu'il faudrait y laisser, la confiance qu'on pourrait prendre dans les promesses des princes du pays, la concurrence qu'il y aurait à craindre de la part des Anglais ou des Hollandais; la quantité de noirs qu'on pourrait traiter, la nature des marchandises qu'on y trouve et de celles qu'il faudrait y porter; la salubrité du climat, etc., en observant de ne s'arrêter, pour ces opérations qu'autant qu'il apercevrait d'abord les facilités à établir, dans la suite, un comptoir.

II

En partant du Cap de Jaho, le Sieur Comte de Flotte fera route pour Saint-Georges de la Mina, où il se procurera des rafraîchissements et des pirogues dont il aura besoin, en même temps qu'il prendra des informations sur ce qui se sera passé à Amoukou depuis le départ du Sieur Chevalier de Girardin, chargé, précédemment, de la même mission. Il se rendra ensuite à Amoukou, pour y faire achever l'établissement du comptoir commun par le Chef de division.

Pour faciliter ces opérations et aider le Sieur Comte de Flotte à remplir ponctuellement la mission que Sa Majesté lui confie, elle fait joindre à la présente instruction les pièces suivantes au nombre de six, savoir :

N° 1. — L'extrait de l'instruction expédiée le 27 novembre 1785 au dit Sieur Chevalier de Girardin, qui fera connaître au Sieur Commandant Comte de Flotte : 1° en quoi consistent les Établissements français à la Côte d'Afrique et les principes d'après lesquels les différentes puissances de l'Europe sont établies sur la dite côte; 2° des renseignements sur différents points de cette côte et relativement aux vents qui y règnent.

N° 2. — Les articles du traité fait avec le Roi Amouy d'Anamabou, pour l'établissement du comptoir au village d'Amokou, qui est dans ses dépendances.

N° 3. — Les devis, plans et rapports des travaux du dit Établissement d'Amokou.

N° 4. — Les instructions données au Sieur Victor de Senneville, sous-lieutenant de vaisseau, chargé du commandement du dit Établissement.

N° 5. — L'état des hommes qui y ont été laissés pour former la garnison.

N° 6. — L'instruction expédiée par le Sieur Chevalier de Girardin au Sieur de Champagny, lieutenant de vaisseau, commandant la corvette de *Pandore*, en station à la Côte d'Afrique.

III

Sa Majesté prévient le Sieur Comte de Flotte que la flûte la *Dordogne* sera expédiée pour prendre au Sénégal tous les ouvriers que cette colonne pourra rassembler et les transporter à Amokou, où ils sont nécessaires. Cette flûte sera également chargée de la quantité de vivres qui sera destiné pour la corvette le *Malin*, afin qu'elle puisse terminer sa campagne. Le Sieur Comte de Flotte prendra à son bord ce que la dite corvette ne pourrait embarquer de ces vivres pour lui remettre le surplus au rendez-vous qu'il indiquera au Sieur d'Orvilliers, dans une des îles où ils doivent se réunir : au plus tôt où il est nécessaire.

Aussitôt que la *Dordogne* aura débarqué les ouvriers, vivres et ustensiles dont elle était chargée, le Sieur Commandant Comte de Flotte l'enverra au port de la Mina, pour y faire l'eau et les rafraîchissements nécessaires pour son retour en Europe et lui prescrira de se rendre au port de Brest en mettant à profit cette occasion de faire connaître au Secrétaire d'État, ayant le département de la Marine, la situation et le progrès de l'opération qu'il est chargé de faire exécuter et tous les renseignements qu'il jugera nécessaire de donner.

Les murmures du commandant anglais du fort d'Anamabou et la prétention qu'il a fait entrevoir de considérer cette partie de la Côte d'Or comme appartenant exclusivement à l'Angleterre, pouvant faire craindre qu'il n'ait entrepris, ou de détruire le fort commencé à Anamabou, 1 de molester la garnison qui y a été laissée par le Sieur Chevalier de Girardin, dans le cas où il se serait permis des hostilités qui seraient certainement désavouées de la Cour de Londres, le Sieur Chevalier Comte de Flotte se rendra au Cap Corse pour demander au Gouverneur de cette partie une réparation de cette infraction qui aurait été commise; et, dans le cas de refus de cette satisfaction de la part du dit Commandant anglais au Cap Corse, le sieur Chevalier de Flotte en fera dresser procès-verbal qu'il lui communiquera en le rendant responsable, vis à vis de sa Cour, des événements qui pourront en suivre; et il rendra compte exactement par le retour, de la flûte la *Dordogne*, du résultat de cette discussion au Secrétaire d'État ayant le département de la Marine.

Il est de principe — et le Sieur Comte de Flotte en préviendra tous les traiteurs français — qu'ils ne peuvent se permettre de traiter sous le canon d'un fort appartenant à une Puissance européenne. En conséquence, il protégera, autant qu'il sera en son pouvoir, les bâtiments français qui se présenteront pour traiter dans cette partie, en leur signifiant qu'ils ne peuvent s'écarter du principe qui vient d'être expliqué qu'avec le consentement et l'approbation du Commandant des dits forts. Si le Sieur Comte de Flotte rencontre des vaisseaux de guerre anglais qui l'interrogent sur l'objet de sa mission, il ne la dissimulera pas et il l'appuiera des principes établis relativement au commerce et aux établissements de cette côte; tels qu'ils sont consignés dans l'instruction expédiée au Chevalier de Marigny le 23 janvier 1784 et dont on joint ici l'extrait n° 7. Il en usera d'ailleurs avec politesse et cordialité à leur égard.

IV

Supposé que le Sieur Comte de Flotte ait lieu de juger, par leurs discours, qu'ils ont des ordres contraires et qu'ils mettent en avant les prétentions exclusives, il fera usage des raisons qui viennent de lui être expliquées pour détruire cette prétention. Si, malgré ces raisons, ils paraissaient vouloir la soutenir par la force, le Sieur Comte de Flotte leur annoncera qu'il se trouvera dans la nécessité de la repousser par la même voie et qu'au surplus ce seraient eux qui seraient alors responsables de tous les événements. Il tâchera d'avoir copie de leurs instructions et il se mettra surtout en état de rendre un compte exact et détaillé de tous leurs discours et de ceux qu'il leur aura tenus lui-même. Enfin, si après les explications qu'il pourra avoir avec les capitaines anglais ou si, sans attendre ces explications, ils osaient entreprendre d'éloigner ou de maltraiter, en sa présence, des navires français qui feraient leurs traites hors de la portée du canon des forts anglais, il ne le souffrira pas et il opposera la force, après avoir épuisé toutes les voies de la conciliation.

Si le Sieur Comte de Flotte trouve le fort commencé à Amokou dans l'état où le Sieur Chevalier de Girardin l'a laissé, il s'occupera, sans perdre de temps, et avec tous les moyens qu'il pourra employer, du soin de le porter à sa perfection en suivant exactement le plan et le devis qui lui sont remis ci-joint. Sa Majesté l'autorise à débarquer de la frégate qu'il commande les canons, poudres, munitions et armes nécessaires pour mettre ces Établissements en état de défense et à y laisser une garnison de vingt-quatre hommes, sous le commandement d'un officier et particulièrement de celui que le Sieur Chevalier de Girardin y a laissé qu'il nommera commandant de ce fort, au nom de Sa Majesté, mais à qui il prescrira de rendre compte au directeur du Comptoir de Juida, de tout ce qui pourrait intéresser le nouvel établissement.

V

Lorsque le Sieur Comte de Flotte jugera que la présence de la corvette le *Malin* ne lui est plus utile à Amokou, et qu'il lui aura remis le surplus de vivres, nécessaires pour continuer sa campagne, il donnera l'ordre au Sieur d'Orvilliers de parcourir, successivement et avec célérité, tous les points que le Chevalier de Champagny a visités dans la dernière campagne. Il lui remettra, à cet effet, une instruction dans laquelle il le chargera particulièrement à Ardres pour y obtenir du Roi du pays le terrain et les moyens nécessaires à l'effet d'y établir un comptoir. En cas de succès, le Commandant de la corvette laissera le soin de former ou d'achever le comptoir au directeur de Juida, suivant qu'il en sera convenu avec lui et sans s'arrêter à visiter les autres endroits, à moins qu'il n'y trouvât de l'intérêt et de la facilité; il se rendra en rade de la rivière de Benin.

Le Sieur Comte de Flotte recommandera particulièrement au Sieur d'Orvilliers de ne rien négliger pour se procurer des renseignements certains sur l'avantage ou l'inutilité du comptoir, à la construction duquel il devra trouver occupés les gens de l'expédition des sieurs Brillantais-Marion.

Le Commandant de la corvette visitera lui-même les travaux, se fera remettre une copie du plan sur lequel on travaillera, fera note de l'état où seront les travaux et y joindra ses observations. Il enverra un ou deux officiers de confiance visiter l'intérieur des rivières de Benin ou de Where; leur ordonnera de pénétrer jusqu'aux deux capitales, pour y ménager auprès des souverains les intérêts des traiteurs français et prendra connaissance des dispositions et des forces de ces princes, etc., et dans le cas où il n'y trouvera aucun inconvénient, le dit commandant s'y transportera lui-même.

VI

Après avoir employé, dans les rivières de Benin et de Formose, le temps nécessaire pour y remplir l'objet de ses instructions, le Commandant de la corvette appareillera pour doubler le Cap de Formose et se rendre aux îles embaussées près de la rivière de Camarore, environ quatre degrés de latitude nord. Il visitera ces îles et particulièrement la plus grande qu'on assure être très élevée, garnie de bois, avec un bon port et de bonnes eaux. Il examinera si ce lieu serait commode pour un Établissement français, si l'accès, comme le départ, ne seraient point susceptibles de trop grandes difficultés, surtout pour remonter contre les courants sur lesquels il ne laissera rien à désirer dans les observations et les détails qu'il donnera. Il examinera également s'il serait très avantageux pour le commerce de France d'établir ce comptoir relativement au plus ou moins de facilités que les négociants pourraient trouver pour la traite dans les dispositions des princes voisins et des ressources du pays. Il entamera, s'il y a lieu, avec le propriétaire de ces îles, une négociation pour la cession de l'une d'icelles, sans rien conclure néanmoins qu'il n'y trouve un avantage assez évident pour en prendre sur le champ possession. Il s'informera s'il n'y a point outre les îles susdites et celle des Perroquets, qui est située entre la ligne et le Cap de Lopez Gonsalves, quelques autres petites îles à l'embouchure de l'une des rivières situées dans la partie du Gabon, sur lesquelles on puisse former des établissements pour la traite et il fera tout ce qui dépendra de lui pour les visiter. Dans tous les cas, il se rendra à l'île des Perroquets et il fera partout les mêmes observations et opérations qu'aux îles embaussées, considérant toutefois que l'intention de Sa Majesté est de n'établir dans ces parages qu'un seul comptoir qui réunira plus d'avantages avec moins d'inconvénients, ce qui ne permettra au dit Commandant de négliger aucune des observations qui seraient de nature à mériter la préférence.

Le Sieur Comte de Flotte, en détachant la dite corvette, lui aura assigné un rendez-vous dans l'une des quatre îles de *Fernando-Po*, du *Prince*, de *Saint-Thomas* ou d'*Anamabou*, qui lui aura paru la plus convenable pour se réunir; le Commandant de la corvette aura soin de s'y rendre et d'y attendre le Sieur Chevalier Comte de Flotte, s'il y arrive devant lui.

VII

Aussitôt que le Sieur Comte de Flotte aura mis le fort du comptoir d'Amokou en bon état et qu'il ne jugera plus sa présence nécessaire sur cette côte, il mettra à la voile pour se rendre à celle des quatre îles désignées à la corvette pour rendez-vous; mais, si en calculant les opérations de cette corvette, il juge qu'il en ait le temps, et que les circonstances locales de la navigation ne présentent ni obstacle, ni danger, il pourra visiter lui-même les points qui lui paraîtront les plus utiles à connaître. A son arrivée au rendez-vous et d'après le compte qui lui sera rendu par le Sieur d'Orvilliers, il jugera, s'il y a lieu de renvoyer le Commandant à celle des îles qui lui paraîtrait mériter la préférence pour en consommer l'acquisition et commencer l'établissement d'un comptoir. Mais si cette seconde mission de la corvette lui paraissait sujette à des inconvénients, il préférera de la renvoyer en France et se portera lui-même vers la Côte d'Angola pour y suivre et achever les opérations qu'exige sa mission, si toutefois l'état de son équipage, de son bâtiment et surtout de ses vivres lui permet de prendre ce parti. Observant qu'il en doit être pourvu, pour soixante-quinze jours, au moment de faire son retour en Europe, soit en partant de la côte d'Angole ou de l'isle qu'il aurait choisie pour relâcher et pour le rendez-vous donné à la corvette.

VIII

Dans le cas où le Sieur Comte de Flotte pourrait se rendre à la côte d'Angole, il remettrait ses paquets et dépêches à la corvette en lui prescrivant de se rendre à Brest où elle doit désarmer. Arrivé à cette côte, il fera en sorte de s'assurer si la Convention passée entre la France et le Portugal, le 30 janvier 1786, est exactement observée. En conséquence, le Sieur Comte de Flotte trouvera ci-joint la copie n° 8 de cet acte.

Après avoir parcouru les différents aspects de cette côte, et y avoir fait les remarques les plus utiles, le Sieur de Flotte reviendra désarmer à Toulon. Sa Majesté l'autorise à relâcher dans sa route, si les besoins de son équipage et de son bâtiment l'exigent, aux îles du Cap Vert, aux Açores ou autres lieux, à l'exception de Cadix, et à son arrivée à Toulon, il rendra compte de sa mission au Secrétaire d'État ayant le département de la Marine. Sa Majesté est persuadée qu'il n'aura rien négligé de ce qui peut intéresser le commerce et la navigation de ses sujets et que, dans les circonstances où il serait absolument nécessaire d'employer la force, il se conduira de manière à faire connaître aux autres nations combien Sa Majesté désire d'entretenir l'union et la bonne intelligence entre les différentes Puissances de l'Europe; mais aussi qu'elle entend que les droits de ses sujets soient conservés et l'honneur de son pavillon maintenu dans tout son éclat. Elle lui recommande expressément de veiller à ce que le service soit fait à bord des bâtiments sous ses ordres avec la plus grande régularité, ainsi qu'au maintien de la discipline. Elle l'autorise même à renvoyer en France ceux des officiers dont il aurait lieu de se plaindre à cet égard.

Fait à Versailles, le, etc...

LETTRE DU MINISTRE DE LA MARINE

Toulon, ce 28 septembre 1787.

« Monsieur le Comte de Flotte,

« Le compte qui m'a été rendu, Monsieur, de l'arrivée à Toulon de la frégate la *Junon*, dont vous aviez le commandement, m'a donné occasion de me faire représenter la dépêche du 12 mars dernier que vous avez fait passer de la Côte d'Afrique à M. le Commandant de Castries, pour lui donner connaissance de vos opérations dans cette partie.

« J'ai vu, qu'autant que vos moyens vous l'ont permis, vous n'avez rien négligé de ce qui pouvait tendre à l'amélioration de ceux de nos Établissements anciens que vous avez pu parcourir ainsi qu'à perfectionner ceux commencés. J'ai également remarqué que vous étiez parvenu à suppléer le *Malin*, qui s'était séparé de vous peu après votre départ d'Europe, mais que divers obstacles s'étaient opposés à ce que vous vous portassiez à la côte d'Angola. En général, j'ai reconnu qu'à cela près il n'était pas possible de s'acquitter avec d'exactitude, et d'intelligence que vous l'avez fait, de la mission qui vous a été confiée.

« J'en ai rendu compte au Roi et mis sous les yeux de Sa Majesté le certificat honorable qui vous a été délivré par le Comité de la Marine. C'est avec beaucoup de plaisir que je tiens à vous témoigner ma satisfaction.

TÉMOIGNAGE DE LA SATISFACTION ROYALE

A la suite de ses expéditions, l'amiral reçut du Ministre de la Marine, M. de Sartines, et du Maréchal de Castries, différentes lettres que nous croyons devoir mettre sous les yeux de nos lecteurs. Dans ces lettres, le Ministre analyse les rapports qu'il a reçus de l'officier auquel il appartient. Ces lettres avaient été remises en 1785 par le contre-amiral de Flotte à Dom Villevieille, pour prendre place dans les pièces justificatives d'une généalogie de la famille de Flotte qui fut commencée par ce savant Bénédictin.

A Versailles, le 10 septembre 1779.

« J'ai reçu, Monsieur, la lettre que vous m'avez fait l'honneur de m'écrire le 22 du mois passé. C'est avec beaucoup de plaisir que j'ai appris que vous vous êtes emparé, sur les côtes de Barbarie, de quatre bâtiments anglais armés en course et en marchandises, dont deux avaient chacun vingt canons en batterie, des calibres de 4 et de 3, le troisième seize canons de 3 et le quatrième huit canons, non compris les pierriers sur les gaillards. J'ai vu que les équipages de ces navires qui les avaient abandonnés pour gagner la terre ont été forcés successivement de se rendre à votre bord. Vous avez donné une nouvelle preuve de votre zèle et du désir de vous signaler, en vous embarquant dans votre canot, quoique la mer fut très élevée et le vent contraire, pour y rejoindre la frégate l'*Aurore*, qui était mouillée à une lieue et demie d'Alger, d'où vous aviez aperçu les quatre navires dont il s'agit en ligne, faisant route pour le détroit. Je suis persuadé que vous attendez, avec impatience, de nouvelles occasions de vous distinguer. J'ai vu qu'en revenant d'Alger, après avoir rencontré une frégate danoise qui allait à Malaga, vous avez chassé un bâtiment que vous n'avez cessé de poursuivre que parce qu'il se trouvait trop près de Mahon. J'ai l'honneur d'être très parfaitement, Monsieur, votre très humble et très obéissant serviteur.

« DE SARTINES.

« Le Roi est très content de vous; je vous transmets avec plaisir la satisfaction de Sa Majesté et j'y joins la mienne. »

A Versailles, le 12 juillet 1782.

« J'ai reçu, Monsieur, votre lettre du 16 du mois passé par laquelle vous me rendez compte de votre navigation depuis le 21 mars que vous avez réuni sous votre pavillon les bâtiments de Salonique et de Constantinople, jusqu'au moment de votre arrivée à Toulon, après avoir conduit jusqu'à l'entrée de la rade de Marseille les soixante-neuf voiles qui composaient votre convoi. Les détails que vous m'avez adressés précédemment me sont également parvenus. J'ai vu que, dans le courant de votre campagne, vous n'avez rien négligé pour rendre utiles au commerce les forces qui vous étaient confiées et que vous en avez tiré tout le parti possible. Le Roi, à qui j'en ai rendu compte, m'a chargé de vous en transmettre toute sa satisfaction. Il n'a point échappé à Sa Majesté que Messieurs de Delley et Damas, commandant les frégates la *Pleyade* et le *Montréal*, qui se trouvaient sous vos ordres, ont rempli avec beaucoup de zèle et d'intelligence les instructions que vous avez été dans le cas de leur donner. Je ne puis qu'approuver que, pour marquer à l'Aga qui commande à Athènes, où vous avez fait un mois de vivres, votre sensibilité à l'honnêteté de ses procédés et à son attention à vous envoyer des rafraîchissements, vous lui ayez fait présent de votre montre avec la chaîne, et que vous ayez également donné vos pistolets à un autre chef qui avait paru les désirer. Ces objets devant vous être remplacés, j'autorise M. Mallouet à vous faire compter une somme de deux mille livres pour vous tenir lieu de leur valeur. Le bas relief antique qu'il vous a été permis de prendre à Athènes, pouvant être agréable au Roi, je me propose d'en faire hommage à Sa Majesté en votre nom. Je n'ai pas perdu de vue ce que vous m'avez marqué sur l'avantage qu'il y aurait à envoyer en croisière, sur les Açores, un vaisseau de soixante-quatorze canons bon voilier et une frégate, ou au moins deux frégates portant du 18. Je suis bien persuadé que vous rempliriez cette mission d'une manière satisfaisante; aussi, je me ferai un plaisir de proposer au Roi de vous la confier, si les circonstances permettent de mettre ce projet à exécution.

J'ai l'honneur d'être très parfaitement, Monsieur, etc.

« CASTRIES. »

(*Manuscrits Franc.*, 33090, pp. 190 et suiv.)

APPENDICE VIII

DEMANDES D'ARGENT

Les officiers de l'Ancien Régime n'étaient pas riches. Dans leurs dossiers les requêtes abondent. En voici une :

M. de Boufflers,
M. de Maléjou.
8 mars 1791.   A Toulon, 25 janvier 1791.

« Monsieur,

« Je suis forcé de recourir à votre justice pour vous supplier de vouloir bien donner les ordres au Trésorier de la Marine de ne pas exercer sur moi des retenues plus fortes que celles que l'on exerce sur les officiers de la Marine qui, comme moi, doivent au Roi, à la suite d'un faux armement fait à Cadix, et qui mirent les capitaines dans le cas de faire des approvisionnements qu'ils furent obligés de vendre avec perte. M. du Bouzet obtint même la remise de 6.000 francs sur 15.908 francs, dont il se trouvait débiteur de cette même campagne ainsi qu'il conste, par une lettre du Ministre du 18 février 1787. Vous avez également favorisé M. de Posselles, en suspendant la reprise de ce qu'il doit et que sa position malheureuse ne lui permet pas de payer. M. de Castries, lieutenant de vaisseau, qui devait 2.400 francs, pour une avance de quatre années de sa pension sur les Invalides, n'éprouve qu'une retenue annuelle de 600 francs. Je ne crains même pas de vous dire, Monsieur, que j'ai encore plus de droit à vos bontés par la position où je me trouve. Cependant, on me fait éprouver toute la rigueur possible, puisqu'on me retient 300 francs par quartier et que l'on m'a même refusé mon remboursement de ma capitation de l'année 1790, sur laquelle on avait déjà exercé les reprises ci-dessus. Rien de plus désagréable pour moi que de me trouver sous l'arbitraire du Trésorier qui, d'un moment à l'autre, peut me réduire à rien, et dans une circonstance où l'on est privé de toute ressource. La note que je joins ici vous prouvera que mes craintes sont fondées.

« J'ai commandé le département dans les moments les

plus orageux, et je n'ai point eu de traitement particulier ; ce sont ceux qui n'en avaient pas rempli les fonctions qu. en ont joui. Veuillez bien, Monsieur, donner vos ordres pour que la retenue de ce que je dois encore, qui s'élève à peu près à 9.000 francs, me soit faite d'une manière plus modérée et en partie brisée de 150 francs par trimestre. Si vous ajoutiez à cette grâce celle du payement de l'intérim de mon commandement qui s'élève à environ 600 francs, je les ferais servir en entier à l'acquittement de ma dette.

« Mes pensions suspendues, tout me met dans le cas de recourir à vos bontés; j'ose me flatter que vous voudrez bien ne pas me les refuser dans la position fâcheuse où je me trouve.

« Je suis avec respect, Monsieur,

« Votre très humble et très obéissant serviteur.

« FLOTTE. »

APPENDICE IX

(Page 166.)

LES FRÈRES DE SIMONY

Nombreux furent les officiers de marine qui donnèrent leur concours aux Toulonnais pendant le siège de Toulon. Parmi les officiers qui s'y distinguèrent, il faut citer les quatre Simony.

François de Simony, chevalier-seigneur de Brouthière, né en 1723. D'abord page du marquis de la Chetardie, ambassadeur de France à la Cour de Russie, il fit ensuite la campagne d'Écosse et à son retour, en 1755, fut nommé Major de la place de Toulon, charge qu'il exerça pendant trente années. En 1793, lors de la prise de cette ville, il s'embarqua sur un vaisseau espagnol et mourut à Gibraltar en 1797.

Le chevalier de Simony avait auprès de lui ses trois fils : l'aîné, Louis-Marie, comte de Simony, né à Toulon en 1761. Après être entré dans la Marine dès l'âge de quinze ans, il prit part à treize combats dans la guerre d'Amérique. A la bataille du 12 avril 1782, livrée par l'amiral de Grasse à l'amiral Rodney, étant enseigne à bord du *César*, et déjà blessé, François de Simony sauta avec ce vaisseau et fut au nombre des rares survivants; sauvé par les canots anglais, il ne revit la France qu'après six mois de captivité. C'est alors qu'il épousa, à Toulon, le 3 novembre 1783, Henriette de l'Espine, fille de Guillaume de l'Espine du Planty, ancien officier de marine.

Nommé capitaine de vaisseau le 1er janvier 1793, Louis de Simony n'hésita pas à donner sa démission après le crime du 21 janvier; arraché de son bord, jeté dans les cachots du fort Lamalgue, il ne dut la vie qu'au soulèvement royaliste qui, en lui rendant la liberté, lui confia les fonctions de major général de la Marine. Tant que le drapeau blanc flotta sur la ville, il soutint la lutte pour la cause royale. Lors du triomphe définitif de la Convention, réduit à émigrer, avec sa femme et ses filles, il se réfugia à Londres, où le roi Louis XVIII lui conféra le titre de comte, en récompense de sa fidélité et de tous ses sacrifices pour la monarchie. Rentré en France avec les Bourbons, il y trouva tous ses biens confisqués et vendus; réintégré dans son grade, le 31 décembre 1814, démissionnaire aux Cent Jours, il mourut à Toulon le 5 avril 1816.

Louis-Victor, comte de Simony, né à Toulon, en 1765, admis à l'École militaire en 1773. Garde du pavillon en 1784, fit la guerre d'Amérique et eut la même destinée que son frère aîné. Capitaine de vaisseau le 1er janvier 1793, démissionnaire à la mort du roi, jeté en prison et délivré par l'insurrection des Toulonnais, il prit part à la résistance comme major de l'escadre du contre-amiral de Trogoff, jusqu'au 18 décembre 1793, jour où il prit la mer, se dirigeant vers l'Angleterre, avec cette escadre qui n'avait pas capitulé.

Rentré en France en 1814, réintégré dans son grade, fait contre-amiral en 1818 et retraité peu après, il mourut à Paris le 23 septembre 1828.

Charles, lieutenant au Royal-Louis, tué à la défense de Toulon, au combat du cap Brun, le 15 octobre 1793, à l'âge de dix-huit ans.

(Communication de la Famille de Simony.)

APPENDICE X

(Page 188.)

DÉCLARATION DE LA VILLE DE TOULON

Le Comité général des Sections de Toulon, après avoir fait lecture de la proclamation de l'amiral Hood, Commandant en chef l'Escadre de Sa Majesté Britannique, ainsi que de sa Déclaration préliminaire, d'après son Conseil de guerre, et après avoir communiqué ces deux pièces au premier Comité de Sûreté générale et à tous les citoyens de cette ville réunis en sections :

Considérant que la France est déchirée par l'anarchie et qu'il lui est impossible de demeurer plus longtemps en proie aux factions qui l'agitent, sans que sa destruction en soit la suite funeste;

Considérant que les départements du Midi, après avoir fait de longs efforts pour résister à l'oppression d'un parti de factieux qui ont conjuré leur ruine, se trouvent épuisés et privés de toutes ressources pour anéantir cette coalition de méchants réunis contre eux;

Considérant enfin que, déterminés à ne pas se soumettre à la tyrannie d'une Convention qui a juré la ruine de la nation, le peuple de Toulon, comme celui de Marseille, aime mieux avoir recours à la générosité d'un peuple loyal qui a manifesté le désir de protéger les vrais Français contre les anarchistes qui veulent les perdre;

Déclare à l'amiral Hood :

1° Que le vœu unanime de tous les habitants de Toulon est de rejeter une Constitution qui ne peut pas faire son bonheur, et d'adopter le Gouvernement monarchique, tel qu'il avoit été organisé par l'Assemblée Constituante de 1789; et, en conséquence, ils ont proclamé leur légitime roi Louis XVII, fils de Louis XVI, et ont juré de le reconnaître toujours pour tel, et de ne plus souffrir le despotisme des tyrans qui gouvernent aujourd'hui la France;

2° Que le pavillon blanc sera arboré au moment que l'escadre anglaise aura mouillé dans la rade de Toulon;

3° Que les vaisseaux de guerre actuellement dans la rade seront désarmés, selon le vœu de l'amiral Hood;

4° Que la citadelle et les forts de la côte seront mis provisoirement en dépôt entre les mains du dit amiral. Mais, pour mieux établir l'union qui doit exister entre les deux peuples, on demande que la garnison soit composée d'un nombre égal de troupes françaises et anglaises, et que cependant le commandement en sera dévolu aux Anglais;

5° Que le peuple de Toulon compte que la nation anglaise lui fournira le plus promptement des forces capables de repousser les attaques dont il est menacé dans le moment par l'Armée d'Italie qui marche vers Toulon, et par celle du général Carteaux qui dirige ses forces contre Marseille;

6° Que le peuple de Toulon, plein de confiance dans les offres généreuses de l'amiral Hood, espère que tous les citoyens qui étaient salariés par le Gouvernement conserveront leur traitement, et que tous les employés civils et militaires seront conservés dans leurs places, et ne seront pas gênés dans la direction de leurs travaux;

7° Que des subsistances et des secours de tout genre, dont la ville de Toulon a le besoin le plus pressant, lui seront assurés par les flottes combinées des puissances alliées;

8° Que lorsque la paix aura été établie en France, les vaisseaux et forteresses qui auront été mis à la disposition des Anglais resteront au pouvoir du Roi de France dans le même état où ils étaient lors de l'inventaire;

9° C'est d'après cette déclaration, si elle est approuvée par l'amiral Hood, que les Toulonnais se regarderont comme unis de cœur et d'esprit aux Anglais et aux autres puissances coalisées, et qu'avec leur secours ils verront renaître enfin cette paix après laquelle ils soupirent depuis si longtemps.

A Toulon, le 24 août 1793.

Signé : BANDEUF, président; RESOUL, vice-président; REYNAUD, secrétaire; LAPOYPE-VERTRIEUX, DE POSSEL, DEYDIER cadet, ANDRIEU, DE VIALIS, BARTHÉLEMY, commissaires du département; DE POSSEL, FOURNIER, GRIVAL, Baptiste DEVANT, Antoine GABERT, PORTE, SAFFRÉ, commissaires de la Municipalité; L. CADIÈRE, commissaire de la Municipalité; C. GARIBON, BOULLEMENT, DE CARMEJANE, FERRAND, DE CHAUSSEGROS, commandants des armes; BURGUES DE MISSIESSY, RICHARD, commissaires de la Municipalité; MEIFRUND, président de la Municipalité; BERTRAND et SICARD. (Z. PONS : *Histoire du Siège de Toulon*.)

APPENDICE XI

(Page 230.)

LA FRANC-MAÇONNERIE, LES ANGLAIS ET LA RÉVOLUTION

La Franc-Maçonnerie joua certainement un rôle au siège de Toulon. Nous avons vu que, d'après l'ordonnateur Puissant, les Anglais ne parlaient des Conventionnels qu'en les appelant *our friends,* « nos amis ». Mais voici un fait non moins curieux recueilli par le père de Victorien Sardou, A.-L. Sardou, président honoraire de la Société des Lettres, Sciences et Arts des Alpes-Maritimes. Il s'agit du général Garnier qui, nommé commandant de place à Nice, reçut à Finale un convoi de blessés. Nous laissons ici la parole à l'historien :

« Entre Finale et Loano, s'élève le col de la *Capra Zoppa* (la Chèvre boiteuse), ainsi nommé sans doute parce qu'on le traversait par une voie étroite et raboteuse, vrai chemin de chèvre, entièrement découvert du côté de la mer. Trois frégates anglaises s'étaient embossées assez près de terre pour intercepter le passage. Garnier détacha un de ses aides de camp en parlementaire auprès du commodore anglais, pour lui faire savoir que ce convoi se composait uniquement de blessés, ce dont il pouvait s'assurer en envoyant un de ses officiers, et qu'en conséquence il voulût bien ne pas arrêter, par le feu de ses navires, la marche dudit convoi. Le commodore répondit par un refus formel, donnant pour raison qu'il devait obéir aux ordres qu'il avait reçus. Le général Garnier, attendu l'impossibilité où il était de faire soigner ces blessés à Finale, résolut de se rendre lui-même auprès du commodore, espérant, en faisant appel à ses sentiments d'humanité, obtenir de lui une réponse plus favorable; il ne fut pas plus heureux que son aide de camp. Il allait se retirer et présentait la main au commodore, lorsque celui-ci, la lui serrant, l'invita brusquement à rentrer dans sa cabine : ils venaient de se reconnaître francs-maçons. Le commodore dit alors au général : « Votre convoi partira telle nuit, à telle heure, sans allumer aucun feu; et, pendant ce temps, je ferai manœuvrer mes frégates au large. » Il fut fait ainsi; et les pauvres blessés, ayant pu, dès lors, arriver, sans danger, à Loano, se trouvèrent peu de jours après transportés à Nice, où ils reçurent tous les secours, tous les soins qu'exigeait le fâcheux état dans lequel le sort des combats les avait mis. » (A.-L. SARDOU : *Chroniques Niçoises*. Nice, 1887, pp. 232-233).

APPENDICE XII

(Page 241.)

UN AGENT DU MINISTÈRE DES AFFAIRES ÉTRANGÈRES SOUS
LA RÉVOLUTION

Pendant le siège et après le siège de Toulon, de nombreux agents renseignent la Convention sur les vicissitudes des opérations militaires, sur l'état des esprits, etc. Il est bon que nos lecteurs sachent dans quelle classe spéciale le ministre des Affaires étrangères de la Convention, le citoyen Deforgues, recrutait son personnel. Voici le texte intégral de l'une des lettres libellées par le citoyen Lefebvre :

« Du Cartier général Dorioulle, le 29 frimaire (19 décembre) de la République française une et indivisible.

« Frère et amy,

« Rien de plus presse a ta Prendre la prise de Toulon nous y somme entré à onze heure et demye la nui dernière. Langlais avec letoulonnè les espagnol et les autre célera honte et vaqué (*ont évacué*) la ville rebelle Detoulon aprest avoire mis le feux a six de nos vessaux et il en on emmené 3.
« A larsenal tout brule en cor en ce moment.
« Le for lamaque (*La Malgue*) les a facilité a partire de la rade le gour de la taque. Nous commanssere alès ataquer sur une colonne en doublant ou j'ai eus le bonheure de re cevoire les cla d'un bonbe a la cuise droite et deux cote de renfonsse tout ce la et remis a sa place et sa va bien. Vive la République.
« Je me suis trouvé à la prise de la redoute blanche cel anglaise 10 (*dite*) Malbosquet fut pris ausi to ou je fut blessé,

le for pomé (*des Pommets*) a sauté par un bombe le for rouge la croix des siniau (*signaux*).

« Pandan ce tant le general La poipe prenne le fort farahon (*Faron*). Lon vien de me dire que le For Lamarque ferait en cor feux.

« Mais il es evaqué toute et a nous (*tout est à nous*).

« Nous sommes résolis (?) de Toulon pour quelque heure atandu que Toulon e minnet (*est miné*).

« Crainte dacsidant (*d'accident*) jusquas ce que nos ingenieur ai passé leur revû et prevenue les acsidant.

« Six mille hommes sont prest aentre (*à entrer*) et Delapurgère la ville (*de purger la ville*) des monstre qui y esté (*y étaient*) refugier.

« Nous a vons tant de tué que de blesse aux environ quinze cent homme mais toute larmée enpartie (*en partie*) de ceville célera et destrui, ex septé ceux ce qui se sonte et chappe qui ce sont embarqué.

« On nantant (*On n'entend*) plus que des pleure et des pardon sur le rempar. Lorceque les deux vessaux de guerre on coulle (*ont coulé*) que la poudre les a fait sauté ou je suis à Orioulle (*Ollioules*) il est venu des ecla sur les tois avec un tremblement de terre je me croies foutu je me dis et que je suit mal hureux de mourire la paille aux qu. Il est deffen du do piller par hordre des représentant du peuple Ilondit que lon vendré (*ils ont dit que l'on vendrait*) toute au profits de ceux ce qui été à la prise de cete ville rebelle. Je nai point vu Goffinet aujourdhui. Il madit hiere quil vous avec écrie. Touce que je sai il ne lui et rien arivé.

« Il et avec les Alobroge a ceque lon viende me dire.

« Jirre amarseille pour vous voire aux plusto je suit contant davoire réussi malgré que je soufre.

« Mais qui sait servir sonpeye (*son pays*) et un homme hureux.

« Voilà ce que je puit te marquer pour aujourdhui.

« Ademain mes compliment à mon oncle et atout nos culegue.

« Sillia (*s'il y a*) du nouveaux à nous aprendre, voisi notre adresse ouj es ui logé (*où je suis logé*).

« Au citoyen Solaile au caffé prest le maréchal pur nous remestre à Orioulle.

« Je finitre fraternellant :

« Lefèvre. »

« Le général Victore fut blessé deans lemene (*dans le même*) momant que moi un adjudant général et esde de campd aux général Laborde. Honpeux (*on peut*) dire avec vesrité que san lui Toulon nesté pas en cor anous insi (*ainsi*) que Dugomier et general Duga et Garnier mourest.

« Mais celui qui a le plus fait celaborde (*c'est Laborde*) car a la faingue (*car, à la fin*) sil ne ce fut pas un peux faché, je voieu (*je royais*) le momant rapor aux movez tems onna taqué (*rapport au mauvais temps on n'attaquait*) pas en cor.

« Mais ce fini.

« On chante actuelment le victoire et anous (*La victoire est à nous*). Les representant du peuple ne nous hon point quite. »

Suscription de la lettre.

Au citoyen
Roger, rüe Beauveaux,

Chez le citoyen Martin,

parfumeur, n° 5.

à Marseille.

(*Archives des Affaires étrangères*. Fonds français, vol. 330. folio 69.)

Voilà les collaborateurs que se donnait le successeur des Choiseul et des Vergennes ! N'oublions pas que l'auteur de cette lettre, le citoyen Lefebvre, fut désigné par Fréron et Barras pour faire partie du Tribunal criminel de Marseille. Et ce tribunal condamnait à mort, sans jurés et sans accusateur public, sur la simple constatation de l'identité ! (Voir A. des A. E. *Fonds français*, vol. CCCXXVIII, folio 125.)

APPENDICE XIII

(Page 273.)

Voici les principaux passages de la lettre adressée de *Sans-Nom, ci-devant Marseille, le 14 pluviôse, l'an second de la République française une et indivisible* (2 février 1794), par Barras et Fréron.

« On dit que c'est la masse à Marseille qui est patriote; il faut être de bien mauvaise foi. Le Comité de Salut public disait dernièrement qu'on pouvait distinguer les patriotes d'avec les ennemis de la chose publique par la sensation qu'avait produite sur chaque individu la nouvelle de la prise de Toulon. Si c'est là, comme on n'en peut douter, le vrai thermomètre de l'esprit public, que penser de celui qui règne à Marseille? On douta pendant trois jours ou on feignit de douter de la prise de Toulon. La stupeur la plus profonde succéda au doute. Toutes les communes du Midi députèrent vers l'armée. Marseille resta muette. Il fallut un décret pour lui faire faire des réjouissances. Tous ceux qui connaissent ces contrées savent qu'au moindre événement on se livrait ici pendant une semaine entière à des fêtes extraordinaires. Mais pourquoi se dissimuler que la classe la moins riche de cette commune regrette l'ancien régime; que les portefaix, les marins, les ouvriers du port sont aussi aristocrates, aussi égoïstes que les négociants, les marchands, les courtiers, les officiers de marine. Où est donc la classe des patriotes? On prétend que le mot *roi* n'a jamais été prononcé, qu'on a toujours entendu les cris de : Vive la République, une et indivisible ! Mais à Toulon, on a toujours fait tout au nom de la République une et indivisible. La veille du jour où les Anglais sont entrés, les cris de : Vive la République ! se sont fait entendre. A Lyon comme à Marseille, les couleurs nationales étaient sur tous les étendards.

« Il n'y a pas un patriote, dit-on, à Marseille, qui ne préférât la mort à perdre le nom de sa commune. Nous le répétons, c'est justement pour cette raison qu'il faut le changer. Peut-on exprimer une idée plus fédéraliste? C'est le nom de Français qu'il faut craindre de perdre. C'est le sein de la France qu'il ne fallait pas déchirer. Eh bien ! vous qui voulez absolument conserver le nom de Marseille, que répondrez-vous à ces républicains qui composent les anciens bataillons de première réquisition des Bouches-du-Rhône, qui sont depuis plus de deux ans absents de leurs foyers? Ils nous écrivent tous qu'ils sont désespérés d'être nés dans cette ville infâme, ils jurent de laver dans le sang ennemi cette tache originelle; ils ne veulent plus, eux, être Marseillais.

« Si Marseille était si rigoureusement punie, il faudrait que Bordeaux disparût de la surface de la République. » Bordeaux, comme Marseille, a eu ses Barbaroux; Bordeaux est criminelle. Éloignés de ses murs, nous ne connaissons peut-être pas tous ses forfaits. Mais Bordeaux a-t-elle porté les armes contre la République française? A-t-elle déclaré la guerre aux Français? A-t-elle pris des villes? Où est écrite l'histoire de ses campagnes, des batailles, des victoires et des défaites? Les *Gazettes* nous ont laissé ignorer tous ses crimes. Si Bordeaux s'est rendue coupable d'aussi grands attentats, il faut raser Bordeaux, il faut raser Marseille.

« Le Comité nous propose de réformer l'art. 9 de notre arrêté. Nous sentons toute la justesse de ses observations. Nous saisirons même cette occasion pour prier le Comité d'envoyer ici *ad hoc* et sur le champ un architecte intelligent qui puisse réaliser ses vues. A peine ici trouvons-nous un maçon.

« Enfin, le Comité approuve les art. 11, 12, 13 et 14; il faut seulement y substituer le mot de « Marseille au lieu de celui de *Sans nom* ».

« Malheureusement, l'avis est venu trop tard. Nous avons attendu pendant quinze jours une réponse à la lettre que nous avons adressée au Comité; nous avons pris et dû prendre son silence pour une approbation. Il est possible de tout réparer. Puisque Marseille vante son antique origine et la gloire de ses ancêtres, que le Comité de Salut public lui redonne son ancien nom. Peut-être la gloire de ses fondateurs rappellera-t-elle aux habitants leurs vertus.

La commune de Saint-Tropez nous a suppliés de lui permettre de changer son nom contre celui d'Héraclée, d'où elle prétend tirer son origine, que Marseille s'appelle la ville des Phocéens, Phocée, qu'elle s'appelle du nom que lui donnera le Comité de Salut public. Mais nous persistons à croire que toute ville rebelle doit disparaître de dessus le globe, que, si la République lui fait grâce, on doit au moins lui ôter son nom, afin que l'histoire ne porte pas aux temps reculés un nom souillé d'un parricide politique. » (E. POUPÉ : *Lettres de Barras et Fréron en mission dans le Midi*. Draguignan, 1910, pp. 158-160).

APPENDICE XIV

(Page 299.)

LE GÉNÉRAL PILLE

(PILLE) Louis-Antonin, fils d'Antonin et d'Hélène-Élisabeth Despiette de la Salle, né le 14 juillet 1749, à Soissons (Aisne), décédé à Soissons le 7 octobre 1828. Voici les états de service de ce général, d'après les Archives administratives du Ministère de la Guerre et une obligeante communication de M. Fossé-d'Arcosse.

Élève commissaire des guerres et secrétaire de l'Intendance d'Amiens, octobre 1767; Lieutenant des Chasseurs volontaires à cheval de Dijon le 1er août 1789; Chef de bataillon de la garde nationale de cette ville le 11 novembre 1789; Commandant du Corps des Volontaires le 18 avril 1790; Lieutenant-colonel le 30 août 1791; Général de brigade le 2 décembre 1793; Commissaire de l'organisation et des mouvements des armées de terre le 18 avril 1794. Cesse ces fonctions le 2 novembre 1795; Général de division le 13 novembre 1795; Commandant la 8e division militaire et chargé, en outre, provisoirement des 9e, 10e et 20e divisions militaires le 25 septembre 1797; Inspecteur général aux armées le 19 septembre 1801; Général de brigade disponible le 8 août 1806; Inspecteur général d'infanterie aux armées de Naples et d'Italie du 6 octobre 1807 à 1814; Retraité par ordonnance du 4 septembre 1815; Chevalier de Saint-Louis le 19 juillet 1814; Comte le 23 septembre 1815.

A

6 Vendémiaire an VI (27 septembre 1797).

Le Directoire exécutif arrête :
Le général de division Pille se rendra sur le champ à Mar-

seille pour prendre le commandement de la 8ᵉ division militaire.

     Signé : LA REVELLIÈRE-LEPAUX.

 Cesse de commander le 8 frimaire an VI (28 novembre 1797).

 Commandement des 9ᵉ, 10ᵉ et 20ᵉ divisions militaires et est maintenu dans le commandement de la 8ᵉ division militaire le 9 ventôse an VI (27 février 1798).

B

 Le dossier du général Pille ne contient aucune trace des actes que le général accomplit et des événements auxquels il fut mêlé pendant cette période critique de sa vie. Au cours des différentes suppliques dont il harcela le gouvernement de Louis XVIII en vue d'obtenir soit le titre de « comte », soit la croix de Saint-Louis, Pille passa prudemment sous silence les fusillades des Toulonnais royalistes.

C

 Louis XVIII vient de rentrer en France et d'être rétabli sur le trône de ses pères. Le général jacobin s'empresse d'offrir ses services au nouveau souverain, et, dans une lettre adressée à Monseigneur le Duc de Feltre, le général Pille exprime le désir de recevoir promptement une destination, *afin de donner de nouvelles preuves de zèle et de dévouement pour le service du Roi.*

D
            19 juillet 1814.

 Pille sollicite la croix de Saint-Louis. Toute sa famille « a servi nos Rois de temps immémorial ».

E
            14 septembre 1814.

Au Ministre de la Guerre.

 « Veuillez, Monseigneur, assurer notre auguste Souverain (Louis XVIII) que cette nouvelle faveur, en me pénétrant de reconnaissance, augmente, de plus en plus, l'ardeur que j'ai de consacrer au service de ce vénéré Monarque le reste de ma vie, *comme mes ancêtres, comme mon aïeul, officier des gardes du corps !* »

F

Saint-Omer, 10 mars 1815.

« Le calme le plus parfait n'a cessé de régner, le meilleur esprit anime les troupes. Je saisis cette circonstance pour prier Votre Excellence de mettre aux pieds de Sa Majesté l'hommage particulier de mon dévouement et de mon amour pour sa personne sacrée.
« Je suis... « PILLE ».

G

14 mars 1815.

Au Duc de Feltre.

Le 28ᵉ régiment a un colonel et un corps d'officiers pleins d'honneur et de fidélité. Le régiment défendra le drapeau que Sa Majesté (Louis XVIII) lui a confié.
« J'ignore, Monseigneur, à qui je suis redevable du titre de *comte* qui précède deux fois mon nom dans l'*Almanach Royal;* je n'ai que les Lettres patentes de Chevalier de 1809.
« Je suis le plus ancien des vingt et un inspecteurs généraux et le seul qui n'ait point de titre; j'espère que je devrai à la juste bienveillance de Votre Excellence un titre que l'on me donne... »

H

Louis XVIII quitte Paris pour Gand, et Napoléon Iᵉʳ s'installe aux Tuileries. Redevenu aussitôt le plus ardent des bonapartistes, non seulement l'ex-terroriste rompt avec le Gouvernement auquel il demandait tout à l'heure un emploi et un titre de « Comte », mais Pille l'injurie :

Boulogne-sur-Mer, 24 mars 1815.

Au Prince d'Eckmüll, Ministre de la Guerre.

« Monseigneur,

« J'apprends, par le *Moniteur,* votre nomination au Ministère de la Guerre. Et je vois tout ce que Sa Majesté a fait pour le bonheur de *notre Patrie qui recouvre sa gloire et sa liberté.* Permettez, Monsieur le Duc, que je dépose dans le sein de mon ancien ami tous les sentiments de joie et d'espoir dont je suis pénétré. Ajoutez, Monseigneur, à votre ancienne bienveillance pour le premier lieutenant-colonel des Volontaires de la Côte-d'Or, celle de mettre aux pieds de notre auguste Souverain (Napoléon Ier) l'hommage de mon amour, de ma fidélité et de mon dévouement. »

I

9 juin 1815.

Au Prince d'Eckmülh.

« J'ai reçu, le 7 de ce mois, la lettre par laquelle Votre Altesse me fait l'honneur de m'informer que S. M. l'Empereur m'a désigné pour inspecteur général d'infanterie du 4e arrondissement. »

J

Huit jours s'écoulent; l'Empire sombre à Waterloo (17 juin). Le général de la Convention se sépare courageusement de l'Empereur vaincu et retourne à Louis XVIII, remis en possession du trône ancestral :

20 juillet 1815.

Au Ministre de la Guerre.

« Je m'empresse de me rendre auprès d. Votre Excellence pour recevoir ses ordres et la prier de mettre aux pieds de Sa Majesté l'expression de mon dévouement et de mon zèle pour son service.

« Je suis... »

K

21 août 1815.

« Le général Pille, à l'âge de 67 ans et après 48 ans de services, non interrompus, va jouir des bienfaits d'un Gouvernement bienfaisant, en faisant des vœux pour la conservation de notre auguste Souverain (Louis XVIII) qui a deux fois sauvé la patrie. »

L

31 août 1815.

« Je regrette, Monseigneur, que mon épée et mes forces ne me permettent plus de servir le Roi et la Patrie avec le zèle et le dévouement qui m'ont toujours animé depuis 48 ans. »

M

7 septembre 1815.

« Je supplie Votre Excellence de m'obtenir de Sa Majesté le titre de « Comte » qui m'a été donné dans l'*Almanach Royal* de 1815. »

N

Ministre de Louis XVIII, le Maréchal de Gouvion Saint-Cyr, qui ne fut pas toujours tendre pour les anciens officiers de l'armée de Condé, réclame une récompense exceptionnelle pour le fusilleur des royalistes :

Lettre du Maréchal Gouvion Saint-Cyr, ministre de la Guerre, proposant d'accorder au général Pille le titre de Comte :

Paris, 23 septembre 1815.

« Les services qu'il a rendus comme Inspecteur ont motivé, de la part des différents ministres, des propositions en sa faveur, mais Bonaparte n'a voulu lui accorder ni titre ni dotation.

« Le général Pille s'est toujours fait remarquer par *sa sagesse et sa modération dans sa conduite politique!...* »

O

Louis XVIII a accordé au terroriste le titre de « Comte ». Éperdu d'émotion, Pille écrit au Ministre de la Guerre une lettre où il se vante d'avoir servi le Roi pendant les 48 années de sa carrière militaire ! Il faut lire cette invraisemblable épître, véritable monument de platitude et de basse flagornerie :

14 octobre 1815.

« ...Je vous prie de bien vouloir mettre aux pieds du Roi l'expression de ma reconnaissance la plus vive et de mon dévouement le plus entier. Après avoir consacré *48 ans de ma vie au service du Roi* et de la patrie, je vais, dans un honorable repos, jouir des bienfaits de Sa Majesté au sein de ma famille et continuer avec elle mes vœux pour la conservation de notre bon Roi ! »

P

13 septembre 1825.

« Je soussigné, Lieutenant général des armées du Roi, déclare avoir été reçu chevalier de Saint-Louis le 23 juillet 1814 par S. A. R. Mgr le Duc de Berry.
Paris, le 13 septembre 1825.

(*Signé*) : L.-A. PILLE. »

Petit-fils de M. Despiel de la Salle, exempt des Gardes du corps, chevalier de Saint-Louis, estropié à la bataille de Malplaquet.

Ainsi, notre Jacobin, dans cette dernière lettre, n'ose même plus parler de sa propre carrière. Il biffe tous ses services et n'invoque que les titres militaires d'un obscur aïeul !

Q

Huit ans après la mort de Pille, le Gouvernement de 1830 fait graver, sur les pierres de l'Arc de Triomphe, les noms des généraux de l'Empire. Un neveu du général réclame l'inscription de son oncle. Pille, chevalier de Saint-Louis et comte de la Restauration, redevient, sous la plume de son neveu, un austère républicain. Voici quelques extraits de ce document :

12 août 1836.

« ...Chargé du portefeuille de la Guerre, au moment de la suppression des ministères et de leur remplacement sous le nom de « Commissions exécutives » par décret du 30 floréal an II (19 mai 1794) jusqu'au 15 frimaire an IV (6 décembre 1795), « il organise les quatorze armées de la République. En l'an VI (1798), lorsqu'il avait son quartier général à Marseille et qu'il commandait les vingt-deux départements du Midi depuis les Alpes et les Pyrénées jusqu'à l'Océan, il reçut de Bonaparte une lettre flatteuse dans laquelle on lit : « Le Gouvernement ne pouvait confier dans des mains plus sages des fonctions plus importantes. »

Le nom de Pille fut inscrit. De nos jours, la ville de Soissons, obéissant aux vœux des Jacobins locaux, a donné le nom de Pille à l'une des rues de la cité.

APPENDICE XV

(Page 299.)

LE GÉNÉRAL CHABERT

Chabert (Lieutenant-général baron Théodore), né à Villefranche (Rhône), le 16 mai 1758, mort le 27 août 1845, à Grenoble (Isère).

Soldat du régiment le Bourbonnais le 23 décembre 1774; passé au régiment de Forez-Infanterie le 20 avril 1780; Adjoint à l'État-Major de l'armée dirigée contre Lyon, le 16 août 1793; Chef du premier bataillon des Grenadiers de Villefranche, le 4 septembre 1793; Général de brigade le 23 décembre 1793; réformé le 17 janvier 1797; remis en activité comme commandant la place de Marseille le 11 février 1798; Membre du Conseil des Cinq Cents en 1798; employé à l'armée du Danube le 27 décembre 1799; à l'Armée d'Italie le 9 novembre 1800; employé en Espagne en 1808. Destitué le 1er mars 1812; remis en activité le 3 juin 1814. Retraité le 24 décembre 1814; nommé Lieutenant-général le 17 avril 1815 et chargé de l'organisation des Gardes nationales de la 7e division militaire; employé à l'armée des Alpes le 10 mars 1815; nomination de Lieutenant-général annulée le 1er août 1815 et replacé dans sa position de retraite le 1er septembre 1815; renommé Lieutenant-général le 19 novembre 1831; Retraité de nouveau le 13 août 1832; décédé le 27 avril 1845; Baron de l'Empire en 1809; nom gravé sur l'Arc de Triomphe de l'Étoile !

Ajoutons à cet exposé les détails suivants : Chabert, placé sous les ordres du général Dupont, commandait l'avant-garde lors de l'affaire de Baylen et fut désigné, avec le général Marescot, pour traiter de cette capitulation.

Les documents qu'on va lire, extraits des Archives administratives du Ministère de la Guerre, nous montrent Cha-

APPENDICE XV

bert, tour à tour farouche Jacobin, puis soldat dévoué de l'Empire, jusqu'à la chute de l'Empereur, qui, pourtant, le destitue; sollicitant ensuite et obtenant de la Restauration la croix de Saint-Louis, la restitution de son grade et les deux tiers de sa solde dont l'a privé le Gouvernement impérial; enfin, lors du retour de l'île d'Elbe, acclamant son persécuteur, Napoléon. La Restauration le met à la retraite, et le Gouvernement de Juillet lui rend le grade de Lieutenant-général. Rien de pénible à lire comme les lettres de dévouement adressées à chaque Gouvernement nouveau par le pauvre général. La Révolution avait détruit chez la plupart des officiers l'indépendance et la dignité du caractère :

A

2 ventôse an II (19 février 1793).

« Citoyen ministre,

« Il faloit une victime à Laristocratie expirante de Lacité rebelle de Lion, ce fut moi qu'elle choisit, — vingt dénonciateurs s'étoient réunis pour exécuter cet infâme projet. Mais le tribunal révolutionnaire, qui est la terreur de Laristocrate et la Sécurité des Patriotes, a reconnu mon innocence et brisé les fers que je portois depuis trois mois et demi et qui ne doivent être que le partage des contre-révolutionnaires.

« Actuellement que je suis en liberté, je vais répondre à la confiance que m'a donné le Conseil exécutif provisoire en me nommant général de brigade pour l'armée des Pyrénées-Orientales où je me rends de suite. Là, je me vengerai sur les satellites du despote espagnol des maux que m'ont fait endurer les ennemis de l'intérieur.

« Je te jure de leur faire mordre la poussière ou de périr en défendant les droits sacrés de la liberté.

« Salut et fraternité.

« CHABERT »,
Général de brigade.

B

31 janvier 1794.

DIPLOME DE LA SOCIÉTÉ POPULAIRE DE BOIS D'OINGT (RHONE)

La Société, ayant reçu des preuves certaines du civisme du citoyen Salpêtre Chabert, général de brigade, l'a admis au nombre de ses membres et lui a délivré la présente attestation pour lui servir de témoignage et d'introduction dans la Société des Jacobins de Paris et dans toutes celles qui lui sont affiliées, où il pourra se présenter. La Société de Bois d'Oingt est assurée que le citoyen Salpêtre Chabert sera accueilli par leurs (sic) frères avec les mêmes sentiments qu'elle s'empresse de témoigner aux citoyens porteurs d'un semblable certificat.

C

22 février 1798.

Le général Pille écrit au Ministre de la Guerre que le général Chabert vient d'arriver à l'instant pour prendre le commandement de la place de Marseille.

D

Le général Chabert fut compris dans la disgrâce dont fut si iniquement frappé le général Dupont. Mis en prison à l'Abbaye, enfermé dans un local infect, il écrit lettre sur lettre à toutes les autorités pour se plaindre de « l'inhumanité avec laquelle il est traité ». En 1810, il fut transféré dans une maison de santé. Voici une des suppliques de Chabert :

7 février 1811.

« J'ai l'honneur d'exposer à Votre Excellence que, depuis deux ans et demi, je suis privé de ma liberté; que, pendant ce temps, j'ai été détenu dix-huit mois, que je suis sorti de l'Abbaye pour rétablir ma santé vivement altérée par le scorbut et une humeur dartreuse.

« Les dépenses que j'ai été obligé de faire m'ont obéré au point d'être obligé d'avoir recours à la bourse de mes amis.

« Il est bien cruel, après dix-sept ans de grade, de me trouver réduit à un pareil dénûment, mon traitement étant, depuis deux ans, réduit à 277 francs par mois. Dans mon malheur, ma situation est bien différente de celle des généraux Dupont et Vedel qui ont des dotations et des majorats.

« Il faut encore prendre sur mon modique traitement pour payer le gendarme chargé de ma surveillance.

« Il est bien honteux et bien humiliant d'être obligé de vivre d'une manière aussi peu conforme à ma position. »

E

4 juin 1814.

« M. le Maréchal de camp Chabert qui avait été destitué de ses fonctions le 1er mars 1812 a été rétabli dans son grade par ordonnance du Roi le 3 juin 1814. »

F

10 juin 1814.

« Monseigneur,

« Votre Excellence ayant eu la bonté de me faire réintégrer dans mon grade, je la prie de bien vouloir m'accorder le commandement du département de l'Isère.

« Votre Excellence, en accordant ma demande, me dédommagera de ce que l'injustice m'a fait souffrir et ma reconnaissance égalera le service qu'elle m'aura rendu. »

G

Paris, le 11 juillet 1814.

« Monseigneur,

« J'ai 28 ans de services effectifs; sans y comprendre les campagnes. Pendant tout ce temps, j'ai servi avec honneur et distinction. Ma conduite militaire m'a constamment mérité la confiance de mes chefs.

« Monseigneur, je prie Votre Excellence de vouloir bien me comprendre dans le premier travail qu'elle présentera à Sa Majesté pour qu'Elle daigne me nommer Chevalier de l'Ordre royal et militaire de Saint-Louis. »

H

3 août 1814.

« Monseigneur,

« J'ai l'honneur de prévenir Votre Excellence que je suis arrivé à Saint-Robert, près Grenoble, lieu de ma résidence.

« Je prie Votre Excellence de recevoir mes remerciements de ce qu'elle m'a fait nommer Chevalier de l'Ordre royal et militaire de Saint-Louis. Je la supplie, en outre, de ne pas me laisser dans l'inactivité, — et dans l'organisation qu'elle va faire de me proposer pour le commandement du département de l'Isère, ou de bien vouloir me mettre à la disposition du général Marchaux.

« Je suis... »

I

7 novembre 1814.

« Monseigneur,

« Le 19 du mois d'octobre, S. A. R. Monsieur, pendant son séjour à Grenoble, m'a reçu Chevalier de l'Ordre royal et militaire de Saint-Louis; j'ai prêté entre les mains de Son Altesse Royale le serment annexé à la lettre de Votre Excellence.

« Je la prie de bien vouloir me faire envoyer mes lettres de Chevalier. »

J

Napoléon est aux Tuileries :

11 mars 1815.

« Sire,

« Théodore Chabert, ancien général de brigade et commandeur de la Légion d'Honneur, se trouve réduit à l'inactivité.

« Sire, j'ose supplier Votre Majesté de m'accorder la grâce de reparaître dans les rangs, ne fût-ce qu'en qualité de grenadier. *Verser mon sang pour Votre Majesté est le seul bonheur auquel j'aspire!*

« Sire, daignez accorder la demande d'un militaire dont l'unique désir est de donner à Votre Majesté des preuves de son entier dévouement. »

K

Le général Chabert — l'homme des Commissions militaires — serait imparfaitement connu si nous ne mentionnions pas un dernier trait qui achèvera de caractériser l'ex-terroriste, — trait que nous empruntons à un historien militaire du plus grand mérite, le lieutenant-colonel Titeux. Dans un ouvrage de premier ordre, intitulé : *Le Général Dupont. — Une Erreur historique* (3 volumes in-4º, 1903, Puteaux-sur-Seine, chez Prieur et Dubois), où l'auteur venge le général Dupont des imputations calomnieuses qui furent dirigées par Napoléon Iᵉʳ contre ce chef irréprochable, contre ce stratège glorieux, auquel la Restauration se fit un devoir de rendre justice en lui confiant le portefeuille de la Guerre, le colonel nous apprend que Chabert, en 1814, pria son ancien supérieur hiérarchique de le remettre en activité. Le général Dupont s'empressa d'acquiescer à cette demande. Un tel service ne pouvait pas rester sans récompense. Au lendemain de Baylen, Chabert avait pris hautement la défense de son chef. Vers les derniers jours de 1830, dans le but sans doute de cajoler le Gouvernement nouveau, qu'il supposait hostile aux hommes de la Restauration, le général Chabert eut la lâcheté de rédiger en cachette une Relation de la Campagne d'Andalousie, diffamant le général Dupont et démentant tout ce que Chabert avait écrit lui-même dans une lettre adressée à Napoléon Iᵉʳ. La relation resta manuscrite et circula sous le manteau : ce fut dans cet odieux libelle que le général Thiébault puisa les principales impostures qui figurent dans ses *Mémoires* (t. V, vers la fin). Après avoir flétri la mauvaise action de Chabert, le colonel Titeux ajoute qu'il a, entre les mains, une correspondance « où les officiers qui se trou-
« vaient à Andujar, en même temps que le général Chabert,
« lui reprochent d'avoir emporté, après un grand dîner

« donné en son honneur, toute l'argenterie du Marquis
« de... chez qui il demeurait, et à qui Mme Chabert devait
« la vie ! » Lieutenant-Colonel Titeux : *Le Général Dupont*, t. III, p. 642.

Le nom du général Chabert est inscrit sur l'Arc de Triomphe, — et le nom du général Dupont n'y est pas !

Pour rendre hommage à la vérité, notre devoir est d'ajouter que, dans le *Correspondant* du 10 juillet 1886, M. Georges Bruley a consacré au général Chabert une étude où, s'autorisant de lettres de famille, il vante la haute probité du général.

APPENDICE XVI

(Page 302.)

LE GÉNÉRAL HUARD

Huard (le baron Léonor) naquit le 11 janvier 1770, à Villedieu-les-Poêles, en Basse-Normandie. Son père était cavalier de la maréchaussée. Sa mère était une demoiselle Anne-Renée Lemonnier.

Simple soldat dans le bataillon des Volontaires de la Manche, le 8 août 1792, l'élection l'éleva, seize jours plus tard, au grade de capitaine, et, le 9 septembre suivant, à celui de chef de bataillon. Après avoir fait les guerres de 1792 et 1793 aux armées du Nord, du Centre, de la Moselle et de Rhin-et-Moselle, Huard passa avec son grade, le 8 germinal an II, dans la 26ᵉ demi-brigade de ligne, devenue 108ᵉ par suite de l'amalgame. Huard suivit son corps à l'armée du Rhin, alors commandée par Pichegru : il y servit de l'an II à l'an IV, et à celles de Sambre-et-Meuse et du Danube de l'an V à l'an VIII. Le 29 novembre 1799, Masséna le nomma Chef de brigade de la 42ᵉ demi-brigade de ligne « pour le récompenser, dit le général, de sa bravoure, de ses connaissances et de sa conduite distinguée dans toutes les affaires qui ont eu lieu depuis l'ouverture de la campagne ».

Le 1ᵉʳ octobre 1799, dans un engagement avec l'avant-garde de Souvarow, il fut fait prisonnier par un corps de Kalmoucks. Échangé, après la prise de Lunéville, il passa en l'an 1802 à l'armée d'Helvétie, et fut nommé membre de la Légion d'Honneur le 11 décembre 1807 et Officier de cet Ordre le 14 juin 1804 suivant.

Il se fit particulièrement remarquer à l'armée de Naples en 1805 et en 1806 et reçut, le 1ᵉʳ mars 1807, le brevet de Général de brigade. Il fit, en cette qualité, les campagnes d'Italie, de 1807 à 1811, et obtint de Napoléon le titre de

« baron de l'Empire ». Il avait eu, le 27 juillet 1809, le cordon de Commandant de la Légion d'Honneur. Parti pour l'expédition de Russie en 1812, il fut tué à la bataille de la Moskowa le 7 septembre, même année. Son nom est honorablement cité dans le huitième *Bulletin de la Grande Armée*.

Nous avons trouvé, aux Archives administratives du Ministère de la Guerre, une lettre en date du mois d'avril 1813, où le Prince Archi-Chancelier de l'Empire annonce, à M. Antoine-Aristide Huard fils, que « Sa Majesté a bien voulu lui accorder le titre de « baron » et la dotation que le général Huard Saint-Aubin, son oncle, avait obtenue de la grâce de Sa Majesté ».

Un des fils du général, capitaine de frégate, commanda, pendant plusieurs années, l'aviso de la station navale de Granville. Cet officier avait épousé Mlle de Navailles. La fille unique du commandant Huard, Mlle Marie Huard, épousa, en 1881, à Brest, M. Gaud Hugon, alors ingénieur civil des Mines, à Calais, fils du colonel d'artillerie Constant Hugon, et filleul de l'amiral baron Hugon. (V. Oscar HAVARD ET Joseph GRENTE : *Villedieu-les-Poêles, sa Commanderie, sa Bourgeoisie, ses Métiers*, t. II, pp. 491-493.)

TABLE ONOMASTIQUE

A

Abd-ul-Hamid, 90.
Abeille, 310 n.
Aboukir, LX, IC.
Acadie (l'), LII n.
Açores (les), 343.
Adrets (Baron des), 251.
Agoult (d').
Agnès (imprimeur), 154.
Aiguilette (Fort de l'), 222, 223, 236.
Aix (B.-du-R.), XXI, 256.
Albert de Rions (Amiral d'), voir Rions.
Albitte (Convent.), 197, 231, 222 n.
Alceste (l'), 46.
Alembert (d'), LXV.
Alexandre Dumas père, 278 n.
Alger, 345.
Allier (l'Abbé Claude), LXXXVI, 175.
Alzan (Offic. mun.), 125 n.
Alziary (Com. de la Mar.), 150.
Amblard (Chevalier d'), Capitaine de vaisseau, 272.
Amblimont (d'), XXXI n, 68.
Amet (Command¹), XIX n, XXXVI n.
André (d'), 80 n.
Amoukou (Afrique), 337.
Amouy (le roi), 338.
Anamabou (Afrique), 338.
Andrieu, 352.
Andujar (Espagne), 373.
Angely de Fayolle (d'), 336.
Ango, X.
Angola (Afrique), 344.
Angoulême (Duc d'), LXXXI n, LXXXIX.
Apchon (d'), XXXI n.
Apollon (l'), 5, 182.
Apret (Sculpteur), 173.
Arbaud (Damase), 22 n, 322, 324, 328.
Arbuthnot (Amiral), LIX n.
Arçon (Général d'), 221 n.
Archambaud (d'), 69 n.
Aréthuse (l'), 246.
Arles (B.-du-R.), 267.
Arlésien (l'), LIX n.

Arlincourt (Marquis d'), LXX.
Arnaud (R.), 221 n, 250, *passim*.
Artois (Comte d'), LXXI-n, LXXX, LXXXIV et suiv.; 51 n, 324.
Astrolabe (l'), LIII.
Athènes, 345.
Aumale (Duc d'), XCI, 185.
Aune, 96.
Aunis (l'), XXXIII.
Auran (A.), 125.
Auran (H.), 125.
Aurelle de Paladines (Général d'), voir Paladines.
Aurore (l'), 49, 345.
Ausseville (d'), XXXI.
Autichamp (Marquis d'), LXXXVII n, et suiv., 209.
Auvray (l'Abbé), 275 n.
Avaray (Comte d'), 51.
Avignon (Vaucluse), 179, 180.
Aymar (d'), 331.

B

Babeuf, 220.
Babron (A.) Comm. général de la Marine, XV, 154 n.
Badine (la), 147.
Baille (Pierre), Convent., 146, 163, 164, 171.
Balaguier (Fort), 222, 236.
Balbi (Comtesse de), 208.
Balleroy (de), chef d'esc., XXXI n.
Bandols (Var), 146.
Banne (Château de) (Ardèche), 196 n.
Barante (Baron de), XCIV n, 62 n.
Barbaroux (Convent.), 171, 177.
Barberousse (Empereur Frédéric), LXVI.
Bardeuf, 352.
Barère (Convent.), 190, 197, 239, 299, 313.
Barfleur (Manche), XXXVI.
Barralier, 172.
Barras (Vicomte de), Convent., XI, CXI.
Barras (de Saint-Laurent de), officier de Marine, XXXI n.

Barras (Nicolas de Rhode de), Directeur de l'Art., 167.
Barrès (Maurice), de l'Académie française, 275.
Barry, tueur, 121, 126.
Barthélemy, procureur, 35, 47, 92, 170.
Basse-Normandie, LXV n.
Basset (Gustave), lieutenant de vaisseau, XLVII n.
Bastard d'Estang (Abbé de), 145.
— — (Comte de), 145 n.
— — (Jean-Pierre), ibid.
Basterot de la Barrière (Comte de), capitaine de vaisseau, 147 à 151.
Baudin (Pierre), député, CXI.
Baudin, secret. du Cons. de Toulon, 26, 27.
Baudin (Mᵐᵉ), 27.
Baudot, Convent., 176 n.
Bayle, polygraphe, LXIII.
Bayle (Moyse), Convent., 257 à 263, 291 n.
Baylen (Capitulation de), 368, 373.
Bayonne (Basses-Pyr.), XXXIII.
Bazaine, LVIII.
Bazire (Convent.), 199.
Beaucaire (de), capitaine de vaisseau, 76, 77 n.
Beaucaire (Du Chasteau, veuve de), 77 n.
Beauchamps (Alph. de), hist., 209 n.
Beaufort (Duc de), LXIX.
Beaurepaire (de), cap. de v., 46.
Beausset (le) (Var), 84, 86, 93, 101, à 104, 108, 119, 120, 123, 128, 151 n, 219, passim.
Beausset-Roquefort (Mgr de), 27 n.
— — (Amiral de), 16.
Beaussier (de), XXXI n.
— cap. de v., 256, 262 n.
Beauvais de Préau (Convent.), 157, 164, 165, 170 à 173.
Beauvolliers (Chevalier de), chef vendéen, 209.
Bedford (le), 307.
Behague (Comte de), XCIV.
Belsunce (Major de), 50.
Belizal (de), XXXI n, V. Gouzillon de Bélizal.
Belle Poule (la), XLIII.
Bellone (la), 44 n.
Bellune (Maréchal Victor, duc de), 224.
Bengale (le), XXXIV.

Benin (Rivière de), 342.
Bentivoglio de Bologne, 113.
Bergone (Claude), lieut. de vais., CVIII n, V. Farrère.
Berluc, offic. munic., 140.
Bernadotte, 299.
Bernard, ingénieur, 262 n.
Bernier (Abbé), 209 n.
Berry (Duc de), LXXVI n, LXXVII n, LXXXIX n, 156 n, 208, 366.
Berry (Duchesse de), 156 n.
Berryat Saint-Prix, hist., 264 n.
Berryer, avocat, XVIII, XIX n.
Berryer, Ministre de la Marine, XXVIII.
Berthier (Maréchal), 247 n.
Bertin, ingénieur, CVII n.
Bertin, agent royaliste, 209.
Bertin, chef de service, 143.
Bertrand de Molleville (Comte de), Ministre de la Marine, 68 n.
Besse (Var).
Besson, ingénieur, CVII n.
Beveziers (bataille de), XXXVI.
Beurnonville (Général de), 29 n.
Bienaimé (Amiral), VII, CIX n.
Billaud-Varennes (Conventionnel), 279.
Biron (Général duc de), LXXIII.
Bittard des Portes, historien, 178 n.
Bizerte (Tunisie), 47.
Blache, officier municipal, 140.
Blouin, chef de service de la Marine, L.
Boileau, LXIX.
Boissin (Firmin), historien, 176.
Boissy d'Anglas (Convent.), 281.
Bonaparte, lieutenant d'artillerie, 179; — capitaine d'artillerie, 217; — général, LVI, 221, 222, 223, 228, 303, 305.
Bonchamps (Marquis de), chef vendéen, LXXIV.
Bône (Algérie), 149.
Bonneval (Roux de), officier de Marine, 49, 51, 52, 53, 61.
Borda (Comte de), XXXI, L n à LII.
Bordeaux (Gironde), XXXIII, XXXV, passim.
Bordighera (Italie), 243 n.
Borgia (César), 113.
Borja de Gamachos (Amiral Don), 182, 192.
Bossuet, LXIII.
Bouby, lieut. de grenadiers, 100.

TABLE ONOMASTIQUE

Bouche (Constituant), 80 n.
Bouchotte, Ministre de la Guerre, 221 n, 228.
Boué de Lapeyrère (Amir.), CVIII n.
Bouclon (A. de), 11 n.
Boufflers (Chevalier de), XXXI, 336.
Bougainville (Amiral de), XXXI, 47 n.
Bouillé (Marquis Louis de), LXXXI.
Bouillon (Godefroy de), LXIX.
Boulainvilliers (Commandant de), XL.
Boulay de la Meurthe, 296.
Boullement de la Chesnaye (Colonel), 225, 294 n, 352.
Bourbaki (Général), LVII.
Bourbon (le), XL.
Bourbon (le Connétable de), 250.
Bourbon-Carency, LXXXVI n.
Bourges (Cher), 178.
Bourgogne (Duc de), LXXVI n, LXXVII n.
Bourrienne, 304.
Boussole (la), LIII.
Bouvet, officier de Marine, CX.
Bouvet de Maisonneuve (Mme), XLIII.
Boux, officier de Marine, 13 n.
Bouzaye (de), offic. de Mar., 134 n.
Bouzet (du), offic. de Mar., 347.
Boynes (Bourgeois de), Ministre de la Marine, 13.
Branzon, directeur des vivres, 167.
Brest, LXXXVIII n, XXXIII, XXXV.
Bretonnière (de la), capitaine de vaisseau, XXXVII.
Breugnon (Comte de), chef d'escadre, XXXI.
Brezé, CX.
Briand (A.), 295 n.
Bricqueville (de), XXXI n.
Brignoles (Var), 120 n.
Brillantais-Marion, 341.
Brissac (Duc de), 51 n.
Brissot (Conventionnel), LXII, 199.
Broglie (Duc Albert de), XCV.
Broglie (Prince Emmanuel de), XXX n, XXXVI n.
Brothier (Abbé), 200 n, 210.
Brouage (Charente-Infér.), XXXIII.
Broves (Abbé de Rafelis de), 52.
Broves (Comte de Rafelis de), officier de Marine, 16, 47 à 52 n, 61, 63, 65, 80 n (V. Rafelis).
Brunel (Conventionnel), 148.

Brunet, 222.
Brun de Boissière, 203.
Brun Sainte-Catherine, com. de la Marine, 262.
Brunetière (F.), LXIII n.
Bruxelles, 233.
Bruyère (parfumeur), 156.
Bruslart de Sillery, XIII.
Buchez, historien, 199.
Buenos-Ayres, LII n.
Buor de la Charoulière, capitaine de vaisseau, 31.
Burchard, 114.
Buzot (Convent.), 291 n.
Bute (Lord), XXVII n.
Byron (Amiral), 15, 329.

C

Cacqueray de Valmenier (Vicomte de), XV, XXXI n.
Cadière (L.), 352.
Cadoudal (Georges), LXXXVIII, I n, et suiv., 305 n, et suiv.
Cadix (Espagne), LI n.
Cadroy (Convent.), 290.
Caen, 153, 178.
Caillard (Amiral), CVII n.
Caire (Fort), 223, 242.
Caire (Laurent), 307.
Caliban, X.
Calmon-Maison (Marquis), 15 n.
Calvin, LXVI, LXVIII.
Cambon (Convent.), 220 n.
Campo (Marquis de), ambassadeur d'Espagne, 203.
Canaries (les), LII.
Candie (Ile de), LXIX.
Canivet, 46.
Cap de Bonne-Espérance, XXXVIII.
Capellis (de), 68 n.
Capello (Paulo), 114.
Cap Vert, 343.
Capricieuse (la), XCVII.
Caraman (Comte de), 33 et 33 n, 34, 62, 332 à 333.
Caraman (Duc de), 33 n, 332, 333.
Caraman (Mlle de), 36 n.
Carcaradec (de), XXXI n.
Caré, capitaine, 262.
Carlyle, LVI.
Carmejane (de), 352.
Carnot (Convent.), XLVIII, 40 n, 221, 279.
Carpilhet (Général de), 40, 46, 62.

Carqueiranne (Pointe de) (Var), 5.
Carrier (Conventionnel), xi.
Cars (Comte F. des), 208.
Cars (Duc des), 208.
Carteaux (Général), 179, 216, 218, 220, 221 n, 226, 227.
Carthagène (Espagne), 192.
Cartier (Jacques), xxiii.
Castellan (Contre-amiral de), 108.
Castellane (Mlle de), 335.
— (Marquis de), xxxi.
— -Majastre (Mis de), 28 n.
Castellane de Caumont (Mlle de), 145 n.
Castellane-Mazanges (Mgr Elléon de), 27.
Castellane-la-Valette (Marquis de), 178 n.
Castellet (Commandant de), 16, 52, 53, 61, 63, 64 n.
Castries (Comte de), Ministre de la Marine, L, LVIII, LC, CX, 12, 30 n, 33.
Castries (de), lieutenant de vaisseau, 344 à 347.
Cathelineau, général vendéen, LXXXVIII.
Catherine II (Impératrice de Russie), LI n, LIV.
Causse, 46.
Caux (Général de), 40 n.
Cavelier de la Salle, xxiv.
Cazol (M. Émile de), 335.
Caylus (Mgr de), 21.
Centaure (le), 246.
Cérès (le), 336.
Cerviglione (Don Juan de), 114.
Cervoni (Général), 247, 248.
Cervoni (Thomas), 247 n.
César, xcii.
César (le), 347.
Cessart (de), xxxvii.
Chabert (Général), 299, 368 à 374.
Chabert (Amiral marquis de), xxxi n, 68 n.
Chalabre (de), 208.
Chamard (Dom), LXXIV n.
Chambord (Comte de), xcv.
Challan, 147 n.
Champagny (Comte Nompère de), xiii, 38, 59, 338.
Champlain, x.
Chandos, xxv.
Chanzy (Général), LVII.
Charavay, 275 n.

Chardon, xxiv n.
Charente (la), xxxiii.
Charette (Général de), xcvii et LXXIV.
Charlemagne, LXVIII et suiv.
Charles III, roi d'Espagne, 193.
Charles VII, 271.
Charles IX, 274.
Charles X, xxxix n, LXX.
Charles-Quint, LXVIII.
Charles-Roux, 10, 22 n.
Charlot, xv.
Charolais (Comte de), LXX.
Charouillère (Buor de la), capitaine de vaisseau, 31 (V. Buor).
Charrier (Constituant), 175.
Charrite (de), xxxi n.
Chartres (Duc de), xc.
Chasseloup-Laubat (Marquis de), Ministre de la Marine, cx.
Chatam (Lord), xxvi, xxvii n.
Chateaubriand (Vicomte de), 156 n.
Châteauneuf-Randon (Comte de) (Conventionnel) 175.
Château-Renault (Amiral de), cx.
Châteauvieux (Rég. suisse), xcvii.
Châtel, ingénieur, cvii n.
Chaudron-Rousseau (Conv.), 176.
Chaumont-en-Bassigny, 154.
Chaussegros (Amiral de), 49 n, 139, 141 n, 154, 167, 155, 169 n, 242, 252, 352.
Chautard-Martelly, 98.
Chauvet, 272.
Cherbourg (Manche), xxxvii, LXXXVIII n, c, 272.
Cherisey (de), 68.
Chesapeake (baie de), LIX n, LX.
Chevalier, cap. de vaisseau, LV.
Chieusse-Combaut (de), officier de Marine, 262 n.
Choin-Dupré (de), officier de Marine, 262 n.
Choiseul (Duc de), xxiii n, xxvii, cx.
Choiseul (Comte de), 208.
Choiseul (Mgr de), 21.
Choisy-le-Roi, 215.
Choron, ingénieur, cvii n.
Chuquet (A.), hist., 304 n.
Cillard de Surville (de), xxxi n, LVIII.
Ciotat (La) (Var), 246.
Cipiéris (V. ^{lle} Justine de), 335.
Clam Gallas (Général), 250.

TABLE ONOMASTIQUE 381

Clapier de Colonque (Anne de), 242 n.
Clapiers (Marquis de), XIV, 257 n.
Clarck (John), hist., LIV.
Claretie (J.), 279 n.
Clémenceau, CVI, CVII n.
Clément (Pierre), hist., LXIII n.
Clément XI, LXX.
Clermont-Tonnerre (de), Ministre de la Marine, XIII.
Clovis, LXXIX.
Club des Blancs ou Club Saint-Jean, 73, *passim*.
Club des Jacobins, LXXII, 73.
Club des Noirs ou Club Saint-Pierre, 73, *passim*.
Clugny (Baron de), officier de Marine, XXXI.
Coataudon (de), XXXI n.
Coblentz, LXXXVIII n, 296, 330.
Cochin (Henry), député, 275 n.
Cochon de Lapparent (Convent.), 291 n.
Coëtanscourt (de), XXXI n.,
Coëtlogon (de), XXXI n, XLIII n.
Coëtlosquet (Mgr de), LXVII n.
Coëtnempren (de), XXXI n.
Cœur (Jacques), X.
Cœur, cap. de vaisseau, 262 n.
Cœuret-Secqueville, officier de Marine, 142 n.
Coincy (J.-B. de la Rivière de Montreuil, général de), 29, 34 n, X, 40 n, 81.
Colbert-Cannet (Marquis de), 30 n, 32, 46, 54.
Colbert (Marquise de), 35.
Colbert (Louis de), 30 n.
Colbert (J.-B.), XIX, XXIII, XXVIII et suiv., XXXIII, CD, CX.
Coligny (l'Amiral de), 185.
Collioure (Pyrén.-Orient.), 193.
Collot d'Herbois (Convent.), 198.
Commerce de Bordeaux (le), 5, 49 n.
Commerce de Marseille (le), 181 n, 246.
Condés (les), LXXXIX n, 285.
Condé, LXIX.
Condé (Prince de), XCII.
Condé (Musée), XCIV n.
Condorcet (Constituant), 130.
Consolante (la), 44 n.
Contenson (de), officier de Marine, XLI.
Content (le), 246.

Contrecœur (de), off. de Mar., VII.
Conway (Comte de), XXXI, 176.
Cotte (P.), oratorien, 262.
Corfou (forteresse de), LXX.
Coriolis (de), chef d'escadre, 166.
Corisandre (la), LIX n.
Corneille, LXIII.
Cornwalis (lord), LIX.
Corre (Docteur), XXIX n, XLIII n.
Costebelle (de), officier de Marine, 43.
Cottin (Paul), historien, X, 141, 143 n, 148 n, 181 n, 201, 271, *passim*.
Coudrey (Raoul du), historien, 302.
Couëdic (du), cap. de vais., LIV, XL.
Coulon de Villiers, officier de Marine, VIII.
Coulomb, sculpteur, 5.
Couloumé, ordonnat. de la Marine, 167.
Courbet (Amiral), CX.
Courson (de), XIV, XXXI n.
Courtès (Chirurgien), 262.
Courtives (de), 123 n, 305.
Courvoisier (de), 206 n.
Couthon (Conventionnel), 280 n.
Cretineau-Joly, hist., 200 n, 209 n.
Croy (Duc de), LXX.
Custine (Général de), LXXIII.
Cuverville (Amiral de), CII, CVI n.

D

Dakar, CIII.
Dalbarade, Ministre de la Marine, CIX, 143, 181 n, 182.
Damas (Vicomte de), Capitaine de frégate, XXXI, 346.
Dampierre (Général de), XXXI n, 68 n, 108 n.
Danton (Conventionnel), 280.
Darrieus (Commandant), CVII n.
Daudet (Ernest), hist., LXXXVI n.
Daumas (Abbé), 256.
Dauville (R.-J.-G. Portes) (Lieutenant), 37, 38, 39.
David (Capitaine), 262.
Dax (Landes), LI n.
Debaux, 83.
Decaze (Duc de), XCV.
Decugis (Frères), 262 n.
Deforgues (Ministre de la Marine), 199, 262 n, 207, 208, 354.
Dégouy (Amiral), CVII n.

Delcassé, Ministre de la Marine, CVI n.
De Hargues, Chef vendéen, 209.
Dejean, 272.
Delabre, XXXVI n.
Delambre, LII.
Delley (de), 346.
Deniau (Abbé), hist., 29, 104, 105, 209 n.
Deshayes de Cry, officier de Marine, XXXI n.
Desidery, Capitaine de vaisseau, 116, 117.
Desmoulins (Camille), 286.
Desmoulins (Lucile), 279.
Despiette de la Salle, 366.
Desprez (Commandant), 315.
Deydier de Pierrefeu (Capitaine de vaisseau), 262, 352.
Des Touches (Amiral Sochet), LIX n (Voir Sochet).
Des Tourets (Voir Saqui des Tourets).
Diarbekir, 90.
Diderot, LIX, LXIII, LXXII, 250.
Diego-Suarez (Baie de), CIII.
Dieppe (Seine-Inférieure), 231 n.
Dieu (Lieutenant), LVIII.
Dillon (Comte Arthur), XXXI.
Doinet, 142.
Dombes (Prince de), LXX.
Dommartin (Capitaine), 217, 218 n.
Donadieu (Sous-lieutenant), 262.
Doppet (Général), 226, 227, 228.
Dordogne (la), 338.
Doumic (René), de l'Académie française, LXIII n.
Douglas (Major), 216.
Draguignan (Var), 118 n.
Drake (Sir Francis), 207 n.
Dreyfus, CIII.
Dronlenvaux (Commissaire des guerres), 167.
Dubois (Cardinal), XXIII.
Dubois-Crancé (Convention.), 179, 222 n, 270 n.
Dubreuil, député, 286.
Deffand (Mlle du), 34 n.
Du Chaffaud (Amiral), XXX, 13 n.
Du Couëdic (Voir Couëdic), LIV.
Dufour, 112.
Du Gommier (Général), 222, 228, 236, 241, 275, 357.
Duguay-Trouin (Amiral), X, LV, 145 n, 181, 185, 246, 357, 10.

Duguay-Trouin (le). 5.
Dumouriez (le Général), 222 n.
Dundas (Lord Henry), LXXXIV n, 209 n, 229, 231, 233, 234, 235, 239.
Dunkerque, 232, LXXXVIII, n.
Dupin aîné, 311, 312.
Duplay, 280.
Dupleix, XXIII.
Dupont (Général Comte), 368, 370, 373 à 374.
Duquesne (Amiral), LIV, CX.
Duquet (Alfred), hist., CIX n.
Durand, Major de place, 262.
Durand de Maillane (Conv.), 80 n, 281.
Duranthon, Min. de la M., 86, 87, 88.
Durfort (de), Lieutenant de vaisseau, 78.
Duruy (Georges), historien, 54, 66, 220 n, 221 n, 280, 294.
Duverne de Presle, 210.

E

Édouard VII, CV.
Eguille (Chevalier Frogor de l'), 179 n.
Elbée (d'), chef vendéen, LXXIV, LXXXVIII.
Elliot (Sir Gilbert), 201, 205, 207, 214.
Elphinstone (Colonel), 188, 216.
Embuscade (L'), XCVII.
Enghien (Duc d'), LXXXIX, 305.
Enouf, ingénieur de la Mar., 167.
Entrecasteaux (Bruni d'), chef d'escadre, XXXI.
Entrevaux (Bas.-Alp.), 67 n, 80 n.
Erville (d'), 77 n.
Escarel, officier mun., 125 n.
Escudier, 99, 222 n, 130.
Espinay de Saint Luc (d'), XXXI n.
Espinette (d'), 51.
Espinouse (de Coriolis d'), XXXI n. 68 n.
Espivent de Perran (d'), XXXI n.
Essarts (Chevalier des), général vendéen, 209.
Estaing (Amiral Comte d'), XXXI, LI n. à LVI, 16, 12, 30 n, 47, 48 n, 246.
États-Unis (Les), LIX.
Estampes de Valençay (Léonor), Évêque de Chartres, XXII.

Estrade Comte d'), XLIII, LXX.
Étienne, dit de Jouy, 311.
Etanduère (des Herbiers de l'), Capitaine de vaisseau, XLI, XLII.
Eugène (le Prince), LXX.
Eustache (le P.), 256 et 262.
Evenos (Var), 219.
Experiment (l'), 31.

F

Fabregoules (Bouches-du-Rhône), 186.
Fabry (Chevalier Louis de Frabrègues), XXXI n, 32.
Fachoda, 317.
Fadas (Concierge), 108.
Falloux (Comte A. de), LXXXII n, XCV, 312 n.
Farges, XV.
Faron (Fort), 224, 353.
Farrère (Claude V. Bergonc), CVIII n.
Farret (Commandant), CVII n.
Fernand-Pô (Ile), 342.
Ferrand (Comte de), 206 n.
Ferand (Capitaine de vaisseau), 147, 149, 237.
Ferry (Jules), CII.
Finale (Italie), 353.
Figon (Chiffonniste), 92.
Fitz-James (Mgr de), 21.
Flayosc (Var), 83.
Fleurieu (Amiral de), LIII, 64 n.
Flore (la), L n, LI, LII, LV.
Flotte d'Argenson (l'Amiral Comte Joseph de), 80, 103, 108, 126 à 140, 162, 242, 234 à 348.
Flotte d'Argenson (Comtesse, née de Castellane), 127 n, 136, 150.
Flotte (Comte Claude de), 334.
— (Henri de), 334-335.
— (Berthe de), 335.
— (Fernand de), *Ib.*
Flotte (Gaston de), *Ib.*
— (Jules de), *Ib.*
— (Julia de), *Ib.*
— (Léonce de), *Ib.*
— (Marie-Louise de), *Ib.*
— (Théodore de), *Ib.*
Fontaine, 277.
Fontainebleau (S.-et-M.), LXXXI.
Fontenelle, LXIII.
Fontenay-le-Comte (Vendée), LIX n.
Fontenoy, LXXVI n.

Forbin-Janson (Comte de), LXX, 10.
Forestié (E.), XV.
Formose (Cap), 343.
Fort (Amiral), CVII n.
Fossé-d'Arcosse, 361.
Fortinbras, 78.
Fossenqui, 255.
Fouché (Conventionnel), 281.
Fournier (Amiral), CVII n, CIX.
Fournier (M. Félix), 335.
François Ier, LXVIII.
François-Joseph (Empereur), CV.
Freau Chumpey (Louise), 126 n.
Fréjus (Var), 83.
Fréron (Stanislas), Convent., XI, CXI, 220-222, 227, 229, 236, 248 à 262, 270 à 290, 213, 358 à 360.
Fresion (de), agent des Princes, 209.
Freteau (Constituant), 63.
Froment, LXXXV, LXXXVI n.
Frotté (Général de), LXXV, LXXXIV et suiv., 306.
Fulconnis (Mlle P. de), 335.

G

Gabert, 352.
Gabres (Les) (Alpes-Mar.), 84.
Gambetta, LVII, CII, CIV n.
Gand (Belgique), 368.
Gantheaume (P.), 104, 107.
Garat, Commis-Audit., 151 n.
Garnier (Abbé), 256 et 262.
— (Lieut. vaisseau), 26.
— (Général), 353, 357.
Gaschard (Commandant), CVII n.
Gasparin (de) (Conventionnel), 222.
Gautier (Léon), 9 n.
Gayde, CVII n.
Gazan, 90 n, 96.
Gell (Amiral), 307.
Gênes (Italie), 307.
Genouvrier, off. municip., 125 n.
Georges III, 183, 188, 199, 204, 209, 212.
Gernet (le P.), orat., 262.
Germinet (Amiral), CVII n.
Gervais (Amiral), CIX n.
Gerville (Cahier de), 86 à 88.
Gesvres (Potier, Duc de), XXX n.
Gibraltar, L n, 193, 237 n.
Gigon (Amiral), CVII n.
Girardin (Chevalier de), 337 à 340.
Girardon, sculpt., 5.
Giraud, 163.

Giraud (Victor), LXIII n.
Glandevès (Commandeur de), 67 à 71, 79 à 81, 147.
Goffinet, agent du M. des A. E, 353.
Goncourt (Ed. et J. de), 249 n.
Goodall (Lord), 212, 242.
Gourdon (Amiral), CVII n.
Gourgaud (Général), 147 n.
Granet (Conventionnel), 222.
Granville (Lord), XXVII n, LXXV.
Granville (Manche), 208, 209 n.
Grasse (Alpes-Maritimes), 84, 120 n.
Grasse (Amiral de), II., LIII n, LIV, 31, 147.
Grasse (Comte de), officier de Marine, 246, 329.
Grasset (Colonel de), 167 à 169 n, 213.
Graves (Amiral), LIX n, 31, 262 n 329.
Gravier (Capitaine de vais.), 262.
Gravière (Amiral Jurien de la), 6.
Gravina (Amiral Duc de), 90, 193, 212, 237 à 238.
Grenade (La), LIII n.
Grenedan (Comte du Plessis de), XIV.
Grenoble (Isère), 102 n.
Grente (J.), 376.
Grenville (Lord), 200, 203 n, 205 à 207 n.
Grey (le Général), 213.
Grimouard (l'Amiral de), XXXI, LIV.
Groignard (Cap. de vais.), 262 n.
Groucy (E.), XV.
Guadeloupe (La), XXXI.
Gubert, officier de Marine, 262.
Gueit, tueur, 92, 170.
Guérin, 90 n, 100, 132 n, 162.
Guerrier (le), LI n.
Guichen (Amiral de), XXXI, LIV, LVI.
Guilhermy (Baron de), 206 n.
— (Colonel de), XCIII n, XCIV n.
Guillaume II, 308.
Guillot, 113.
Guyane (La), XXXI.

H

Habsbourg (Maison de), CI.
Hamel (Ernest), hist., 280 n.
Hamptoncourt (Traité de), 185.

Harcourt (Duc de), XCII.
Hartembeek (bataille d'), LI n.
Haussez (Baron d'), Ministre de la Marine, XIII, IC.
Havard, XXXI n.
— (Oscar), 50, 376 n.
Havre (Le), V. Le Havre.
Hébert, Conventionnel, 267 n.
Hector (Amiral Comte d'), XXXI, 330.
Hennet, Archiv. de la Guerre, XV.
Henri III, XCIII.
Henri IV, LXIII, LXX, LXXIX n, XCII, XCIII, 4.
Henry, Capitaine, LIX n.
Henry, historien, 24 n, *passim*.
Hérault, officier de Marine, 262.
Hérault-Sechelles, Conv., 267 n.
Hermann, 267 n.
Héros (le), 243.
Hervilly (Général d'), XCVII.
Hoche (Général), XC.
Honorati (le P.), 256.
Hood (Amiral), 31, 142 n, 182, 185, 187 à 189, 192, 196, 200, 202, 204, 212, 215, 219, 230 à 238, 241, 242, 245, 253, 270, 308, 313, 324, 351.
Huard (Général baron Leonor), 302, 303, 375, 376.
Huard (Commandant), 376.
— (Aristide-Antonin), 376.
— (Mlle Marie), 376.
Hué, offic. mun., 125 n.
Hughes (Amiral), LVIII.
Hugon (Amiral baron), 376.
— (Gaud), 376.
Hugues Capet, LXXXIV.
Huon de Penanster, 305 n.
Husting (Colonel), 214.
Hyde de Neuville, Ministre de la Marine, XIII.
Hyères (Îles d'), 246.

I

Icard, enseigne, 262.
Ile Bourbon XXXI.
Ile de France, XXXI.
Ile d'Yeu, 210.
Ile Royale, LII n.
Innocent XI, LXIX.
Intrépide (l'), XLI.
Iphigénie (l'), 147.
Iris (l'), 246.

Isnard (Conv.), LXII, 256 n, 288, 294.
Isoré (Conventionnel), 198.
Izoulet (Jean), XIX n.

J

Jacobins (Club des), LXXIII.
Jacquier, 50.
Jaho (Cap de), 337.
Jalès (Champ de), 176 et 177 n, 185.
Jamaïque (la), XXIV.
Jassaud, tueur, 92, 169.
Jauréguiberry (Amiral), CVII n.
Javogues, Conventionnel, XI.
Javuln (ingénieur), CVII n.
Jean-Bart, LIV, 10.
Jeanbon-Saint-André (Conventionnel), XI, CIX, CXI, 172, 190, 197, 252, 313.
Jean-de-Luz (Saint-), 181 n.
Jeanne d'Arc, XXV, XCVI, 265, 271.
Jégou, XXXIV n.
Joannis-Payan (de), 335.
Joinville (Prince de), XIII, XCI, IC.
Jonquières-Taffanel (de), XXV n.
Jonquières (Lieutenant de), 16.
Jouques (d'Arbaud de), XXXI n.
Jourdan de la Passardière, XIV.
Jourdan, député des Cinq Cents, 294.
Jouve, 272.
Jouy (Étienne, dit de), 311.
Juhel (Amiral), CVII n.
Jumonville (de), officier de Marine, VII, VIII, IX.
Junon (la), 336, 344.

K

Kellermann (Général), 102 n.
Kerallain (René de), XV.
Kergariou (de), XXXI n.
Kerlerec (Billouart de), XLI, XXXI n.
Kermaingant (P.-L. de), LXXXI n.
Kersaint (de), XXXI n.
Kervasegan (de), LXI.
Kiel, CIV.
Kiésel (Commandant), CVII n.
Krantz (ingénieur), CVII n.

L

Labat (le P.), XI.
Laborde (Général), 354.

Laclos (Choderlos de), XC.
La Borie (de), officier de Marine, XXXI.
La Chétardie (Marquis de), ambassadeur, 349.
La Clocheterie (Chadeau de), LIV, 13 n.
La Clue (Chevalier de), XXXI n, 242.
La Colombière (de), 250.
Lacombe Saint-Michel, 222 n.
Lacordaire, LXXIX.
Lacour-Gayet (G.), hist., XX n, XXIV n, LVI, CXI n, 331, *passim*.
Lacroix (Stanislas), Commissaire du Pouvoir Exécutif, 257.
Lacretelle, historien, 256.
Ladevèze (Marquis de), 54.
La Feuillade (Duc de), LXIX.
Laffitte (de), officier, 221 n.
La Galissonnière (de), chef d'escadre, 242.
La Garde-Freinet (Var), 125.
Lage (de), XXXI n.
La Gorce (Pierre de), historien, C n.
La Grange (de), 68, n.
La Hougue (Manche), XXXVI.
Laignelot, Conventionnel, XI, CXI.
La Jaille (Marquis de), Capitaine de vaisseau, XIV, XXXI.
Lally-Tollendal (Comte de), 14 n, 286 n.
Lalande (Amiral), IC.
La Londe (L. de), 22 n., 117, 220.
La Luzerne (Comte de), Ministre de la Marine, 71 n.
La Luzerne (Marquis de), Ambassadeur, XV.
La Malgue (Fort), 49 n, 106, 239, 245, 354, 355.
Lambert, tueur, 92, 169 n.
Lambert, lieutenant de vaisseau, 262 n.
Lambert, Commis du Conseil Exécutif, 259 n.
Lambesc (B.-du-Rhône), 180.
Lameth (de), LXII.
La Motte Le Vayer, LXIII.
La Motte-Piquet (Amiral de), LI n.
Lamy (Étienne), de l'Académie française, XXV, LXV, LXXXIX n, CII, 93.
Lanessan (de), Ministre de la Marine, CVI, CX.

Langara y Huarte (Amiral de), 189, 192, 203, 212, 215, 245, 193, 194, 308.
Langeron (Comte de), 40 n.
Langle (Chevalier Fleuriot de), LIII.
Lannes, Duc de Montebello, 298.
Lantier de la Villebranche, 26.
Lantivy (Comte de), XXXI n.
La Pérouse (Capitaine de), XXXVIII.
Lapeyrère (Amiral Boué de), CVIII n.
Laplanche, Conventionnel, 172.
Laporte, L.
La Porte-Vezins, 68 n.
La Poype (Général Marquis de), 215, 219, 221, 223, 237.
La Poype-Vertieux (de), Capitaine de vaisseau, 166, 352.
La Réveillère-Lepaux, 296, 362.
La Rochefoucauld-Liancourt (Duc de), 59, 60.
La Rochejaquelein (Général de), XL, LXXIV, LXXXVIII, XCVII, 208.
La Rochejaquelein (Marquis de), 209.
La Roque-Dourdan (Major de la flotte), 56.
La Roquebrussanne (Var), 119, 120.
La Rouërie (Marquis de), LXXXVII.
La Serre (Chevalier de), 14 n.
La Touche-Tréville (Amiral de), XCI.
La Trémoïlle (Prince de), LXXXIX.
Latty, ingénieur, CVII n.
Lauboeuf, ingénieur, CVII n.
Laugier, historien, 28 n.
Lauvergne, historien, 27 n, 138, 225, 227, 232, passim.
Lavauguyon (Duc de), LXXVI, LXXX.
Le Bon (Joseph) (Conventionnel), XI.
Lebret d'Imbert (Capitaine de vaisseau), 183.
Lebrun, ministre, 205 n.
Lebrun, peintre, 5.
Le Camus de Neuville, 206 n.
Le Carpentier (Conventionnel), XI, LXXV.
Le Chapelier (Constituant), LXII.
Leclerc (Général), 221 n.
Le Clerc, Procureur de la Com. de Toulon, 158, 159.

Lectoure (Gers), 145.
Lefebvre, agent du Ministère des Aff. Étr., 261 n, 262, 354 à 357.
Legrand (A.), XV.
Legrand, Cap. de vaisseau, 262 n.
Le Gros (Colonel), 38 n.
Le Havre (Seine-Infér.), XXXIII, 272.
Leibnitz, LXIX.
Lemaille, dit Beau Soleil, tueur, 92, 169.
Lemaire, ingénieur, CVII n.
Lemonnier (l'abbé), 210 n.
Lemonnier (Anne), 375.
Léopard (le), XCVII.
Lequinio (Conventionnel), XI, CXI.
Lepage d'Arbigny, professeur de musique, 262 n.
Le Roy, dit Brutus, 266 à 268.
Lescure (Comte de), général vendéen, LXXIV.
Lespéron, tabellion royal, 307.
L'Espine du Planty (Guillaume de), 349.
Lespine, agent secret, 261 n, 262 n.
L'Estang Parade (Comte de), 127 n, 585.
Le Tourneur de Granville (Convent.), 148.
Leyde (Hollande), 195 n.
Levasseur de la Sarthe, 291 n.
Lhomel (Comte George de), XCIV.
Liberté (la), 246.
Ligue Maritime (la), XXXVI n.
Linois (Amiral Durand de), 181.
Livourne (Italie), 149.
Loano (Afrique), 354.
Lockroy, Ministre de la Marine, CII, CIII n.
Lodi (Mgr Emmanuel), 28 n.
Lombez (Gers), 145 n.
Loir (Maurice), XXVIII n, XXXV n, XLIV n, 11 n.
Lopez Gonsalvez (Cap de), 342.
Lorenchet de Montjamont, ingénieur, CVII n.
Lorient, XXXIII.
Louis XIV, XXXIV, XXXVI, XXXVII, XLIII, LVIII, LXIII, LXIX, LXX, XCII, 4, 195.
Louis XV, LV, LXXX.
Louis XVI, XXVI, XXVII, XXXV, XXXVII, LIII à LX, LXIII, LXXVI, LXXX à LXXXVI, CIII n, 12, 15 n, 32, 203, 301, 335, 361.

TABLE ONOMASTIQUE

Louis XVII, 156, 194, 200 n, 206, 223, 260, 312, 351.
Louis XVIII, xcii, 34 n, 156 n, 210, 308, 310, *passim*, voir aussi « Provence (Comte de) ».
Louis-Philippe (le Roi), xxvi n.
Louvet (Conventionnel), 171 n.
Louvois, Ministre de la Guerre, xxiii.
Luçon (Vendée), lix n.
Luther, lxvi, lxviii.
Lyon, 175, 178.

M

Mackau (Amiral de), ic.
Mac Mahon (Marquis de), 36, 38 n, 39 n.
Mac Mahon (Patrice de), 36 n.
Madagascar, ciii.
Magdebourg, 250.
Magellan, xxiv.
Mahan (Capitaine), xix.
Mahomet IV, lxx.
Mahon (Ville de), liii n.
Makaroff (Amiral), cx.
Maistre (Joseph de), 90 n.
Maitland (Major), 202, 232.
Malaga (Espagne), 345.
Malbosc (de), lxxxvii.
Malbousquet (Fort), 228 et suiv., 354.
Malejou (de), 347.
Malherbe, lxvii.
Mallet du Pan, lxxxvi n, 221 n, 301.
Maligny (Comte de), lxx.
Malin (le), 336.
Malouet, l, 3, 11, 12, 30 n., 46, 56, 57, 308, 309.
Malplaquet (bataille de), 366.
Malte (Ordre de), xxxvi.
Mantoue, 250.
Marchand (Colonel), xx n, 317.
Marck (Comte de La), lxxxiii n.
Marescot (Général de), 221 n, 368.
Maret, ingénieur, cvii n.
Marie-Antoinette (Reine), 47 n.
Marie-Louise (Impératrice), 59 n.
Marignane (Comte de), 215.
Marigny (Bernard de), capitaine de vaisseau, xliii, 339.
Marigny (Chevalier Bernard de), 339.
Marivaux, 8.
Marquette, xi, xxiv.

Marseille, xxxiii, xxxv, lxxxviii n, 153, 180, 184, 185, 186. *passim*.
Marsillac (Prince de), lxx.
Martel (Abbé), 121.
— (Joseph), 277.
Martignac (de), Ministre de Charles V, 312.
Martignan (de), off. de Mar., 47.
Martinien, archiv. de la G., xv.
Martinique (La), xxxi, li n.
Massé (Amiral), cvii n.
Masséna (Duc de Rivoli), 375.
Masson (Frédéric), de l'Académie française, 250, 284.
Mathews, agent anglais, 199.
Matignon (Comte de), 300.
Matuzana (Major général), 244, 245.
Maubeuge (Nord), 232.
Maifrin, 28 n, voir Meifrun.
Maugars, ingénieur, cvii n.
Maure, admin. du Var, 100, 162, 183.
Maurepas (de), xxviii.
Maurin (G.), historien, 29 n.
Maurras (Charles), xiii, lxxxv n, 25 n.
Maury (Abbé), 58.
Maximin (Saint-) (Var), 117.
Mayenne (Duc de), 185.
Maynard (de), civ n.
Meaux (Vicomte de), xcv.
Méchain, lii.
Meifrun, 80 n, 168, 352, V. Maifrin.
Mejan (Anse), 5.
Melpomène (la), 147, 170.
Merbion (Général Pierre Jodart du), 93, 94, 99, 101, 106, 109, 110, 121 n, 139.
Merckel, 112, 183.
Merlin de Thionville (Conventionnel), 291 n.
Meunier (Dauphin), hist., 215 n.
Mexicain (le), 195.
Mezange (de), officier, 51.
Michelet, historien, 21.
Mignet, historien, 296.
Minerve (la), 147.
Mirabeau (Comte de), lxii, lxxxiii n.
Miran (Colonel de), 66.
Missiessy (Burgues de), 27 n, 352.
— (Burgues de), Capit., 166.
— (Ch.-Laur. Burgues de), 308.

Missiessy (Claude Burgues de), 308.
— (Joseph Burgues de), 309.
Modène (Prince de), CI.
Modeste (le), 307.
Mogador (Maroc), XIII.
Moira (Lord), 208, 209.
Moiran, Capitaine d'art., 277 n.
Molinier, Directeur de l'Artillerie, 167, 262.
Moltedo (Conventionnel), 264.
Mongo, Ministre de la Marine, CIX, 142, 286 n.
Mongin (L.), historien, 22 n, 105, 151, 297, *passim*.
Montalembert (Général de), 221 n.
Montaud, 277.
Montauroux (Var), 83.
Monteil, tueur, 92.
Montesquiou (Général de), 176 n, 222 n.
Montgaillard (de), député du Var, 80 n.
Montjamont de Lorenchet, ingénieur, CVII n.
Montgommery, chef des Huguenots, 251.
Montmorin (Comte de), Ministre des Affaires étrangères, 193 n.
Montpensier (Duc de), XCI.
Montpellier (Hérault), 172.
Montréal (le), 246, 346.
Moreau, historiographe de France, LXIII n, 13 n.
Moreau (Henry), 312 n.
Morellet (Colonel de la Garde Nationale), 50.
Moreno (Amiral), 307.
Morton Eden (Sir), ambassadeur d'Angleterre, 200.
Motey (Vicomte du), XV.
Motte-Piquet (l'Amiral de La), LIV, LVI, 47 n.
Mottez (Commandant), CVII n.
Moukden (bataille de), CV.
Moulin (Stéphane), 127 n, 335.
Mourchou, 27.
Mulgrave (Fort), 223.
— (Lord), 213, 224, 229.
Mussidan (Dordogne), 86 n.

N

Nagapatam (Ville ou pays de), LVIII.
Naïade (la), 44 n.

Napoléon Ier, IC, LI, XXXVI n, CVIII, LI n, 260, 246, 256.
Napoléon III, C, CV, CI, 189 n.
Naste (Jean), 107.
Navailles (Mlle de), 376.
Necker, 61 n.
Némésis (le), 183.
Nemours (Duc de), XCI.
Neoules (Var), 119.
Neptune (le), LIX n.
Newport, LIX n.
Nicolas II, CX.
Nieul (Amiral de), LIV, 68 n.
Nodier (Charles), 290.
Nogaro (Gers), 145 n.
Noirmoutier (Ile de), 210.
Normanby (Lord), ambassadeur, IC, C n.
Nouet, 259 n.
Nouvelle-Calédonie, LIII.
Nymphe (la), LV.

O

Obenheim (d'), off. du génie, 221 n.
O'Hara (Général), 201, 203, 207, 215, 229, 230, 232.
Ohio, VII.
Oléron (Ile d'), XXXIII.
Oliveretto, 113.
Ollioules (Var), 93, 216, 217 n, 218, 219, 230, 254, 355.
Oneille (Italie), 192.
Orange (Vaucluse), 179.
Orco (Don Ramiro d'), 114.
Orléans (S. A. R. le Duc d'), 5.
— (Louis-Philippe-Joseph, Duc d'), Amiral, XXXI, XCI, XC.
Orléans (Vicomte Pierre d'), XV.
Orsini, C.
Orves (d'), 68 n.
Orvilliers (Amiral d'), LIV, LVI, 13 n.
Orvilliers (d'), officier de Mar., 340, 342.

P

Pache, 139 n.
Pactod (Général), 288.
Paladines (d'Aurelle de), LVII.
Pandore (le), 338.
Palmerston (Lord), XXVI, C, CI.
Paris, XXI et *passim*.
Parme (Prince de), CI.
Parscau du Plessis (Comte de), XXXI n.
Patriote (le), 32.

Pascal, LXIII, 28 n, 97.
Pasquier, Cap. de vaisseau, 166.
Patriote (le), 32.
Paul (Chevalier), chef d'escadre, 10.
Paul, maire de Toulon, 70, 92, 95, 113, 139 n.
Pavin, 170 n.
Pelet (Conventionnel), 281.
Pélissier (J.), 105.
Pelletan, Ministre de la Marine, CVI à CX.
Pelous (de), 80 n.
Penfentenneyo (de), XXXI n.
Perle (la), 246.
Pernety (J.), 307.
Perronneau, peintre, 250.
Pérouse (de La), LIII.
Perroud, 86 n.
Petit-Dragon, 124.
Petit-Thouars (du), IC.
Peynier (Chevalier de), XXXI, 331.
Phélypeaux, XXVIII n.
Philippe-Auguste, LXVIII.
Pichon de la Gord, XLI.
Pièche, 262 n.
Pierre-d'Argenson (Saint-) (Hautes-Alpes), 126 n.
Pierre (Victor), hist., 297 n.
Pierre-Encise (Rhône), 231 n.
Pierre le Grand, LI n.
Pille (Général), 299, 361 à 367.
Pignans (Var), 54.
Pingaud (L.), LXXXVI n.
Pingré (Abbé), L à LII.
Piron, chef vendéen, 209.
Pitt, L, 197, 213, 233, 271, 346, *passim*.
Plessis (du), XXXI n.
Pleville-Lepelley, 301 à 302.
Pluton (le), 31.
Polastron (Comtesse de), LXXXIX.
Pœstum, 5.
Pomets (Fort des), 239.
Pomone (la), XLI.
Pompée (le), 246.
Pondichéry, XXXI.
Pons (Prince de), LXX.
Pons (Z.), 187, 264, *passim*.
Pontbriand (Vicomte du Breil de), 210 n.
Pontchartrain (J.), Ministre de la Marine, XXVIII.
Pont-Saint-Esprit (Gard), 179.
Portal (Baron), Ministre de la Marine, XIII, IC.

Portalis, 286.
Porte-Vezins (de la), XXXI n.
Port-Louis (Morbihan), XXXIV.
Porto-Ferrajo, 181 n.
Portsmouth (Angleterre), XXXVIII.
Portzamparc (de), XXXI n.
Possel-Deydier (de), 138, 139 n, 302, 347, 352.
Postdam, 197.
Pothuau (le), CIII n.
Poulette (la), 246.
Poupé (E.), XIV, 118 n, 251 n, 257, XIV, *passim*.
Praslin (Duc de), 68 n.
Précy (Général de), 205, 334.
Prieur (de la Côte-d'Or), 279.
Prince des Asturies (le), 213 n.
Provence (Comte de), LXXX, LXXXIV, LXXXV, LXXXVII, 203, 204, 206, 207, *passim*.
Puget, 5.
Puget-Théniers (Alpes-Maritimes).
Puisaye (Comte de), XCVII.
Puissant de Molimont (Ordonnateur de la Marine), 154, 196, 197.
Puissant (le), 246.

Q

Quatorze Juillet (le), 181 n.
Québec (le), XL.
Quengo (du), XXXI n.
Quiberon (Morbihan), 200 n, 210.

R

Racine, LXIII.
Radonvilliers (l'Abbé de), LXXVII n.
Rafélis de Broves (Comte de), 47, 48 n, 50, 51, 52 n, V. aussi Broves (de).
Ramel (Comte F. de), 52 n.
Ranc, CIV n.
Ravel (Amiral), CVII n.
Rays (du Breil de), XXXI n.
Reboul, 96, 100.
Reims, XCII.
Revenilow (Comte), CIX n.
Rey, officier d'artillerie, 262 n.
Rey, officier de Marine, 262 n.
Rhodes-Island (États-Unis), LIX n.
Rians (Var), 116.
Ricard (Conventionnel), 57, 58.
Richelieu (Cardinal de), XIX à XXXIII, CII, CX, 4.

Ricord (Conv.), 220, 222 n, 236, 263.
Rigny (Amiral de), IC.
Rions (Mlle Adeline d'Albert de), 30 n.
Rions (Amiral d'Albert de), XXXI, 13, 16, 30 à 67, 130, 242, 329 à 331.
Rions, père (Colonel d'Albert de), 53 à 54.
Rivière (de), XXXI n.
Robert (Abbé), 256.
Robert (Charles), historien, 210.
Robespierre (Conv.), 57, 119, 279.
— jeune (Conv.), 172, 220, 231, 236, 263.
Rochechouart (de), XXXI n.
Rochefort-sur-Mer (Charente-Inférieure), XXXIII, XXXV, XXXVIII.
Rochemore (de), Capitaine de vaisseau, 124 à 127, 162.
Rodez (Aveyron), 175.
Rodney (Amiral), II, LIX, 31, 192 n, 329, 349.
Rohan-Montbazon (Amiral Prince de), XXXI.
Rojestvensky (Amiral), CX.
Roland (Mme), LXVIII, 86 n, 139 n, 291.
Roman (J.), 127 n.
Roquefeuil (de), XXXI n.
Roquefort (Marquis de) (Constituant), 80 n.
Roquette, chirurgien, 113.
Rose, sculpteur, 5.
Rosily-Mesros (Amiral Comte de), 142.
Rossi ou Rossy (Général Antonio), 102 n.
Rossi ou Rossy (Général Camille), 102.
Roubaud, officier mun., 42, 46, 47, 63, 64, 83, 90 n, 100, 162.
Roumieux, enseigne, 262.
Rouquier (Laurent), tueur, 120 n.
Rousseau (François), histor., 193 n.
Rousseau (J.-J.), XI, LXIII à LXV, 130.
Roussin (Amiral), IC.
Roux (Jean-Bapt.), ouvrier bridier, 156 à 167.
Roux, employé de la Marine, 255.
Rouquier, tueur, 120 n.
Rouyer (Conventionnel), 148.
Royal-Champagne, régim., XCVII.
Roys (Colonel des), 75.

Ruamps (de) (Conventionnel) 278.
Ruel (Conventionnel), 133 n.
Rumain (Trolong de), Capitaine de vaisseau, LIV, LV (V. aussi Trolong).

S

Sadowa, C, V.
Sagittaire (le), 31.
Saffré, 352.
Saïgon, CIII.
Saillant d'Herbigny (Comte de), 176 n.
Saint-Aignan (Amiral Marquis de), XXXI.
Sainte-Barbe (Mont), 219.
Saint-Césaire (de), XLI.
Saint-Domingue, 183.
Saintes (Ilot des), XXXI, XXXVIII, II.
Saint-Georges (le), 307.
Saint-Gothard (bataille), LXIX.
Saint-Hellens (Lord), 214, 207 n.
Saint-Jean d'Ulloa, XIII.
Saint-Julien (Amiral Chambon de), 49 n, 154, 155.
Saint-Just (Convent.), LIV, 280, 285.
Saint-Louis, LXII, LXVIII à LXX.
Sainte-Lucie, XXXI.
Saint-Meumin (de), 208.
Saint-Pierre-et-Miquelon (Iles), XXXI.
Saint-Priest (Comte de), Ministre de la Guerre, XCIV, 62, 63.
Saint-Robert (Isère), 372.
Saint-Simon (Duc de), XXIII, XXIX.
Saint-Tropez (Var), 331.
Saint-Vincent (de), LIV.
Salernes (Château de), 89.
Salicetti (Convent.), 217, 218 n, 236, 247 n.
Salon (B.-du-R.), 31, 180, 267.
Salvert (de), ingénieur, CVII n.
Samova (Archipel de), LIII.
Sanson, bourreau, 280.
Saqui des Tourets (Maxime), 118 à 120.
Sardou, ingénieur, X, 306.
Sardou (A. L.), 343.
Sartines (de), Ministre de la Marine, XXVII, L, IC, 13 n, 345.
Saurin, Commandant de la G. N. de Toulon, 50.
Saxe (Maréchal de), XLVI.
Second, 133 n.
Sedaine, 3.

Séduisant (le), 31.
Sénégal (Le), XXXI, XXXVIII.
Senès, dit l'Ancien, 121, 122, 139 n.
Senneville (V. de), Lieutenant de vaisseau, 338.
Sepet (Marius), LXXVI n.
Sepet (Presqu'île), 5.
Sépeville (Marquis de), LXX.
Septêmes (Bouches-du-Rh.), 186.
Serdoillet, ingénieur, CVII n.
Sévère (le), LVIII.
Seyne (La) (Var), 93.
Shakespeare (W.), XI, LXIX.
Sicié (Cap), 5.
Sieyès, Conventionnel, 293.
Simon (Prêtre défroqué), 121.
Simony (Louis-Marie, Comte de).
— (Charles de), 349, 350.
— (Louis-Victor de), 166, 349, 350.
Sinçay (Saint-Paul de), Commandant, CVII n.
Sinéty (Mlle Élisabeth-Rosalie de), 29 n.
Sobieski (le roi Jean), LXX.
Sochet des Touches (Amiral), LIX, 246, V. Des Touches.
Soissons (Aisne), 307 et 367 n.
Soleil Royal (le), 5.
Solitaire (le), LI n.
Sorel (Albert), LXXVIII n, 199, 206 n, 233, 234 n, 296 n.
Soulanges (Comte de), chef d'escadre, XXXI.
Soulavie, 200 n.
Sourdis, CX.
Spezzia (La) (Italie), 192.
Staël (Baron de), 200 n.
— (Mme de), 296.
Stanislas (le Roi), 250.
Stofflet (Général), XCVII n, 208.
Suffren (Bailli de), II, XXX, IL, L, LIV et LX, CX, 8 à 16, 30 n, 31, 35, 47 n, 52.
Sully (Château de), 39 n.
Surveillante (la), XL.
Surville (Cillard de), LVIII, XXXI n.
Suffisant (le), 246.
Sibylle (le), 147.
Sydney Smith (Commodore), 246, 270.
Sylla, 286.
Sylvestre (chef des tueurs toulonnais), 92 à 95, 117, 122 à 124, 169 à 170.

T

Tabago, XXXI.
Taine, hist., 296.
Talbot, XXV.
Talbot (de), officier de vais., 68 n.
Talhouët (de), XXXI n.
Talleyrand (Prince de), XXVI.
Tallien (Conventionnel), 281.
Talmont (Prince de), LXXIV, XCVII.
Tambour-Major, 124.
Tanger (Maroc), XIII, 317.
Tarascon (Bouches-du-Rhône), 267.
Target (Constituant), 65.
Tarleton (le), 246.
Temple (Félix du), Capitaine de frégate, XLVII n.
Teoyaomiqui, déesse mexicaine de la Mort, 259.
Ternay (Chevalier de), chef d'escadre, XXXI n, IIX n.
Terray (Abbé), 58 n.
Terre-Neuve, XXXVIII, LII n.
Terrette (J.), 125.
Terrin, 140.
Tesson (Alfred de), Lieutenant de vaisseau, XLVII n, 315 à 316.
Thémistocle (le), 5, 147, 246, 253.
Thévenard, Ministre de la Marine, XXXI, 72 n.
Thiberge, agent du Ministère des Affaires étrangères, 261 n.
Thiébault (Général), 373.
Thiers, CII.
Thugut (Comte de), 206 n.
Thomson, Ministre de la Marine, CVI, CX.
Thuné, 257.
Thureau-Dangin (Paul), de l'Académie française, XXVI n, C n.
Tilly (Jean), Consul, 144 n, 182.
Tilly (Amiral Comte de Grasse-), LIV, V. Grasse(Comte de).
Tilly (Général de), 250.
Titeux (Lieutenant-colonel), historien, 373, 374.
Tixier de Norbeck (Amiral), 134, 135 n.
Tocqueville (Comte de), XLIV, LXXXII n.
Togo (Amiral), C x.
Tolbiac (bataille de), LXXIX.
Tonnant (le), XLI, 5.
Touchard (Amiral), CVII n.

Touche-Tréville (Amiral Comte de la), xxxi, 13 n.
Toudouze (G.), hist., xxxvi.
Toulon (Var), *passim*.
Tournade (Paul de), 335.
Tournon (Var), 83.
Tourville (Amiral de), ii, xxx, xxxvi et suiv., liv, cx, 5, 10.
Trafalgar (bataille de), ic.
Trevor, 208.
Tricolore (le), 246.
Triomphante (la), 246.
Trogoff de Kerlessy (Amiral de), 49, 140, 147, 155, 167, 180 à 183.
Trolong du Rumain, Lieutenant de vaisseau, liv, lv.
Truguet (Amiral), xci, 139, 140, 147 n.
Tuetey, xv.
Turenne, lxix.
Turgot, 13 n.
Turin, lxxxvii n, 205, 207.

U

Urquardt (David), Membre de la Chambre des Communes, xxv.

V

Vaillant (le), liii n.
Valette (La) (Var), 93, 120, 121, 151 n.
Valfons (Marquis de), 29 n.
Van Kempen, Capitaine de vaisseau, 195 n.
Varennes (Meuse), lxxxiv.
Vasco de Gama, xxiv.
Vasquez, 281.
Vatimesnil (Lefebvre de), ath, 312.
Vauban (le Maréchal), 4, 270.
Vauchelet, 228 n.
Vaudreuil (Comte de), ii, lxxxvi n,
 — (Marquis de), xli, xxxi, 68 n.
Vedel (Général), 371.
Venissat (Joseph), 284 n.
Verdun de La Crenne (Jean-Antoine-René, Marquis de), l n, li.
Vergniaud (Convent.), lxii, 199.
Vernes, 308.
Vernet (Joseph), peintre, 5.
Vérone (Italie), xcii, 61 n.

Versailles, lxi, 343.
Vespuce (Améric), xxiv.
Vezet (Président de), 206 n.
Vialis (de), 352.
Viard (I.), arch., xv.
Vibraye (Marquis de), xv.
Victoire (la), 187.
Victor-Amédée, roi de Sardaigne, 205.
Victory (le), 225, 241.
Vidal, chef de la G. N. du Beausset, 86.
Vidal (Prêtre), 262 n.
Vidal de Léry (Cap. de V.), 262 n.
Vignacourt (Comte de), lxx.
Vilate (juré du Trib. Rév.), 190.
Village (Commandeur de), 52, 61.
Villeblanche (Lantier de la), 26.
Villebois (Comte de), xxxi.
Ville de Marseille (la), 206.
Villedieu-les-Poêles (Manche), 376.
Villèle (Comte de), xxxix n.
Villeneuve-Flayosc (Marq^{is} de), 83.
Villeneuve-Tourette (général Comte de), 178, 180, 186.
Villeneuve (le Chevalier de), chef vendéen, 209.
Villeneuve (Marquis de), ancien député), 167 n.
Villeroy (Maréchal de), xxx n.
Villevieille (Dom), 344.
Villiers (Coulon de), viii, ix.
Villiers (de), Direct. du Génie, 167.
Vitalis (Mlle de), 334.
Vittou, officier mun., 125 n.
Vincent (de), xxxi.
Voltaire, xxiii, lxxii, lxiii, liv, liv.

W

Wallon (H.), hist., 175 n, *passim*.
Washington (Georges), vii, viii, ix, 186, 187, 202.
Waterloo, 364.
Welvert (Eug.), hist., 288 n.
Willot (Général de), 294.
Wimpfen (Général Félix de), 177.

Y

York (Duc d'), 196, 197, 198, 200 n, 232.

TABLE DES MATIÈRES

Dédicace	v
Préface	vii
Introduction	xvii

CHAPITRE PREMIER

PREMIÈRES ÉMEUTES

I. — C'est à Toulon que la Révolution débute. — Physionomie de la ville et du port. — Les Vaisseaux à l'ancre. — Les Galères.
II. — Officiers rouges et Officiers bleus. — Uniformes. — Les Marins. — Leur tenue. — Discipline. — Solde. — Misère.
III. — Conflits entre la Plume et l'Épée. — Attitude du comte d'Estaing. — La population de Toulon. — Aristocratie. — Bourgeoisie. — Peuple.
IV. — Un port de l'ancien régime. — Ses fêtes populaires. — La Farandole. — Le Jeu de la Targe. — Les Fieroues. — Les Bouffets. — Règne de l'Ordre et de la Mesure.
V. — Émeute du 23 mars 1789. — Sac d'une maison et du carrosse épiscopal. — Inaction de l'armée. — Les quatre péchés capitaux.
VI. — Le chef d'escadre, d'Albert de Rions. — Les ouvriers de l'arsenal. — Échauffourées et altercations. — Clubs populaires. — Impostures et légendes.
VII. — Nouvelle émeute. — Le lieutenant Dauville. — Costume de chasse et cocarde noire. — Rapport du colonel de Mac-Mahon. — Conflit des consuls avec les autorités maritimes.
VIII. — Intervention des sous-officiers du Corps Royal des canonniers matelots. — 17 novembre, nouvelles démarches des officiers municipaux auprès du Commandant de la Marine. — Les rapports s'aigrissent. — Envoi de députations à Paris. 3

CHAPITRE II

LA SÉDITION ET LA CONSTITUANTE

I. — Les porteurs de pouf sont expulsés de l'arsenal. — Journée du 30 novembre 1789. — Émeute et vio-

lences contre les officiers. — MM. de Broves, de Saint-Julien, de Bonneval. — Le comte d'Albert de Rions.
II. — Transfert des blessés à la prison. — Lettre de M. de Rions père.
III. — Retentissement de la sédition dans toute la France. — L'Assemblée Constituante s'en occupe. — Discours de Malouet. — Réponse de Robespierre. — Maury prend la parole. — M. de Champagny. — Le citoyen Ricard. — Le duc de Liancourt.
IV. — Le Roi donne l'ordre de mettre en liberté les prisonniers. — Résistance du Maire Consul et de ses collègues. — Lettres du comte d'Albert à Target et à Louis XVI. — Le comte d'Albert quitte Toulon. . .   45

CHAPITRE III

FUSILLADE ET PILLAGE

I. — Le nouveau Commandant de la Marine, M. de Glandevès. — Attentat contre le commandant de Castellet. — Officiers maltraités. — Châteaux saccagés.
II. — Le Club des Blancs (Jacobins) et le Club des Noirs (Royalistes). — Fréquence des rixes et hardiesses des perturbateurs. — Guet-apens du 23 août 1791. — Fusillade. — Morts et blessés.
III. — Un capitaine de vaisseau, M. de Beaucaire, tombe mortellement frappé. — Rapport sur cet assassinat. — Le Commandant de Glandevès traîné à un réverbère. — Départ du commandant de la Marine.
IV. — Le général de Coincy et le Corps municipal. — Pillages de châteaux et de maisons à Flayosc, à Tournon, à Montauroux. — Les tueurs du Beausset.
V. — Impuissance de la loi. — Assassins impunis. — Magistrats terrorisés. — Lettre du Garde des Sceaux Duranthon.   67

CHAPITRE IV

DICTATURE DU PARTI JACOBIN

I. — Les dictateurs de Toulon. — Sylvestre. — Lemaille dit « Beau Soleil », pendeur de la ville. — L'avocat Barthélemy. — Barry dit le « Boiteux », etc., etc.
II. — Une séance au Club Saint-Jean.
III. — Discours de Sylvestre. — Journée du 28 juillet 1792. — Massacres dans la rue. — Bonnets rouges et paquets de cordes. — Les membres du District assassinés.
IV. — Récit, d'heure en heure, des massacres (28, 29 et 30 juillet 1792), par le Greffier municipal. — Première journée. — Rôle du colonel du Merbion. — La Commune refuse d'arborer le drapeau rouge et d'appliquer la loi martiale.

V. — Le Commandant de la Marine fournit des armes aux émeutiers. — Soldats condamnés mis en liberté.
VI. — Patrouilles et gardes renvoyées dans leurs quartiers. — Nouveaux assassinats. — Proclamation du Corps municipal à la cité. — Observations du colonel du Merbion.
VII. — Dernière journée. — Un blessé assassiné 91

CHAPITRE V

ASSASSINATS DES OFFICIERS DE MARINE

I. — Pillages dans les bastides. — Les officiers de marine Désidéry et Saqui Detourès pendus. — Assassinat du curé de la Valette et de l'administrateur Sénès. — Les forçats du bagne sont licenciés.
II. — Exécutions de Tambour-Major et de Petit-Dragon. — Assassinat du capitaine de vaisseau de Rochemore.
III. — Le Commandant de la Marine comte Joseph de Flotte d'Argenson. — Ses rapports avec les autorités civiles. — Dénonciations.
IV. — Perquisitions nocturnes chez le Commandant de la Marine. — Rapport officiel et réponse du Commandant.
V. — Réponse des administrateurs à la lettre de l'Amiral. — Un faux. — M. de Flotte justifié.
VI. — Les *bravi* Toulonnais décident la mort du comte de Flotte. — Une invitation perfide. — Pressentiments de la comtesse de Flotte. — L'Amiral à la lanterne. — Massacre et pendaison.
VII. — L'ordonnateur de la Marine, M. de Possel-Deydier, hissé à un réverbère. — Ce que deviennent les restes de MM. de Rochemore et de Flotte.
VIII. — La ville et le port complètement dominés par les Jacobins et par leurs séides. — Indiscipline, anarchie. — Bourgeoisie opprimée par la populace.
IX. — Exécution du chanoine de Bastard. — La *Minerve* et la *Melpomène*. — Omnipotence et arrogance des Clubs. — Assassinat du capitaine de Basterot. . . . 115

CHAPITRE VI

RÉVOLTE DE TOULON CONTRE LA RÉPUBLIQUE

I. — Les Royalistes et les modérés se révoltent contre la dictature jacobine.
II. — Le Mazaniello de Toulon. — Le bridier Jean-Baptiste Roux dirige le mouvement insurrectionnel contre les autorités de Toulon et contre les Représentants en mission. — Séance au Couvent des Minimes. — Discours de Roux.
III. — Les Sectionnaires se rendent à l'Hôtel de Ville et délogent le Corps municipal.

IV. — Fin du régime républicain, le 12 juillet 1793. — Proclamation de Louis XVII.
V. — Roux et les Conventionnels. — Les Royalistes constituent un Gouvernement. — Nomination du Comité général. — Un ancien Garde du Corps, le comte de Grasset, nommé commandant de la Garde nationale.
VI. — Exécution des *bravi* toulonnais. — Le Conventionnel Pierre Baille se pend dans sa prison.
VII. — Son collègue Beauvais, délivré le 20 décembre, meurt à Montpellier, trois mois plus tard. — Incinération du martyr. — Les cendres envoyées à la Convention 152

CHAPITRE VII

TRAHISON DE L'ANGLETERRE

I. Soulèvement de soixante-quinze départements contre la Convention. — Attitude énergique de Marseille. — Le général de Villeneuve-Tourette lutte contre le général Carteaux.
II. — La Convention veut affamer Marseille. — La flotte anglaise, commandée par l'amiral Hood, apparaît sur le littoral. — Négociations entre l'Amiral et la Municipalité.
III. — Légitimité de ces pourparlers. — L'opinion européenne glorifie Washington, sujet du roi d'Angleterre, sollicitant le concours de la France contre son prince. — Les Royalistes toulonnais et marseillais ont droit aux mêmes éloges. — Ils ne conspirent pas contre l'intégrité de la patrie, mais contre le despotisme et les violences d'une Assemblée mutilée et illégale.
IV. — Manifeste de l'amiral Hood. — L'Angleterre promet de sauvegarder Toulon avec les vaisseaux de la flotte, pour le Roi de France. — Entrée des marins anglais, le 29 août 1793, à Toulon. — Nouvelles déclarations rassurantes affichées sur les murs de la ville.
V. — Les carmagnoles de Barère et le Rapport de Jeanbon Saint-André trompent la France. — Où était alors le Gouvernement?
VI. — Félonie de l'Angleterre. — Georges III infirme les engagements du lord Hood. — Il n'est plus question du rétablissement de la Monarchie capétienne.
VII. — Un haut fonctionnaire accuse Pitt de patronner la candidature du duc d'York au trône de France. — La connivence de la Gironde. — *Our friends* : « nos amis ».
VIII. — Les Royalistes toulonnais s'aperçoivent qu'ils ont été trahis par l'Angleterre. — Ils veulent envoyer une Adresse au Comte de Provence et l'inviter à venir à Toulon. — L'amiral Hood s'y oppose.
IX. — Timidité regrettable des Princes français. — Ils sont victimes de la duplicité de l'Angleterre. — Clairvoyance tardive de Louis XVIII 174

CHAPITRE VIII

SIÈGE DE TOULON

I. — Les forces des assiégés et celles des assiégeants. — Lord Hood refuse d'utiliser la Garde nationale. — Combat d'Ollioules.
II. — Puériles manœuvres. — Plan de combat. — La pointe de l'Aiguillette. — Le rôle de Bonaparte. — Le combat du 30 septembre. — Échec des troupes républicaines. — Inertie des généraux anglais après la victoire.
III. — Royauté acclamée. — Combat du 14 octobre. — Carteaux remplacé par Doppet et Doppet par Dugommier. — Combat du 9 novembre. — Les Conventionnels, découragés, proposent à la Convention d'abandonner le terrain qui s'étend de la Durance à la mer. — Dugommier reçoit des renforts. — Bonaparte installe la batterie de la Convention. — Le général anglais O'Hara se laisse faire prisonnier. — Pourparlers suspects entre les Conventionnels et les commissaires anglais. — Les Anglais désarment la Garde nationale.
IV. — Spoliation de l'arsenal et des magasins, vidés, pendant la nuit, par les Anglais. — On prévoit l'inévitable reddition de la place. — Les dernières opérations du siège s'effectuent le 18 décembre. — Dugommier croit d'abord tout perdu. — Il est faux que les Représentants marchèrent à la tête des colonnes. — Conseil de guerre du 18 décembre. — Anglais résolus à s'évader. — Toulonnais, éperdus, envahissent les églises. — L'amiral Hood fait encore croire qu'il tiendra jusqu'au bout. — Proclamation nocturne. — Les Toulonnais se pressent sur les rades du port pour embarquer. — Refus des Anglais de recevoir les fugitifs. — Humanité des Espagnols et des Napolitains. 211

CHAPITRE IX

LA TERREUR A TOULON

I. — Fuite des derniers soldats et des derniers Toulonnais royalistes. — La poterne du fort La Malgue. — Incendie de l'arsenal par Sidney Smith. — Timidité des assiégeants qui n'entrent à Toulon que le 19 décembre au matin. — Les Représentants arrivent à midi. — Fréron donne l'ordre de tuer sur-le-champ deux cents artilleurs désarmés qui viennent au devant de lui. — Curée de chair humaine. — Cadavres livrés aux chiens.
II. — Barras et Fréron à l'Hôtel de Ville. — « Patriotes opprimés » investis du droit de vie et de mort. — Toulonnais convoqués au Champ de Mars. — Trois

cents fusillés. — Nuit d'horreur. — Les fusillades durent plusieurs jours. — Religieux et prêtres marchent avec deux cents condamnés à la guillotine en chantant le *Miserere*. — Statistique approximative des tueries.

III. — Sophistes jacobins. — La Provence hostile à la Révolution. — Rapports confidentiels des Agents du ministère des Affaires étrangères. — État des esprits. — Marseille, Aix, Arles, Salon, Tarascon, etc. — La prise de Toulon n'enthousiasme pas les populations. — Curieux aveu des observateurs secrets.

IV. — On veut détruire Toulon. — Douze mille maçons mobilisés pour raser la ville. — Pillages. — Les Toulonnais dénoncent les brigandages des Représentants.

V. — Fréron et Barras sont rappelés à Paris. — Accueil glacial de Robespierre. — Lâcheté de Fréron. — Traîtres et fripons menacés. 241

CHAPITRE X

AU LENDEMAIN DE THERMIDOR

I. — Le Neuf Thermidor ne met pas fin, à Toulon, aux proscriptions et aux tueries. — Les Métèques, installés dans les maisons et dans les domaines des Toulonnais, veulent éterniser la proscription pour garder les biens confisqués. — L'insurrection de Prairial n'a d'autre but que de maintenir les conspirateurs dans la jouissance de leurs rapines.

II. Magnifique élan du Midi. — De Lyon à Marseille toutes les populations soulevées contre la République. — Isnard à Aix. — Victoire des milices Royalistes au Beausset (5 prairial). — Les Compagnies du Soleil et de Jéhu. — Un Conventionnel donne lui-même le signal du lynchage.

III. — Courte trêve. — Toulon de nouveau mis hors la loi. — Décret du 20 messidor an III. — Amnistie révoquée. — Pour la deuxième fois, les Royalistes Toulonnais sont proscrits. — On les expulse pour s'emparer de leurs propriétés.

IV. — Deuxième mission de Fréron. — Le plan du Proconsul. — Projet de rupture avec la France. — Le Midi Jacobin et autonome. — Fréron rappelé. — Le général Willot fait rentrer les exilés. — Le coup d'État de Fructidor. — Royalistes proscrits pour la troisième fois. — Commissions militaires. — La République avilit l'armée. — Assassinats. — Intervention du général Bonaparte.

V. — Odieuses calomnies contre les Toulonnais. — On les accuse d'avoir voulu vendre leur ville à l'Angleterre. — La vérité sur le soi-disant contrat. — L'Empire refuse de liquider la pension de retraite de l'amiral Missiessy. — Étrange aberration du baron Malouet,

ministre de la Marine de Louis XVIII. — Justice est enfin octroyée aux Toulonnais.
VI. — Une députation des anciens proscrits se rend à Paris. — Louis XVIII rend hommage à la fidélité des Toulonnais et donne de nouvelles armoiries à leur ville. — Un pamphlétaire insulte les royalistes Toulonnais. — Procès devant le jury de la Seine. - Dupin aîné et l'avocat de l'Ermite. — Le substitut du procureur du roi, M. de Vatimesnil, rétablit la vérité et détruit la légende 282

Appendice I	315
— II	317
— III (Les Fieroues)	320
— IV (La Targo)	323
— V (Les Bouffets)	326
— VI L'Amiral d'Albert de Rions)	329
— VII (Le Comte de Caraman)	332
— VIII (L'Amiral de Flotte)	334
— IX (Les Frères de Simony)	349
— X (Déclaration de la Ville de Toulon)	351
— XI (La Franc-Maçonnerie, les Anglais et la Révolution)	353
— XII (Un agent des Affaires étrangères sous la Révolution)	354
— XIII (Lettre de Barras et de Fréron)	358
— XIV (Le général Pille)	361
— XV (Le général Chabert)	368
— XVI (Le général Huard)	375
Table onomastique	378
Table des matières	393

ACHEVÉ D'IMPRIMER

Le seize décembre mil neuf cent onze

PAR

L'Imprimerie de Montligeon

POUR

La Nouvelle Librairie Nationale

www.ingramcontent.com/pod-product-compliance
Lightning Source LLC
Chambersburg PA
CBHW071712230426
43670CB00008B/989